登月先鋒

尼爾·阿姆斯壯的一生

The Life of
Neil A. Armstrong

FIRST MAN

詹姆斯·韓森●著
林曉欽●譯

獻給伊莎貝拉、梅森和路克

第三部　研究飛行員

第四部　太空人

第七部　偶像

○譯者註　●作者註

前言

如果尼爾・阿姆斯壯迄今依然在世，他會希望我在阿波羅十一號登月五十周年前夕，如何替他的傳記書寫前言？如果我能夠問他這個問題，我確實知道他會如何回答：「吉姆，這是你的書，你才是作者，不是我。你應該用你自己認爲最合適的方式作爲那本書的前言。」

這是純粹的尼爾・阿姆斯壯。自從他終於同意讓我書寫他的人生故事——我們用了將近三年，從一九九九年到二〇〇二年才簽定合約——尼爾就希望這本書是一本獨立而嚴肅的傳記。他接受我總計長達五十五個小時的訪談，同意閱讀並且評論每章節的草稿，但不曾想要更改或影響我的分析或詮釋。因此，他也不曾在這本書的出版品上簽名，任何人都沒有。他告訴別人，這不是他的書，這本書的作者是吉姆。我問他能不能替我的兩個孩子簽名，他說他願意考慮。我不曾問過第二次，他也不再提起這個話題。因爲這本書不是他應該簽名的書。這也是純粹的尼爾・阿姆斯壯。

所以，我應該如何書寫五十周年紀念版本的前言？

在人類探索太空歷史的重大里程碑面前，我希望能夠以符合尼爾也會贊同的重要訊息作爲這本書的開場。從二〇一八年至二〇二二年，全世界慶祝的不僅僅只是第一次登月，而是航太總署十次傑出的任務，由當時非常年輕且具前瞻性的國家級太空計畫所孕育，而這個計畫付出了史詩般的努力，以傑出的速度完成無比的成就，計畫的名字也成了傳奇：阿波羅。從阿波羅八號任務在一九六八年十二月無畏繞行月球，到一九七二年十二月的阿波羅十七號隊員勇敢進行踏上月球表面的最後一次任務，全世界親眼看著美國太空人離開母星，航行將近二十五萬英里，在另外一座星體上行走。其中最重要的，就是一九六九年七月二十日，阿波羅十一號任務的指揮艙飛行員麥克・柯林斯、登月艙飛行員伯茲・艾德林，以及指揮官尼爾・阿姆斯壯完成歷史上第一次的人類登陸月球。

就在思忖如何替這本書撰寫前言後，我想起自己與尼爾在二〇〇九年的一段對話——《登月先鋒》第一版問世的四年之後，以及阿波羅十一號的四十周年紀念。我們對話的主題是尼爾和伯茲於一九六九年特意留在月球表面的一個小物品：一個小型的矽製碟形膠片，用顯微方式銘刻來自全球各地七十三個國家領導人的善意訊息（碟片中也包括美國國會領導階層，參議院和眾議院四個相關委員會成員的姓名，他們立法成立美國航太總署，以及航太總署的高層人士，包括過去的署長與副署長。此外，碟片也銘刻四位前後任美國總統的宣言，從時任美國總統的尼克森、前任美國總統林登・詹森，再加上德懷特・艾森豪總統在一九五八年簽定國家航空和太空法案的發言，以及約翰・甘迺迪總統於一九六一年五月二十五日對國會發表的登陸月球宣言）。一位名爲湯馬斯・佩恩的男人，他當時是航太總署的領導人，他與全球領袖通信，銘記他們所傳遞的訊息，並將這些訊息拍攝爲照片、縮小爲二百分之一的矽製刻蝕超微縮膠片。時至今日，這張由阿波羅十一號帶上去的碟形膠片依然放在靜海基地上一個特製的鋁盒裡。

二〇〇八年，我與尼爾進行這次對話的一年前，一位來自堪薩斯地區的醫師塔希爾・雷曼（Tahir Rahman）出版了一本精彩的書。除了醫學之外，雷曼非常熱愛太空歷史。雷曼醫師的書的名字是《我們代表全人類帶來和平》（*We Came in Peace for All Mankind*），那是銘刻在登月艙老鷹號機腳徽章上的美麗宣言。然而，塔希爾的書的主題擺在副標題：「不爲人知的阿波羅十一號矽製碟形膠片的故事。」收到作者親自贈與的書籍，我和尼爾都非常感激，而且就是因爲收到這本書，我們才會討論那張矽製碟形膠片和其中的善意訊息。

尼爾對於許多事情的記憶力都非常驚人，不過若是某些對他來說不重要的事，他也會很自然地遺忘。在我們討論塔希爾的作品時，我詢問尼爾，他記得其中哪些善意訊息，如果有的話，誰的訊息又讓他印象最爲深刻。他特別提到其中三則訊息，他爲我做簡短的摘要，甚至有部分重述的訊息相當精確。我不記得諸位全球領導的宣言（至少不是清楚記得），因此，我按照尼爾的所想起的，在筆記本上寫下關鍵字。他回想起的三位領導人分別來自象牙海岸、比利時，以及哥斯大黎加。我回到家，從書櫃上取出塔希爾的書，謹慎閱讀每一則尼爾提到的訊息，以及其他七十個訊息；事實上，尼爾選出的，就是其中最傑出的三則：

阿波羅十一號將這三段來自一九六九年的善意訊息帶往月球表面，並且在五十年前的七月二十日，放置在矽製碟形膠片中——如果一切安好，沒有人打擾月球，這張矽製碟形膠片的訊息將永遠留在月球上，成爲我們的記憶——我相信，尼爾也會願意讓我在前言中分享：

象牙海岸總統菲利克斯・烏弗埃－博瓦尼（Félix Houphouët-Boigny）

在人類最古老的夢想成真的這一刻，我非常感謝航太總署的善意關注，讓我有機會接受人類史上第一位在月球表面留下足跡的信使的服務，替我們傳達象牙海岸的話語。

我希望，當這位信使穿過天空、在月球塵土留下人類足跡時，他會感到無比驕傲，因為我們共同屬於達成這個壯舉的世代。

我也希望，他能告訴月球，它在象牙海岸夜空閃爍光芒時是何其地美麗。

我特別盼望，他回到地球時，能夠大聲疾呼，讓我們明白從月球看著地球時，人類苦惱的問題又是何其渺小。

但願他從天而降時，能夠在宇宙中找到力量和光明，讓他說服所有人相信在同袍情誼與和平進展之中所展現的人性之美。

比利時國王博杜安（Baudouin）

人類即將完成歷史上第一次踏足月球，我們以讚嘆和尊敬，思考這個值得紀念的成就。

我們仰慕合作達成這個成就的人，也對他們非常有信心，特別是這三位勇敢的男人，他們帶著我們的希望，以及地球上所有國家的希望，這些國家可能是他們的前輩，或者即將在太空中追尋他們的腳步。

我們懷抱著敬意，看待初次登月之人被託付的力量，以及他承擔的責任。

我們深刻理解人類將在宇宙世界中承擔的責任，也同時明白自己還有必須在地球上完成的目標，讓人類世界更為公義和幸福。

願上帝協助我們實現世界歷史的新步伐，願各國之間能有更好的相互理解，而人與人之間的情誼更為緊密。

哥斯大黎加總統多瑞荷（José Joaquín Trejos Fernández）

我和所有哥斯大黎加人民共同祈禱，希望阿波羅十一號的歷史探索能夠成功，因為這個任務代表人類在追求和平踏足宇宙時完成的科學和科技發展成就，而阿波羅十一號的隊員也象徵人類的勇敢、決心，以及冒險和聰穎的精神。

為了讓第一群人類踏上月球而付出的重大科學和科技努力，值得全人類的感謝，他們的努力將帶來裨益，提升人類生活的福祉。

我們由衷相信，有一天，全人類的生活會變得更好，讓他們的努力增添更多精彩——用更堅定的決心，追求正義和自由，因為科學和科技的發展必須尊重所有人類，散播愛鄰的情感。我們也希望，人類更清楚鮮明地知道這座星球，我們在宇宙之中的家園，竟是如此渺小，才能孕育人性精神，刺激更好的科學與科技發展。

身為哥斯大黎加的代表，我謹向阿波羅十一號的英雄，以及讓人類追求這次歷史成就的每個人獻上祝福。

無論尼爾・阿姆斯壯本人是否願意——他當然不會同意——我都認爲自己應該將五十周年版本前言最後一部分的內容，留給尼爾本人。

阿波羅十一號起飛的一個月之前，阿姆斯壯在《生活》雜誌的邀請之下，仔細反思登陸月球的意義，而這段文字絕對是尼爾最謹慎細膩的寫作：

我不該擅自武斷挑選某個成果，作為歷史看待本次任務結果的方式。但是，我依然會說，這次任務將啟蒙人類，協助所有人理解，地球其實屬於一個更為浩瀚的宇宙，遠遠大過我們能夠從家中前門廊觀賞到的世界。我也希望這次任務可以幫助每個人，幫助全世界，用更合適的角度思考人類作為一個種族的各種努力。或許，前往月球，再回到地球，根本沒有如此重要。但往返月球是一個重要的步伐，讓所有人獲得新的思考層次——這就是啟蒙。

畢竟，地球本身就是一艘太空飛行器①，極為特別的詭異太空飛行器，因為地球太空飛行器的隊員活在飛行器的外部，而不是內部。但地球很渺小。地球圍繞著太陽，在軌道之中飛行。地球圍繞著這個銀河系的核心，而這個銀河系也在某個未知的軌道之中飛行，用難以測量的速度前往未知的方向，但其變化率、位置和環境都有著極大的改變。

我們無法找到足夠的距離去看清宇宙世界正在發生的種種變化。倘若你身處人群之中，群眾就會在你的視線範圍之內、往四面八方延伸。你必須退一步，從華盛頓特區紀念碑或者類似的地點低頭觀望，才能真正看見人群的邊緣，而從高處觀看人群的全貌相較於置身人群之中會有些許差異。

我們身處地球，難以觀察地球的位置以及方向，或者理解地球未來的發展。我希望，藉由稍微離開地球，從現實世界的角度以及隱喻的角度，我們都能夠讓某些人退一步，並重新思考他們在宇宙世界中的使命，將他們自己視為同一個族群，思考他們都是這艘航向宇宙的太空船隊員。如果你必須負責駕駛太空船，你必須謹慎決定自己要如何使用資源，如何使用人力，以及如何對待這艘太空船。

我希望，未來數十年的太空旅行可以更為拓展人類的視野。從月球的距離觀看地球，根本無法看見大氣層。大氣層過於稀薄，且僅佔地球極小部分，一點也無法察覺。這個景緻應當讓所有人驚訝。地球的大氣層是渺小且可貴的資源。我們必須學習如何保護大氣層，睿智地使用大氣層。站在人群之中，你可以察覺大氣層的存在，大氣層似乎相當充足，所以你不擔心。但從不同的制高點，或許就更容易理解，我們為什麼應該擔憂。

如果有人誤認爲尼爾・阿姆斯壯只是一名單純的書呆子工程師或者是只會駕駛飛行器，無法提出重要且深層議題的，他們只需要反思上述引用的尼爾的文字，就能仔細欣賞這個男人的睿智。

時至今日，尼爾已經過世六年。隨著時間經過，熟悉尼爾的人將更理解他是何其少有的人物，他的性格和成就何其獨特，而我們又是何其想念他。在這段回顧之中，我們可以重現、沉思、評估，向他的人生（《登月先鋒》第一版所記錄尼爾的人生僅至二〇〇五年，第二版則是在尼爾死後數個月加上前言再發行）與他留下的永恆傳承致敬。

①太空梭（space shuttle）一詞首次正式使用於一九八一年的美國太空梭計畫，在阿姆斯壯的年代，太空中的飛行器稱爲 spacecraft，衍生於 aircraft，本書在此翻譯爲太空飛行器。常見的太空船則較常用於非正式的行文，或者特別強調的時候，因此本書在原文使用 spaceship 時，將翻譯爲太空船。

終其一生，無論尼爾追求何種目標，他都用他自己的方式，實現一位卓越人物的本質性格與核心價值：專注、奉獻、可靠、渴求知識、自信、堅強、果決、誠實、創新、忠誠、積極、自重、尊重他人、正直、自立、審愼，以及明斷等。沒有任何一位曾經踏上另外一個星體的人類比尼爾更能展現最佳的人性，也沒有任何一個人可以比尼爾更妥善面對國際名聲的熱情注視，以及在登月之後立刻成爲一位歷史和文化的偶像人物。尼爾溫和且謙遜的性格，讓他竭力避免吸引注意，堅持追求眞正的工程專業；他從來就不是那種想從名譽或聲望之中獲得不當利益的人。

任何人想要分析尼爾在阿波羅十一號任務完成之後平靜且謙虛的生活，分析尼爾在往後歲月如何避免社會大眾和媒體的關注，一定都會發現尼爾擁有一種獨特的敏銳，這種敏銳也是他人格中的一種本質；彷彿尼爾早已知道，他在一九六九年夏天協助祖國完成的壯舉——那第一群登陸月球並且安全回到地球的男人們的史詩——必定會因爲現代世界粗俗的商業主義、冗長累贅的問題，以及一切對此的空談而逐漸消逝。在內心最深處，尼爾不只明白，也感謝發生在他身上的美好事物，關於他能夠與伯茲・艾德林一起踏上月球，而麥克・柯林斯就在頭上的月球軌道，尼爾同樣了解登陸月球這事對全世界、對我們所有人帶來的美好。

尼爾一直都是人類首次探索深太空的團隊裡的重要成員——他也總是強調四十萬名美國人對阿波羅成功的貢獻。他確實待在這個團隊的金字塔頂端，但沒有任何私人因素讓他註定成爲首次登月任務的指揮官或者踏上月球表面的第一人。正如他總是解釋，這一切發生的原因都是純粹的運氣以及偶然的環境因素。他依然完成了自己的使命，他也明白想要完成這個使命，需要何等偉大的犧牲、何等傑出的奉獻，以及卓越超凡的人類創造力。尼爾非常自豪他在人類首次登陸月球中扮演的關鍵角色，但他的自豪並未讓他淪爲沽名釣譽的小丑或賺錢機器。在許多重要的層面，尼爾選擇讓他人生的特定階段成爲史書的內容。就像高爾夫選手巴比・瓊斯（Bobby Jones）贏得大滿貫賽事之後，再也沒有參加比賽，也像知名電視主持人強尼・卡森（*Johnny Carson*）離開《今夜秀》（*The Tonight Show*）之後就不曾出現在電視上。但尼爾並未在阿波羅十一號任務結束之後刻意過著隱士生活，那是因爲記者無法採訪尼爾，心生不滿而捏造的迷思。登陸月球之後，他生活過得非常積極，創造了更多光榮的成就——教育、研究、商業、產業發展，以及探索。並且他依然堅持活得榮譽和正直。

我從美國神話學家喬瑟夫・坎伯的《生命藝術的省思》選出一段深邃文字作爲《登月先鋒》的開場引文。這段句子是：「人生最大的特權，就是能夠忠於自我。」尼爾・阿姆斯壯享受了這種特權，我們所有人也應該高興，他的人生讓他享受了這種特權——也讓我們享受他的種種成就。

詹姆斯・韓森，寫於二〇一八年三月

人生最大的特權，就是能夠忠於自我。

——喬瑟夫・坎伯，《生命藝術的省思》（*Joseph Campbell, Reflections on the Art of Living*）

序 啓程

月球任務結束之後，阿波羅十一號任務的太空人回到地球，伯茲・艾德林（Buzz Aldrin）對尼爾・阿姆斯壯（Neil Armstrong）說：「尼爾，我們錯過了一切。」

一九六九年七月十六日前夕，將近七十五萬至一百萬人湧入佛羅里達州的甘迺迪太空中心，這是歷史上觀看太空發射的最大觀眾人數。太空發射的前夜，佛羅里達州迎接了三十五萬臺來自陸路和水路的交通工具，大約一千位的警察、州警和州水路巡警疲於奔命地疏導交通。佛羅里達當地一位汽車維修員抓住創業機會，向路旁的柳橙果農承租兩平方英里的柳橙果園，再向群眾收費，一個人繳交兩美元的入場費用，就能站在果園內，享受觀看太空啓程的特權。另外一位同樣有商業頭腦的民眾，則是用羊皮紙張和仿古老英文字體印刷製作了未經官方授權的「觀看太空發射證書」，以一・五美元的價格，販售給現場民眾。民眾如果加價支付二・九五美元，就能買到一支同樣沒有官方授權的盜版太空筆。

沒有任何一次的美式足球狂歡派對，能夠與人類首次太空發射登陸月球前的夏日慶典相提並論。民眾點燃烤肉架、打開冷氣、使用單眼或雙眼望遠鏡、調整鏡頭和角度，準備眺望遠方。佛羅里達的每一寸土地都是前來共襄盛舉的民眾，就連港口和防波堤也是人山人海。

華氏九十度的近午高溫，蚊蟲叮咬，擁擠的交通以及人滿爲患的觀光熱潮，仍然無法減少群眾的興致，他們耐心地等待巨大的土星五號火箭將阿波羅十一號送往月球。

太空發射基地的南方五英里處，佛羅里達州的巴納納河上，所有的船隻將水路擠得水洩不通。負責製作阿波羅十一號控制艙的北美航空派出一艘巨大郵輪共襄盛舉。珍妮特・阿姆斯壯，阿波羅十一號太空計畫指揮官尼爾・阿姆斯壯的妻子，帶著兩位兒子，十二歲的瑞克以及六歲的馬克，也在北美航空的郵輪上，一起緊張焦慮地等待太空發射。一九六六年時與尼爾共同參與雙子星八號任務的太空人戴夫・史考特，帶著珍妮特進入她所說的「首席座位」。珍妮特的兩位朋友也來了，還有美國航太總署的公共關係人員，以及獲得獨家報導權，能夠貼身採訪阿波羅十一號任務相關人員的《生活》（*Life*）雜誌記者朵拉・珍・韓柏琳（Dora Jane Hamblin，綽號朵蒂 Dodie）。

許多直升機飛過河流的上空，載著許多重要人物前往太空中心，那裡的露天看臺保留了貴賓座位，與太空發射臺之間的距離不到三英里。美國航太總署的貴賓名單長達近兩萬人，其中三分之一親自到場，包括數百位的外國政治首長、科學研究部門的首長、駐美武官和航太科技的首長，以及十九位美國各州州長、四十位市長，還有幾百位美國商業、產業界鉅子。半數的參議院議員也到場了，以及幾位美國最高法院法官，現場貴賓包括越戰時的美國首席軍事幕僚威廉・魏摩蘭（William Westmoreland）、美國國家廣播公司電視臺熱門節目《今夜秀》的主持明星強尼・卡森和時任美國切肉工人與屠宰工人聯合工會會長的里昂・夏克特（Leon Schachter）。

當時的美國副總統斯皮洛・阿格紐（Spiro T. Agnew）也坐在現場的露天座位，而總統尼克森則是在白宮的橢圓辦公室裡觀看電視轉播。白宮原本計畫在起飛前一天，讓尼克森和阿波羅十一號的太空人共進晚餐，但媒體引述太空團隊首席醫師查爾斯・貝瑞（Charles Berry）的說法，推測尼克森可能在不自覺的情況下罹患感冒，白宮因此取消了晚宴。阿姆斯壯、艾德林以及麥克・柯林斯（Mike Collins）認爲外界的擔憂過於荒謬，他們每天都要和二十至三十位工作同仁接觸，包括各政府部門的部長、太空衣技術人員以及太空環境模擬技術人員。

甘迺迪太空中心湧入了兩千位記者，八百一十二位來自國外，光是日本就有一百一十一位，蘇聯則派出十餘位記者。

登陸月球是全球矚目的重大事件，幾乎所有人都認爲其超越了政治。英國報紙以二英寸至三英寸大的字體報導了太空發射的新聞。西班牙的《每日鄉村晚報》（*Evening Daily Pueblo*）雖然向來批評美國的外交政策，仍然選出了二十五位在競賽中獲勝的讀者前往甘迺迪太空中心參觀，由報社負擔所有旅行費用。一位荷蘭社論家認爲自己的國家因爲登陸月球的壯舉而陷入「月亮熱」。捷克的評論家更是強調：「這才是我們熱愛的美國，與越戰的美國截然不同。」極受歡迎的德國《圖片報》（*Bild Zeitung*）則指出，阿波羅計畫中的五十七名資深主管中，一共有七位的家族歷史可以追溯至德國，並且用極度愛國的口吻結論道：「登陸月球的壯舉，其中有百分之十二必須歸功於『德國製造』。」即使法國媒體也認為阿波羅十一號任務是「人類歷史上最偉大的冒險」，《法蘭西晚報》（*France-Soir*）長達二十二頁的副刊銷售了一百五十萬份。一位法國記者非常訝異地發現，法國人民竟然如此狂熱地注目月球登陸，因為「這個國家的人民如此厭惡政治和國際事務，外界甚至批評他們只在乎度假和性愛。」莫斯科廣播電臺以太空發射作為開場新聞，《真理報》（*Pravda*）將甘迺迪太空中心的照片刊登在頭版，稱呼阿波羅十一號太空人的照片是「三位勇敢的男人」。

然而，並非所有的媒體都支持登陸月球。在香港，三份共產主義色彩濃厚的報紙批評太空任務只是為了掩飾美國在越戰的挫敗，並且指控登陸月球是將「帝國主義延伸至月球」。其他國家的媒體則批判美國太空計畫的物質主義將恆久地毀滅自古縈繞在月球周圍的飄渺神祕之美。倘若人類探索者的足跡和勘查工具侵犯了月球，我們又要如何理解濟慈（John Keats）的詩所描繪的浪漫情懷呢？「月亮，妳究竟隱藏了什麼，才會深深地感動我的心。」在一九六〇年代初期，人類將通訊衛星發射至外太空，南韓也分享了這個科技帶來的奇蹟。阿波羅十一號發射當天，五萬名南韓民眾聚集在美國駐南韓大使館前，觀看電視牆的現場直播。美國駐華沙大使館的觀禮現場也坐滿了波蘭群眾。由於美國 AT&T 電信公司的三號國際通訊衛星發生技術問題，未能將訊號傳遞到大西洋地區，導致巴西居民無法收看現場直播（南美洲、中美洲以及加勒比海地區亦是如此），他們仍然聆聽廣播，隔天的報紙特刊也售罄。三號國際通訊衛星故障之後，電信公司只好使用替代方案，繞著地球一圈（從西方世界傳至東方世界）傳遞訊號，導致現場直播產生了兩秒鐘的延遲。

太空發射在即，哥倫比亞廣播公司新聞的評論人員艾瑞克・薩瓦里德（Eric Sevareid）向知名主播華特・克朗凱（Walter Cronkite）的廣大觀眾說：「華特……我們今天親臨現場……我認爲（美國的）語言已經發生了重大的改變……我們已經不能再說『與天齊高』或者『唯有天空才是我們的極限』……這種描述已經沒有意義了。」

全世界沒有任何人的興奮程度堪比美國居民。在田納西州東部，菸草農夫聚在一起，用一臺小型的攜帶式電晶體收音機，一起分享這個重大的時刻。在密西西比州的比洛克西（Biloxi），捕蝦漁夫在碼頭等候阿波羅十一號成功發射的新聞。科羅拉多泉的美國空軍學院延後了早上七點三十分的課程，五十名軍校學生焦慮地徘徊在一臺小電視機前。在二十四小時營業的拉斯維加斯凱薩皇宮賭場，二十一點和輪盤桌前空無一人，因爲賭客全都專注地觀賞六組電視牆的現場直播。

群眾圍繞甘迺迪太空中心，以及鄰近的各個地區，包括梅里特島（Merrit Island）、泰特斯維爾（Titusville）、印地安河（Indian River）、可可比奇（Cocoa Beach）、衛星海灘（Satellite Beach）、墨爾本市（Melbourne），布里瓦德郡（Brevard）和奧西歐拉郡（Osceola），人潮甚至蔓延至遠方的戴通納海灘（Daytona Beach）和奧蘭多（Orlando），準備目睹人類有史以來最驚人的畫面。約翰・姚（John Yow）是一名股票經紀人。他的妻子是佛羅里達當地的知名人物，素有「傑克孫維市之聲」（The voice of Jacksonville）的雅號，她激動無比地說：「我全身發抖，我好想哭，因爲人類的生命即將迎向新紀元。」來自阿姆斯壯母校普渡大學（Purdue University）的查爾斯・沃克（Charles Walker）在泰特斯維爾的小灣露營地接受記者採訪時表示：「登陸月球就像人類第二次發現了火，或許這個成就將如燭火光芒，讓現代的所有人類團結一致。」美國駐法大使薩根特・史瑞佛（Sargent Shriver）坐在最靠近發射基地的貴賓座位，他是尤妮絲・甘迺迪（Eunice Kennedy）的丈夫，而尤妮絲正是已故美國總統約翰・甘迺迪的妹妹。甘迺迪生前曾努力促成美國實現登陸月球計畫。史瑞佛說：「紅色的火焰、藍色的天空以及白色的煙霧，這些色彩如此美麗動人！坐在阿波羅十一號裡的太空人即將享受一場無與倫比的壯遊，*Incroyable* ②！」

哥倫比亞廣播公司的評論人員海伍德・海爾・布朗（Heywood Hale Broun）向來以率直無禮的體育新聞報導聞名。他和幾千位民眾在距離基地十五英里左右的可可比奇共同見證了太空發射。他向收看克朗凱節目的千萬名觀眾表示：「在網球比賽中，你的視線必須左右移動。但觀看太空啓程，你只能不停地往上，你的視線愈來愈高，你的希望愈來愈高，到最後，所有的觀眾凝聚在一起，看起來就像一隻巨大的多眼螃蟹，沉默地仰望穹蒼。火

② *Incroyable*，法文，即「無與倫比」之意。

箭發射的當下，我聽見了一聲輕呼。所有觀眾都陷入了凝視，他們的心隨著火箭愈來愈遙遠。如果你願意這麼說，這是一首希望之詩，雖然無聲，但你可以從群眾專注的姿態以及隨著火箭升空的視線，看見這首詩。」

即使前來發射基地抗議的群眾也被深深地打動了。拉夫・阿伯內西（Ralph Abernathy）牧師接替了馬丁・路德・金恩博士（Martin Luther King Jr.），成爲南方基督教領袖會議（Southern Christian Leadership Conference）的領袖，也是美國非裔美國人民權運動的實質領袖。他帶著四頭驢子和「窮人對抗飢餓運動」的一百五十名群眾示威遊行，盡可能地靠近如植物般在土地上四處蔓延的太空基地。「我們在此抗議美國政府未能妥善地照顧人民的需求。」南方基督教領袖會議的政治教育領導者荷西・威廉斯（Hosea Williams）認爲美國政府用來進行登陸月球計畫的支出，可以消除三千一百萬名貧民的飢荒問題。然而威廉斯最後「站在原地，非常尊敬太空人」，阿伯內西牧師則是「臣服於令人敬畏的太空發射」。阿伯內西牧師甚至說：「站在這塊土地上，我成爲了最驕傲的美國人，我眞心相信這裡是聖土。」、「我們還能做很多事情——解決全球飢荒、疾病和貧窮。」前美國總統林登・詹森與妻子「小瓢蟲」③聯袂出席觀賞太空發射之後，他透過鏡頭對克朗凱說：「我們必須把投入太空計畫的偉大天賦，也致力於處理這些問題，並且解決問題，替最大多數的人，謀求最大的福祉。」

距離發射只剩下十分鐘，史瑞佛也在現場直播的鏡頭裡對克朗凱說：「廂型車載著太空人經過這條道路時，群眾陷入了沉默……你能夠感受到他們相信太空人不只出類拔萃，而且是與眾不同的人物。他們就像探索異世界歸來的英雄，你知道他們看見了祕密，我們永遠無法得知祕密的眞相，而他們也無法以言語解釋。」

在俄亥俄州中部，距離佛羅里達的露天貴賓席一千英里遠的沃帕科內塔（Wapakoneta）小鎭正在倒數，街道冷清無人，因爲將近六千七百位居民都專注地收看家中電視機。這陣旋風的核心是尼爾・阿姆斯壯路（Neil Armstrong Drive）九百一十二號的單層樓牧場風格住宅。薇歐拉（Viola）和史帝夫・阿姆斯壯（Steve Armstrong）就是這間房子的主人，他們是尼爾的父母，在一年前搬入此地。他們曾經親臨現場見證一九六六年的雙子星八號任務。愛子也在一九六九年的四月，安排父母到現場觀看阿波羅十號的啓程。然而，尼爾卻勸父母待在家裡，他認爲父母可能會在甘迺迪太空中心體驗「過大的壓力」。太空發射前的幾個月，尼爾的雙親「被所有的記者包圍」，包括來自英格蘭、挪威、法國、德國和日本等國際媒體。薇歐拉回憶道：「他們提出各種窺探性的問題，耗弱了我的體力，讓我神經緊繃，例如『尼

③即克勞迪雅・泰勒・詹森（Claudia Taylor Johnson，1912-2007），她非常愛護環境，致力推動美化美國運動，與外號小瓢蟲（Lady Bird）相呼應。

爾小時候是什麼樣的孩子？』、『他的家庭生活如何？』以及『太空發射的時候，妳會在哪裡，打算做什麼？』等等。我之所以能夠承受一切，全因上帝的恩賜。祂必定無時無刻不守護在我身邊。」

爲了便於報導，全美三家主要的電視網，在阿姆斯壯家的車道上建造了八十五英尺高的電波發射塔，甚至將他們的車庫改裝成媒體中心，在摺疊桌上安裝了一排又一排的電話，美國航太總署派出計畫使節人員湯姆・安德魯斯（Tom Andrews），協助阿姆斯壯夫婦面對喋喋不休的記者。由於尼爾的父母只有一臺黑白電視，電視臺送了一臺大型的彩色電視給他們，讓他們觀看太空發射。每一天，沃帕科內塔的一間餐廳會送六塊派給阿姆斯壯夫婦，鄰近利馬小鎮（Lima）的水果公司則贈上大量的香蕉，俄亥俄州的戴爾菲羅斯公司（Delphos）也送上知名的冰淇淋。俄亥俄州最大的企業，費雪起司公司（The Fisher Cheese Co.）開始供應「月球起司」特殊口味。瓶裝汽水飲料公司也推出了一箱又一箱的「瓶裝月球飲料」：以「神祕配方」調製而成的香草奶油蘇打汽水。

相當自豪的沃帕科內塔的市長要求每一戶人家和商家必須從早懸掛美國國旗（倘若能夠加上俄亥俄州旗更好），直到「男孩們」平安地從太空返回地球。媒體的聚光燈在少數幾位本地人身上引發了各種民間傳說。某些人開始訴說誇大的故事，甚至是徹底的謊言，想要讓別人相信他與太空人阿姆斯壯之間有一種特殊的聯繫。甚至連小孩都開始羅織故事：「聽好了！我的爸爸是尼爾・阿姆斯壯的理髮師！」或者「我媽媽是尼爾的初吻對象！」阿姆斯壯一家人住在奧格萊塞縣（Auglaize County），電話號碼已經被公開了，湯姆・安德魯斯替他們從廚房繞道，在主要的房間安裝了兩支私人電話。太空起程的前一天中午，尼爾從甘迺迪太空中心打電話給父母親。薇歐拉回憶道：「他的聲音很雀躍。他相信大家已經準備就緒，可以迎接明天早上的啓程任務了。我們祈求上帝照顧他。」

尼爾的兄弟姊妹到場見證太空啓程。茱恩與丈夫傑克・霍夫曼（Jack Hoffman）帶著七個孩子從威斯康辛州的梅諾莫尼福爾斯（Menomonee Falls）搭飛機抵達佛羅里達。迪恩・阿姆斯壯和妻子瑪麗蓮（Marilyn）則是開車載著三個小孩，從印地安那州的安德森（Anderson）前往佛羅里達。薇歐拉在離開人世的當天，依然鮮明地記得那個非比尋常的早晨：「訪客、鄰居和陌生人都圍繞著我們家，想要見證和聆聽一切，包括我的母親卡洛琳（Caroline）、表姊羅絲（Rose），以及韋伯牧師（Weber）。史帝夫和我並肩而坐，身上都配戴了尼爾送給我們的雙子星八號紀念別針，想要祈求幸運。」

「從尼爾出生的那一刻開始——甚至在更遙遠的幾個世紀之前，史帝夫和我的家族血脈正在歐洲萌芽之際——我們的兒子似乎已經命中註定肩負偉大的太空任務。」

Part One

小男孩飛行員

Boy Pilot

我在俄亥俄州出生長大，我的故鄉位於代頓（Dayton）北方六十英里處。從有記憶開始，我一直記得萊特兄弟發明飛機，在天空航行的故事……一開始，我關心的是創造飛機，而不是飛行，因為飛行尚未成熟，我們無法想像成功地遨翔天際。

——尼爾・阿姆斯壯，二〇〇二年，八月十三日，接受本書作者訪談

Chapter 1
美國創世紀

尼爾・阿姆斯壯很清楚，所有人的生命故事起點都不是出生之時，必須追溯至他的祖先，甚至數百年前，遠達人類的記憶原點、歷史文件以及現存的族譜紀錄。忽略一個人最深刻的家族歷史，就無法理解他的生命故事，遑論其人生歷練、挑戰、愛，以及父母、祖父母、曾祖父母、曾曾祖父母和更遙遠的長輩所懷抱的熱情。尼爾堅持這本傳記作品必須包括家族長輩的過去。

尼爾非常崇拜自己的家族歷史。就像許多美國人，阿姆斯壯家族也譜寫了一段移民故事，勇敢踏上新土。尼爾曾說，他們家的故事就像「美國創世紀」。

尼爾熱愛美國與美國史，甚至欣賞一七七六年至一七八三年之間，美國尚未建立，人民決定起身對抗祖國英格蘭而追求獨立之前的故事。尼爾相信，「美國象徵機會。為了追求符合良知的信仰，早期移民來到這座新世界，憑藉開疆拓土與辛勤付出，建立了新的未來。他們找到了一種新的生活，可以自由追求自己的目標。」

尼爾的「深刻家族歷史」——就我們能夠確實查證的程度而言——阿姆斯壯家族最有

名的祖先，可以追溯至距今超過三百年前，也就是十七世紀晚期。尼爾家族的族譜來自在中世紀晚期頭角崢嶸的阿姆斯壯部族。他們居住在蘇格蘭和英格蘭兩地之間，非常惡名昭彰的「邊緣禁地」。在美國革命的四十年前，一小群無畏無懼的阿姆斯壯族人早已越過大西洋。他們的後人決定繼續向西部邁進，與最勇敢的美國早期拓荒者一起搭乘貨車和河船，越過阿帕拉契山脈，在一八一二年戰爭不久之後，定居在俄亥俄州西北部。

阿姆斯壯之名（Armstrong）早已輝煌。此字來自盎格魯—丹麥傳統，原意就是「強壯的手臂」（strong of arm）。阿姆斯壯的傳說可以追溯至一位英雄祖先費爾貝恩（Fairbairn）。尼爾的母親薇歐拉記得其中一種版本的費爾貝恩傳說。「在一場決鬥中，蘇格蘭國王的馬匹遭到槍擊而死，費爾貝恩協助國王東山再起。爲了感謝費爾貝恩，國王將蘇格蘭和英格蘭邊境地帶的大批土地賜給他，從此之後，費爾貝恩就被稱爲『阿姆斯壯』」。另一個傳說則主張，費爾貝恩也被稱爲「持劍的勇士」（sword warrior; Siward Beorn）以及「持劍的強壯手臂」。

到了一四〇〇年，阿姆斯壯氏族崛起，成爲邊境地帶的強大勢力。十六世紀時，阿姆斯壯已經毋庸置疑地變成邊境地帶最強大的掠奪者——也就是盜賊和搶匪。數十年來，阿姆斯壯明目張膽地擴大勢力，傳言指出他們焚燒五十二座蘇格蘭教堂，終於迫使蘇蘭格王室出手制止。一五二九年，蘇格蘭王詹姆斯五世編列八千軍隊，處理令人苦惱的阿姆斯壯氏族。阿姆斯壯的人數大約是一萬兩千人至一萬五千人左右，將近蘇格蘭總人口數的百分之三。一五三〇年，詹姆斯五世揮軍南下，想要找出吉爾諾克基的強尼・阿姆斯壯（Johnnie Armstrong of Gilnockie）。十八世紀知名歷史小說家華特・史考特爵士（Sir Walter Scott）認爲威廉・阿姆斯壯（William Armstrong）是強尼・阿姆斯壯的嫡系子孫。歷史學家也推測威廉是克里斯多福・阿姆斯壯（Christopher Armstrong，一五二三至一六〇六年）的長子，而克里斯多福則是強尼的長子。

尼爾的祖先一直留在蘇格蘭與英格蘭的邊境，直到一七三六年至一七四三年間，他們移居到美洲大陸。亞當・阿姆斯壯（Adam Armstrong）於一六三八年生於邊境，一六九六年死於邊境。他是阿姆斯壯家族的第一代。十個世代之後，尼爾・阿姆斯壯成爲登陸月球的第一人。

亞當・阿姆斯壯有兩個兒子，其中一位也叫亞當，出生於一六八五年的英格蘭坎布里亞（Cumbria）。亞當・阿姆斯壯二世在二十歲時與瑪莉・佛斯特（Mary Forster）結婚。亞當・亞伯拉罕・阿姆斯壯三世（Adam Abraham Armstrong III，出生於一七一四年或一七一五年），在一七三〇年代中期，大約二十歲時，與父親一起橫渡大西洋，成爲尼爾族譜中移居美洲的第一代祖先。一七四九年，亞當二世死於賓州。

阿姆斯壯的先祖成爲賓州康諾科吉格（Conococheague）地區的第一批住民。亞當・阿姆斯壯三世努力耕耘土地。他在一七七九年時去世，此地最後成爲現在的坎伯蘭（Cumberland）郡。亞當的長子約翰（一七三六年生）二十四歲時勘查位於康諾科吉格西方一百六十英里遠的馬迪河（Muddy Creek）河口。約翰與妻子瑪莉在馬迪河地區養育了九名孩子。他們的次子同樣叫做約翰（一七七三年生）。約翰的小孩是尼爾的嫡系祖先。

美國革命戰爭爆發之後，數千名居民湧入俄亥俄州。一七九九年三月，二十五歲的約翰・阿姆斯壯、妻子瑞貝卡（Rebekah）、約翰的弟弟湯瑪斯・阿姆斯壯（Thomas Armstrong）、湯瑪斯的妻子艾麗斯・考佛（Alice Crawford）以及湯瑪斯尚在強褓中的孩子威廉一起搭乘平底船，從馬迪河出發，前往匹茲堡，再轉向俄亥俄河，航行兩百五十英里之後抵達哈金港（Hockingport）西側，也就是現代西維吉尼亞州的帕克斯堡（Parkersburg）。兩家人一起沿著哈金河（Hocking River）而上，抵達俄亥俄州的亞歷山大鎮（Alexander Township）。他們沿著城鎮外緣拓荒，此地最後成爲現代的俄亥俄州雅典市（town of Athens）。湯瑪斯和艾麗斯在此養育六名孩子。約翰和瑞貝卡定居在俄亥俄州西方遠處的格林維爾堡（Fort Greenville）。尼爾的祖先約翰・阿姆斯壯（第五代成員）和家人見證美國政府和最後一個印地安人大型部落簽署聖瑪莉協約（Treaty of St. Mary's）的協商過程。一八一八年，約翰・阿姆斯壯與家人定居在聖瑪莉河西岸。從第一次收成季節開始，阿姆斯壯家族就得到足夠豐厚的成果，得以繼續保持一百五十英畝土地的財產，最後這裡變成「阿姆斯壯農場」，也是奧格萊塞縣歷史最古老的農場。

約翰的長子名爲大衛・阿姆斯壯，出生於一七九八年。他與瑪格麗特・汎・諾斯（Margaret Van Nuys，一八〇二年至一八三一年）就是尼爾的父系曾祖父母，但兩人並未結婚。瑪格麗特與克萊柏・邁爾（Caleb Major）結婚，而大衛與艾蓮諾・史考特（Eleanor Scott，一八〇二年至一八五二年）結婚。艾蓮諾是湯瑪斯・史考特（Thomas Scott）之女，他也是另一位早期定居在聖瑪莉的居民。大衛與瑪格麗特的兒子叫做史帝芬（Stephen）。瑪格麗特一直扶養史帝芬，直到一八三一年三月，瑪格麗特因爲早產而去世之後，她的父母賈克伯斯・汎・諾斯（Jacobus Van Nuys）和瑞秋・哈威爾（Rachel Howell）收養了七歲的孫子。史帝芬的爸爸大衛死於一八三三年，祖父在一八三六年身亡。

史帝芬是阿姆斯壯家族的第七代。一八四六年，史帝芬二十一歲時，繼承了祖父汎・諾斯留下的遺產，大約是價值兩百美元的現金和貨品。史帝芬是一名農場工人，一直在別人的家族農場工作。多年之後，他終於買下一百九十七英畝的土地，隨後又將地產擴增兩百一十八英畝。

美國內戰對史帝芬的生活影響已經無從考證。史帝芬與瑪莎・華金斯・貝德格利（Martha Watkins Badgley，一八三二年至一九〇七年）結婚。她原本是喬治・貝德格利（George Badgley）的妻子。兩人生下四名孩子，喬治死後，瑪莎與史帝芬結婚。一八六七年一月十六日，瑪莎生下史帝芬的兒子，取名爲威利斯・阿姆斯壯（Willis Armstrong）。

史帝芬死於一八八四年，享年五十八歲，身後留下超過四百英畝的土地，價值超過當時的三萬美元——換算爲今日的價值，超過七十萬美元。

史帝芬的獨子威利斯繼承了大多數的地產。三年之後，威利斯和當地一位女孩結婚，她的名字是莉莉安・布瑞爾（Lillian Brewer，一八六七年至一九〇一年）。兩人生下五名孩子，住在瑞佛路（River Road）鄰近的農舍。一九〇一年，莉莉安因難產而身亡。

喪偶孤寂的威利斯，決定兼職運送郵件，其中一個投件點就是柯寧格（Koenig）兄弟開設的法律事務所。他們的妹妹羅菈（Laura）擔任事務所的祕書。一九〇三年末，威利斯開始追求羅菈。兩人在一九〇五年六月結婚，住進威利斯在聖瑪莉地區購買的新房子。後來，夫妻搬入西春街（West Spring Street）街角一間華美的維多利亞房屋。

尼爾的父親史帝芬・柯寧格・阿姆斯壯（Stephen Koenig Armstrong）就在這間房子長大。威利斯和羅菈育有兩子，第一位出生的就是史帝芬，生於一九〇七年的八月二十六日。威利斯和莉莉安先前生下的孩子成爲史帝芬的姊姊和哥哥，名字分別是伯妮絲（Bernice）和格雷絲（Grace），以及蓋伊（Guy）和雷伊（Ray）。史帝芬的童年承受了經濟困難和一連串的家庭逆境。威利斯將房子抵押貸款，把大多數的金錢都投資在大舅子提出的鐵路建設計畫。不幸的是，威利斯血本無歸之外，財務困境也破壞了家人關係，包括威利斯和羅菈的婚姻。

一九一二年，史帝芬同父異母的兄弟蓋伊去世。一九一四年，阿姆斯壯一家人的房子著火。年僅六歲的史帝芬背著衣物，倉皇而逃。

一九一六年，威利斯已經四十九歲，負債累累，決定辭去郵務工作，前往堪薩斯的油田工作。

一九一九年初，威利斯重返俄亥俄州。幾個星期之後，威利斯帶著家人回到瑞佛路的農場，但這裡依然處於沉重的抵押貸款狀態。威利斯因爲慢性關節炎而不良於行，只能指望史帝芬務農工作，但史帝芬的母親堅持要他先接受教育。

史帝芬在一九二五年時完成高中教育。然而，他早已決定放棄務農生活。很快地，他與一位說話語氣柔緩的年輕女子相戀，她的名字是薇歐拉・路易絲・恩格爾（Viola Louise Engel）。

薇歐拉的祖父菲德烈克・威廉・柯特（Frederick Wilhelm Kötter）在德國出生。一八六四年十月，柯特搭船抵達美國巴爾的摩港（Baltimore harbor）時，史帝芬・阿姆斯壯的家族已經定居美國超過一個世紀了。爲了讓十八歲的菲里茲（Fritz，即菲德烈克的小名）避開普魯士軍方的強制徵召入伍令，他的父親賣掉了位於西發利亞（Westphalia）省的雷貝登（Ladbergen）農場部分土地，籌措兒子前往美國的旅費。

菲德烈克前往俄亥俄州的新納克斯維爾（New Knoxville）小鎮。俄亥俄州的德國移民超過二十萬人，當然能夠吸引雷貝登人。柯特的第一任妻子很年輕就去世了。一八七〇年代早期，菲里茲購買八十英畝的土地之後，迎娶第一代的德裔美國人瑪莉亞・瑪莎・卡特海涅奇（Maria Martha Katterheinrich）。瑪莉亞一家人將姓氏改爲卡特（Katter），便於符合美國習俗。菲德烈克與妻子生下六個兒子之後，在一八八八年迎接女兒卡洛琳（Caroline）。十九年後，也就是一九〇七年的五月七日，卡洛琳生下獨生女薇歐拉。薇歐拉一家人篤信衍生自馬丁・路德教義答辯論的聖保羅改革宗教會（St. Paul Reformed Church）。薇歐拉長大之後非常虔誠，而且一生保持堅定信仰。

一九〇九年五月四日，職業屠夫馬丁・恩格爾（Martin Engel）死於肺結核，年僅二十九歲，留下妻子和小女嬰。薇歐拉兩歲生日時，父親馬丁被埋葬在艾爾葛羅夫墓園（Elmgrove Cemetery）。卡洛琳替富裕的麥可連（McClain）家族煮飯工作時，卡洛琳的父母幫忙照顧薇歐拉。一九一一年，卡洛琳的母親瑪莎過世。一九一六年，薇歐拉的祖父卡特辭世。卡洛琳與當地一位農夫威廉・恩尼斯・柯斯彼得（William Ernst Korspeter）萌生浪漫情愫，彌補了失去至親的痛苦。他們在聖瑪莉的改革宗教會相識，於一九一六年結婚。薇歐拉獲准進入沃帕科內塔的布魯姆高中（Blume High School）就讀。薇歐拉的身材纖細，態度謙和，保持良好的學業成績。薇歐拉從八歲時開始學習鋼琴，非常熱愛音樂。上述的種種優點，加上創造力、專注力、組織能力與堅毅不懈的特質，全都傳給了兒子尼爾。

然而，薇歐拉最深切的志願就是擔任傳教士，將一生奉獻給耶穌，卻得不到父母的支持，只能在百貨商店擔任職員，一小時賺得二十分美金。在百貨商店工作時，薇歐拉開始與高中剛畢業的史帝芬・阿姆斯壯約會。她們在聖保羅的改革宗教會結識，年輕炙熱的愛情掩蓋了兩人眾多的相異之處——許多年後，差異變得愈來愈清晰，甚至讓薇歐拉在生命的晚期思考自己嫁給一位如此不虔誠的男人，是不是一個錯誤的決定。

然而，薇歐拉的擔憂在未來的數年還不會浮現。一九二八年的聖誕節，薇歐拉和史帝芬交換訂婚戒指。一九二九年十月八日，他們在柯斯彼得（Korspeter）農莊的客廳完婚。夫妻開著柯斯彼得老爹的汽車，行駛六十英里，首次造訪代頓市，成為他們的蜜月之旅。兩個星期之後，華爾街股市崩盤，美國經濟大蕭條開始了。

史帝芬讓薇歐拉搬入瑞佛路的農莊，協助他的母親處理家務。史帝芬前往俄亥俄州的哥倫布市參與公務人員考試。一九三〇年二月，市政府將史帝芬分發給一位資深審計人員，擔任助理工作。史帝芬夫婦協議之後，決定賣掉農莊，將他的父母安置在聖瑪莉的一間小屋子。一九三〇年代中期，史帝芬和懷孕六個月的薇歐拉，駕車行駛兩百三十英里，抵達賓州邊境附近的里斯本（Lisbon）市。他們搬入一間全新裝修的兩房公寓，擁有電燈以及冷熱水設施，興奮之情已經「超乎文字能夠形容的範圍」。

一九三〇年的八月四日，就在預產期的兩個星期之前，薇歐拉回到父母的農莊。史帝芬繼續留在里斯本。八月五日，薇歐拉生下了一名男嬰。孩子的下巴很像爸爸，眼睛和鼻子就像薇歐拉。薇歐拉和史帝芬替兒子取名為尼爾・阿爾登（Neil Alden）。薇歐拉很喜歡壓頭韻地稱呼他為「阿爾登・阿姆斯壯」，還有這個名字讓她想起亨利・華斯沃斯・朗費羅（Henry Wadsworth Longfellow）的經典敘事詩〈史坦迪西求愛記〉（The Courtship of Myles Standish）的一位角色約翰・阿爾登（John Alden）。在史帝芬和薇歐拉的族譜之中，從來沒有人受洗成為基督徒，只有尼爾如此。他們可能知道「尼爾」在蘇格蘭蓋爾語的寫法是 Néall，意思是「雲朵」，這個字的現代意思則是「出類拔萃的英雄」。

Chapter2

小村莊

生下尼爾十天之後，薇歐拉終於能下床照顧嬰兒。醫生不允許她參與公公威利斯的葬禮，但史帝芬在家，所以薇歐拉安排布奇特（Burkett）牧師替尼爾受洗成爲基督徒。布奇特牧師曾經替史帝芬和薇歐拉證婚。史帝芬的工作要求他立刻搬到俄亥俄州的華倫郡（Warren），協助一位資深的審計人員。在往後的十四年間，阿姆斯壯一家人將會搬家十六次，彷彿一場在俄亥俄州內的奧德賽④，終點則是一九四四年的沃帕科內塔。

薇歐拉發現尼爾是平靜且無憂無慮的小男嬰，甚至有些害羞傾向。薇歐拉經常讀書給尼爾聽，希望灌輸她對書的熱情給他。小男孩很早就開始學習閱讀，三歲時已能辨識路標。尼爾的小學一年級就讀於華倫當地的學校，當時，他已經閱讀超過一百本書了。二年級剛開始時，尼爾轉學至位於摩爾頓（Moulton）一間充滿農村氛圍的學校，最後在聖瑪莉的學校完成第二年的課業。然而，老師發現尼爾閱讀專爲小學四年級學童而作的書。學校讓尼爾跳過三年級。秋天時，尼爾八歲，已經開始就讀四年級，成績依然名列前茅。無論阿姆斯壯一家人搬到何處，尼爾總是適應良好，結交許多朋友，但弟弟和妹妹最常陪伴在尼爾身邊。一九三三年，七月六日，尼爾快要滿三歲時，茱恩・路易絲（June Louise）出生。一九三五年二月二十二日，迪恩・艾倫（Dean Alan）也來到人世了。

雖然茱恩和迪恩總是覺得備受關愛和疼惜，但他們隱隱約約知道尼爾才是母親的最愛。「如果要去祖父母的農場幫忙種馬鈴薯，尼爾就會不見。他躲在家裡的某個角落看書。」茱恩回憶道：「如果這個世界上真的有乖寶寶模範生⑤，尼爾就是了。他的本性正是如此。」

隨著兄弟逐漸長大，茱恩認爲尼爾「絕對是負責照顧弟弟的人」。弟弟比尼爾年幼五歲，兩人的關係愈來愈緊張。「我從來不敢侵犯尼爾的私人空間。除非他邀請我，否則我不能進入他的房間。」兄弟參加了同一個童子軍團，但尼爾贏得的獎章比弟弟更多，甚至能夠與更年長的學校同儕結交爲友。他們都喜歡音樂，但弟弟非常熱愛競技運動，還是大學籃球代表隊的成員。尼爾和媽媽很像，「將所有時間用於閱讀」，而迪恩和爸爸一樣「渴望追求樂趣」。

---

④奧德賽（odyssey），希臘史詩家荷馬（Homer）的作品，敘述男主角奧德修斯在特洛伊戰爭之後，因爲得罪海神，在海上漂流，長達十年之後才順利回家。在西方文化中，奧德賽一詞也用於形容爲一段漫長的旅途。

⑤乖寶寶模範生（Mr. Goody Two-Shoes）的典故來自一篇一七六五年的西方民間故事，原作者不詳，也有多種版本。Goody 就是指 Goodwife，此字是早期西方社會稱呼社會階級（經濟地位）較低女性的貶稱。這個故事的主角是一位父母雙亡的小女孩，因爲非常貧窮，好心人替她訂做了一雙鞋子，所以得到這個名號。

外人無法理解尼爾如何融合非比尋常的冷靜、節制和正直，但在媽媽的眼裡，尼爾從來不是這個模樣。「他非常忠於自我。」一九六九年夏天，薇歐拉接受《生活》雜誌記者朵蒂・韓柏琳採訪時表示：「尼爾忠於自我，追求眞理，否則他就會轉身離開。我不曾聽過他批評任何人，從來沒有。」談到父親時，尼爾總是沉默寡言。「因爲工作的關係，父親大多數的時間都不在家，所以我覺得他與任何一位孩子都不親近，也不曾注意他是否特別喜歡哪一位孩子。」被問到尼爾與父親是否親近時，茱恩的答案是：「不。」在阿姆斯壯家，母親擁抱孩子，父親不會。「爸爸可能從來沒有抱過尼爾，尼爾也不喜歡擁抱別人。」

尼爾就讀大學時，寫信回家的收件人是「阿姆斯壯太太」，信件的開頭則是「親愛的母親和家人」。一九四三年，史帝芬的母親羅菈腳踝關節斷裂。史帝芬和薇歐拉決定讓羅菈搬到家裡同住。羅菈一直與史帝芬一家人一起生活，直到一九五六年去世爲止。然而，這件事情造成兩人的婚姻緊張，就像其他的個性和觀念差異，例如宗教和脾氣。

令人好奇的是，尼爾接受本書作者訪談時，不記得自己就讀高中期間，羅菈祖母就住在家裡。「我就讀普渡大學之後，羅菈祖母才搬到家裡。」尼爾回憶道。但他的記憶錯了。尼爾高中時，羅菈一直住在他們家中。羅菈住在他們家長達十三年，尼爾居然完全不記得，重點不在於尼爾是否健忘，而是彰顯即使只是高中生，尼爾的專注力何其驚人。他只關心日常生活的重要事件，例如朋友、讀書和教育、童軍活動、打工，以及我們隨後就會看見的，他對飛機和飛行的熱忱。然而，尼爾也會分心。妹妹曾說：「尼爾還小的時候，讀了很多書，就像一種逃避，但不是爲了逃開某個事物，而是爲了逃入一個想像的世界。他還是小男孩，知道自己很安全，可以放心逃避。因爲他很清楚，只要他決定回到現實世界，這裡很安全。」

尼爾・阿姆斯壯相信俄亥俄州的鄉村地區象徵舒適、安全、隱私和凡常的人類價值。一九七一年，尼爾離開美國航太總署之後，洗淨鉛華，回到故鄉，重返正常的生活。「我選擇竭盡所能地讓家人在正常的環境裡成長。」他曾如此解釋道。

阿姆斯壯腳踏實地的人生觀來自童年時期。阿姆斯壯年幼的時候，漫畫家傑瑞・席格⑥創作了一位來自「小鄉村」（Smallville）的超級英雄「超人」。小鄉村位於美國中部，奉行「眞理、正義和美國之道」。

孕育阿姆斯壯的並非漫畫世界的小鄉村。一九三〇年代和一九四〇年代時，阿姆斯壯居住的城市人口都低於五千人。在這些眞正的小鄉村中，年輕人得到適當的家庭和社群支持，就能培養雄心壯志。

⑥ Jerry Siegel，原名爲傑若米・席格（Jerome Siegel, 1914-1996）。常用的筆名也包括喬・卡特（Joe Carter）和傑瑞・艾斯（Jerry Ess）。他最出名的作品是 DC 漫畫的超人，他與朋友喬・舒斯特（Joe Shuster）共同創作了這個人物。一九九二年和一九九三年時，席格分別進入兩座漫畫名人堂。

除了阿姆斯壯之外，水星計畫的七名太空人也有同樣的心智特質，包括來自新罕布夏州東戴利的小艾倫・雪帕（Alan B. Shepard Jr.）、印地安那州米切爾市的維吉爾・葛利森，綽號「蓋斯」（Virgil I. "Gus" Grissom）、俄亥俄州新康科德市的小約翰・葛倫（John H. Glenn Jr.）、紐澤西州歐瑞戴爾市（Oradell）的小華特・舒拉（Walter M. "Wally" Schirra Jr.），綽號「華利」、奧克拉荷馬州肖尼市（Shawnee）的小高登・古柏（L. Gordon Cooper Jr.）以及來自威斯康辛州斯巴達市，綽號「戴克」（Deke）的唐納・史雷頓（Donald K. Slayton），史考特・卡本特（M. Scott Carpenter）來自科羅拉多州的波德市（Boulder），當地人口略微超過一萬人。

美國歷史上最早的七位太空人都相信，彼此相似的成長背景創造了「眞材實料⑦」。小約翰・葛倫是第一位進入地球軌道的美國太空人，他認爲「在小村莊成長可以讓孩子得到特殊的經驗」。孩子能夠「自行作主」之外，「許多參與太空計畫的人都來自小村莊，或許不是巧合」。在美國太空發展計畫的歷史中，來自俄亥俄州的太空人人數多過於其他州。「我從小長大的這些小村莊，只能緩慢逃離經濟大蕭條帶來的影響。」尼爾曾經回憶道：「我們雖然不匱乏，但絕對不曾看過大筆金錢（尼爾的父親，史帝芬・阿姆斯壯的年薪只略高於一九三〇年代平均薪資兩千美元）。就此而論，我們和其他成千上萬的美國家庭相似，不好也不壞。」然而，在尼爾童年時期的朋友眼中，他的父親有工作，代表阿姆斯壯一家人非常富裕。

一九四〇年，尼爾開始從事人生的第一份工作。當時他十歲，體重很輕，只稍微超過七十英磅（三十一・七五公斤）。他在墓園除草，時薪十分錢美元。後來，尼爾到上桑德斯基（Upper Sandusky）的紐梅斯特麵包店（Neumeister Bakery）工作，負責整理大量麵包，夜間還要協助烘焙近千份甜甜圈，並且清理巨大的麵團攪拌機。「我得到這份工作，可能是因爲身材非常嬌小。到了晚上，我可以爬進攪拌盆之後清理。在麵包店工作的額外福利則是品嚐冰淇淋以及手工製作的巧克力。」

一九四四年，阿姆斯壯一家人搬到沃帕科內塔之後，尼爾在一間雜貨店和五金行擔任收銀人員，後來又到藥局打雜工，時薪四十分錢美元。尼爾的父母讓他自行管理收入，但希望他能夠存錢準備大學學費。在一九五九年至二〇〇三年間，順利獲選的二百九十四位太空人中，超過兩百位曾經非常積極參與童軍活動，其中包括二十二位女童子軍，以及四十位榮獲最高階級「鷹級」（Eagle）的男童子軍。曾經在月球上漫步的十二位男性太空人中，十一位參與童軍，包括尼爾與阿波羅十一號任務的同僚伯茲・艾德林。

一九四一年，阿姆斯壯一家人搬到上桑德斯基時，這個小鎮只有三千名左右的居民，

⑦「眞材實料」（The Real Right Stuff）是本書作者詹姆斯・韓森教授爲當時還是美國國家航空諮詢委員會的測試飛行員所撰寫的簡報名稱，可至航太總署網站瀏覽，網址：https://www.nasa.gov/sites/default/files/atoms/files/hansen.pdf。

甚至沒有童子軍團。一九四一年十二月七日，日本偷襲珍珠港——事發當時，尼爾正在前院玩耍，父親在屋內大喊，要他快點進屋聆聽廣播新聞——改變了童軍。隔天，美國參議院向日本宣戰，美國男童軍團決定將所有資源用於協助政府。在尼爾的記憶中，當時的戰爭新聞「無所不在，包括報紙和廣播。許多人家的孩子參戰，他們的房子窗戶貼滿了星星⑧。」俄亥俄州也成立了一支新的童軍團，稱爲第二十五童軍團，由一位新教牧師所領導。尼爾所屬的童軍隊自稱爲「狼軍」（Wolf Patrol），他們推舉巴德・布萊克福特（Bud Blackford）擔任隊長，寇特邱・索拉科夫（Kotcho Solacoff）爲副隊長，尼爾則是隊上的研究官。

根據尼爾的說法，第二十五童軍團和狼軍「浸淫在戰爭的氛圍中」。尼爾非常善於辨識飛機，簡直就是完美的童軍專長。他和童軍夥伴製作了模型，讓童軍團的領導牧師送給軍方和民防單位，協助專家區分敵我飛機。牧師離開第二十五童軍團之後，艾德・納斯（Ed Naus）在尼爾父親的協助之下，成爲童軍團的新領導者。納斯的管理風格較爲寬鬆。尼爾、巴德和寇特邱三人培養了良性的競爭以及無法割捨的青春友誼。寇特邱還記得某一次的化學實驗惡作劇。「我跟尼爾說：『嘿，你要不要吃吃看 $C_{12}H_{22}O_{11}$？』他抓了一大把，往嘴裡塞，我連忙大喊：『快點吐出來！那是毒藥！』尼爾說：『$C_{12}H_{22}O_{11}$ 是糖。』我回答：『我知道，但我不曉得你也知道。』這是我最後一次假設尼爾可能不知道某件事。」

多年來，沃帕科內塔一直被視爲尼爾・阿姆斯壯的故鄉，但住在上桑德斯基的三年時光是他最珍貴的回憶。雖然全家人都非常喜愛一九四一年至一九四四年間（尼爾十一歲至十四歲時）住在桑德斯基北方大道四四六號（446 North Sandusky Avenue）的日子，但環境迫使他們最後一次搬家，搬到俗稱的「沃帕科」。根據尼爾的回憶，父親史帝芬雖然已經三十六歲了，依然擔心自己「被徵召入伍」，這就是搬家的主因。沃帕科內塔位於上桑德斯基西南方，距離大約五十英里。搬到此地，史帝芬必須長程通勤工作，尼爾解釋道：「但外公外婆就住在附近。」如果史帝芬必須從軍，外公外婆可以照顧母親的生活。

阿姆斯壯一家人在沃帕科內塔的西班頓街（West Benton Street）街角六〇一號購買了一棟兩層樓的房子。尼爾一如往常地順利融入周圍環境，立刻積極參與當地的第十四號童軍團。布魯姆高中距離尼爾的家六條街。尼爾的成績單顯示，他表現最好的科目永遠都是數學、科學和英語。有些歷史詮釋誤解了布魯姆高中的成績評量系統，尼爾的成績與他們的說法完全不同，他的課業表現一直都很好。

尼爾向來對音樂有興趣，他參加了管弦樂團、男合唱團與流行搖滾樂團。雖然體型嬌小，但尼爾選擇其中一種最大的管樂器，因爲他喜歡細管上低音號獨特的音色——許多人

⑧在美國，如果家庭成員從軍參加戰爭，政府會頒發旗幟或星星貼紙，讓家人懸掛於門口或貼於窗戶，讓社區成員得知此戶人家對美國政府的貢獻。

不欣賞低管上低音號。有時候，尼爾會在星期五或星期六夜晚，拿起細管上低音號，與沃帕科的年輕音樂家夥伴一起表演「散拍」⑨風格的組曲。他們自稱為「密西西比的月光」（Missisippi Moonshiners）。幸運的話，他們可以得到五美元的打賞，四個人平分。

尼爾就讀高中時加入了學生組織 Hi-Y，負責處理學生年鑑，亦參與中學生的話劇演出。十一年級和十二年級時，尼爾獲選為學生議會代表。高中時，尼爾成為學生會副主席。高中同學對尼爾的印象不只是「害羞」，而是「沉默寡言」。尼爾很少與女同學約會，但參加了畢業舞會。尼爾的爸爸讓他借用全新的奧斯摩比（Oldsmobile）汽車外出約會。「我們和杜德利・雪勒（Dudley Schuler）與他的女友派蒂・柯爾（Patty Cole）一起約會。」尼爾高中時的女朋友艾瑪・盧・蕭・庫夫納（Alma Lou Shaw Kuffner）回憶道：「不幸的是，我們從印地安湖回家的路上，大約凌晨三點，負責開車的尼爾睡著了，車子掉入路邊的水溝。一位正要前往利馬工作的男人幫忙將汽車拉出水溝。隔天早上，尼爾的父親發現汽車的一側全都刮傷了。」

一九四六年五月，尼爾完成高中學業，年僅十六歲。應屆畢業生共有七十八名，尼爾的成績是班上第十一名。在一九四六年至一九四七年的畢業生年鑑中，阿姆斯壯在自己的照片旁寫下一句雋語：「思考，行動，完成使命。」高中時，損壞父親的奧斯摩比汽車，尼爾的駕駛能力雖然有了污點，但在往後的時光，他駕駛載具的非凡成就將會瑕不掩瑜。

Chapter 3
天際中的真相

雅各・辛特（Jacob Zint）喜歡自己在沃帕科內塔的外號「巫師先生」（Mr. Wizard）。他一輩子都是單身漢，和另外兩位單身漢兄弟住在珍珠街（Pearl Street）和奧格萊塞街角一間看起來非常邪惡的房子裡，與阿姆斯壯的家只有幾條街的距離。他是西屋電氣（Westinghouse）的工程繪圖師，工作地點就在利馬。辛特非常喜歡科學，他在車庫的上方建立了一座圓頂觀測站，直徑十英尺，可以藉由滑動輪，旋轉三百六十度。他添購了一座八英寸的反射望遠鏡，用於觀看天上群星和星球。透過最好的望遠鏡片，月球的距離看起來不到一千英里，而不是實際上將近七十五萬英里的距離。這種天文望遠設備一定會讓十六世紀性情古怪的天文學家第谷・布拉赫⑩非常開心，而他就是辛特仰慕的英雄人物。

⑨散拍音樂（ragtime），亦音譯為瑞格泰姆，也可以稱為「抹布時間」（rag 為抹布之意）。這種音樂形式起源於紐奧良。在十九世紀末，紐奧良的音樂表演家多為尋歡客演奏，他們善於彈奏古典鋼琴音樂，在紙醉金迷的氛圍中，音樂家逐漸打破嚴格的音樂形式，開始隨著節奏，自由地發揮。

如果不是因為自稱與年輕的阿姆斯壯有一段關係，綽號「傑克」（Jake）的雅各・辛特永遠都只是當地一位古怪人物。一九四六年的一個夜晚，未來的太空人只有十六歲，尼爾和朋友鮑伯・古斯塔森（Bob Gustafson）與其他幾位第十四號童軍團的成員拜訪了辛特的家。他們希望得到研讀天文學的成績徽章。辛特當時三十五歲，非常不喜歡別人不請自來。童軍團的指導老師麥克克林托克先生（Mr. McClintock）必須費盡千辛萬苦，才能事先安排會面。

在辛特個人的想法中，這一次的碰面象徵尼爾・阿姆斯壯年輕生命的轉折點。辛特認為月球「似乎是尼爾最主要的興趣，他非常熱愛月球」，並且對於「人類在其他星球生活的可能性」，表達了特殊的興趣。「我們反覆探討，最後主張月球上沒有任何生命，但火星可能有」。尼爾被辛特吸引了，直到「離開家鄉，就讀普渡大學之前，尼爾持續拜訪辛特的圓頂觀測站。」辛特甚至宣稱，尼爾登陸月球的前夕，透過一名來訪的新聞記者，向昔日的天文學導師傳達一段特殊的訊息：「尼爾踏上月球之後會做的第一件事，就是確認月球是不是綠色起司做的。」

一九六九年六月至七月之間，新聞的頭條一直都是辛特和阿姆斯壯的關係，例如「尼爾從前就夢想登陸月球」、「天文研究者雅各・辛特讓阿姆斯壯首次近距離觀看月球」、「尼爾・阿姆斯壯一開始就下定決心登陸月球」、「太空人實現兒時夢想」、「害羞的阿姆斯壯夢想登陸月球」以及「沃帕科內塔的天文研究者雅各・辛特表示：『尼爾的夢想終於成真了』」。許多篇報導都有一張辛特的照片。他正在微笑，雙手堅定地交叉在胸前，身旁還有一臺望遠鏡，據說尼爾就是用這臺望遠鏡，第一次看見月球。

尼爾踏上「靜海」（the Sea of Tranquility）的偉大時刻，也變成辛特在沃帕科內塔的個人生命高峰。「七月二十一日的凌晨兩點十七分，雅各・辛特希望將望遠鏡對準月球靜海的西南隅。天氣條件非常適合，二十三年來，一位名為尼爾・阿爾登・阿姆斯壯的金髮小男孩，借用辛特先生的望遠鏡看到月球之後，踏上一段跨越時空的漫長旅程，終於要完成探勘月球的夢想了。」每個人都想知道，在歷史性的登陸時刻，辛特有什麼想法。「回想當初我和尼爾討論月球上究竟有什麼，眞的很難以置信。」他告訴許多來訪記者：「他現在就在月球。」

雅各・辛特已經離開人世。然而，他自稱與阿姆斯壯的關係，其實完全不是眞的——沒有任何眞實成分。多年來，他的望遠鏡和廢棄拆除的天文觀測圓頂都被放在沃帕科內塔奧格萊塞縣立博物館，成為熱門的觀光景點。直到本書於二〇〇五年首次出版之後，相關物品才被撤出博物館。

「我再怎麼努力回想。」二〇〇四年，阿姆斯壯在採訪中流露出不情願的態度，但依然語帶保留，似乎希望不要過度抨擊沃帕科內塔當地高度受到公眾關注的天文學家：「我只去過傑克・辛特的觀測站一次，至於事後繼續借用他的望遠鏡，還有和他私下討論月球和宇宙，都不曾發生。我出名之後，辛特先生的故事也愈來愈誇大了。他的說法都是假的。」雖

⑩第谷・布拉赫（Tycho Brahe, 1546-1601），十六世紀的天文學家，也是丹麥貴族。克卜勒曾經是布拉赫的助手。第谷提出一種介於地心說和日心說的理論。當時，克卜勒曾經想要說服布拉赫接受太陽是宇宙的中心點（日心說）但並未成功。

然尼爾從來不曾主動糾正媒體報導，或者要求辛特不要繼續造假。

一九六九年的多數民眾沒有理由質疑報紙的報導內容。除此之外，正如一位記者在一九六九年所說，尼爾的命運就像「完全符合思考邏輯，幾乎不可能是眞的。」

尼爾最喜歡的科學老師約翰・克雷特斯（John Crites）和辛特一樣，喜歡誇大未來的月行者當年有多麼熱愛天堂。在「美麗無瑕」的滿月之下，克雷特斯回憶道，他曾經詢問年輕的尼爾，未來有什麼計畫。「有一天，」尼爾指著月球回答：「我要飛上太空，見見高旋在天上的那個人。」「當時是一九四六年。」克雷特斯在一九六九年向記者表示：「沒有人想過登陸月球。」、「克雷特斯的說法都是捏造的。」尼爾接受本書作者專訪時簡短地說：「我當時的期盼都與飛機有關。太空飛行只是不切實際的奢想。」

「尼爾大概兩歲、三歲的時候。」史帝芬・阿姆斯壯在一九六九年回憶道：「他央求媽媽帶他去平價商店買小飛機，他們甚至爭執要買十分錢或二十分錢的飛機。當然，他媽媽最後買了二十分錢的款式。從那個時候開始，尼爾就非常喜歡飛機，他總是拿著飛機，發出引擎運轉的聲音，在屋子內外跑來跑去。」

尼爾十六歲生日前，得到人生第一次搭乘飛機的體驗。當時，阿姆斯壯一家人住在華倫郡。關於這個故事，多年來，尼爾聽過和讀過太多種版本了，他甚至說過：「我已經不知道什麼才是眞的，但我相信當初那場飛行體驗，只是收費低廉（二十五分錢）的旅程，飛機載我們導覽城市。」尼爾父親的回憶也一樣。「某一次，我們全家人正要出門參加主日學——至少尼爾的媽媽以爲如此。在路上，我們發現一臺導覽飛機在早上提供較爲便宜的價格，隨著時間經過會逐漸漲價。我們決定不去主日學，一起登上飛機。」

載著尼爾一家人的飛機是福特製造的「三擎」（Trimotor）高單翼機（**high-wing monoplane**）。這臺飛機在一九二八年問世，綽號爲「錫鵝」（**Tin Goose**），採用編織椅子，最大載客人數爲十二人，以每小時一百二十英里的時速遨遊天際。

在青春期的某段時間，尼爾開始有一個反覆的夢境：「我屏住呼吸，身體浮在半空中。我的身體並未上升或下降，只是漫遊在天際。但這種不上不下的處境讓我有些難過，這個夢境沒有盡頭。」尼爾從來不能確定夢境象徵的意義。「我不能說夢境的內容與飛行有任何關連，似乎沒有太多連結，除了我被懸掛在半空中。」他半開玩笑地說：「後來我試過了，清醒的時候，但我飛不起來。」

「差不多八歲、九歲的時候，我開始專注理解航空。」尼爾回憶道：「航空書籍的內容和製作飛機模型的經驗啓發了我。」一位年長的表哥住在隔壁街上。尼爾發現表哥可以用輕木和棉紙「製作飛機模型」之後，對此深深著迷。

尼爾記得自己製作的第一部飛機模型是高單翼的輕型客機，很有可能就是泰勒小熊（Taylor Cub）飛機，採用黃色和黑色的棉紙。「我從來沒有想過替模型安裝引擎。」因爲引擎會增加成本，還要購買汽油——在第二次世界大戰期間，引擎機件和汽油的供應都非常短缺。尼爾的飛機模式只能使用扭曲的橡皮筋作爲「動力來源」。

尼爾的飛機模型擺滿整個房間，還有家中地下室的一角。根據迪恩的回憶，尼爾會把自己厭倦或不喜歡的飛機模型，從樓上窗戶丟出去——有時候，甚至將模型點火。茱恩也記得尼爾蒐集「至少五、六部飛機模型之後，跑下樓梯，衝出家門，一路跑到車道的盡頭。我們打開樓上的窗戶，將尼爾的飛機模型丟出窗外。如果媽媽看到，一定會氣死。」

尼爾則說：「我通常將模型掛在天花板。我花了很多心力製作模型，不想弄壞它們，只有在非常偶爾的情況下，才會讓它們起飛。」

「就讀小學時，我想要成爲飛機設計師。我後來才開始喜歡駕駛，因爲我相信一個好的設計師，也要理解飛機的操作層面。」

「那個時候，我讀了很多航空雜誌，例如《飛行雜誌》（*Flight*）、《航空軌跡》（*Air Trails*）以及《飛機模型新聞》（*Model Airplane News*），所有找得到的雜誌，我都會看。」就讀普渡大學之後，尼爾加入了航空模型社團。「我贏得許多活動獎盃，就算不是冠軍，也有第二名。」尼爾記得自己參加「以汽油爲動力來源的飛機模型競賽，參賽者站在中心點，用一條線控制飛機，讓飛機以參賽者爲圓心，繞圈飛行」時，讓飛機穩定維持時速一百英里。「我吸收了許多新知識，認識更多朋友，有些人是二戰老兵，他們經驗老道，擁有成功飛行的直覺。」

十五歲時，阿姆斯壯開始存錢參加飛行訓練課程，一小時要價九美元（大約是二〇一六年的一百二十三美元）。下課之後，尼爾到布雷丁藥局（Brading's Drugs）打工，每小時的薪水是四十分美元，換言之，尼爾要工作二十二・五個小時，才能買一堂飛行訓練課程。

每個星期六早上，尼爾可能在路上搭便車，或者「騎著一臺沒有擋泥板的腳踏車」，前往沃帕科內塔郊外一塊綠意盎然的飛行訓練場。「他們進行所謂的『上引擎檢修。』尼爾回憶道：「或者簡稱『上修』。」十六歲時，尼爾拿到學生飛行駕照，終於可以自己開飛機了。「上引擎檢修之後，我把高純度的汽油加到閥門中，慢慢累積自己的飛行時數。」訓練場的飛機大多爲老式的軍用飛機和訓練機，例如富爾提（Vultee）製造的B13和費爾柴德（Fairchild）的PT-19下翼飛機，其中一臺新穎的飛機則是艾龍卡（Aeronca）公司製造的「酋長」（Chief），一種輕型的高單翼飛機，製造地點就在俄亥俄州的漢米爾頓（Hamilton），特色是採用並排座位，而不是直排座位，傳統飛機的操作桿改爲操作盤。艾龍卡公司也推出酋長型飛機的基本款，稱爲「冠軍」（Champ），成爲該公司最暢銷的飛機款式。沃帕科內塔的飛行訓練學校擁有三臺「冠軍」，尼爾就是用其中一臺學習如何飛行。

三名陸軍老兵教導尼爾如何飛行。尼爾的高中班上共有七十名同學，其中半數是男生，只有三位在一九四六年的夏天參加飛行學校。三位同學都在差不多的時間開始獨自飛行。因此，尼爾總是拒絕宣稱自己的飛行學習經驗非常特別。

然而，這件事情確實非比尋常。因爲尼爾還沒拿到汽車駕照之前，就已經考取飛機駕駛執照。「他沒有女朋友，根本不需要用車。」尼爾的父親說：「他只需要到飛行訓練場而已。」「我認爲一個人可以在十四歲的時候駕駛滑翔機。」尼爾則說：「但動力飛機必須等到你年滿十六歲。」一九四六年八月五日，尼爾終於滿十六歲，他在當天取得學生飛機駕駛執照。一到兩個星期之後，他開始獨自飛行。

取得學生飛機駕駛執照之後，代表家人或朋友不會因爲你要開飛機而憂慮。「你只會聽見指導官解開安全帶，他的眼神心領神會，手放在你的肩膀，非常有信心。你只剩下一個想法：『好，我要出發了。』」迪恩也在飛行訓練場打工，幫忙整理草皮。他曾經親眼觀察哥哥學習駕駛飛機的進步過程。薇歐拉很容易緊張，所以並未到場觀看兒子飛行，但她從不阻止尼爾開飛機。根據茱恩的回憶，其中一部分的原因，就是因爲尼爾「談到飛行時，不曾流露絲毫恐懼。」

阿姆斯壯已經不太記得自己獨自飛行的經驗，只記得指導官同意他飛行。「第一次駕駛任何飛機都是特別的日子。」尼爾認爲：「第一次獨自飛行是一種無與倫比的經驗。我很確定自己當時非常興奮。我數次成功將飛機駛離跑道，安然降落，把飛機停入機艙，沒有發生任何意外。」第一次獨自飛行就順利完成，減輕尼爾的財務負擔。由於尼爾不需要指導官的監督，他向飛行訓練場支付每小時七美元，而不是九美元的費用。至於較爲心靈的層次，尼爾在天空待的時間愈久，他的興趣就獲得更多滿足。

尼爾在綠意盎然的飛行訓練場發展自己的飛行技術之後，「我開始養成一種習慣，用非常斜的角度，將飛機降落在跑道的前端，就能擁有充裕的時間慢慢減速，停下飛機。」尼爾也曾經親眼目睹飛行的黑暗面。一九四七年七月二十六日，二十六歲的飛行學生、曾在二戰時期海軍服役的卡爾・朗基（Carl Lange）在飛行時撞到了電線，將「冠軍」號飛機墜毀至乾草地。朗基因爲頭骨碎裂而當場身亡，指導官則倖免於難。事發當時，尼爾正在從童軍營隊回到家中的路上。迪恩回憶道：「我們目睹飛機從天上掉下來。父親連忙停車，我們跑到墜機地點，想要幫他們急救。」根據《利馬新聞》（*Lima News*）的報導，尼爾「跳過欄杆，跑向兩名機上人員，替他們急救。」報紙指出，朗基死在尼爾懷裡，但尼爾說他不清楚朗基的確切死亡時間。

有些傳記作家非常堅持薇歐拉・阿姆斯壯對這起事件的解釋，包括朗基的致命意外和尼爾的反應。一九六九年，薇歐拉接受基督教雜誌《路標》（*Guideposts*）的採訪時，認爲朗基的死亡事件徹底撼動了尼爾的內心思緒。這篇文章的標題是〈尼爾・阿姆斯壯的童年危機〉，指出尼爾花了整整兩天，待在房間裡閱讀耶穌的故事，思忖自己是否應該繼續駕駛飛機。但尼爾本人從來不記得這回事。根據茱恩的回憶：「我從來不認爲意外事件影響了尼爾，或者減少他對飛行的熱忱。」

朗基死亡事件發生的時候，尼爾已經獨力完成兩次州際飛行，第一次是駕駛租來的艾龍卡飛機，抵達辛辛那提州的路肯機場（Lunken Airport）。第一次的旅程來回大約二百一十五英里，尼爾到辛辛那提參加海軍獎學金的考試。爲了註冊普渡大學的入學課程，尼爾又開飛機前往印地安那州的西拉法葉（West Lafayette），飛行大約三百英里。

我們只能想像西拉法葉機場的工作人員看見一名十六歲的小男孩走出飛機，請工作人員幫忙加油之後，逕自走向大學校園，會有多麼驚訝。

Chapter 4

航空工程一〇一

一九四七年十月十四日，阿姆斯壯開始在普渡大學唸書之後的一個月，一位美國空軍的測試飛行員——後來，他將與阿姆斯壯一起遨遊天際——成功突破了神祕的「音障」⑪。他就是查爾斯・葉格上尉，綽號查克（Captain Charles E. "Chuck" Yeager）。葉格駕駛的革命性飛機則是搭載火箭動力的貝爾X-1（Bell X-1），時速超過一馬赫。美國軍方刻意掩飾超音速飛機研究計畫之前，《洛杉磯時報》（*Los Angeles Times*）和《航空周刊》（*Aviation Week*）曾經揭露X-1的飛行能力，讓全美各地的航空工程專家與學生都在討論「打破音速之牆」的意義。

在尼爾的心中，飛行的新紀元卻帶來了苦澀酸甜的複雜感受。「等到我年紀夠大，可以成爲正式的飛機駕駛員之後，一切都變了。我崇敬的飛機正在慢慢消失。在成長的過程中，我非常仰慕第一次世界大戰時期的飛機駕駛員，認爲他們是天空中的騎士，例如法蘭克・路克（Frank Luke）、艾迪・瑞肯巴克（Eddie Rickenbacker）、曼佛雷德・馮・李希多芬（Manfred von Richthofen）和比利・畢夏（Billy Bishop）。到了第二次世界大戰時，天空中的騎士彷彿銷聲匿跡了……空戰失去了個人駕駛色彩。約翰・艾爾庫克、亞瑟・惠頓・布朗⑫、查爾斯・林白⑬、艾蜜莉亞・艾爾哈特⑭和吉米・馬騰⑮已經完成各式各樣的飛行壯舉紀錄，穿過大西洋、各大洲、飛向南北極地並且抵達地球的各個角落。我的內心充滿憤慨。從各方面來說，我浸淫在飛行世界，爲飛行而著迷，甚至將一生獻給飛行，但歷史的波瀾讓我晚了一個世代，我很沮喪。我錯過了飛行歷史中最偉大的時代和冒險。」

阿姆斯壯進入大學時，美國航太總署（NASA）的前身，即美國國家航空諮詢委員會（National Advisory Committee for Aeronautics; NACA）和剛建立的美國空軍部隊豪情萬丈地決定建立新的研究機構，專研近音速、超音速以及超高音速（速度的計量單位，大約是五馬赫左右，空氣動力造成的加熱效果會變得非常顯著）。

阿姆斯壯攻讀普渡大學航空工程學的時間從一九四七年九月延伸至一九五五年一月，

---

⑪音障（sound barrier）是一種特殊的物理現象，通常出現在航空飛行載具中，當載具的速度接近音速時，載具將追上自己發出的聲波。載具（飛機）的迎風面形成特殊壓力波，阻礙飛機繼續加速。早期，由於空氣力學的知識較爲匱乏，導致人類普遍認爲音障是飛機的速度極限。

⑫約翰・艾爾庫克（John Alcock, 1892-1919）和亞瑟・布朗（A.W. Brown, 1886-1948）都是英國飛行員，兩位共同創下駕駛飛機不著陸，直接跨越大西洋的壯舉。

⑬查爾斯・林伯夫（Charles Lindbergh, 1902-1974）在一九二七年時，從紐約駕駛飛機，橫跨大西洋，抵達法國巴黎，完成歷史上第一位單人駕駛飛機不著陸跨越大西洋的紀錄。

⑭艾蜜莉亞・艾爾哈特（Amelia Earhart, 1897-1937）是美國飛行員，也是第一位獨自飛越大西洋的女性飛行員。一九三七年，她嘗試環球飛行時，在飛越大西洋期間失蹤，成爲一宗神祕事件。

⑮吉米・馬騰（Jimmy Mattern, 1905-1988），美國飛機駕駛員，創下多項飛行紀錄。

其中包括三年的軍事服役期。這七年半的時間見證了全球航空科技發展的新紀元。X-1 飛機完成歷史性的飛行之後，過了三個月，國家航空諮詢委員會啟動美國歷史上第一次的超音速風洞⑯飛行計畫（速度可達七馬赫）。數個月之後，阿姆斯壯正要開始大學第二年的生活，美國陸軍火箭研究團隊在華納・馮・布朗（Wernher von Braun）博士的指導下，在新墨西哥的白沙（White Sands）試射 V-2 火箭飛彈，成功將飛行高度提升至海拔七十英里。在普渡大學度過第一個完整年度時，阿姆斯壯也見證了另外一些航空工程的壯舉，包括康維爾（Convair）公司製造擁有創新三角機翼的 XF-92 飛機首次飛行。XF-92 的第一位民間測試飛行員赫伯・胡佛（Herbert H. Hoover；他與美國總統胡佛沒有親戚關係）的飛行速度也超過了一馬赫。沒有尾翼的 X-4 ⑰試驗機首次進行試飛。航空工程學界也發表了一篇非常重要的研究結果，後來證明可以解決高速飛行時產生的「轉動耦合」⑱問題。

一九四九年，阿姆斯壯本來應該開始春季的學期課程，卻離開校園，向軍方報到服役。在這幾個月，美國陸軍建立了發展地對空飛彈系統的必須條件，包括時任總統的杜魯門簽署一項法案，提供軍方五千英里的飛彈測試場地，也就是後來佛羅里達州的卡納維拉爾角（Cape Canaveral），還有俄羅斯製造的單節進軌道火箭（single-stage rocket），能夠搭載兩百七十英磅重的儀器設施，飛行高度可達海拔六十八英里。該年夏天，阿姆斯壯在彭薩科拉（Pensacola）接受飛行訓練時，軍方發射一枚 V-2 火箭，載著一隻猴子，成功飛行至海拔八十三英里的高度，也首次讓飛行員穿上氣壓衣，飛往海拔七萬英尺的高空，還有一位美國軍方駕駛第一次在時速五百節的條件下，於 F2H-1 海妖飛機（F2H-1 Banshee）中成功使用彈跳椅。

一九五二年九月，阿姆斯壯回到普渡大學的航空工程學位計畫時，內心非常清楚，航空科學的世界已經變成航空與航太的世界了。一九五〇年，美國政府在卡納維拉爾角發射第一枚導彈，其中裝載人造物品，成功創下歷史上的最高速度（九馬赫）。一九五一年，美國空軍啓動洲際彈道飛彈計畫（ICBM program），即擎天神火箭（Atlas）計畫的前身。擎天神火箭後來在人類歷史上首次將太空人送往地球軌道。隔年，賓州約翰斯維爾（Johnsville）的航空醫療實驗室啓用離心機，可以加速讓受試者體驗四十 G 力。同一年，美國國家航空諮詢委員會的研究員朱利安・艾倫（H. Julian Allen）預測，導彈和太空飛行器重返大氣層⑲的防熱

---

⑯風洞（wind tunnel）是空氣力學的研究工作，一種產生人造氣流的管道（通道），用於研究空氣流經物體時產生的空氣力學效應，主要用於汽車、飛行載具和飛彈設計領域。

⑰X-4 是美國洛斯羅普（Northrop）公司製造的飛機，沒有水平尾翼，而是藉由機翼後方的副翼控制機身的轉向。設計者相信，放棄水平尾翼是突破音速障礙的關鍵，最後這個想法並未成功。

⑱轉動耦合（roll coupling）是指飛機（或汽車）在高速移動時，各部位的力矩產生相互影響效應，就像相互轉動，創造的慣性阻力，導致飛機無法提升速度。

⑲重返大氣層（re-entry）是航太科技的專有名詞，意指自然物體或人造物體離開地球大氣層，抵達宇宙之後，再度進入地球大氣層。因此，從宇宙進入地球大氣層的隕石不屬於重返大氣層。由於太空飛行器的設計必須考慮安全回到地面，加上重返大氣層時的速度極高，必須額外考慮各種安全措施，避免加熱、震動和衝擊等損害。

問題，可以藉由將鼻翼從尖型改爲鈍型而迴避。因此，後來的水星計畫，以及尼爾親自參與的雙子星八號和阿波羅十一號任務的太空飛行器都採用了相同的原則，建造鈍型機身。尼爾重返校園的第一年，國家航空諮詢委員會的飛行員史考特・克羅斯菲爾德（Scott Crossfield）駕駛道格拉斯公司（Douglas）製造的 D-558-2 飛機，成功創下二馬赫的飛行速度。一年之後，阿姆斯壯畢業，取得普渡大學的航空工程學位，旋即任職於國家航空諮詢委員會。尼爾更進一步擔任加州高速飛行站的測試飛行員，曾經駕駛 X-15 超高音速實驗機七次。

一九五五年一月，尼爾・阿姆斯壯離開大學時，已經深深浸淫在探索宇宙的新紀元了。

一九四〇年代初期，美國人完成高中學業的比例不到四分之一，繼續就讀大學的比例則低於二十分之一。在許多鄉村地區，一般人的平均教育水準只有八年級。一九四四年，美國國會通過《軍人復員法案》[20]，一九五〇年代初期，美國就讀大學的人口比例提升至百分之二十五。

尼爾只是家庭中第二位就讀大學的成員，第一位是大舅舅。太空計畫甫建立時，許多參與的太空人和工程師，都有大學程度的教育水準。麻省理工學院接受了尼爾的入學申請，但他最後決定就讀距離沃帕科內塔兩百二十英里遠，位於西拉法葉的普渡大學。

阿姆斯壯早已聽說美國海軍提供的四年大學獎學金計畫。這個計畫也被稱爲「哈洛威計畫」（Holloway Plan），要求參與者必須付出七年的時間，前兩年就讀海軍認可的任何一間大學，隨後服役三年，再回到大學校園完成最後兩年的學業。阿姆斯壯接受體檢時的體重是一百四十四英磅，身高五英尺又九・五英寸。醫師認爲阿姆斯壯的體型和外表「充滿運動力」，體態「優良」，身形「適中」。阿姆斯壯站立時的心跳頻率爲每分鐘八十八次，運動完則是每分鐘一百一十六次。阿姆斯壯擔任測試飛行員和太空人的時候，他的心跳頻率經常受到注意，醫生認爲有些偏高。

除此之外，體檢紀錄也記載阿姆斯壯在過去十二個月之內曾經從事二十個小時的單獨飛行。飛行的每小時費用是七美元，代表阿姆斯壯花費一百四十美元在飛行上（約二〇一八年的一千八百三十美元）。從辛辛那提路肯機場搭計程車到市中心測驗基地的費用是七美元，阿姆斯壯說這筆支出「就像天文數字一樣昂貴，因爲我可以用七美元在天空飛行一個小時。」

尼爾回憶此事則說：「獲得大學入學許可，拿到獎學金，非常高興，因爲條件很好。」

根據一九四七年五月十四日的海軍委任書，尼爾的成績是三十八分，等同於普林斯頓大學主導的學術水準測驗考試（Scholarship Aptitude Test；SAT）的五百九十二分。尼爾的成績很有可能進入全美大學的前四分之一強。

海軍送來好消息之前的一個月，普渡大學接受了尼爾的入學申請。「能夠進入大學主修工程，我眞的很高興。」

⑳《軍人復員法案》（Servicemen's Readjustment Act of 1944）常見的書寫法則是 G.I. Bill of Rights 或 G.I. Bill。爲了安置二戰結束之後的退伍軍人（俗稱爲 G.I.），美國國會通過此項法案，提供退伍軍人各種福利，包括經濟補貼、家庭和商業貸款，以及高等教育和職業訓練。

相較於麻省理工學院，普渡大學的航空工程學更著重實務，理論較少。普渡大學才剛成立航空學院，要求一年級的新生必須學習焊接、使用機器、熱融金屬和砂鑄造。尼爾一星期到學校六天，每天早上都在教室上課三個小時，下午則前往實驗室待三個小時。

尼爾並沒有參與海軍的預備士官訓練計畫（ROTC），而是藉由加入大學管弦樂團（視同參與軍方樂團），符合獎學金計畫的條件要求。第一個學期，尼爾住在拉法葉寄宿公寓。後來，他在學校附近租了一間房間。尼爾第一年的成績平均積點（GPA）是四・六五，差不多是低分B。

阿姆斯壯的完整書信紀錄不多，在一封罕見完整保存的手寫信中，阿姆斯壯仔細提到第二學期的校園生活：

星期日下午

親愛的母親和家人：

謝謝幫我洗衣服、寫信給我，還有女童軍餅乾。同學有看到餅乾，我昨天晚上回到宿舍時，餅乾就幾乎被吃光了。

你們不用擔心我暑假找工作的問題。因為我要參加暑期課程，這是軍方的規定。我已經排好課程表：

微積分

星期一、星期二、星期三、星期四、星期五，早上八點至早上十點

物理學
星期一、星期二、星期三、星期四、星期五，早上十點至早上十二點
物理實驗室
星期二、星期四，下午一點至下午三點

就這樣，但負擔很重。下午的課程只有每個星期二和星期四的物理實驗室，星期六不需要上課。我可以偶爾在週末回家，沒有太大的問題。雖然課程不多，但暑假的學習功課還是不少。

今天，我們到印地安那波利斯（Indianapolis）進行第一次的飛機模型競賽。我的線控壞掉了，沒有機會贏。

我最近的課業表現漸入佳境。我很喜歡分析，也懂了化學課的一些內容。

我會把換洗衣物送回家，希望你們可以將毛毯寄過來。暑假課程還有六個星期，我要到六月中才能離開學校。今天晚上我看了一個電視節目。好久沒有看到這麼好的節目。節目的名稱是《得天獨厚》（*Sitting Pretty*），演員包括克里夫頓・韋伯（Clifton Webb）、莫琳・歐哈拉（Maureen O'Hara）和羅伯・楊（Robert Young）。我很推薦你們和父親觀看這個喜劇節目。信紙的空間快不夠了，停筆至此。

愛你們的尼爾

一九四八年秋天，尼爾接獲通知，必須提前開始服役。當時，他只完成三個學期加上一次暑期課程。

一九四九年二月，尼爾前往海軍飛行訓練營時，只在普渡大學就讀四個學期，年僅十八歲又六個月。一九五二年九月，他回到校園時的年紀也只剛滿二十二歲。

「我真的變老了。」尼爾提到此事時，不禁莞爾：「回到大學校園，那些孩子看起來好年輕。」

在海軍訓練期間，尼爾接觸非常重要的實務飛行，親自駕馭高效能的噴射飛機。他開始思忖：「或許，我能找到一個方法，同時結合設計飛機和實際駕駛。」一九五四年的夏天，尼爾在馬里蘭州帕塔克森特河（Patuxent River）的海軍飛行測試中心實現了自己的志向。在普渡大學期間，尼爾開始修習主要的專業科目，所有航空課程的成績都不低於五分（最高六分）。一九五三年秋天學期開始時，尼爾也負責教導一般工程、航空零件布局和細節設計課程的部分內容。他的表現非常傑出。重返普渡大學之後，尼爾的學業成績漸入佳境，社交生活亦是如此。他宣誓加入「費・戴爾塔・席達」兄弟會㉑，並且住在兄弟會的房子中。阿姆斯壯甚至在校園才藝節目表演中，高唱「費・戴爾塔」（Phi Delta）兄弟會的歌曲。隔年春天，他成為兄弟會的音樂總監。在校際才藝表演競賽中，尼爾負責撰寫且執導兩齣音樂劇：《白雪公主和七位小矮人》以及《艾吉洛克之土》（*The Land of Egelloc*；Egelloc 為大學 College 的倒寫）。尼爾的表演活動可能影響了學業表現，他在某些課程中只獲得C，並且棄修原子核物理學。

尼爾十八歲的初戀情人珍妮特・雪倫（Janet Shearon），也毫無疑問地讓他分心，無法專注於課業。雪倫主修家政學，他們在雪倫的姊妹會和尼爾的兄弟會共同主辦的派對上相識。他們第二次交談，則是在一個清晨。雪倫正要前往家政學實驗室，遇見派送校報的尼爾。尼爾也替當地的罐頭工廠駕駛運送番茄的卡車，暑假時則挨家挨戶推銷廚房刀具。

尼爾斷斷續續地在週末時履行美國海軍預官的責任。他和普渡大學的海軍弟兄共乘汽車，前往伊利諾州芝加哥市北部的格倫維尤（Glenview）海軍航空站，駕駛F9F-6噴射機。尼爾是普渡大學航空飛行社的成員，他在校園時，穿著平民裝扮，和參加過戰役的退伍軍人一起駕駛飛機，遨翔天際，更在一九五三年至一九五四年間擔任社長。拉法葉的阿瑞茲（Aretz）機場停放社團擁有的飛機，包括一臺艾龍卡、兩人座和四人座的派珀（Piper）飛機。

一九五四年的一個週末，尼爾在俄亥俄州參加飛行愛好者聚會之後，發生了一場小意外。他原本想要駕駛艾龍卡飛機回到沃帕科內塔，卻不慎降落至當地農夫的田野，「導致飛機無法繼續飛行，我只好拆下機翼，用祖父的拖車，將破碎的飛機送回西拉法葉」。

一九五五年一月初，阿姆斯壯完成大學最後一學期。他沒有參加畢業典禮，而是回到沃帕

㉑費・戴爾塔・席達（Phi Delta Theta）是一個國際型的大學兄弟會，建立於一八四八年的邁阿密大學，總部設置於美國俄亥俄州的牛津，其名字的意義是三個希臘字母ΦΔΘ，常見的縮寫爲Phi Delta。

科內塔，準備赴任美國國家航空諮詢委員會路易斯飛行實驗室的工作。普渡大學將尼爾的航空工程學士畢業證書郵寄至他家。尼爾的畢業平均分數是四・八分（滿分爲六分）。在過去七年來，航空工程領域的課業要求日漸繁重，尼爾的成績可謂相當優秀。從海軍重返普渡大學之後，尼爾的成績平均積點是五分，總計修了三十四門課，其中二十六門課取得A或B的佳績。

終其餘生，航空工程一直都是阿姆斯壯的主要專業領域。即使剛開始擔任測試飛行員和太空人的那幾年，尼爾依然認爲自己的首要身分是航空工程師，甚至懷抱雄心壯志，希望親自書寫一本航空工程教科書，讓自己有別於其他的飛行員同袍。「我現在是，也永遠都會是一名穿著白襪子，襯衫口袋配戴原子筆的書呆子工程師——我生於熱力學的第二定律，精通蒸氣表，熱愛隔離體圖。我的人生因爲拉普拉斯轉換（Laplace）而改變，而且受到可壓縮流的驅動。身爲一名工程師，我非常自豪自己的專業成就。」

事實上，登陸月球需要的不只是科學，而是工程學以及踏上另一個世界的工程師。

Part Two

海軍飛行員

Naval aviator

我永遠記得他談到飛行的模樣，語句中沒有吹噓，也沒有偉大的言論，只是一個平靜、沉著和聰明的男人，也是我認識最棒的飛行員。

——彼得・卡諾斯基 (Peter J. Karnoski)，阿姆斯壯在彭薩科拉海軍飛行訓練中心五之四十九班接受基礎飛行訓練時的室友

Chapter 5
黃金之翼

如果尼爾・阿姆斯壯沒有成爲海軍飛行員，他就不會是登陸月球的第一人。

第一位進入太空的美國人小艾倫・雪帕是美國海軍的飛行員。阿波羅計畫的指揮官小華特・舒拉也是美國海軍飛行員。在有幸踏上月球的十餘位太空人中，其中七人是（或曾經是）海軍的黃金之翼㉒。更重要的是，曾經擔任阿波羅太空飛行器的指揮官，負責駕駛的七名飛行員，其中六位是海軍飛行員，包括第一位登陸月球的太空人，以及搭乘阿波羅十七號，人類歷史迄今最後一位離開月球表面的太空人尤金・「金」・賽爾南（Eugene “Gene” A. Cernan）。在阿姆斯壯和賽爾南之間，登陸月球表面的海軍飛行員包括綽號彼得的小查爾斯・康拉德（Charles “Pete” Conrad Jr.；阿波羅十二號）、艾倫・雪帕（阿波羅十四號）和約翰・楊（John W. Young；阿波羅十六號）。如果阿波羅十三號沒有在啓航

㉒黃金之翼（Wings of Gold）是指美國海軍狀似老鷹的徽章，其翅膀爲金黃色。

時發生意外悲劇，海軍上尉詹姆斯・「吉姆」・洛維爾（James "Jim" A. Lovell）也會名列其中。只有阿波羅十五號的指揮官大衛・「戴夫」・史考特（David "Dave" R. Scott）在美國空軍接受飛行軍事訓練。

一九五五年，艾森豪政府發射美國海軍製造的先鋒（Vanguard）人造衛星（早在一九四六年，海軍就已經開始著手研究經由地球衛星發送全球軍事命令和控制美國艦隊的可能性。美國海軍研究實驗室和美國海軍研究局共同開發的維京火箭也創下多次飛行高度紀錄，包括一九四九年五月成功攀升至海拔五十一・五英里）。美國海軍和美國國家科學院共同進行「先鋒計畫」，但進度落後於蘇聯。蘇聯在一九五七年秋天成功發射史普尼克衛星（Sputniks）。一九五七年十二月，在全國電視的轉播下，先鋒號任務於卡納維拉爾角發射人造衛星時發生爆炸意外而蒙羞。雖然沒有人因爲這起意外身亡，但媒體用史普尼克衛星的名稱，戲稱美國的衛星爲「失敗尼克」（Flopnik）和「損壞尼克」（Kaputnik）。然而，這次的發射失敗卻加深了艾森豪總統的決心。蘇聯成功發射史普尼克二號衛星之後，艾森豪總統同意讓華納・馮・布朗博士率領美國陸軍進行另一個人造衛星計畫。一九五八年一月的最後一天，馮・布朗博士第一次嘗試，就成功發射美國的第一個人造衛星「探索者一號」（Explorer I）。海軍的先鋒號衛星一直被棄置至一九五八年三月。

儘管如此，美國後來進行的太空計畫，依然具備濃厚的海軍色彩。一九六〇年四月，美國發射「子午儀」（TRANSIT）衛星，開始以人造衛星協助導航。水星計畫最早的七名太空人裡，三人為海軍飛行員（雪帕、卡本特和舒拉），葛倫則隸屬海軍陸戰隊。包括阿姆斯壯在內的第二群太空人，被稱為「新九人」，其中五名成員是海軍飛行員，阿姆斯壯、康拉德、洛維爾、史塔福德和楊，後來的太空人也多半來自於美國海軍。

海軍飛行員訓練課程的最後一關，就是要駕駛飛機降落在航空母艦的甲板上。一九四九年二月，尼爾前往佛羅里達州的彭薩科拉，向佔地四千英畝大的海軍航空訓練中心報到。一九五〇年八月，阿姆斯壯二十歲生日過後兩個星期，他通過測驗，正式獲頒海軍的黃金之翼。

一九四九年一月二十六日，海軍發布命令，要求尼爾和其他就讀普渡大學的軍中同袍，包括唐納・賈德納（Donald A. Gardner）、綽號湯米的湯瑪斯・湯普森（Thomas R. "Tommy" Thompson）、彼得・卡諾斯基和布魯斯・克林根（Bruce E. Clingan）開始接受飛行訓練。

尼爾從沃帕科內塔搭乘火車前往辛辛那提與其他四位同袍會合。除此之外，還有同樣參加哈洛威計畫，就讀邁阿密大學俄亥俄州分校的兩位學生，大衛・史帝文森（David Stephenson）和梅爾・安德森（Merle L. Anderson）。六人一起搭乘旅途長達七百二十英里的火車，前往彭薩科拉。一九四九年二月二十四日，在海軍航空站通過體檢之後八天，他們宣示成為美國海軍位階最低的實習軍官。

海軍將阿姆斯壯和他的六位朋友分發至飛行預官的五之四十九班（尼爾的編號是C505129），意思是一九四九年在彭薩科拉訓練的第五個班級。該年，彭薩科拉每兩個星期就會訓練一個新的班級，一年總計近兩千名飛行訓練員。然而，在第二次世界大戰時，每個月都有高達一千一百名左右的軍校學生接受飛行訓練。光是在一九四五年，就有八千八百八十名男性軍人在美國海軍完成飛行訓練。

五之四十九班包括四十名實習軍官，以及相同人數的海軍軍校學生。海軍軍校學生的暱稱是「海軍生」（NavCad）。他們自願入伍，接受海軍飛行訓練。海軍飛行預備訓練的時間為四個月。

整整十六個星期，阿姆斯壯和同學坐在教室中，學習密集的課程，包括航空導航、通訊、工程、氣象和飛行原則，研究空氣力學以及航空引擎工程，理解如何發送摩斯密碼與天氣預測的基礎方法。除了其他課程之外，海軍也要求學生進行八十七個小時的體能訓練和十三個小時的射擊訓練。阿姆斯壯和同學一起經歷海軍陸戰隊的操練，向海軍陸戰隊學習飛行，並且接受海軍陸戰隊的紀律。

海軍的體能訓練包括在基地的泳池中游泳一英里，以及使用「多階段水上迫降訓練機」㉓（Multi-Phase Ditching Trainer），也被稱為「呆伯特浸泡機」的刻苦磨練。訓練員必須全副武裝，配戴降落傘，坐進模擬座艙之後，由機器將座艙浸入游泳池中。他的任務是在座艙氧氣耗盡之前，脫掉身上的裝備，打開座艙門，模擬逃離墜落至海中的飛機，游出水面。許多訓練員都在過程中要求蛙人協助，但阿姆斯壯輕而易舉完成訓練。

五之四十九班在一九四九年六月十八日完成飛行預備訓練。阿姆斯壯的平均成績是三・二七分（滿分四分），為班級中的前十分之一強。

完成飛行預備訓練的六天之後，五之四十九班前往惠丁訓練場（Whiting Field）接受A階段的飛行訓練。惠丁是彭薩科拉最大的輔助訓練中心，設有相隔一英里的南北兩座飛行訓練場，各自擁有四條長達六千英尺的完整鋪設跑道。

阿姆斯壯的指導軍官是李・瑞佛斯（Lee R. P. Rivers），綽號「奇普」（Chipper，意爲爽朗），「他是一位非常好的指導軍官，注重權威，但性格開朗。」A階段的飛行訓練包含二十次飛行，A-19用來考驗訓練員是否能「安全地獨自飛行」。A-20的訓練則讓飛行員獨自駕駛美國北美飛機公司設計的SNJ飛機㉔，這是第二次世界大戰期間最有名的飛行訓練機，搭載可收式落地輪以及擁有六百匹馬力的星型引擎（radial engine）。「從艾龍卡飛機和盧斯康比（Luscombe）飛機轉變爲SNJ飛機是我個人的一大成長。」阿姆斯壯解釋道。SNJ飛機「非常穩定，操作性能很好」，飛行的感覺就像「駕駛第二次世界大戰時最優秀的F6F地獄貓海軍戰鬥機（F6F Hellcat）」。從各方面來說，SNJ就是「最理想的訓練機」。

一九四九年七月六日，尼爾首次登上SNJ訓練機。在後續的課程中，阿姆斯壯持續改

㉓呆伯特浸泡機（Dilbert Dunker）的名字起源於第二次世界大戰期間的卡通人物呆伯特。呆伯特接受海軍飛行訓練，但笨手笨腳，一事無成。

㉔SNJ飛機在臺灣常見的譯名爲「T-6德州佬式教練機」，美國陸軍稱呼這臺飛機爲AT-6，英國皇家空軍則命名爲「哈佛」（Harvard），美國海軍則以SNJ爲名。

善自己的缺點，其中最嚴重的問題就是降落。八月二十三日，阿姆斯壯在另外一位指導軍官的監督下，進行第十五次訓練飛行。指導軍官的整體評語爲「不滿意」，特別指出尼爾的降落方法有問題（「每一次降落都超過風線」）。雖然阿姆斯壯依然有控制飛行高度、速度以及判斷降落時機的問題，但瑞佛斯依舊讓尼爾在各項評比中獲得高於平均的成績。第十八次實際飛行訓練之後，他認爲尼爾已經能夠「安全地獨自飛行」。九月七日星期三，阿姆斯壯通過試驗飛行之後，可以進行第一次的海軍獨自飛行。事後，尼爾的幾名同袍見證了海軍的傳統：切下尼爾領帶的下半段，尼爾贈送瑞佛斯最喜歡的威士忌。尼爾完成首次獨自飛行的隔天，立刻開始進行B階段的基礎訓練——軍事演習。在過去的十九天之內，尼爾一共飛行十七次。

一九四九年九月二十七日，尼爾的飛行測驗指導軍官完成最後的評估：「這名學生明確理解所有的飛行方法，能夠在大多數的情況下，進行高於平均水準的飛行。在測試的最後階段，他非常緊張，影響表現。他可以繼續進行下一階段的飛行訓練計畫，成爲表現平均的飛行員。」

完成B階段之後的下一個星期，尼爾在鄰近的科瑞訓練場（Corry Field）開始C階段的訓練——特技飛行。一開始，阿姆斯壯練習「上下顛倒飛行、側身飛行和轉動機身」時就展現「高於平均水準」的能力。到了D階段，阿姆斯壯和同袍在林克訓練機㉕中「飛行」。美國從一九二〇年代晚期開始使用林克訓練機（如果操作不當，機器將會失速旋轉），機身中有飛行操作桿、油門、單引擎戰鬥機的方向踏板以及標準型導航儀表板。

然而，眞正的考驗是坐在SNJ訓練機的後座，不再仰賴儀器，實際感受機身內部構造的飛行運作。在「儀表板部分失靈」的訓練中，指導軍官關閉飛機的旋轉儀和方向儀，阿姆斯壯必須發揮直覺，相信飛機本身的性能。他將在往後駕駛太空飛行器航向眞空宇宙時，發揮這個能力。

阿姆斯壯在D階段的評分表現爲「適應能力不佳」。但是，在D階段的第十次儀器測驗飛行時，他的成績只有「絕佳」二字。

隨後的五次飛行（從十一月十五日至十一月十八日），尼爾開始進入D階段的「無線電範圍飛行」，指導軍官依然關注尼爾不善於控制飛行高度的問題。

十一月四日，尼爾完成E階段兩次必要的夜間飛行，全都拿到「絕佳」的成績評比。一九四九年的感恩節，阿姆斯壯完成飛行基礎訓練的前五個階段，一共飛行四十次，在兩位指導軍官的監督下進行三十九・六個小時的飛行，以及十九・四個小時的獨自飛行。

進行編制飛行（formation flying，即飛行訓練的F階段）的地點在彭薩科拉西北方珀

㉕林克訓練機（Link Trainer）也被稱爲「藍盒子」或「飛行員訓練機」，是一九三〇年代至一九五〇年代之間常見的飛行模擬訓練機，由艾德・林克（Ed Link）建立的林克航空儀器公司所生產。

迪多灣（Perdido Bay）的索菲利訓練場（Saufley Field），此地是海軍的郊外訓練場，同時也是初級戰鬥訓練（Primary Combat，飛行訓練的H階段）和跨國導航訓練（I階段）的地點。一九五〇年一月，阿姆斯壯在這兩個階段獲得高評價。雖然對地掃射和俯衝轟炸是大挑戰，但尼爾的飛機射擊技巧非常傑出。

航空母艦訓練（Carrier Qualification）才是成爲海軍飛行員的關鍵測驗。一九五〇年二月下旬，阿姆斯壯在科瑞訓練場進行基礎訓練的最後階段，在彭薩科西方二十三英里的巴林郊外練習場（Barin OLF）接受「航空母艦降落訓練場練習」（Field Carrier Landing Practice）——在標示六百英尺長的跑道上降落，模擬航空母艦甲板。第二次世界大戰期間，巴林訓練場的意外事故次數最多，素有「血腥巴林」之稱。

尼爾和同班同學花費三個星期，學習「如何完全配合降落信號指揮官（landing signal officer）的指示。」阿姆斯壯解釋：「降落信號指揮官兩手各拿一支旗幟，藉由不同的旗幟排列方式，讓飛行員知道自己是否過高、過低、過快，或者必須加大轉向。倘若降落信號指揮官認爲你不能成功或安全降落，就會對著你搖晃旗幟，也就是我們所說的『拒絕信號』，你要立刻用最大動力，重新飛一次，繼續嘗試。」在隨後的K-12飛行測驗中，尼爾獲得「訓練合格」，可以進行第一次的海上降落飛行。

一九五〇年三月二日，阿姆斯壯前往墨西哥灣，進行L階段的六次降落訓練，目標是彭薩科拉不遠處的美國海軍卡伯特號輕型航空母艦（USS *Cabot*）。「SNJ訓練機的重量相對輕盈。」他回憶道：「即使飛機在甲板的速度只有三十節，依然能夠輕鬆起飛，不需要使用輔助彈射器。」當然，降落才是眞正的挑戰。海軍古老的諺語有云：「好的降落讓你安然無恙，更好的降落，則是讓飛機毫髮無傷。」

阿姆斯壯將人生第一次的航空母艦降落比作在沃帕科內塔的第一次獨自飛行，也是他飛行生涯中另一次「充滿情感張力的成就」。「這種飛行方式當然要求精密。成功的條件，唯有你用非常準確的操作，讓飛機穿過微小的時間窗口，才能成功降落在距離很短的跑道上。」

阿姆斯壯記得降落信號指揮官當時並未「拒絕降落」，他成功通過測驗，在十一項評分標準中，獲得九項「合乎平均表現」和兩項「低於平均」，包括「起步過快」以及降落階段前「未能準確將飛機對準跑道」。阿姆斯壯完成飛行基礎訓練，獲得接受高階訓練的門票了。

阿姆斯壯到了美國海軍位於科博斯・克里斯帝的航空站（NAS Corpus Christi）之後，「我向軍方申請駕駛戰鬥機，很幸運，他們也將我分發爲戰鬥機飛行員。」「戰鬥機的飛行員總是說，最傑出的男人才能成爲戰鬥機飛行員。」尼爾坦然地笑著說：「不過，我自己猜想，飛行員能夠駕駛哪些飛機，絕大多數取決於他們畢業時，海軍有哪些需求。」尼爾補充道：「海軍讓我使用 **F8F-1** 熊貓戰鬥機（Bearcat）作爲高階訓練機。我很高興，因爲這臺飛機的性能非常好。」熊貓戰鬥機在一九四四年首次飛行，採用全罩式圓頂座艙，也是格魯曼（Grumman）飛機公司替美國海軍製造的最後一款螺旋槳戰鬥機。許多人認爲熊貓戰鬥機是二戰末期最好的活塞引擎戰鬥機。熊貓戰鬥機的機身小巧，動力重量比非常優秀，動作靈活而且加速性能好，最高時速可達四百三十四英里（三百七十七節）。相較於阿姆斯壯曾經駕駛的飛機，熊貓戰鬥機簡直就是一臺炙手可熱的跑車，擁有如夢似幻的加速性能和盤旋天際的運動能力。

一九五〇年三月二十八日，尼爾抵達卡巴尼司訓練場（Cabaniss Field），科博斯・克里斯帝海軍航空站的六個郊外訓練場之一，參與美國空軍第二中隊（VF-2）的高階訓練。三個月之後，一九五〇年六月二十一日，尼爾完成三十九次飛行，總計時間超過七十小時，只有一個小時不是獨自飛行。他在卡巴尼司訓練場的最後五次飛行中，展現相當可觀的進步。

一九五〇年七月中，尼爾回到彭薩科拉海軍航空站，準備進行隨後的六次降落測驗，這一次駕駛的飛機就是 F8F 熊貓戰鬥機。八月十日，在第十五次的航空母艦降落訓練場練習中，阿姆斯壯的成績就是「通過測驗」。

隔天，尼爾動身前往位於墨西哥灣的美國海軍萊特號航空母艦（USS *Wright* CVL-49）。阿姆斯壯在海上獲得極為美好的一天——沒有任何一項成績「低於平均」。回憶此事，尼爾忍不住笑意，他說：「熊貓戰鬥機的起飛距離非常短，但指導軍官依然希望我將飛機開到跑道的盡頭，才能讓站在艦橋的資深軍官親眼看看。」此事的嚴重程度已經超乎軍隊禮儀。「收起機輪之後，飛機很有可能受到氣流影響，改變機身方向」，甚至撞上艦橋。

一九五〇年八月十六日，阿姆斯壯駕駛 F8F 飛機，順利通過航空母艦降落資格測驗的五天後，位於彭薩科拉的海軍航空訓練總部以書信通知這位實習軍官「已經成功完成海軍飛行員需要的課程要求」，正式「獲命爲海軍飛行員（負責駕駛重於空氣的航空器㉖）。」

一個星期之後，八月二十三日，阿姆斯壯參加海軍結訓典禮。尼爾的母親和妹妹開車旅行八百二十五英里前來。他的父親必須前往法院作證，所以未克出席。

短暫休假之後，實習軍官尼爾・阿姆斯壯向太平洋空軍指揮中心（ComAir-Pac）報到，這個單位負責指揮太平洋艦隊的航空部隊。「我在那裡履行飛行義務。」阿姆斯壯解釋道：「一般而言，飛行員請求部隊指派與訓練內容相似的任務。以我爲例，我接受戰鬥機訓練，所以我請部隊將我指派至戰鬥機中隊。海軍提供兩個選擇，前往西岸或東岸。我從未造訪西岸地區，也許到美國西岸看看也不錯。」

一九五〇年九月上旬，阿姆斯壯抵達加州，在美國艦隊第七戰鬥機中隊（Fleet Aircraft Service Squadron；FASRON）服役十個星期，地點在聖地牙哥美國海軍航空站（一九五五年改名爲美國海軍北島航空站）。一九五〇年十月二十七日至十一月四日，阿姆斯壯前往聖地牙哥美國海軍航空站南方的科羅納多島（Coronado Island），在南側的美國海軍陸戰隊

㉖在飛行器的分類中，可分機身重量密度「輕於空氣」或「重於空氣」。重於空氣的行空氣以自身部件和空氣相對運動產生的動力升空。

兩棲基地，接受密接空中支援訓練㉗。尼爾也在北方五十英里處的彭德爾頓營海軍陸戰隊基地（Camp Pendleton）參加空戰演習訓練，讓「攻擊方」飛行員（尼爾駕駛 F8F-2 戰機）尋找敵方地面攻擊目標，並且擾亂敵方防禦。

一九五〇年十一月二十七日，太平洋空軍指揮中心命令阿姆斯壯和赫伯・葛拉漢（Herb Graham）「立刻前往第五十一戰鬥機中隊指揮中心報到」。葛拉漢是阿姆斯壯在飛行預備學校的同學，兩人曾經一起加入第七戰鬥機中隊。第五十一戰鬥機中隊是經驗老道的中隊，剛剛回到美國本土，派駐在福吉谷號航空母艦（USS *Valley Forge*）。五一中隊也將成爲三支加入韓戰遠東空軍的部隊之一。

五一中隊是美國海軍第一支由全噴射機陣容組成的部隊，阿姆斯壯也希望駕駛噴射機。正如赫伯・葛拉漢所言：「一九五〇年代，五一中隊剛成立時，噴射機和接受噴射機駕駛訓練的飛行員非常稀有。五一中隊全員駕駛 F9F-2 噴射戰鬥機。尼爾是噴射機飛行員，也是傑出的年輕飛行員。那是一個夢幻的職位。」

五一中隊的指揮官是海軍上尉厄尼斯特・畢若查普，綽號厄尼（Ernest "Ernie" Beauchamp）。在日本攻擊珍珠港之前，畢若查普是彭薩科拉海軍飛行站的指導軍官，他在第二次世界大戰期間加入第八中隊，駕駛格魯曼公司製造的 F-6F 地獄貓，成爲菲律賓戰役的關鍵人物。一九四四年中期，畢若查普隸屬的第八中隊派駐在美國海軍碉堡山號航空母艦（USS *Bunker Hill*），在六個月之內，他們擊落一百五十六架日軍飛機，創造十三次的「王牌」紀錄——意指在空對空戰鬥中，摧毀五架以上的敵方飛機。然而，厄尼不只是一位優秀的戰鬥機飛行員。他的思緒聰明，非常適合擬定戰鬥機攻擊策略。一九四五年春天，畢若查普接獲指令，負責指揮第一中隊，派駐在美國海軍中途島號航空母艦（USS *Midway*），但在第一中隊實際參戰前，太平洋戰爭已經結束了。

第二次世界大戰結束之後，畢若查普待在軍中，成爲戰鬥中隊指揮官。後來，他前往華盛頓特區，擔任美國海軍空戰副參謀總長的幕僚。一九五〇年六月二十五日，韓戰爆發當天，海軍少校厄尼斯特・畢若查普離開辦公室，回到五一中隊的指揮官崗位。美國海軍用最嚴苛的標準遴選五一中隊的成員。

畢若查普前往美國海軍北島航空站擔任全新成立的噴射機轉型部隊（jet transition unit; JTU）進攻隊長，暫時負責管理重返軍隊的 F4U 海盜式戰鬥機飛行員。他查詢飛行紀錄，也觀察許多飛行員的能力。「在當時的五一中隊中，只有二到三名飛行員，確實可以重返軍隊崗位。」二〇〇二年，畢若查普接受採訪時表示。他替四名飛行老兵保住了軍職，包括海軍上尉理察・溫澤爾（Richard M. Wenzell；擔任五一中隊的作戰軍官）、海軍上尉威廉・麥基

㉗密接空中支援（close-air support; CAS）是指由定翼機或旋翼機進行的空中行動，以航空飛機對抗正在接近友軍地面或海面部隊的敵軍目標，必須整合各部隊的火力和移動。雖然名爲「密接」，但空中部隊可能與地面或海面部隊保持很遠的距離。

（William Mackey）、海軍上尉丹尼爾・馬歇爾（Daniel V. Marshall）以及海軍少校伯納・席維拉（Bernard Sevilla）。

畢若查普依然需要更多成員。綽號「威」的威廉・麥基提出建議，畢若查普決定從惠丁訓練場招募另外四位飛行員，包括兩位來自噴射機轉型部隊的指導軍官：海軍中尉羅伯・羅斯丁（Robert E. Rostine）和海軍中尉約翰・摩爾（John Moore），加上海軍中尉湯瑪斯・海沃德（Thomas B. Hayward），他是噴射機轉型訓練課程的畢業生，也是尼爾在五之四十九班的同學，日後將成爲美國海軍作戰行動參謀長。最後一位則是海軍中尉羅斯・布蘭威爾（Ross K. Bramwell）。畢若查普要求九位軍官「謹慎遴選」，在尚未獲得任命的軍人中，尋找適合駕駛噴射戰鬥機的「黃金人選」。

沒有人居功主張自己將阿姆斯壯選入五一中隊。按照英文字母順序排列，阿姆斯壯和葛拉漢與以下的成員一起進入五一中隊：海軍少尉詹姆斯・艾緒福特（James J. Ashford）、海軍中尉威廉・波爾斯（William W. Bowers）、海軍中尉雷納德・「雀特」・雀雪爾（Leonard R. "Chet" Cheshire）、海軍少尉赫雪爾・戈特（Hershel L. Gott）、海軍少尉赫伯特・葛拉漢（Herbert A. Graham）、海軍少尉羅伯・卡普斯（Robert J. Kaps）、海軍中尉肯尼斯・克拉馬（Kenneth E. Kramer）、海軍少尉唐納・麥可奈特（Donald C. McNaught）、海軍少尉葛倫・瑞克頓（Glen H. Rickelton）、海軍中尉喬治・羅素（George E. Russell）以及海軍中尉哈洛德・史旺（Harold C. Schwan）。海軍中尉法蘭西斯・瓊斯（Francis N. Jones）和海軍中尉威利・史考特（Wiley A. Scott）則從福吉谷號航空母艦部隊直接加入五一中隊。這個部隊有幸延攬經驗老道的士官長和上士，但五一中隊的「黃金成員」依然要面對非常競爭的篩選過程。阿姆斯壯還有一個劣勢。一九五〇年十一月下旬，他接獲指令，加入五一中隊時，完全沒有駕駛噴射機的經驗。

有些人說，從駕駛螺旋槳推進飛機轉型爲駕駛噴射機，就像「從大馬力的四檔手排車改變爲自動排檔的高速跑車」。其他人則相信，駕駛不同類型的飛機會讓飛行員產生適應困難。一九五一年一月五日，阿姆斯壯首次駕駛格魯曼 F9F-2B「美洲豹」（Panther）噴射機，飛行的時間略微超過一個小時，表現就十分亮眼，也是尼爾飛行員生涯另一次「充滿魔力的特殊時刻」。「能夠坐在新型噴射戰鬥機的前座，我非常興奮」。

雖然尼爾在幾個月之前才剛滿二十歲，但飛行員同袍都非常尊敬他。威・麥基認爲尼爾「嚴肅且專注，是一名年輕優秀的飛行員——十分可靠」。然而，尼爾必須讓畢若查普留下深刻的好印象，他也成功了。由於五一中隊擁有的噴射機寥寥可數（一共只有六臺噴射機，飛行員的總數爲二十四人），阿姆斯壯曾說，飛行「是非常珍貴的機會」。一九五一年的前二個半月，五一中隊的飛行員平均每周只有三次飛行機會。到了三月中，冬季的濃霧逐漸散去，五一中隊也擁有更完整的設備數量，讓每位飛行員在每個星期進行五到七次的噴射機飛行，輪流駕駛比奇飛機公司（Beechcraft）製造的舊款雙引擎 SNB 飛機，練習「實際感受機身內部構造的能力」，維持飛行設備的使用效率。

五一中隊開始訓練時，敵人也悄悄逼近了。「我們猜想以後必須對抗蘇聯的後掠翼式米格十五戰鬥機（swept-wing MiG-15）。」赫伯・葛拉漢解釋道。「米格十五戰鬥機的極速比我們的噴射機還快，他們升上天空的速度甚至快過我們俯衝降落，就像二戰初期，海軍的 F4F 野貓戰鬥機（Wildcat）必須對抗性能更好的日本零式戰鬥機（Zero）。」仔細閱讀一九五〇年年底分析美洲豹戰機對抗「性能更爲優越」的米格十五戰機的報告之後，畢若查普陷入一股「沉重的憂慮」，擔心米格戰鬥機的駕駛「倘若和美國海軍飛行員一樣訓練精良且積極進攻，我方飛行員和飛機的損失將會非常慘重。」

根據阿姆斯壯本人的說法：「我們不知道五一中隊的進攻比重，我們必須空投炸彈或開槍掃射？我們又要擔負多少海軍艦艇的防禦任務，對抗來襲的中國或俄羅斯飛機？我們進行空對空或空對地戰鬥？我當時很年輕，非常青澀。」

未婚的飛行員居住在北島基地的單身軍官宿舍，一邊思忖俄羅斯米格十五戰鬥機的威脅，一邊面對操勞的訓練計畫。即使阿姆斯壯的年紀和稚嫩的外表並未讓他顯得獨一無二，他的習慣也會。他非常喜歡閱讀，更熱衷於創造模型。五一中隊的訓練計畫到了尾聲，成員必須駕駛美洲豹噴射機，再次進行航空母艦降落測驗，這次的目標是重達兩萬七千一百公噸的現代化航空母艦艾塞克斯號（USS *Essex*〔CV-9〕）。在此之前，尼爾已經完成十二次的航空母艦降落測驗，六次駕駛 SNJ，另外六次駕駛 F8F。年紀較大的飛行員雖然具備更多的螺旋槳推進機降落經驗，但他們駕駛噴射機降落的經驗不比尼爾多。「噴射機的速度更快。」尼爾強調：「一般而言，噴射機的降落速度略微超過一百節，可能比熊貓戰鬥機的速度快了二十節。」

「我剛好被分發為日間戰鬥機飛行員。」阿姆斯壯慶幸地說：「我派駐的航空母艦上也有夜間戰鬥機飛行員。我覺得他們的工作非常辛苦。」一九五一年六月七日，大約是尼爾二十一歲生日的兩個月前，他通過航空母艦降落測驗。兩天之後，尼爾的官階提升至少尉。最後一次降落時，他的專注力全在降落信號指揮官的旗幟上，他將飛機減速至一百〇五節。就在一瞬間，噴射機突然瀕臨失速，急速降落，艾塞克斯號航空母艦跑道快速掠過尼爾的駕駛座下方。幸運的是，噴射機的尾勾抓住攔阻索。機身離防撞保護牆只剩下一百五十英尺時，阿姆斯壯駕駛的 9F9 美洲豹戰鬥機剎時停下，在一次心跳之間，從一百〇五節的時速歸於靜止，令人膽顫心驚。當天，尼爾見了手持綠色記錄本的降落信號指揮官七次。

完成生涯首次的噴射機航空母艦降落之後，心情愉悅的尼爾立刻察覺連續使用海軍威力強大的 H8 水壓噴射機輔助發射器（H8 hydraulic catapult）起飛，身體就像汽車突然加速時被貼在椅背上的刺激感覺。到了此時此刻，阿姆斯壯連續八次成功降落在航空母艦上，畢若查普肯定早已決定將他選為五一中隊派駐在艾塞克斯號航空母艦的成員之一。早在一個月前，畢若查普指派阿姆斯壯擔任飛行中隊的教育協助軍官以及空軍情報協助軍官。根據畢若查普的意見，艾塞克思號航空母艦的指揮官奧斯丁・威爾洛克上校（Austin W. Wheelock）

在一九五一年六月三十日的阿姆斯壯適任報告中記載：「阿姆斯壯少尉非常聰明，彬彬有禮，符合軍人風範。他的飛行能力高於平均，日漸進步。在他的官階時效結束之後，我推薦讓他升階。」阿姆斯壯駕駛 SNJ 練習機的總時間爲兩百一十五小時，F8F 飛機爲一百〇二小時，SNB 飛機是三十三小時，F9F 飛機則是一百五十五小時。加入海軍之後，尼爾的總計飛行時間爲五百〇五小時。

一九五一年六月二十五日星期一，五一戰鬥機中隊接獲命令。三天之後，六月二十八日十四點三十分，艾塞克斯號航空母艦收錨啓程。七月三日，艾塞克斯號快要抵達夏威夷群島之際，船上多數的飛機都已經出發前往歐胡島（Oahu）的西南端。

抵達歐胡島的巴伯斯角海軍航空站（NAS Barbers Point）之後，五一中隊的噴射戰鬥機首次裝備重型炸彈。肯・克拉馬（肯尼斯・克拉馬）回憶道：「我們一直以爲自己要對抗米格十五戰鬥機。我們練習空中戰術的次數，勝過從前所有的空軍戰鬥中隊，卻成爲地面轟炸部隊。」身爲海軍飛行員，「我們非常失望。」

然而，讓五一中隊的飛機搭載炸彈是非常正確的決定。FJ-1 噴射機不適合航空母艦，原因很多，包括 FJ-1 的降落尾勾很容易損壞。五一中隊之所以必須負責轟炸，是因爲在韓戰的東戰線，不必對抗米格十五戰鬥機。

夏威夷的訓練從七月四日持續至七月三十一日。一九五一年八月二十三日，艾塞克斯號航空母艦離開珍珠港十五天，距離北韓東北方的元山港只有七十英里左右。駕駛 F4U 海盜戰鬥機（Corsair）的五三中隊、駕駛 AD 天襲者（AD Skyraider）的五四攻擊中隊，以及駕駛 F2H-2 海妖戰鬥機的一七二飛行中隊登上艾塞克斯號航空母艦，與五一戰鬥機中隊並肩作戰。同樣登船的，還有四支 VC 特遣部隊，包括駕駛 F9F-2P 偵察機的 VC 六一中隊，以及 VC 第三中隊、VC 十一中隊和 VC 三五中隊（VC 意指複合軍隊，接受夜間攻擊和防禦訓練，能夠進行早期空戰警示和反潛艇作戰）。美國海軍出乎意料地用珍珠港的海妖戰鬥機部隊取代駕駛 F9F-2s 的五二戰鬥機中隊之後，美洲豹戰鬥機的飛行員非常不悅，不想要成為海妖戰鬥機的副手。

但他們根本不必擔心此事。

Chapter 6

五一戰鬥中隊

對於即將到來的戰鬥，五一中隊的男人，其興奮雀躍更勝於恐懼。他們覺得自己正要參與人生最偉大的冒險。

惡兆正要降臨。馬基颱風（Typhoon Marge）襲擊艾塞克斯號航空母艦整整兩天，導致船身劇烈搖晃，只差十度就要翻覆。八月二十二日，艾塞克斯號加入七十七特遣隊，距離北韓元山市只有七十英里的距離。從機庫的大門望出去，阿姆斯壯人生第一次看見美國的航空母艦艦隊，包括好人理察號（*Bon Homme Richard*）航空母艦、紐澤西（*New Jersey*）號戰艦、海蓮娜（*Helena*）和托萊多（*Toledo*）兩臺驅逐艦、十五臺至二十臺的驅逐艦，以及二十臺左右的軍艦。他們將會在未來的數個月之間，和另外四臺航空母艦與三臺驅逐艦一起進行模擬攻擊行動。

第五空軍團的初次行動始於八月二十四日。第五艦隊派出七十六架戰機攻擊「機會目標」[28]。當天並非阿姆斯壯的飛行日。他也沒有參加針對北韓羅先市（Rashin）鐵路的第二十五次大規模空襲。羅先就在蘇聯國境旁，美國第一次出動戰鬥機護送空襲炸彈機越過敵國邊境。根據阿姆斯壯的說法：「作戰部隊的編制方法是四臺飛機組成一個分隊。」分隊再分成兩個小隊，各有兩臺飛機。在飛行時，兩個小隊保持四分之一至二分之一英里的距離。

畢若查普將二十四名飛行員分成六個小隊，大致可以配合海軍的飛行時間表。第六分隊的隊長是約翰・卡本特（John Carpenter）。卡本特分隊的小隊長則是約翰・摩爾。資歷較淺的軍官扮演僚機飛行員。剛開始巡航時，阿姆斯壯通常在摩爾的小隊中，擔任卡本特的僚機飛行員。後來，尼爾常與威廉・麥基一起飛行。阿姆斯壯和其他飛行員一樣，也在小隊飛行任務之外，參加過幾次偵察飛行。

空軍聯隊長（Captain of Carrier Air Group；CAG）馬歇爾・畢比（Marshall Beebe）總是要求空軍中隊最年輕的阿姆斯壯擔任僚機飛行員，這件事情也受到軍中同袍的關注。畢比的戰鬥飛行風格非常激進，可能也讓尼爾暴露在容易受傷的位置。畢比是第二次世界大戰的雙王牌飛行員，擊落十四架敵機，似乎無所畏懼。畢比的綽號是「馬歇」，這個字也有「沼澤」的意思。他因爲喜歡長時間保持「乾腳」——在天空長時間飛行——而聞名。他總是將飛行時間最大化，藉此瞄準敵軍目標，導致飛機的燃料所剩無幾，幾乎無法回到航空母艦。

㉘機會目標（targets of opportunity）是指不屬於原定計畫或時間安排的攻擊目標，但空軍偵察單位或肉眼可直接察覺，並且處於射程範圍內的目標。

偶爾，畢比可以得到上級同意，將戰鬥中隊帶入北韓最上方的米格走廊（MiG Alley），為了防衛米格戰鬥機的攻擊，美國飛機使用過多燃料，差點無法回到航空母艦。阿姆斯壯回憶此事時曾說：「當時，我很希望油箱裡還有幾百磅的回程用油。」

阿姆斯壯第一次的北韓行動經驗發生在八月二十九日，他負責護送一臺偵察飛機，從北緯四十度線上方，飛過北韓港口城津（Songjin），加入空戰巡航部隊，再回到艦隊。隨後四天之內，他三度駕駛武裝偵察機飛過元山市（Wonsan）、蒲種（Pu-Chong）市，再回到城津。少數幾位五一中隊的飛行員在北緯二十九度線遭遇小型地面武裝部隊。然而，五一戰鬥中隊在九月二號才發生第一次的強力反制空軍攻擊。畢若查普小隊的主要任務是擾亂北韓和中國軍隊之間的物資運輸系統。「我們轟炸火車、橋樑和坦克。」阿姆斯壯解釋道：「竭盡所能反制敵軍運作。」

前十天的行動，第五空軍團承受非常嚴重的傷亡。九月二日，航空母艦的周間戰鬥報告內容也包括正要結束的星期天，內容寫道：「在過去的一個星期以來，每天至少有一臺飛機遭到反制空武器攻擊。」下個星期的戰況更慘烈，阿姆斯壯差點因此喪命。

一九五一年九月三日，阿姆斯壯整裝待發，準備參加第七次戰鬥任務。披上兩件式的海軍制服，感覺就像穿上拘束衣。擴音器傳來「戰鬥中隊集合！」的聲響，彷彿在航空母艦的甲板掀起一場吵鬧瘋狂的舞會。在飛行員抵達甲板之前，「飛機機長」已經啓動引擎。飛行員在協助下進入座艙，機長扣緊飛行員肩膀和大腿的繫繩，謹慎處理降落傘工具組。

檢查氧氣呼吸罩、逃生工具和無線電之後，飛行員一臉正經，準備使用航空母艦上強而有力的H8彈射起飛輔助器。這是阿姆斯壯在三個月之內，第二十八次使用彈性起飛輔助器。

阿姆斯壯的任務是駕駛一臺武裝偵察機，進入美國海軍情報單位所說的「綠色六號」熱區，地點就在元山市西方。「綠色六號」是代碼，意指一條狹窄的道路，可以直接通往南韓境內。

一九五一年九月三日的任務主要目標是北韓軍隊的飛行場和一座橋樑。綽號「瑞克」的瑞克頓當時擔任麥基的僚機飛行員，他說：「我們遇到非常嚴重的反制空攻擊。雖然對方火力強大，我依然覺得自己可以順利逃走。」空軍少尉法蘭克・希斯川克（Frank Sistrunk）轟炸目標橋樑時，他駕駛的AD天襲者遭到地對空高射砲打中。天襲者墜毀，西斯川克成為第五空軍團在艾塞克斯號出征時期的第四位喪生者。

阿姆斯壯當時是約翰・卡本特的僚機飛行員，當天也進行數次攻擊行動。在其中一次轟炸行動中，尼爾的飛機切過一條繩索，可能是北韓軍隊設置攻擊低空攻擊飛機的陷阱。尼爾飛機的右方機翼因此被切斷。他幾乎沒有任何方法飛回友軍區域，唯一的選擇只有彈出座艙逃生。卡本特駕駛飛機，一直待在尼爾附近，直到他按照逃生計畫，降落至南韓浦項市（Pohang）附近的空港，此處由美國海軍陸戰隊控制，軍隊代號為K-3。美洲豹戰鬥機搭載英國製造的史丹利二十二G型彈射座椅（Stanley Model 22G），英文用punching out形容飛行員彈出座機，其實根本無法描述他們屁股遭到重擊的感受。二十二G型彈射座椅可以讓飛行員在五百英尺以上的高空彈出時順利生存，只要飛機的下降速度並未過於嚴重。阿姆斯壯是五一戰鬥中隊第一位彈出座機的飛行員，這次經驗也是他本人首次彈出逃生。

尼爾「原本想要降落在水中」，卻誤判風勢，只好在空中飄盪，最後降落在稻田中。除了尾椎骨碎裂之外，尼爾沒有其他傷勢。K-3空港基地的吉普車抵達現場時，尼爾已經起身。在吉普車內，尼爾簡直不敢相信自己遇見就讀飛行學校時的室友古德爾・華倫（Goodell Warren）。華倫的綽號是「古迪」（Goodie），他現在是美國海軍陸戰隊上尉，也派駐在浦項市進行軍事任務。華倫告訴阿姆斯壯，他在海岸線聽見的爆炸聲是北韓人在港口區域埋藏的地雷。如果尼爾的降落傘保持原方向，很有可能就會降落在致命的地雷區。

九月四日當天下午稍晚，阿姆斯壯回到艾塞克斯號，登上郵務和人員運送飛機，外號「冰魚」。根據五一戰鬥中隊的情報官肯・丹尼伯格（Ken Dannenberg）的回憶：「我們當然稍微『修理』了尼爾。」在彈出座機的過程中，尼爾脫下飛行頭盔，頭盔墜落至地面時損毀。「尼爾拿著破損的飛行頭盔，臉上掛著微笑。」丹尼伯格說道：「所以我們說，尼爾，你知道自己要向美國政府賠償飛行頭盔的損失吧？」撇開玩笑話不談，赫伯・葛拉漢記得尼爾「因為冷靜處理當時的狀況，獲得許多稱讚。」

寫信回家時，尼爾幾乎從未提起戰鬥，也沒有談到這次事件。他只有在一九五一年九月三日的戰鬥日誌中寫了一句話：「在浦項市彈出座機」。他在這句話的旁邊，畫了一幅小圖，一個小小的男人控制張開的降落傘。墜落的飛機是五一戰鬥中隊失去的第一臺美洲豹戰鬥機。然而，尼爾回到艾塞克斯號時，軍方並未慶祝，但不是因爲失去珍貴的戰鬥機。當天稍早，尼爾的兩名戰鬥中隊同袍，詹姆斯・艾緒福特和羅斯・布蘭威爾都在行動中不幸喪生。艾緒福德年僅二十五歲，他和尼爾待在同一個小隊。如果尼爾當時並未彈出座機，可能就會和艾緒福德參加同一場作戰行動。艾緒福德在偵察任務中駕駛噴射機，地點於元山市西北方，介於新勇（Simp'yong）和陽德（Yangdok）的區域。艾緒福德的飛機裝滿軍械，爲了攻擊一臺卡車，無法提升飛行高度，直接撞擊地面爆炸。「爲了一臺該死的卡車，竟然付出如此慘痛的代價！」五一戰鬥中隊的全體同仁如是哀悼。

根據畢比在一九五一年九月四日提出的戰鬥行動報告。「我方空軍團成功摧毀七座橋、九十臺鐵路車，二十五臺牛車，二十五臺卡車，兩百五十支軍團，對上述單位造成兩倍傷害，而我方付出的代價則是五位飛行員的性命、一位空軍工作人員還有十臺飛機。」九月五日，美國軍方全員不戰鬥，休息整裝，讓每一位成員都有時間沉澱思緒。「他們從來不會錯過任何一次射擊你的機會。」阿姆斯壯說道：「我們看見各式各樣的槍枝，各種大小的武器，有些武器由雷達控制，另外一些則否。他們還有八十五厘米長型砲管武器，能夠攻擊高空。我們很擔心遭到攻擊。我駕駛的飛機出現許多彈孔，但我通常可以順利返航。」隨後的九天，尼爾參加四次空中戰鬥任務、一次照片偵察任務，以及四次武裝偵察任務。

航空母艦艾塞克斯號在北韓最大的災難並非發生在空中，而是甲板。在一九五一年九月十六日，一七二戰鬥機中隊的海妖戰鬥機必須緊急迫降。海軍中尉約翰・凱勒（John K.

Keller）在空中意外相撞事件之後，努力將自己駕駛的海妖戰鬥機開回航空母艦。此時，厄尼・畢若查普正在率領美洲豹戰鬥機分隊，準備進入艾塞克斯號，遵照正常降落路徑。畢若查普隊長測風著陸，聽見凱勒要求「直接降落」。畢若查普加足馬力，收起飛機降落輪和阻力板，讓出降落跑道，另外三名隊員也比照辦理，包括羅斯丁、戈特和卡普斯。一連串的失誤引發一場災難。凱勒忘了降下飛機尾鉤，尾鉤觀測人員和降落信號指揮官誤以爲尾鉤已經落下。這個疏失導致八公噸重的海妖戰鬥機以一百三十節的速度直接撞擊甲板。飛機機身彈過甲板上的重型衝撞護欄，機頭朝前，撞擊另外一群飛機。爲了讓返航飛機有足夠的降落空間，這群飛機才剛移動至此處，有些飛行員和機長尚未離開飛機。海妖戰鬥機衝撞停放在甲板的飛機之後——其中一些飛機裝載近一千加侖的高純度汽油——產生非常巨大的爆炸蕈狀雲。艾塞克斯號的前方飛行甲板成爲一顆大火球。畢若查普小隊唯一的選擇就是飛到拳師號（*Boxer*）航空母艦度過一夜。衝撞意外的結果非常可怕。四名成員焚燒致死。另外五名成員被氣化火焰包圍，必須跳入七十英尺之下的海水，但海面上也是焚燒中的航空汽油。螺旋槳飛機將引發事故的海妖戰鬥機拖出船外，死去的年輕飛行員仍在飛機中，另外幾臺爆炸燃燒的飛機也比照辦理。幾個小時之後，船上大火終於撲滅，七名成員死亡，十六名成員嚴重受傷，八臺飛機化爲灰燼。幸運的是，裝載燃油和五千英磅重炸藥的天襲者飛機，停放在航空母艦的另一端，所以安然無事。

阿姆斯壯當天在飛行中隊辦公室值勤，按照規定，他必須在準備室堅守崗位。因此，他沒有看見大火，也並未參與滅火。隨後的三天，艾塞克斯號的成員哀悼。阿姆斯壯的飛機被摧毀了，加上隊員傷亡，另外四臺美洲豹戰鬥機也被火災摧毀，五一戰鬥中隊的士氣低落，原本有十六臺戰鬥機，現在剩下九臺，二十四名飛行員也只剩下二十一名。

九月二十日，艾塞克斯號在返回日本橫須賀市的途中舉行悼念儀式，參加的成員悶悶不樂。這場儀式緬懷在第五航空母艦軍團遠征喪生的十三名成員。阿姆斯壯認爲自己非常幸運躲過九月三日的飛行任務。在女妖戰鬥機墜毀當天，如果他並未在戰鬥軍隊準備室值勤，很有可能會在甲板上負責將其他美洲豹戰鬥機滑向其他位置。

一九五一年九月二十一日，尼爾・阿姆斯壯第一次在海外體驗「休息和放鬆」。美國海軍已經在日本東海岸佔據數間度假飯店。在「休息和放鬆營」中，最美麗奢華的，莫過於位於富士山腳下陰涼處的大阪富士屋酒店。阿姆斯壯多次享用美食、美酒和客房服務，而且費用低廉。尼爾也決定在度假飯店的高爾夫球場試試身手，後來愛上了高爾夫球運動。艾塞克斯號在日本港口停留十天，於一九五一年十月一日前往韓國東北海岸，重新加入第七十七特遣隊。

在第二次戰鬥任務期間，尼爾參加十次任務，其中一次的經驗永生難忘，但他幾乎隻字不提，甚至不和中隊同袍談論。

一九五一年十月中，尼爾參加日出戰鬥巡航任務，駕駛美洲豹飛機穿過矮山稜線之後，看見一排又一排的北韓士兵，他們身上沒有武裝，在田野軍營外從事日常的柔軟體操。當時，他可以使用飛機的機關槍掃射，但他選擇讓手指離開扳機，繼續飛行。多年之後（在《登月先鋒》於二〇〇五年初版問世之後），尼爾向本書作者表示：「他們看起來非常辛苦，連完成晨運都有困難。」尼爾的戰鬥中隊同袍從未聽過這個故事，因爲他不曾說過。二〇一二年，尼爾過世之後，所有同袍認爲這個故事確實爲眞，毫不懷疑。每位同袍都承認自己必定會開火攻擊，但「尼爾的內心有一種崇高的情操，不願攻擊無法保護自己的目標」。

然而，阿姆斯壯可以勇敢飛行、英勇戰鬥，永遠都會完成任務。一九五一年十月二十二日，尼爾的分隊發現敵方兩臺火車，天襲者和海盜船戰鬥機摧毀目標之後，連帶攻擊敵軍數個補給地點。十月二十六日，尼爾分隊攻擊敵軍橋樑，摧毀北青郡地區的鐵路。十月三十日，尼爾參加攻擊任務，飛向北方遠處，越過北緯四十度。前一天，他在新安洲的戰鬥機任務中，飛往個人紀錄的最西處，此地是米格走廊的一部分。

五一戰鬥中隊在第二輪的任務中幾乎毫無損失。整體而言，美方海軍空軍團也只有損失三名飛行員和一臺飛機，相較於第一輪的作戰期間，已是長足的進步。在十月間，五一戰鬥中隊發射四萬九千二百九十九輪的二十厘米口徑機關槍，空投六百三十一枚一般戰鬥用的百磅炸彈。在前兩個半月的戰鬥期間，尼爾個人大約攻擊七千輪，丟下四十八枚炸彈，並且發射三十枚火箭導彈。尼爾一共飛行二十六次，其中九次是戰鬥空中巡邏，累積超過四十一・五個小時的飛行時間。

一九五一年十月三十一日至十一月十二日期間，航空母艦回到日本橫須賀軍港重新整修之後，全軍重新回到崗位，前往元山灣。由於季節即將邁入冬季，日本海上的航空母艦行動環境變得惡劣。在一九五一年十一月至十二月間，綽號「尖叫之鷹」（Screaming Eagles）的五一戰鬥中隊投下總計重達十三萬五千五百六十英磅的炸彈。低空掃射依然是五一戰鬥中隊最有效率的武器，他們一共發射四萬三千〇八十七輪的彈藥，平均每位飛行員攻擊兩千〇五一輪。一九五一年十二月，航空母艦預定在十三日回到橫須賀港整修之前，阿姆斯壯進行本月第八次的飛行任務。十二月二日，阿姆斯壯交替飛行於高低海拔高度時，美洲豹戰鬥機的引擎突然熄火。在燃油飛機中，熄火是十分常見的嚴重問題。尼爾的飛機熄火是因爲飛機的燃油控制系統卡在低海拔設定，受到海鹽侵蝕。由於戰鬥空中巡邏任務的規定，尼爾必須加重油門力道，將過多燃油傳入混油器中，導致熄火。幸運的是，尼爾重新發動引擎，順利完成飛行，沒有引發更多麻煩。

在第三輪的日本海任務中，五一戰鬥中隊做了一次非常驚險的判斷，所幸並未承受傷亡。十二月十四日，艾塞克斯號返回橫須賀港，在此度過聖誕節。聖誕節之後，航空母艦再度啓程，參加韓國地區的戰鬥任務。在巡航亞洲的過程中，第四輪的戰鬥任務最艱困激烈，也爲期最久。這次戰鬥時間長達三十八天，直到一九五二年二月一日，第五空軍團的飛行員一共進行兩千〇七十次突擊任務。阿姆斯壯本人進行二十三次任務，總飛行時數超過三十五小時，二十三次彈射起飛，二十三次的航空母艦降落，全都發生在一個月之間，而且都是戰鬥狀態：這還只是尼爾的個人經驗。航空母艦上半數的彈射器和飛機都已經結凍，連飛機搭載的機槍也一樣，沒有人會羨慕阿姆斯壯和同袍的工作。

一九五二年一月四日，艾塞克斯號的第四次出航任務結束之後，第五軍團的成員得到了一個好消息：一月底，他們將在橫須賀港度過兩周，隨後就能返回美國。但就在返鄉之前，海軍少尉瑞克・瑞克頓的美洲豹戰鬥機遭到高射砲攻擊，鼻翼朝地墜落爆炸。當天夜晚，瑞克頓的同袍鮑伯・卡普斯在日記中寫道：「願主能看穿這場災難：但我無法。必有一個理由延續這場戰鬥，但我看不見。」

瑞克頓過世之後，威・麥基的分隊需要另外一位僚機飛行員，這個任務落在尼爾身上。隨後的巡航任務中，尼爾主要和麥基、雀特・雀雪爾以及肯・克拉馬一起飛行。瑞克頓死後兩天，麥基回憶道：「上將從軍官室過來，然後說：『因爲如此這般的原因，另外一艘航空母艦無法準時接替我們的工作。我們必須再度回到戰場。』」

海軍的戰鬥焦點是北韓國境深處的橋樑。從韓戰開始以來，橋樑就是封鎖戰的主要目標。根據五角大廈的戰鬥統計資料，美國軍隊當時一共摧毀北韓兩千八百三十二座橋樑，海軍飛機摧毀其中兩千〇五座橋樑。

隨著時間經過，美國海軍終於明白——並且付出慘痛的代價——有效率摧毀北韓橋樑的關鍵，就是整合螺旋槳飛機和噴射機，在適當的時機進行統一攻擊。一九五一年二月，畢比隊長和第五空軍團的戰鬥指揮官在艾塞克斯號上策劃了基礎方針。噴射機的速度較快，非常適合針對單一目標進行「俯衝降落攻擊」，也具備優秀的逃脫速度，更容易成功破壞敵方橋樑的基礎防禦。但是，噴射機不是實際摧毀橋樑的最佳選擇。想要摧毀橋樑，必須投下兩千英磅的炸彈，噴射機無法攜帶如此沉重的炸彈。因此，噴射機的任務就是對抗敵方飛機的攻擊。海盜船戰鬥機隨後登場，負責轟炸並且掃射空戰區域，最後由天襲者戰鬥機進行大砲轟炸。大型橋樑攻擊的配置一般需要二十四臺飛機，包括八臺噴射機、八臺海盜船戰鬥機以及八臺天襲者戰鬥機。新的戰術非常成功，七十七特遣隊也迅速全面採用，只做了一個修正：為了避免噴射機彈藥在空中引爆的煙塵遮蔽螺旋槳飛機的炸彈轟炸目標，空軍團決定將噴射機的空中鎮壓地點移動至離橋樑較遠處。

雖然新的策略成功減少傷亡，但空軍團依然無可避免地損失了人員。瑞克頓之後，美方失去三名飛行員。阿姆斯壯和五一戰鬥中隊的其他成員也承受最嚴峻的死亡打擊，一九五一年一月二十六日，海軍中尉雷納德・雀雪爾戰死。

雀雪爾的綽號是「雀特」，他和瑞克頓一樣來自新墨西哥州——更準確的地點是阿爾伯克基（Albuquerque）。雀雪爾參與韓戰之前剛結婚，計畫在戰爭結束之後成為一名教師。尼爾和雀特都睡在下舖，正好在走廊的兩側。尼爾是五一戰鬥中隊最年輕的成員，雀特則是年紀最大的初級軍官——他們成為摯友。當時，麥基分隊第二次攻擊科文地區的偽裝火車，就在元山灣附近，雀特的飛機遭到敵方飛機的致命攻擊。

當天夜晚，航空母艦上的牧師一如往常地使用廣播系統，替所有失去生命的士兵祈禱。自從艾塞克斯號從夏威夷前往韓國以來，牧師已經替畢比的士兵祈禱二十八次了。

一九五二年二月一日，艾塞克斯號離開第七十七特遣隊，回到橫須賀港，結束第四次的戰鬥任務，服役一千三百三十小時。距離上次離開港口，艾塞克斯號已經在海上三十七天了。第五空軍團一共發動超過兩千次轟炸任務，其中四百四十一次由第五戰鬥中隊進行，發射四十萬發子彈，投下近一萬枚炸彈，發射近七百五十枚火箭，加上近三千英磅的凝固汽油彈攻擊，摧毀敵軍一千三百七十四座鐵路與三十四座橋樑，四十七座橋樑受損，以及多處軍備地點和軍事措施受創或損毀。為了完成上述任務，第五航空母艦軍團一共損失五名成員，其中兩位隸屬五一戰鬥中隊，加上超過十二臺飛機。

一九五二年二月十八日，阿姆斯壯開始第五次和最後一次的戰鬥任務旅程。上蒼仁慈，這次任務的時間只有兩星期。尼爾幾乎天天都要進行飛行任務，總計飛行十三天。二月二十五日的清晨，尼爾完成夜襲準備工作，在清晨參與攻擊任務，摧毀敵軍長途火車攜帶的四十臺軍用車以及火車頭。一九五二年三月五日，尼爾參與人生在韓戰的最後一次飛行任務。當天，五一戰鬥中隊的飛行員將飛機移交給福吉谷號航空母艦。整體而言，尼爾幾乎駕駛過五一戰鬥中隊的所有美洲豹戰鬥機，除了早期折損的那幾臺。

阿姆斯壯一共參與七十八次任務，飛行時數超過一百二十一小時，其中三十次是戰鬥空中巡邏任務，十五次偵察護送任務，以及一次槍砲射擊訓練任務。另外三十二次則包括偵察任務、空中掃射、鐵路摧毀以及鎮壓敵軍地面高射砲。

一九五二年三月十一日，艾塞克斯號前往夏威夷。三月二十五日，航空母艦終於看見美國加州的美麗海岸線。阿姆斯壯和其他飛行員同袍一樣，穿戴許多戰爭榮譽勳章回家。他也和軍中同袍一樣，對自己的軍事成就輕描淡寫：「軍方發放勳章的方式，就像教會在星期日主日學頒發金色星星獎勵。」阿姆斯壯的第一枚勳章是「航空獎章」（Air Medal），獎勵他完成二十次戰鬥飛行任務。第二枚勳章則是「金星獎章」，獎勵他第二次完成二十次戰鬥飛行任務。尼爾和同袍也獲頒韓戰服務勳章和驍勇之星勳章。

Part Three

研究飛行員

Research Pilot

到頭來，研究成果的準確性取決於飛行員，他必須做好準備，表現超凡的謹慎和耐心，在一般飛行中，根本不需要做到這種程度。找到謹慎的駕駛員，你可以仰賴他的判斷，工作就會相對輕鬆；找到粗心的駕駛員，根本不可能完成工作。

——亨利・蒂澤德 (Henry T. Tizard)， 九一七年，英國皇家空軍測試中隊上尉

Chapter 7
沙漠高空之上

阿姆斯壯和美國海軍的合約已經到期了，嚴格來說，他可以自由地回到大學。然而，由於五一中隊依然處於戰鬥任務，「我只有兩個選擇，延長服役時間，或者游泳回家，所以我決定延長。」一九五二年二月一日，阿姆斯壯仍在艾塞克斯號上工作，海軍終止他的常態委任，重新指派他爲美國後備海軍少尉。

一九五二年三月二十五日，尼爾與同船夥伴一起回到美國，待在南加州運輸航空母艦，隨後前往美國海軍聖地牙哥航空站的三二戰鬥中隊，一共停留五個月。一九五二年八月二十三日，阿姆斯壯在這個月滿二十二歲。他最後一次的飛行目的地是舊金山灣區，途中，在未經許可的情況下，他興高采烈地穿過奧克蘭灣區大橋下方只有二百二十英尺高的空間，進入航空母艦。一九五三年五月，阿姆斯壯榮升海軍中尉，直到一九六〇年除役之前，他都是美國海軍的後備軍人。回到普渡大學之後，尼爾經常在芝加哥郊外的格倫維爾（Glenview）美國海軍航空站與七二四海軍後備軍人航空隊一起飛行。等到尼爾成爲美國國家航空諮詢委員會的測試飛行員，在洛杉磯東北部摩羅克乾湖（Muroc Dry Lake）的艾德華空軍基地（Edward Air Force Base）服務時，他也在長灘附近的美國海軍洛斯阿米托斯（Los Alamitos）航空站與七七三戰鬥飛行中隊一起進行後備軍人飛行訓練。

一九五五年一月，尼爾從普渡大學畢業，正在考慮數個就業選項。他可以留在美國海軍，也能夠到環球航空（Trans World Airlines；TWA）和道格拉斯航空公司面試。尼爾曾短暫考慮從事航空工程研究。如果他接受道格拉斯航空公司的職位，就會成爲生產測試飛行員，負責測試駕駛所有新機型。

他的另外一個選擇，也是他最後的選擇，接受剛成立的國際實驗測試飛行員協會（Society of Experimental Test Pilots）提供的職位，成爲一位實驗測試飛行員。國際試飛員協會在一九五五年成立，目標是「協助發展更優越的飛機」。尼爾的職業目標非常明確。他希望成爲「研究飛行員」，也就是實驗飛行員的特殊階級，負責拓展航空領域科學和科技的版圖。研究飛行員的就業機會主要來自私人研究組織和美國聯邦政府，最重要的單位是美國國家航空諮詢委員會。從童年時期開始，阿姆斯壯就會定期查閱《航空周刊》，追蹤美國國家航空諮詢委員會正在進行的研究成果，而美國國家航空諮詢委員會的報告也是他在普渡大學學習航空工程時的部分課程內容。最後一個學期前的暑假，尼爾向美國國家航空諮詢委員會送出申請書，特別希望成爲艾德華空軍基地高速飛行站的測試飛行員，這個機構使用X飛機（X-Planes），持續突破神祕的「音障」。由於艾德華空軍基地沒有職缺，美國國家航空諮詢委員會將尼爾的申請文件轉介其他地區的研究中心。美國國家航空諮詢委員會俄亥俄州克里夫蘭路易斯飛行推進力實驗室（Lewis Flight Propulsion Laboratory）的工程師厄文・平克爾（Irving Pinkel）詢問「阿姆斯壯是否能夠到這兒，和我談談？」平克爾是路易斯實驗室物理部門的主管，他的弟弟班傑明（Benjamin）領導熱力學部門。一九五四年秋季的某個日子，尼爾接受平克爾的面試。平克爾無法提供太多金錢，但保證尼爾可以享受航空工程研究的刺激。

尼爾接受路易斯實驗室的工作。他不介意到俄亥俄州工作，因爲當時的尼爾希望迎娶大學時的甜心情人珍妮特・雪倫，她是一位典型的美國中西部女孩，來自芝加哥郊區，大學主修家政學。

一開始，阿姆斯壯被分發到自由飛行推動力部門，正式的職位名稱是「航空工程研究飛行員」，負責「駕駛研究運輸計畫飛機，處理自由火箭計畫的工程研究」。一九五五年三月一日，尼爾第一次在路易斯實驗室進行試飛。爲了符合美國的文官體系規定，美國國家航空諮詢委員會將阿姆斯壯的職缺命名爲「研究科學家」。然而，正如美國國家航空諮詢委員會的多數員工，阿姆斯壯的工作內容符合委員會的法律規定，即「用科學方法研究飛行問題，提供實務觀點的解決方法」。

路易斯實驗室的首席測試飛行員是綽號「艾伯」的威廉・高夫（William V. "Eb" Gough Jr.）。艾伯・高夫和阿姆斯壯擁有相同的工程學位，也在第二次世界大戰期間面對日本零式戰鬥機，官階爲少校。戰爭結束之後，高夫成爲美國國家航空諮詢委員會的測試飛行員，而他的哥哥梅爾・高夫（Mel Gough）從一九四三年開始，就是美國國家航空諮詢委員會蘭利

（Langley）飛行研究分部的主管。蘭利團隊擁有多位才華洋溢的工程師兼飛行員，包括綽號傑克的約翰·瑞德（John P. “Jack” Reeder）、羅伯·查平（Robert A. Champine）、約翰·艾略特（John M. Elliot）、約翰·哈波（John Harper）以及詹姆斯·懷頓（James V. Whitten）。尼爾認爲瑞德是「我所知最優秀的飛行員」。

一九五五年二月，阿姆斯壯加入美國國家航空諮詢委員會時，大多數的研究飛行員都是受過專業訓練的工程師。但是，美國國家航空諮詢委員會的飛行研究計畫多半交給蘭利的高速飛行站或北加州的安姆斯航空工程實驗室（Ames Aeronautical Laboratory）。阿姆斯壯發現路易斯實驗室只有四名測試飛行員，其他三位分別是艾伯·高夫、威廉·史旺（William Swann），以及未來將在休士頓載人太空中心（Manned Spacecraft Center）擔任航空計畫主管的喬瑟夫·艾爾格蘭帝（Joseph S. Algranti）。

阿姆斯壯在路易斯實驗室的工作時間不到五個月。他負責航空除冰系統，也接觸生平第一個與太空有關的飛行計畫，研究高馬赫的熱傳導系統。在初期測試階段，數種飛行器測試艙的速度達到一·八馬赫之後開始下降。一九五三年三月十七日，路易斯實驗室的一位測試飛行員在空中發射 T40 火箭，成功達到五·一八馬赫的超音速，也是歷史上第一次由「美國國家航空諮詢委員會成功發射速度超過五馬赫的機械儀器」。一九五五年五月六日，艾爾格蘭帝和阿姆斯壯進行研究計畫的第四十五次試飛。他們駕駛北美航空製造的 P-82「雙生野馬」（Twin Mustang）戰鬥機，離開維吉尼亞州的東部海岸，穿過瓦勒普斯島上的美國國家航空諮詢委員會無人航空機研究中心，再越過大西洋。P-82 戰鬥機的機腹搭載編號 ERM-5 的固式火箭。ERM-5 採用傳統的子彈型纖細外觀、鼻型彈頭，以及魚鰭尾翼設計，採用帕薩迪納（Pasadena）噴射機推動力實驗室設計的 T-40RKT 火箭引擎。即將抵達預定海拔高度時，艾爾格蘭帝發射火箭。ERM-5 的時速達到五・〇二馬赫以及三十四G的加速度。

阿姆斯壯「分析大量資料；設計先進火箭的零件，進行計算，繪製火箭藍圖」。美國國家航空諮詢委員會——以及它的後繼者美國航太總署——培育工程測驗飛行員的積極參與角色，非常適合阿姆斯壯。大學畢業之後，美國國家航空諮詢委員會的工作薪資雖然最少，但他永遠都覺得「這才是正確的選擇」。

「美國國家航空諮詢委員會唯一的成果只有研究報告和論文，」尼爾解釋道：「所以，如果你正在準備發表成果，就要面對技術和文法的『嚴格檢驗』……美國國家航空諮詢委員會的運作系統強調精確，而且非常嚴格。」

一九五五年六月三十日，尼爾在克里夫蘭進行最後一次試飛。一個星期或更早之前，路易斯實驗室的副主任亞貝・席維爾斯坦（Abe Silverstein）聯絡他。「我走進他的辦公室，」阿姆斯壯回憶道：「他說，他收到艾德華空軍基地的來信，詢問我是否願意調職至該處。」在克里夫蘭工作雖然有趣，但艾德華空軍基地是測試飛行員的香格里拉，也是一九四七年十月突破音障的聖地，最新且最具革命性的實驗性飛機——X-1A、X-1E、X-3、X5、道格拉斯D-558-2、YRF-84F、F-100A以及YF-102——都在此地進行試飛，時速突破二馬赫以上。

一九五五年七月初期，阿姆斯壯回到沃帕科內塔與家人短暫相聚之後，啓程前往南加州。尼爾支付兩千美元，購買人生的第一臺汽車，一九五二年生產的奧斯摩比汽車，與父親的汽車出自同一家車廠。尼爾從韓國回到美國之後，迪恩・阿姆斯壯也離家前往加州。阿姆斯壯兄弟決定在回家之前，從墨西哥行經加拿大，開車進行觀光旅行。一九五五年七月，尼爾踏上第二次的州際旅途，前往艾德華空軍基地，赴任新工作。旅途中，阿姆斯壯在威斯康辛拜訪一個重要的人，珍妮特・雪倫。

尼爾從韓國回來之後，在普渡大學的校園認識珍妮特。兩人都是學生。他是二十二歲的大學二年級生，珍妮特則是十八歲的大學新鮮人。珍妮特的靜謐氣質、舉手投足、美麗外表，以及鮮明個性都讓尼爾爲之著迷。珍妮特的全名是珍妮特・伊莉莎白・雪倫，出生於一九三四年三月二十三日，父親是克拉倫斯・雪倫醫師（Dr. Clarence Shearon），母親的名字爲路易絲（Louise）。雪倫醫師擔任聖路克醫院（St. Luke's Hospital）的外科主任，也在伊利諾州伊凡斯頓（Evanston）北西大學醫學院任教。

雪倫醫師一家人住在芝加哥近郊的富裕郊區，享受中上階級的舒適生活。有趣的是，雪倫醫師本人擁有一臺派珀飛機，也會親自駕駛。一九四五年十一月，珍妮特十一歲，父親因爲心臟病發而驟逝。雖然身爲外科醫師的父親經常不在家，珍妮特依然發自內心地愛他。邁入青少女時期之前失去父親，確實讓珍妮特承受巨大的痛苦。珍妮特與母親的關係並非永遠融洽。母親和珍妮特很像，她們的意志都相當堅定。因此，在珍妮特心中，父親永遠都是一位英雄，他看見珍妮特的價値，包括她的游泳競賽能力。一九五二年，珍妮特高中畢業之後，就讀普渡大學，主修家政學。她的大學生活相當忙碌，參與校內游泳隊訓練計畫，加入女子水上芭蕾隊。除此之外，她也是阿爾法・凱・歐美嘉（Alpha Chi Omega）姊妹會的成員。她在大學期間的一位好友，成爲阿波羅計畫最後一位離開月球表面的太空人，也是阿波羅十七號的指揮官尤金・賽爾南。賽爾南的外號是「金」（Gene）。金是費・戴爾塔・席達兄弟會的成員，兄弟會夥伴威廉・史密斯（William Smith）介紹他與珍妮特相識。史密斯來自斐濟，他和珍妮特就讀同一所高中。但是，尼爾和珍妮特的相識，並不是因爲尼爾或珍妮特藉由賽爾南或他的斐濟朋友而想要認識彼此。

某一日，尼爾在校園漫步時遇見珍妮特，兩人並未正式介紹彼此。尼爾從來不熱衷社交或積極約會，「我們認識三年之後，他才邀我約會。」珍妮特回憶道。「一開始，我不認爲這樣很糟，直到我們結婚之後，他的大學室友才說，尼爾第一次看到我，回到宿舍之後就告訴他們，我一定是他的新娘。尼爾從來不是急性子。」珍妮特則是非常積極有自信。尼爾的弟弟迪恩在一九五三年就讀普渡大學，根據他的回憶，他比尼爾更早認識珍妮特，而她就像「辣根㉙一樣強悍。她凝視你的雙眼，肢體動作強烈，雙手交叉在胸前，質問你：『你到底什麼意思？』」

一九五五年，珍妮特二年級，尼爾大學畢業開始在克里夫蘭工作，兩人訂婚了。求婚儀式相當不常見，因爲根本沒有。剛訂婚的兩個人，對彼此來說，都是完全的陌生人。「我們從來沒有約會。」珍妮特解釋道：「我的婚姻哲學相信，『好吧，我還有很多年可以了解他。』我認爲他是一個很穩定的人，長得好看，有幽默感，和他在一起很快樂。他的年紀比較大，我大學時曾和許多男孩約會，相較於他們，尼爾更成熟。」尼爾的弟弟迪恩・阿姆斯壯則回憶道：「他們訂婚的時候，我嚇壞了，我根本不知道哥哥認眞看待他與珍妮特的感情，也許這就是異性相吸。」根據賽爾南的說法，「尼爾和珍一定在對方身上看見彼此共有的特質。珍是一位很有品味的女孩，我可以想像她被不想主動追求她的人吸引，或許，她還要想辦法吸引尼爾的注意。」

一九五六年一月二十八日，他們在伊利諾州威爾梅特（Wilmette）的公理會教堂舉行婚禮。迪恩是尼爾的伴郎，尼爾的妹妹茱恩則是珍妮特的其中一位伴娘。新婚夫婦在阿卡普爾科（Acapulco）渡蜜月。

阿姆斯壯夫婦在加州西木區（Westwood）找了一間公寓，珍妮特可以前往加州大學洛杉磯分校上課。尼爾留在艾德華空軍基地北側的單身宿舍，週末時回到西木區，來回距離大約一百八十英里。根據尼爾的說法，「這種情況維持一個學期之後，我們在羚羊谷（Antelope Valley）的苜蓿芽田中租了一間房子。」一九五七年年底，他們在杜松山（Juniper Hills）買了一間靠山的木屋。阿姆斯壯夫婦的置產代表珍妮特永遠無法取得學位，她非常後悔。

木屋佔地六百平方英尺，可以眺望羚羊谷，採用原木地板，沒有臥室隔間，只有一個房間加上四張上下舖。木屋雖有小間的盥洗室和廚房，但只有非常原始的水管系統，而且沒有電力。尼爾安裝電線之後，珍妮特依然只能使用簡易的熱鍋烹飪食物。他們也沒有熱水和浴缸。尼爾在樹枝上懸掛水管，充當淋浴蓮蓬頭，珍妮特在塑膠製的臨時浴缸之外，替嬰兒瑞奇洗澡——瑞奇的本名是艾瑞克・艾倫（Eric Allen），出生於一九五七年六月三十日。經過緩慢而大幅度的翻修，木屋終於適合人居了。座落在聖蓋博山（San Gabriel）的木屋與世無爭，美麗風景一覽無遺，遠離塵囂，他們享受閒逸的生活。阿姆斯壯夫婦生下瑞奇之後，女兒凱倫・安（Karen Anne）也在一九五九年四月十三日出生了。他們的第三個孩子，馬克・史帝芬（Mark Stephen）出生於一九六三年四月八日，全家人在一九六二年秋天搬至休士頓。

尼爾的工作地點在艾德華空軍基地，珍妮特如此描述：「雖然我們家和艾德華空軍基地之間的距離是五十英里左右，但只有一站之遙。」尼爾與住在鄰近城市的高速飛行站工作同仁共乘汽車。身為測試飛行員，尼爾卻是最糟糕的共乘成員。「他不是非常可靠。」任

㉙辣根俗名是 horseradish，學名則是 *Armoracia rusticana*，又稱西洋嵛菜、馬蘿蔔、山蘿蔔、粉山葵，一種食用蔬菜，味道刺激香辣，與山葵和芥末相似，但三者並非同一種植物。

職於高速飛行站的貝蒂・史考特・勒夫（Betty Scott Love）回憶道。她是高速飛行站的「計算員」㉚之一，與其他同樣在高速飛行站工作的女性夥伴一起負責處理繁瑣的數學工作，將所有飛行資料轉換爲有意義的工程計算單位（貝蒂・史考特・勒夫在高速飛行站的地位，就像凱瑟琳・強森與其他在美國國家航空諮詢委員會／美國航太總署蘭利研究中心負責電腦工作的女性。她們是一群在蘭利研究中心遭到隔離的電腦計算團體，二〇一六年的電影《關鍵少數》就是描述她們的故事）。

阿姆斯壯的汽車蒐藏非常有趣，有些車子也用於共乘。他搬到加州之後，用一九五二年的奧斯摩比汽車交換從歐洲進口的希爾曼（Hillman）敞篷車，外型非常時髦。「後來，我發現高速飛行站的同仁擁有一臺一九四七年的道奇汽車。」尼爾解釋道：「上班途中，他的車子引擎損毀，最後以五十美元的價格，將車子『原樣』賣給我。我將車子運回家，開始修復引擎。」

「我不知道你該說尼爾開車就像駕駛飛機，或者他駕駛飛機的方法就像開車。」貝蒂・勒夫回憶道：「他總是舒適地坐在駕駛座，彷彿坐在躺椅上，左腳放在右側膝蓋上。」曾有一次，尼爾一邊開車，一邊沉思聖蓋博積雪造成的數學計算問題，不愼穿過道路中線，將一臺卡車撞入水溝。「結果對方是美國空軍保安部隊的成員！」貝蒂・洛夫笑著說：「尼爾出示身分證之後，那位憲兵並未痛聲斥責，反而向他致敬，請他繼續開車。」尼爾的汽車駕駛技術成爲艾德華空軍基地的傳說。到最後，其中一個故事甚至如此描述：「無人希望和尼爾同車。」即使珍妮特也不喜歡尼爾開車。相較於在天空駕駛飛機，在地面上進行二度空間的汽車駕駛，顯然無法吸引尼爾的注意力。

一九五五年七月十一日，阿姆斯壯向艾德華空軍基地報到就職，正式工作職稱是「航空工程研究科學家（飛行員）」。由於美國的空戰實力在第二次世界大戰大幅成長，摩羅克乾湖的陸軍空戰基地（稱爲「摩羅克基地」）規模和目標也提升了，連續締造許多「第一」成就，包括貝爾製造的 X-1 實驗飛機在一九四七年成功突破音障。同年，甫建立的美國空軍取代陸軍，負責管理摩羅克基地。爲了紀念空軍上校葛倫・艾德華斯（Glen W. Edwards），摩羅克基地改名爲艾德華基地。艾德華基地迎接美軍第一臺超音速戰鬥機：北美航空公司製造的 YF-100A 在一九五三年五月初次亮相。雖然艾德華空軍基地和美國國家航空諮詢委員會的高速飛行站是各自獨立的單位，但許多人用「艾德華基地」同時稱呼兩者。

美國國家航空諮詢委員會起初只有在摩羅克飛行測試基地聘請二十七名員工，所有的計畫運作都奠基於數英畝大的「南側基地」。一九五一年，美國眾議院提供額外的一百二十英畝地以及四百萬美元經費。一九五四年六月，摩羅克基地重建爲雙層機艙建築，附設混凝土

㉚計算員的英文是 Human Computer，字面意義爲人體電腦，意指電腦發明之前，負責進行數學計算的工作人員。這個字的翻譯必須從「電腦」（Computer）開始談起，Computer 的本意是計算者，就是負責各類研究計算的工作人員。直到電腦發明之後，Computer 一字的意義才變成電腦。因此，在阿姆斯壯任職於艾德華基地的年代，Computer 依然是指計算人員，當時的 Computer Room 也不是電腦室，而是計算室。

停機坪和滑行道，高速飛行站可以全權使用位於乾湖床西側的跑道，總長一萬五千英尺，寬度爲三百英尺。

高速飛行站主任華特・威廉斯（Walter C. Williams）負責領導第一批外派人員，從蘭利前往佛羅里達的派恩城堡（Pinecastle），一九四六年再由派恩城堡轉往摩羅克基地，進行X-1飛行計畫。威廉斯一直專職處理美國國家航空諮詢委員會的沙漠飛行研究行動，直到一九五九年九月之後，才加入太空任務團隊（Space Task Group），負責啓動任務、監督建立全球追蹤網絡。威廉斯也是水星計畫的高層之一，主導前三次的水星行動，也就是小艾倫・雪帕、維吉爾・葛利森和小約翰・葛倫三人分別在一九六一年與一九六二年參與的飛行計畫。阿姆斯壯的飛行分隊隸屬飛行行動部門（Flight Operations Division）。高速飛行站擁有二百七十五名工作人員，艾德華空軍基地的人員總數將近九千人。

飛行行動部門向喬瑟夫・溫瑟爾（Joseph R. Vensel）提出報告。溫瑟爾本人也曾是研究飛行員，職權包括所有飛機的維護、調查，以及運作工程。由於溫瑟爾的責任包括監督運作工程，他必須熟悉飛機設計，因爲研究用的飛機通常需要使用新型機翼、尾翼、配件，或者美國國家航空諮詢委員會工廠當場進行修改。所有測試飛行員的辦公桌就在溫瑟爾的辦公室旁邊。

尼爾的直屬主管是首席測試飛行員喬瑟夫・「喬」・沃克（Joseph “Joe” A. Walker）。沃克的階級僅次溫瑟爾，他是飛行分隊的主管，在一九四二年取得物理學學位。第二次世界大戰期間，沃克加入美國陸軍航空兵團（the Army Air Corps），在北非地區駕駛 P-38 戰鬥機。一九四五年三月，沃克成爲美國國家航空諮詢委員會的克里夫蘭測試飛行員，在實驗室研究飛機的除冰系統。沃克於一九五一年前往艾德華基地。尼爾抵達艾德華基地的數個月之前，沃克升任首席測試飛行員。沃克和尼爾培養深厚的友誼，他們的妻子亦是如此。

年僅二十四歲的阿姆斯壯再度成爲最年輕的新進飛行員。喬瑟夫的外號是喬，他的研究飛行員經歷已有十年，在艾德華基地進行大約二百五十次的飛行，超過一百次駕駛實驗飛機，包括貝爾 X-1、道格拉斯 D-558-1 和 D-558-2、道格拉斯 X-3 以及洛斯羅普 X-4。沃克駕駛貝爾 X-5 進行七十八次試飛，這是全美性能最好的幾何可變（variable geometry，又稱「擺盪機翼」）機翼飛機。

高速飛行站另外一位測試飛行員史考特・克羅斯菲爾德的經驗比沃克更豐富。阿姆斯壯就是取代克羅斯菲爾德的人選。阿姆斯壯回憶此事時曾說：「我們的辦公桌位置就在彼此旁邊，共事將近一年。後來，他告訴大家，自己即將成爲 X-15 計畫的飛行員。」一九五五年，克羅斯菲爾德三十四歲，已是一位傳說人物。他是海軍飛行員，在華盛頓大學取得航空工程學位——古根漢基金會（Guggenheim Fund）資助的學位計畫。一九五〇年六月，史考特加入美國國家航空諮詢委員會，在摩羅克基地擔任研究飛行員，完成數百次研究飛行，包括八十七次駕駛火箭動力 X-1 飛機，六十五次駕駛採用平直翼設計的 D-558-1 噴射機以及後掠翼機型的 D-558-2 火箭動力飛機。一九五三年十一月，克羅斯菲爾德駕駛 D-558-2 空中火箭，成爲歷史上第一位突破二馬赫的飛行員——時速超過一千三百二十英里。

史丹利・布查特（Stanley P. Butchart）和約翰・麥凱（John B. McKay）在一九五五七月成爲高速飛行站的成員。他們都是第二次世界大戰時期的海軍飛行員。布查特曾經與未來的美國總統喬治・布希一起在 VT-51 轟炸機中隊服役。一九五〇年，布查特和麥凱分別在華盛頓大學以及維吉尼亞理工學院（Virginia Polytechnic Institute）獲得航空工程學位。布查特在一九五一年五月成爲高速飛行站的研究飛行員。麥凱則是於一九五二年七月取得飛行員資格。兩人都曾經駕駛多種研究飛機，包括 D-558 和 X-5。布查特成爲高速航空站多引擎飛機的主要駕駛員。爲了在空中啓動研究飛機，他數百次駕駛 B-29 超級堡壘轟炸機（Superfortress），飛向三萬英尺的高空。

布查特的外號是「史丹」。史丹・布查特與阿姆斯壯於一九五五年時，在美國國家航空諮詢委員會的蘭利總部，經由艾伯・高夫的介紹而相識。當時，尼爾依然身穿老舊的海軍飛行外套，布查特心想：「天啊！這個孩子還沒念完高中！他看起來太年輕了。」高夫告訴布查特，阿姆斯壯一直希望任職於艾德華基地。布查特看著阿姆斯壯的履歷，心想：「他很優秀，某個人必須快點選他。」沃克和溫瑟爾同意了，決定讓阿姆斯壯取代克羅斯菲爾德。

阿姆斯壯抵達艾德華基地的第一天就開始飛行，駕駛 P-51 野馬飛機（Mustang），這是美國最重要，也是最受喜愛的軍用飛機。「這臺飛機相當優雅。」阿姆斯壯說：「只是性能比不上我的 F8F 美洲豹噴射機。」

「前幾個星期，我還在學習。」阿姆斯壯回憶道，他幾乎天天飛行，駕駛P-51飛機（編號爲F-51）或美國國家航空諮詢委員會的R4D飛機，這是享譽盛名的道格拉斯DC-3運輸機軍用版本。「他們對我的能力愈來愈有信心，我的經驗更豐富，他們也給我更多任務。」

阿姆斯壯原定的任務是駕駛飛機跟隨D-558-2空中火箭以及X-1A的發射計畫，最後取消了。八月三日，他終於第一次見證空投測試㉛。阿姆斯壯駕駛F-51飛機，跟隨克羅斯菲爾德駕駛的D-558-2，調查超音速飛行時的穩定性和機身結構負擔。當月稍晚，阿姆斯壯也親自測試YRF-84F，這是共和國航空（Republic Aviation）製造的後掠翼噴射戰鬥原型機（最高時速爲六百七十英里），並且首次登上B-29轟炸機。阿姆斯壯初次協助研究飛機的日期爲一九五五年八月二十四日，同樣是克羅斯菲爾德負責駕駛空中火箭。

「一般而言，坐在左方駕駛座的人指揮空投。」尼爾解釋：「右方駕駛座的人負責大多數的飛行操作。多年來，我坐在兩個座位上的飛行次數可能相同。」毫無問題的，這是一種充滿挑戰的飛行任務。「我們必須追求飛機的表現極限，因爲（研究）飛機懸掛在B-29的機腹，產生大量的額外阻力。我們也希望盡可能飛到最高處，再發射飛機。」一般而

㉛空投測試（drop）是測試原型機、實驗飛機和太空飛行器的方法，將測試機運送到一定高度之後釋放，觀察墜落時的各種數據和表現。高速飛行站的實驗研究內容即是用一臺飛機將測試或研究飛機運送至高空（通常是將測試或研究飛機懸掛在大型飛機的機腹）之後，從空中進行發射，藉此觀察墜落。

言，飛到三萬英尺至三萬五千英尺的高空，需要一個小時至一個半小時。達到目標海拔高度之後，「關鍵就是找到適當的位置。」

空中發射潛藏無法預期的危險。一九五五年八月八日，喬・沃克坐在X-1A中，就在空投的前一秒，X-1A的火箭引擎發生爆炸，晃動B-29機身。「我以爲我們撞到另外一臺飛機。」B-29的飛行員史丹・布查特說：「但在那個時代，根本沒有其他人會飛到兩萬英尺以上的高空！」巨大的振動讓沃克提高警覺，立刻爬出X-1A，進入母機的轟炸艙。X-1A的損毀過於嚴重，無法飛行，但依然懸掛在B-29機腹，他們不能在這種情況下，冒險著陸。布查特別無選擇，只能將研究飛機空投至沙漠。飛機撞擊地面之後立刻爆炸，X-1A研究計畫也就此終止。

阿姆斯壯目睹事發經過。布查特回憶道：「阿姆斯壯駕駛F-51，飛在我們的側邊。所以，我們讓他充分理解這個領域的運作方式。」事後查明，這次意外的起因是負責封合火箭推動管線接合處的皮革墊片起火燃燒。皮革墊片堵塞火箭的推動管線接合處。由於皮革沾滿液態氧，非常不穩定，一次巨大的衝撞就會導致皮革爆炸。不幸的是，在工程師理解並且修正問題之前，這個原因造成多起意外。

抵達艾德華基地的八個月後，阿姆斯壯經歷最險峻的危機。一九五六年三月二十二日，阿姆斯壯登上美國國家航空諮詢委員會以B29爲基礎改造的飛機，編號爲P2B-1S，他坐在右側座位，左側則是負責指揮的布查特，還有五名機組成員。他們的任務是將D-558-2二號研究機帶到比三萬英尺略高之處進行空投，高速飛行站的測試飛行員傑克・麥凱就能夠飛行調查 D-558-2 的垂直尾翼結構運作。

快要抵達海拔三萬英尺時，B-29 的其中一具引擎熄火。布查特將控制權交給尼爾，轉身與飛行工程師喬瑟夫・堤普頓（Joseph L. Tipton）討論。由於四號引擎失去動力，空中氣流導致沒有動力的螺旋槳快速轉動。

「我其實不是眞的非常擔心。」布查特回憶道：「B-29 的引擎並非全數相互影響。」布查特的控制面板上有四個「順槳」按鈕，可以停止螺旋槳旋轉，藉此達到「順槳」效果，最多可以使用三次（否則全部的引擎就會關閉）。布查特按下右舷引擎的順槳按鈕，希望螺旋槳停止不動。螺旋槳快要完全停止時，突然再度旋轉。尼爾正在駕駛飛機，螺旋槳恢復全速運作，轉速超過其他三個螺旋槳。

阿姆斯壯和布查特面臨一個關鍵的抉擇：「減速飛行，希望我們可以控制螺旋槳的轉速」或「加速，放棄機腹下方懸掛的火箭飛機。」

布查特按下順槳按鈕兩次，毫無效果。同時，坐在下方空中火箭駕駛艙的麥凱對著上方大喊：「嘿！小布，你不可以把我丟下去，我的格羅佛裝載氣閥㉜已經壞了。」由於出問

㉜格羅佛裝載氣閥（Grover loader valver）是位於機艙側邊的氣閥開關，用途是建立機身飛行需要的氣壓。

題的螺旋槳隨時可能故障，布查特宣布：「傑克，我一定要把你丟下去。」

布查特已經要求阿姆斯壯將 B-29 飛機向下俯衝。如果空中發射的速度低於二百一十英里，空中火箭就會以靜止狀態離開機身——換言之，它只是「墜落」，而不是「空投飛行」。但是，脫離螺旋槳的轉速更高，增加空中火箭墜落的機率。

布查特抓住緊急釋放桿，旋即拉動，但毫無反應。他又拉了兩、三次，空中火箭依然無動靜。隨後，他將手舉高，按下兩個肘節，上面寫著「魚雷按鈕」（pickle switch），這個機關原本用於空投炸彈，但美國國家航空諮詢委員會將相關技術用於研究飛機。D-558-2 立刻從 B-29 下方墜落，推動螺旋槳也鬆脫了。

螺旋槳的葉片四處飛散，其中一片切開傑克・麥凱方才停留的空投炸彈區，擊中另外一側的二號引擎。

想要駕駛 B-29 轟炸機降落並不容易。右舷的三號引擎仍在運轉，但儀表板已經失去相關讀數。兩位飛行員關閉三號引擎。一號引擎雖然完整無缺，依然必須關閉，因為它無法與右舷引擎產生正確的力矩作用。布查特和阿姆斯壯只能使用一個引擎，從三萬英尺的高空，將 B-29 平安帶往地面。

布查特希望接替阿姆斯壯，負責駕駛飛機，但他的操作桿已經故障鬆脫。他仔細檢查操作桿之後說：「尼爾，你的操作桿還能控制飛機吧？」尼爾回答：「多多少少可以。」兩位駕駛員都能控制方向舵和縱向舵，但布查特無法操作俯仰舵，也不能控制翻滾舵，因為連結副翼的電纜被飛散的螺旋槳切斷了。阿姆斯壯只能放手一搏。

「我們在天空緩慢繞圈降落，避免飛機以尖銳的角度俯衝墜地，最後成功以直線方式降落在河床。」阿姆斯壯回憶道。根據布查特的說法，在降落期間，「尼爾不停地說：『快點放下機輪……』我回答：「等一等，我必須確定飛機能夠降落在河床上！」因爲二號引擎已經沒有足夠的動力，我們根本無法拉高飛機高度，重新降落，我們甚至握不住方向舵，只能站起身，用力抓住……降落的時候，情況非常緊張。」

談到此事，阿姆斯壯展現典型的「保守」風格，他總結道：「我們眞的很幸運，事態可能變得更惡劣。」

駕駛空中火箭的麥凱也平安降落了。

阿姆斯壯在艾德華基地服務的七年間，曾經擔任空中發射飛機的正駕駛或副駕駛超過一百次。他負責發射或駕駛其他飛機從後方觀察美國國家航空諮詢委員會或美國航太總署的所有研究飛機，再飛回艾德華基地。只要天氣條件適合，這位最年輕的飛行員就會飛上天空。從一九五五年七月抵達艾德華基地，到一九六二年九月加入太空人團隊，這段期間，阿姆斯壯一共飛行超過九百次，一個月平均超過十次飛行。

飛行行動部門的日誌顯示，阿姆斯壯的總計飛行時間爲兩千六百小時，如果一天飛行二十四小時，他駕駛美國最先進、性能最好，而且風險最高的實驗飛機，總計飛行十五・五周。他多半駕駛噴射機，超過三百五十次飛行經驗來自知名的「世紀」（Century）系列戰鬥機，包括北美航空製造的 F-100 超級軍刀（Super Sabre），全世界第一臺能夠保持超音速水平飛行速度的戰鬥機；麥克唐納（McDonnell）製造的 F-101 巫毒戰鬥機（Voodoo）；康維爾製造的 F-102 三角劍戰鬥機（Delta Dagger）；洛克希德（Lockheed）製造的 F-104 星式戰鬥機（Starfighter）；共和國航空製造的 F-105 雷長戰鬥機（Thunderchief）；以及康維爾製造的 F-106 三角標槍戰鬥機（Delta Dart）。

阿姆斯壯第一次突破音障是在一九五五年十月。當時，他駕駛 F-100A 飛機，負責檢查縱向飛行穩定度，以及機翼前緣縫槽與前緣縫翼在不同設定配置中呈現的操作特性

一九五六年六月，阿姆斯壯開始駕駛 F-102，這臺新型超音速飛機的誕生，必須歸功於美國國家航空諮詢委員會的航空動力專家理察・魏康柏（Richard T. Whitcomb）。魏康柏發展新的「面積法則」（area rule），主張機身和機翼的阻力，必須視爲航空動力系統中相互作用的環節。「當時，我駕駛的是 YF-102，也就是採用新型面積法則之前的 F-102。」阿姆斯壯回憶道：「那是飛機中的纏鬥之王，但駕駛經驗非常不舒適」，除此之外，「我也不認爲自己可以突破音速。」新的設計壓縮機身中間部位的配置之後，確實改善舊型 F-102 的速度，整體的性能表現甚至媲美直接提升引擎效能。但是，舊型飛機提升高度時承受極大的阻力。阿姆斯壯駕駛美國國家航空諮詢委員會改良的新型 F-102 時，「進行許多降落練習，因爲我們是當時最常駕駛火箭飛機的成員，必須在機身動力不足時降落。」阿姆斯

壯駕駛F-102和F-104時都要練習「死桿迫降」㉝。

阿姆斯壯在艾德華基地進行超過九百次飛行，其中三分之一是眞正的「研究」飛行，三分之二則是爲了熟悉飛行、跟隨追逐、駕駛空中發射飛機或者運輸機。從一九五七年至一九五八年的兩年間，阿姆斯壯最常駕駛的飛機是R4D/DC-3，其次依序爲F-100A、F-104、B-29、F-100C以及B-47。除了F51野馬和前述提及的世紀系列戰鬥機之外，阿姆斯壯的飛行時間也分配給令人肅然起敬的T-33「T鳥」（T-Bird）教練機，此機是F-80流星戰鬥機（Shooting Star）衍生的兩人座位飛機；北美航空製造的F-86E軍刀戰鬥機（Sabre）；麥克唐納製造的F4H幽靈戰鬥機（Phantom）；道格拉斯製造的F5D-1空中槍兵（Skylancer），波音製造的KC-135同溫層加油機（Stratotanker，空中加油機）。阿姆斯壯駕駛貝爾X-1B和X-5時，時速突破二馬赫，駕駛北美X-15時達成超音速。他還駕駛一種獨特的實驗載具，名爲「帕雷瑟夫」（Paresev）。

阿姆斯壯每次飛行的平均時間低於一小時，特別是研究飛行。一般而言，一年之內只有少於十次的飛行時間會超過兩小時，只有四到五次的飛行時間超過三小時。許多爲時較

㉝死桿迫降（dead-stick landing）是指飛機失去所有推進力之後被迫降落。然而，「死桿」不是指操作用的方向舵（桿），因爲許多飛機都能夠在失去引擎動力的情況下，保持完整或部分操作性能。死桿是指傳統的木製螺旋槳在沒有動力的情況下，就是「死寂不動的木桿」。

長的飛行都是駕駛R4D/DC-3飛機的運輸任務，前往美國國家航空諮詢委員會的其他實驗室、飛機製造商、軍事基地，或者將B-29運送至高空進行空中發射任務。

「我們主要的職責是航空工程。」阿姆斯壯解釋道：「發展研究計畫，檢查飛行問題。那是一段非常美好的時光，工作內容令人心滿意足，特別是你找到答案的時候。」

幾乎所有評價阿姆斯壯飛行能力的人，包括海軍的指揮官，都認爲他的駕駛技巧與他的工程背景知識和天賦有關。飛行研究中心（Flight Research Center）的同仁米爾特・湯普森（Milt Thompson）曾經描述尼爾是「最有工程技術能力的X-15早期駕駛員」。威廉・達納（William H. Dana）是美國航太總署的研究飛行員，曾經替後來的崔登飛行研究中心[34]進行幾項最重要的航空工程飛行計畫。他強調阿姆斯壯能夠「聰明理解」飛行。「阿姆斯壯知道飛行的種種條件。他的心智就像海綿一樣吸收知識，他的記憶宛如照片一般鮮明。這些特質讓他與眾不同。」

阿姆斯壯的能力讓身兼飛行員和工程師的同仁留下深刻印象，但不需要親身駕駛飛機的航太工程工程師更欣賞阿姆斯壯的駕駛能力。在艾德華基地，尼爾經常與金・馬崔嘉（Gene J. Matranga）一起工作，他在一九五四年畢業於路易斯安那州立大學，取得機械工程學位。「尼爾的工程能力勝過於許多測試飛行員。」馬崔嘉斷言道：「其他駕駛員仰賴經驗和本能，他們清楚該怎麼做，但不見得明白原因，但尼爾知道。只要尼爾說服自己相信某件事情確實可以成功，」馬崔嘉認爲，尼爾就會保持「開放心態，親手工作」。相較於

「許多駕駛員用強硬的態度對待不駕駛飛機的工程師」且不想放下身段。馬崔嘉更喜歡尼爾，因爲「尼爾沒有偏見」。

追根究底，尼爾的專業工程經驗和天賦，毋庸置疑地大大幫助了他的飛行生涯。一九六二年，挑選尼爾成爲第二梯太空人的人，絕對欣賞他的工程研究能力。

美國國家航空諮詢委員會的研究飛行員和太空計畫其中一位奠基者小克里斯多福・「克里斯」・克拉夫特（Christopher "Chris" C. Kraft Jr.）提出了鮮明的描述：「這個男人曾經是美國國家航空諮詢委員會的測試飛行員，這個事實讓我產生了偏見。我認爲他的能力勝過於團隊中的其他測試飛行員，因爲他曾經和航空工程師朝夕相處，而我就是一位航空工程師。」

根據克拉夫特的說法，太空人遴選委員會的關鍵成員，特別是美國國家航空諮詢委員會的資深成員羅伯・吉爾魯斯（Robert R. Gilruth）、華特・威廉斯和迪克・戴（Dick Day）都非常支持阿姆斯壯，威廉斯和戴更是如此。他們兩人都是工程師，也深刻融入美國國家航空諮詢委員會的航空工程研究文化。威廉斯和戴多年參與美國國家航空諮詢委員會和美

㉞崔登飛行研究中心（Dryden Flight Research Center）在二〇一四年改名爲「尼爾・阿姆斯壯飛行研究中心」，地點就是加州的艾德華基地。崔登之名來自休・崔登（Hugh Dryden），他從一九五八年八月十九日開始擔任美國航太總署副署長。

國航太總署位於艾德華基地的飛行研究，進而結識並且欣賞年輕的阿姆斯壯。「尼爾是能力評估表現最傑出的測試飛行員。」克拉夫特主張。他們唯一的不確定，就是尼爾本人想不想成爲太空人。

阿姆斯壯已經發揮自己的創造力，深入參與人類歷史上規模最大、最具技術挑戰性的計畫，爲什麼選擇成爲太空人？因爲其中兩項計畫——X-15計畫和Dyna-Soar（動力倍增）㉟計畫的目標已經不是由飛行員操作的有翼載具進行超音速飛行，而是穿過大氣層，進入太空之後，返回地球。

Chapter 8
太空邊緣

相較於地表上的一切，阿姆斯壯駕駛表面光滑的噴射戰鬥機，進入空氣稀薄的飛行環境時，其實最接近火星表面。向上疾奔至四萬五千英尺的高空，他穿越了生物承受的界線，如果沒有太空防護衣，人類就無法存活。當阿姆斯壯的近垂直高度抵達九萬英尺，大氣壓力下降，幾乎不到六毫巴，大約是海平面大氣壓力的百分之一。在座艙之外，氣溫已經下降至華氏溫度負六十度。

這裡曾經是人類想像的太空環境。在飛機航道頂端，唯一的控制方法，就是訴諸牛頓第三運動定律，噴出噴射機上的過氧化氫。在幾近真空狀態之中，飛行員依然可以操作飛機，進行俯仰、偏擺和翻滾，正如後來的載人太空飛行器。由於進入高空導致能量分散，阿姆斯壯的噴射機幾乎保持靜止不動，彷彿以機尾固定在高空中。攀升至最高點之後的半

㉟ Dyna-Soarer（亦作 Dyna-Soar）是動力倍增器的縮寫，實際上就是美國空軍和美國航太總署合力開發的 X-20 太空飛行器，爲了保持原文的書寫風格，原文提到 Dyna-Soar 翻譯爲「動力倍增計畫」，提到 X-20 時則保留 X-20。

分鐘，他體驗毫無重量的感覺。到了海拔七萬英尺的高度之後，尼爾關閉引擎，避免超過溫度極限。駕駛座艙的精緻壓力輔助系統也噴出一陣壓縮空氣。

在實驗飛行中，飛機的引擎不能在航道弧線最高點保持運轉，這是最關鍵的重要目標。倘若保持運轉，引擎就會造成偏擺，影響尼爾控制飛機的能力。

阿姆斯壯的飛機鼻翼朝前，開始衝入大氣層，足夠的空氣粒子進入飛機進氣孔，讓他可以重新發動引擎，在一・八馬赫左右的速度，開始恢復俯衝動力。從這個時候開始，飛機回到地面跑道上的過程，必須非常幸運地保持常態。如果尼爾無法恢復引擎運作，就會被迫進行死桿迫降。如有需要，飛機著陸時，他可以拉動收緊索，放出機身垂直穩定器後方的降落傘，減少著陸時的移動距離。

尼爾・阿姆斯壯和美國航太總署的夥伴，在艾德華空軍基地，駕駛一臺尖長型的噴射機，飛機綽號爲「載人飛彈」，完成美國首次探索太空邊緣的壯舉。他們的飛行目的是研究，時間比小艾倫・雪帕中校成爲美國第一位太空人並且進入太空飛行，還要早半年。

這些事實成爲各種流傳的傳說。感謝湯姆・沃夫（Tom Wolfe）在一九七九年的暢銷書籍作品《太空先鋒》（*The Right Stuff*），以及一九八三年的好萊塢電影改編，許多人相信，第一位駕駛飛機奔向太空邊緣的人是美國海軍測試飛行員查克・葉格。但是，許多關於葉格和他在一九六三年十二月的飛行故事，都不是精確的事實。最重要的是，葉格和美國空軍艾德華基地的測試飛行學校，並非某些空軍出版品宣稱的「發展人類首次進入外太空技術」的先鋒；事實上，美國國家航空諮詢委員會和美國航太總署，使用F104和先前的X-1B飛機，創造進入「太空時代」的關鍵新科技。X-1B的測試飛行發生在一九五七年和一九五八年，但並未取得反應控制研究的有效成果。葉格甚至不是第一位進入平流層的飛行員。美國航太總署的一些測試飛行員早在一九六〇年秋天，就已經開始突破海拔九萬英尺的高空。美國空軍飛行員駕駛使用火箭動力協助的NF-104A，比葉格更早進入平流層。

除此之外，在一九六三年十二月之前，一臺更具歷史意義的重要飛行載具，已經更深入平流層，遠遠超過所有F-104的成績。這臺載具就是X-15，人類歷史打造飛行速度最快、飛行高度最高的翼型載人飛行載具——而葉格從未駕駛過X-15。美國國家航空諮詢委員會在一九五〇年代初期孕育X-15的概念雛型，北美航空公司在美國空軍、美國海軍以及美國航太總署的資助之下，完成X-15，目標不只是突破當時的五馬赫飛行速度，也希望超越目前所知的大氣層，研究翼形載具的飛行可能（也就是航空動力機身表面發揮作用之處）。一九五九年六月，使用火箭動力的X-15首次飛行，成爲名符其實的「航太飛機」。一九六一年，美國總統甘迺迪承諾要讓美國成爲第一個登月的國家，年末，X-15完成主要設計目標，飛行速度超越六馬赫（時速超過四千英里），海拔高度超過兩萬英尺（三十八英里）。一九六二年見證了水星飛行計畫的太空人小約翰・葛倫、史考特・卡本特、小華特・舒拉，以及美國空軍駕駛員羅伯・懷特（Robert White）穿上與水星計畫太空衣相似的壓力衣，駕駛X-15，飛行超過海拔五十英里高（二十六萬四千英尺）。嚴格來說，這個海拔高度讓懷特符合美國空軍頒布的太空人資格政策（但美國航太總署從未承認）。在X-15的駕駛員中，符合美國空軍勳章定義，獲得「宇航之翼」勳章者共有八人，比水星計畫的太空人多了一人，而水星計畫太空人只有六位眞正踏入太空（其中只有四名進入軌道），水星計畫太空人戴克・史雷頓在一九七五年參與阿波羅聯盟測試計畫（Apollo-Soyuz Test Program）時，才終於踏入太空。

在一九六二年九月參加美國第二批太空人訓練班之前，尼爾・阿姆斯壯駕駛F-104突入大氣層超過三十次，駕駛X-15七次。尼爾從未完成海拔高度五十英里的目標，但在一九六二年四月二十日，第六次X-15飛行，他確實抵達二十萬七千五百英尺，略低於海拔四十英里的高度。

從歷史回顧的角度而言，航太科技從亞音速、跨音速，再前進至超音速和超高音速（以及最後的超高速）似乎是無可避免的發展。由於美蘇冷戰已經具體成爲雙方的原子彈對峙，發展超音速技術的熱忱，其實是爲了開發搭載核彈頭的洲際彈道飛彈（Intercontinental ballistic missile；ICBM）。然而，航太科技的熱衷者依然相信，他們是爲了開發人工駕駛的翼形飛機，其雄心壯志是設計使用火箭推力的載具，用「超快飛行速度」讓人員和物品飛出地球，並且在飛行航道的最高點，進入太空世界。

搭載火箭動力的實驗飛機以空投方式進入飛行狀態。一九五七年八月十五日，阿姆斯壯進行第一次的實驗飛行，駕駛 X-1B 改裝飛機，突破六千英尺高空。雖然這是阿姆斯壯個人的最高海拔紀錄，但只有十一．四英里高，大氣壓力不夠低，無法測驗反應控制系統。

降落時，尼爾的鼻翼降落裝置「故障」。根據尼爾提出的正式報告，他「不慎在銇速一七〇節時，以鼻翼輪著陸。」「鼻翼裝置並不是發生故障。」他承認：「是我的人爲因素導致問題。我想將飛機降落在河床，一開始相當正常，但著陸時，飛機開始抖動，經過幾次抖動之後，鼻翼輪的支架開始故障失效。我當然相當震驚失望，但發現 X-1 系列飛機因爲可變機翼的耦合問題，已經發生十三、十四次相關問題之後，我的心情稍微好轉了。」

一九五八年一月十六日，尼爾原定第二次駕駛 X-1B 飛機，因爲系統問題而取消任務。一月二十三日，機齡十歲的 X-1B 進行最後一次飛行，阿姆斯壯和史丹．布查特，將傑克．麥凱空投至五萬五千英尺高空，但麥凱在飛行軌道的最上方並未充足減速，無法檢驗反應控制系統。麥凱的實驗飛行之後，機組檢查人員發現火箭引擎的液態氧艙出現無法修復的裂縫，決定終止 X-1B 飛行計畫。

與飛行速度較慢的前代機種相比，超音速戰鬥機的設計採用相對較短的後掠翼，重量密度更高的外型，並且將重量集中在機身骨架。但是，這種可變型的機翼設計卻意外造成嚴重的航空力學問題，也就是所謂的「轉動耦合」（也稱爲「慣性耦合」或「轉動力分散」）。

一九五五年的夏天，阿姆斯壯前往高速飛行站報到，當時，轉動耦合就是工作人員最注意的問題。這個問題不只造成 F-100 的飛行危險，也威脅到 D-558-2、X-2，以及美國國家航空諮詢委員會最新型的研究飛機道格拉斯 X-3。X-3 短劍（Stiletto）飛機的外型修長纖細，宛如一支飛鏢，曾經突然發生耦合不穩定，造成機身不受控制。X-3 飛機原本的設計目標是突破二馬赫的飛行速度，卻連一・二馬赫的速度都無法完成，因爲無法安裝爲了 X-3 製造的高速推力渦輪噴射引擎。經過二十次飛行實驗之後，美國國家航空諮詢委員會決定在一九五六年五月除役 X-3，將所有的注意力集中在 F-100。很快地，他們發現了一個解決方法——增加更大的尾翼。於是，美國國家航空諮詢委員會使用改裝的 F-100C，測試全新的自動控制技術——使用俯仰阻尼，減少偏擺發散——可以更爲有效處理轉動耦合問題。一九五五年十月七日，阿姆斯壯在飛機上證實方法有效，隨後的兩年，他在實驗計畫中飛行多次。

阿姆斯壯協助開發的 F-100 部分自動飛行控制系統，也是人類首次整合飛行「回應補償」系統。在本質上，這個系統的想法是讓機身表面的控制單位（副翼、方向舵、升降舵和其他儀器）進行整合，建構自我管理的飛行系統，並且相互溝通。一九六〇年四月開始，尼爾向明尼亞波里斯哈尼威爾（Minneapolis Honeywell）的工程師請教相關技術。一九六一年初，漢尼威爾公司在 F-101 巫毒飛機上安裝原型系統——取名爲 MH-96。尼爾在一九六一年三月前往明尼蘇達進行試飛，並且在報告中相當支持該系統，於是美國航太總署決定將 MH-96 系統安裝在 X-15 的最終機型（X-15-3），預定在一九六一年晚期進行第一次試飛。由於阿姆斯壯是 MH-96 系統開發階段的重要人物，美國航太總署指定他擔任第一次的飛行員。在明尼蘇達的日子，就像在艾德華空軍基地工作的時光，尼爾解釋道：「我們使用飛機的方法，就像數學家使用電腦的方式，飛機是我們尋找航太答案的工具。」

事實上，美國國家航空諮詢委員會的高速飛行站，爲了研究目標而發明飛行模擬工具。一九五二年，美國國家航空諮詢委員會說服空軍購買一臺類比電腦，高速飛行站的工程師可以將電腦改裝爲飛行模擬器。一九五五年，阿姆斯壯前往艾德華空軍基地報到時，飛行模擬器已對數個研究計畫做出重大貢獻，尤其是X-1B和X-2飛機。美國空軍完成X-2飛機的測驗之後，應該將飛機交給美國國家航空諮詢委員會。不幸的是，X-2飛機的悲劇事件讓結果不如人意。空軍測試飛行員，綽號「梅爾」的梅爾本・阿帕特（Melburn G. "Mel" Apt）在第一次駕駛X-2飛機時，因爲轉動耦合問題，無法控制飛機，飛機進入連續的轉動力惡劣擴散狀態。阿帕特瘋狂地想要重新控制機身，但徒勞無功。他唯一的選項是經由飛機的逃生艙離開。雖然逃生艙的減速傘已經開啓，但主降落傘並未打開。阿帕特想要逃出座艙，爲時已晚。飛機座艙猛烈撞擊艾德華空軍基地轟炸靶場的硬質地面，X-2的其他部位在五英里外墜毀。這次的飛行紀錄讓阿帕特成爲有史以來最快的飛行員，爲音速的三倍，他的悲劇死亡卻完全掩蓋所有成就。但是，他們並未遺忘阿帕特的遭遇、他的飛機究竟發生何種問題，以及背後的原因。正如尼爾的回憶所述，從此之後，X-15飛機的所有預定飛行員都要觀看阿帕特座艙後方的停格攝影機所拍攝的致命飛行事件記錄影片，而且不只一次。

阿帕特悲劇加深美國國家航空諮詢委員會發展飛行研究模擬器的決心。在模擬實驗室，尼爾發現「程式設計可能出現許多錯誤，由於儀器的模擬結果並未妥善進行機制計算處理，導致模擬儀器無法精準反應飛機的動態運作。很久以後，我在休士頓發現這個眞相，永遠都記得要花時間確認新模擬器的準確度。」在艾德華空軍基地中，阿姆斯壯使用模擬器的時間可能多於其他飛行員，累積足夠的經驗，親眼觀看並且感受模擬結果，「持續獲得新的資訊以及有價値的潛在技術。」

阿姆斯壯也成爲美國國家航空諮詢委員會和美國航太總署之中，少數幾位承受賓州約翰斯維爾實驗室離心機折磨的飛行員（一九五八年七月二十九日，美國總統艾森豪簽署國家航空與太空法案。同年十月一日，美國國家航空暨航太總署成立，美國國家航空諮詢委員會雖然正式失去官方組織地位，實際上成爲美國航太總署的核心）。飛行員「騎在輪子上，接受測驗」的目標，是「爲了確認你在火箭發射、承受G力的狀態下，是否會對飛向軌道的精準操作產生負面影響。」阿姆斯壯解釋研究目標是「我們假設確實可能將飛機駛入太空軌道——垂直發射的火箭能夠在人爲操作的情況下飛入太空軌道，不必使用自動駕駛或遠程控制。」

七名飛行員組成的團隊參與了這項實驗，包括阿姆斯壯、史丹・布查特，以及來自美國航太總署飛行研究中心（也就是以前的高速飛行站）的佛洛斯特・「彼得」・彼得森（Forrest "Pete" Petersen）；另外兩位美國航太總署的飛行員，一位來自蘭利，一位來自安姆斯航空工程實驗室，還有兩位美國空軍飛行員。阿姆斯壯和隊友背部朝下躺著，被綁在座椅上，座椅經過鑄模處理，符合他們的飛行員壓力衣，經歷脫水機般的離心測驗。在五十英尺的長桿尾端，他們頭暈目眩地旋轉，體驗各種可能的力量、壓力和所有飛行狀況。離心機達到最高速度和運轉角度時，他們經歷高達十五G力的加速度。只有幾名飛行員可以妥善處理如此強烈的G力，阿姆斯壯就是其中一位。飛行研究中心的其中一位技術人員金・華特曼（Gene Waltman）回憶，離心機達到十五G力時，阿姆斯壯說自己的腦部已經嚴重缺血，只能看見模擬座艙的其中一臺儀器。尼爾則說：「我們說服自己相信這是可以完成的任務，在極高的加速度中操控發射載具或飛機。」阿姆斯壯和飛行研究中心的艾德・霍爾曼（Ed Holleman）與比爾・安德斯（Bill Andrews）共同撰寫美國航太總署的報告，提出驚人的結果。他們相信，即使高達八G力，也幾乎不會影響飛行員操作飛行控制的能力，但航太科技研究社群的許多成員提出質疑，直到X-15和水星計畫證明這個發現爲眞。後來，阿姆斯壯回到約翰斯維爾，善用各種飛行控制系統的設定，駕駛X-15模擬進入太空軌道飛行。

但是，X-15飛行準備計畫的關鍵核心是電子模擬器。他們已經完成兩臺主要的X-15飛行模擬器，兩臺都採用類比系統，因爲數位電腦的速度依然過於緩慢，無法「即時」處理。北美航空公司將其中一臺模擬器取名爲「XD」，放置於公司的地產，也就是現在的洛杉磯國際機場南側。阿姆斯壯數度造訪，體驗六自由軸度的模擬飛行狀態。迪克・戴回憶道，尼爾駕駛R4D飛機降落時，經常要求使用儀器著陸系統回到洛杉磯機場。「我們進行數次飛行降落，基本上都是進入太空軌道的練習。我們飛到兩千五百英尺或三千英尺高，再用不同的攻擊角度練習進度太空軌道，按照最大動力壓力描繪攻擊角度，發現最好的選擇是直線，這是相當特別的均衡。尼爾學會之後，可以應對意外狀況。」

在迪克・戴的指導下，美國航太總署於艾德華空軍基地打造一臺X-15飛行模擬器，外型仿造X-15的座艙。根據阿姆斯壯的說法，這臺模擬器「從準確度和穩定度而言，可能是當時建造的最佳飛行模擬器。」尼爾駕駛X-15飛機七次，在飛行模擬器中練習五十至六十個小時。

「X-15的實際飛行只有十分鐘，一般而言，在模擬器中，你沒有辦法進行實際降落。」尼爾解釋道：「你只能模擬飛行過程，但飛行過程只有數分鐘。我們必須組成小團隊——一位飛行員、一位研究工程師，以及一位電腦團隊的成員——我們會說：『這是我們想完成的目標。』他們取走我們蒐集的數據，輸入電腦，尋找我們可以學會的關鍵，並且開始理解問題。」

X-15建造迅速完成。計畫開始於一九五七年九月，不到一年之內，就製造出第一臺。六個月之後，一九五八年三月，X-15進行第一次的繫留飛行[36]，再過三個月則進行第一次的滑翔飛行（glide flight）。一九五九年九月十七日，建造計畫啓動之後不到四年，史考特・克羅斯菲爾德駕駛X-15進行第一次動力飛行。風洞測驗顯示，X-15在低速狀態的升阻比（lift-drag ratio; L/D）非常低，也就是升力很低。一旦火箭燃料用盡，X-15飛機就會急速下降。常見的無動力降落技術無法應對這種狀況。一九五八年夏天開始，直到一九六一年，阿姆斯壯開始使用各種低升阻比飛行方法，測試「不同細節變化的加減速和阻力板使用組合」。

參與 X-15 計畫的所有成員，對於最佳降落方式，似乎都有自己的意見。阿姆斯壯和其他美國航太總署的飛行員提出一種方法，他們相信這是最有處理彈性空間的降落方式。根據計畫工程師金・馬崔嘉的說法，他們提出的降落方法，是從預定降落的跑道地點上方「四萬英尺左右的高度，開始進行三百六十度螺旋降落」。飛行員從「高關鍵點」（high key position）進行三十五度的傾斜轉彎（通常向左），保持時速二百八十五英里至三百四十五英里。下降至海拔兩萬英尺高度，完成一百八十度左右的轉向之後，X-15 就會抵達「低關鍵點」（low key position）。到了這個階段，飛機的鼻翼和著陸跑道的方向相反，與著陸點的水平距離四英里。X-15 飛機從低關鍵點繼續完成另外一百八十度的轉向，直到機身對齊著陸跑道，水平距離五英里。平均的螺旋下降速度超過每分鐘兩英里，代表從高關鍵點開始，平均只要需要三分鐘，X-15 就能準備直線降落至跑道上。

㊱繫留飛行（captive flight）的英文字面（captive）是俘虜，意思就是一臺「母機」帶著新型飛機升上天空進行測試，由於第一次的飛行必須保險，測驗新型飛機的相關穩定度，所以繫留飛行是新型飛機的第一階段測試。

爲了決定應該從何處開始進行轉向，阿姆斯壯和沃克被迫仰賴不精準的「我覺得」方法。馬崔嘉能夠理解，他說：「我們想要建立螺旋下降起始點的數學模型，但沒有辦法完成，只能仰賴飛行員的經驗，以直覺感知，每次飛行狀況都非常不同。」克羅斯菲爾德的飛機在險峻著陸之後機背毀損，北美航空公司採用阿姆斯壯和他的同伴提出的螺旋降落技術。美國航太總署也發展標準技術。事實上，飛行研究中心發展的基礎技術在後來所謂的「升力機體計畫」中發展得宜，也在太空梭設計得到良好發揮。阿姆斯壯和夥伴共同發表兩篇探討 F-104 升阻比降落的調查論文，以及其他數個主題的技術論文。

北美航空將 X-15 交給美國航太總署、美國空軍和美國海軍的合作計畫之前，克羅斯菲爾德一共駕駛十三次。阿姆斯壯盡可能觀察這幾次的飛行狀況。克羅斯菲爾德的前兩次飛行駕駛一號機，其餘飛行則駕駛二號機。在所有飛行紀錄中，他完成的最高速度爲二・九馬赫，最高海拔高度是八萬八千一百一十六英尺，最遠距離則是一百一十四・四英里。

直到一九六〇年十一月三十日，阿姆斯壯才初次駕駛 X-15。在此之前，他曾經進行兩次空中即時追蹤觀察。尼爾一共完成六次 X-15 追蹤觀察。他經常在艾德華空軍基地的管控中心，使用麥克風和飛行員交談，監控雷達和遙測裝置。他最後一次以艾德華空軍基地工作人員身分進行空中即時追蹤觀察是在一九六二年六月二十九日，美國航太總署的同仁傑克・麥凱駕駛 X-15 二號機，時速接近五馬赫。在 X-15 的飛行任務中，通常使用四臺追蹤飛機；在長程飛行中，則加入第五臺追蹤飛機。

一九六〇年十一月三十日，羅薩蒙德乾湖（Rosamond Dry Lake）上空，尼爾在 X-15 一號機座艙中，焦慮緊張地等待第一次空投飛行。羅伯・柯爾（Robert Cole）和費茲休・富爾頓（Fitzhugh Fulton）負責控制 B-52 空投飛機。駕駛追蹤觀察飛機的是喬・沃克、佛洛斯特・彼得森少校以及威廉・朗尼（William R. Looney）上校。這是 X-15 計畫第二十九次飛行，X-15 一號機的第十七次，也是第七次交給美國航太總署的飛行員。

尼爾第一次親手操控 X-15 飛機時，飛行任務編號 1-18-31 的目標只是單純地讓飛行員熟悉飛機，但駕駛 X-15 從來不簡單。他已經用數百個小時進行 X-15 飛行模擬，眞正駕駛的感受卻截然不同。「穿上壓力衣，關閉艙口，你會發現駕駛艙裡的世界如此受限。擋風玻璃和你非常貼近，駕駛艙的視線很糟糕。」從擋風玻璃看著外界，尼爾只能見到自己正在駕駛的飛機。「即使你知道已經有人成功駕駛這臺飛機，實際進入駕駛艙，依然非常緊張。其他人都能控制飛機，你也應該如此。」

在四萬五千英尺的高空，B-52 中的費茲休準備開始倒數計時，後來的太空發射也用相同的倒數方法。「倒數十秒，發動燈亮起。五秒、四秒、三秒、兩秒、一秒，發射。」阿姆斯壯以前就有駕駛 X-1B 的空投發射經驗，但 X-15 的空投過程更激烈，聲響更大。隨後，阿姆斯壯就要面對發動火箭引擎的挑戰，而且要立刻完成。

尼爾駕駛的 X-15 飛機採用 XLR-11 火箭動力，由「反應引擎公司」（Reaction Motors）製造。XLR-11 上下結合兩部火箭馬達。每部馬達都有四個燃燒室，每個燃燒室可以創造一千五百磅推力，總計一萬兩千磅推力。但是，尼爾的三號燃燒室燈並未亮起，推力只剩下一萬〇五百磅。即使四個燃燒室都無法運作，X-15依然能夠繼續飛行，但必須靠近基地，立刻準備降落。測試飛行員同袍傑克・麥凱告訴尼爾：「放手一搏，按照預定飛行計畫。」

除了三號燃燒室指示燈，阿姆斯壯的首次X-15飛行經驗沒有其他問題。飛機抵達三萬七千三百英尺之後，尼爾讓X-15進入八度攀爬模式，抵達四萬八千八百四十英尺高度，才出現「後推」（pushover）現象，也就是飛機鼻翼倒轉。尼爾的最高時速只有每小時一千一百五十五英里，即一・七五馬赫。但阿姆斯壯當天的表現讓沃克和其他同仁非常高興。十天之後，一九六〇年十二月九日，阿姆斯壯第二次駕駛X-15飛行，也是第一次進行研究任務，同樣駕駛一號機。飛行任務編號爲1-19-32，首次測試X-15的新型「球形鼻翼」。在此之前，X-15和當時所有的研究飛機，都採用隆起鼻翼，安裝各種葉片，測量飛機在自由空氣動力領域中的空速、海拔、攻擊角度與滑行角度。在這種海拔高度和速度中，X-15的鼻翼會融化，摧毀所有測量數據。

巧妙的解決方法就是設計一種可以安裝在機身前方的安全領域，能夠適應飛機的最高溫度，使用內部的液態氮進行冷卻。B-52在標準位置（海拔高度四萬五千英尺）空投X-15之後，X-15用一・八馬赫的速度攀升至海拔五萬〇九十五英尺。尼爾全力減速，飛機上的火箭燃料立刻用盡。球形鼻翼運作良好，一直適用於X-15往後的所有研究飛行計畫。尼爾再度展現穩定的好表現。

直到一年多之後，尼爾才再度駕駛X-15。一九六一年，尼爾繼續改善X-15三號機的自動飛行控制系統，他在一九六一年十二月進行第三次的X-15飛行（總計六次）。在此之前，尼爾已經不像過去幾年，不必進行如此多次的實驗飛行。但是，他經常前往明尼亞波里斯的哈尼威爾公司以及西雅圖，代表美國航太總署和對方請教美國空軍新型X-20太空飛機計畫，也就是我們熟知的「動力倍增」計畫。

Chapter 9
最慘烈的損失

一九六一年暮春，阿姆斯壯一家人短暫居住在西雅圖，因爲尼爾必須經常前往「動力倍增」計畫承包商波音公司，進行美國航太總署和美國空軍的合作計畫，開發超高音速載人發射滑翔載具，載具代號爲X-20，其中某些先進的想法，或許能夠打敗水星計畫的太空彈道艙。小艾倫．雪帕在他們完成目標的幾個星期之前，於一九六一年五月五日，完成次太空軌道飛行㊲，摧毀了他們的夢想——但動力倍增計畫繼續進行。住在西雅圖時，阿姆斯壯一家人經常在週末前往華盛頓湖的城市公園。當時，已經快滿四歲的瑞奇很喜歡盪鞦韆，兩歲的凱倫也是。

六月四日，離開城市公園時，凱倫不慎絆倒，頭部一處腫起，流鼻血，但傷勢不嚴重。當天晚上，凱倫的眼睛呈現鬥雞眼狀態。尼爾總是叫女兒「慕菲」（Muffie）。尼爾和珍妮特擔心慕菲可能腦震盪了。那個週末，阿姆斯壯一家人即將前往加州，所以西雅圖當地一位小兒科醫師請珍妮特讓凱倫在加州接受完整的檢查。凱倫的小兒科醫師在蘭卡斯特（Lancaster），他將凱倫交給另一位眼科醫師。眼科醫師請珍妮特先觀察孩子在家的狀況，一星期之後複診。珍妮特一位游泳課學生的母親是通過執照考試的護理師，她發現凱倫的狀況似乎愈來愈惡劣，非常緊張。凱倫不停絆倒，眼睛幾乎總是維持鬥雞眼。護理師要珍妮特帶凱倫到醫院接受仔細的檢查。

珍妮特只能自己預約掛號，因爲尼爾雖然剛從西雅圖回到加州，又要立刻前往明尼亞波尼斯哈尼威爾公司。「他完全不知情，所以我最後用電話通知他，我要讓凱倫住院。」當天，凱倫開始翻白眼，說話困難。小女孩在英格爾伍德（Inglewood）的丹尼爾・費里曼紀念醫院（Daniel Freeman Memorial Hospital）接受一連串的檢驗，最後結果是慕菲的腦部病變，必須進行腰椎穿刺，在椎管注射空氣。X光的檢查結果顯示，凱倫罹患橋腦神經膠細胞瘤，一種位於腦幹中央的惡性成長腫瘤。時至今日，腦幹瘤的診斷依然相當悽慘：許多孩童在確診之後一年之內死亡。

「醫院立刻開始使用X光放射治療，希望讓腫瘤縮小。」珍妮特回憶道：「在那段過程中，她幾乎完全失去身體機能。她不能說話，無法站立，但她是世上最乖巧的孩子，從來不曾抱怨。」在醫院時，「我時時刻刻陪伴她，如果我不在，尼爾也會到醫院照顧她。他請假一星期，我們待在附近的旅館，其中一人負責照顧瑞奇，另一個人就到醫院陪伴凱倫。」完

㊲次太空軌道飛行是指進入太空之後，飛行軌跡與大氣層或地球表面相交會，無法完成一周軌道飛行。

成第一星期的放射治療之後，隨後就是六個星期的門診治療。「在這段期間，凱倫重新學會爬行，最後終於可以再度走路了。」珍妮特提到：「於是，我可以在週末帶她回家，平日帶回洛杉磯的醫院。」在超過七周的治療時間，醫院讓凱倫接受最高兩千三百倫琴的X光放射治療。隨後的一個半月，凱倫的病情好轉。放射治療暫時能夠控制腫瘤惡化。

不久之後，凱倫再度出現病情——肢體不協調、無法走路、鬥雞眼和複視、無法清楚說話，以及臉部單側肌肉鬆垮。回到英格爾伍德的醫院之後，尼爾與珍妮特知道只剩下一個治療方法了：鈷。他們決定試試看鈷治療，將伽瑪射線射入凱倫腦部深處，但不只會殺死癌細胞，還有健康的腦部組織。醫師說，鈷是最後的機會，但凱倫孱弱的身體無法負擔。費里曼紀念醫院的醫師非常直接，認為凱倫待在家中比較快樂，不要留在醫院。阿姆斯壯一家人甚至在假日帶凱倫回到俄亥俄州。「她撐過聖誕節。」珍妮特回憶道：「那個時候，她已經無法走路了——但可以爬行——不過，她還是能夠享受聖誕節的快樂時光。聖誕節結束之後，她的病情急速惡化，終究不敵癌症。」

小女孩人生的最後數周，尼爾和珍妮特必須依靠朋友喬・沃克和他的妻子葛蕾斯・沃克（Grace Walker），珍妮特尤其需要他們。「珍帶著凱倫過來好幾次。」葛蕾斯回憶道：「我們將凱倫放在高腳椅上，餵她吃果凍或布丁。她想吃，卻吐出來了。」葛蕾斯也記得尼爾曾經開車載著慕菲來一次。「某個星期天，尼爾短暫來訪，他想讓凱倫看看我們的女兒，她才三個月大。我想做些事情——把我的手放在凱倫身上，替她祈禱等等——但我認為尼爾無法接受。」

我覺得尼爾來找我，是希望鼓勵凱倫，讓她懷抱希望。你可以看出他如此深愛女兒。」

一九六二年一月二十八日，經歷痛苦的六個月戰鬥之後，凱倫不敵腦癌，在松木山丘上的家中過世。凱倫死後的那個星期，尼爾因爲工作外出，必定讓珍妮特相當煎熬。凱倫死去的那天是尼爾和珍妮特結婚六周年紀念日。一月三十一日星期三，他們替凱倫進行葬禮，地點是蘭卡斯特的約書亞紀念公園兒童殿。爲了紀念尼爾的女兒，飛行研究中心的所有飛機在葬禮當天停飛。葛蕾斯・沃克記得，尼爾當天非常冷靜，幾乎毫無情緒，但珍妮特很激動。葛蕾斯想要擁抱尼爾，終究阻止自己。「我想，尼爾不會喜歡這個舉動。他總是非常收斂情緒。」

與阿姆斯壯熟識的朋友都指出，尼爾不曾提過女兒的疾病和死亡。事實上，即使是最親密的工作同伴也主張，他們不知道尼爾曾經有過一個女兒。

尼爾在二月五號回到辦公室，隔天就開始駕駛飛機。除了五月中旬和家人一起前往俄亥俄州之外，阿姆斯壯不曾離開崗位。在二月二十六日至三月二十日期間，尼爾曾經停留在西雅圖長達一個月，替動力倍增計畫進行諮詢工作。「這件事情讓珍妮特很受傷。」葛蕾斯・沃克回憶道：「尼爾立刻回去工作」。即使珍妮特非常率直且自足，在這種情況下，依然絕望地需要丈夫的支持。尼爾以工作作爲藉口，竭盡所能離開悲傷的情緒。「我知道凱倫的死讓他很受傷，那就是他的處理方式。」根據葛蕾斯的說法：「珍妮特生氣很久，對上帝憤怒，我想也對尼爾憤怒。」尼爾不願和妻子產生激烈的言語衝突，「於是讓珍妮特停留在情緒混亂不明的狀態」。

凱倫之死毋庸置疑地讓尼爾心碎。「那是悲慘的時光。」尼爾的妹妹茱恩回憶道：「我想他心碎了，他覺得自己必須替凱倫的死負責，不是生理上的責任，而是懷疑『我的基因導致女兒生病？』」茱恩記得凱倫死後的春天曾經發生一次能夠透露端倪的意外。尼爾帶著家人回到沃帕科內塔，短暫休假，也和其他家人小聚。「一隻小綿羊死於柯斯彼得農場。男人跑到外面的穀倉照顧死掉的綿羊。我的丈夫傑克事後才說，尼爾無法進入農場，其他男人照顧綿羊時，尼爾待在外面。」回到加州之後，強烈的悲傷和失去女兒的心情，並未阻止尼爾定期探望慕菲的墓碑。

往後的人生，就在阿姆斯壯成為太空人，享譽盛名之時，也有些個人時刻，讓人想起他當初失去凱倫的痛苦。其中最特別者，就是阿波羅十一號成功登陸月球之後，成員在一九六九年十月拜訪英國倫敦。當天的新聞標題是「尼爾親吻兩歲的小女孩」，報導一開始指出，尼爾、伯茲・艾德林和麥克・柯林斯正要準備前往白金漢宮晉見伊莉莎白女王和菲利浦親王。「一位小女孩想要見到太空人，被路障絆倒，反而贏得阿姆斯壯的心，這位身材纖瘦，有著一對藍色眼睛、第一個踏上月球的人。警方在美國大使館前方扶起兩歲的小女孩溫蒂・珍・史密斯（Wendy Jane Smith）時，阿姆斯壯和她眼神接觸，迅速向前親吻她，現場超過三百名群眾為此喝采。」

凱倫在一九六二年一月底死亡，尼爾就在幾個月之後決定報名太空人遴選，兩者之間是否有任何強烈的個人關聯——甚至潛意識的聯繫？「我從未問過他。」茱恩坦承：「我無法開口。」但是，茱恩很清楚，成爲太空人之後，尼爾扭轉一切，至少改變自己的人生。「小女孩的死，讓他將精力投入積極正面的事物，就是這個時候，他加入太空計畫。」

Chapter 10

更堅強的決心

阿姆斯壯從未認爲自己決定成爲太空人與女兒的死有關。「那是一個艱難的決定，離開我原本非常喜歡的工作，前往休士頓。但是，一九六二年時，水星計畫已經開始進行，後續的計畫也規劃妥當，月球任務即將成爲現實。我下定決心，如果我希望離開地球大氣層邊緣，深入太空工作，這就是唯一的方法。」

一九五七年十月四日，蘇聯發射全球第一臺人造衛星進入太空軌道。這個舉世震驚的科技成就，讓美國太空研究社群再度湧起急迫感，也引發美國正式廢除美國國家航空諮詢委員會，讓美國航太總署取而代之。美國航太總署的首要任務就是經由眾人所知的水星計畫，將人送入太空。在所有成爲第一批太空人的飛行員當中——小高登・古柏、蓋斯・葛利森、戴克・史雷頓來自美國空軍；史考特・卡本特、華利・舒拉和小艾倫・雪帕是美國海軍，小約翰・葛倫則是美國海軍陸戰隊成員——尼爾只認識舒拉，兩人曾經合作替海軍初步評估麥克唐納 XF-4H，後來這臺飛機成爲 F-4。即使一九六一年水星計畫完成次軌道飛行，阿姆斯壯依然認爲「相較於水星計畫的成員，我們更深入參與太空飛行的研究。」

「我一直都覺得，我們參與太空計畫的風險，可能低於在艾德華基地進行飛行或者其他常見的飛行測試計畫，因爲我們進行飛行測試時，總是站在前線，時時刻刻都處於飛行包線㊳的邊緣，測試極限。我的意思並非太空計畫沒有風險，但我們覺得非常安適，因爲擁有許多技術支援，不像飛行測試時的老日子一樣接近極限。」

全球測試飛行的高致死率證實了阿姆斯壯的論點。直到一九八六年挑戰號（Challenger）太空梭失去七名組員的悲劇之前，沒有任何一位美國太空人死於實際的太空飛行。相較之下，艾德華空軍基地光是在一九四八年就失去十三名測試飛行員。一九五二年，在三十六周之內，六十二名飛行員死亡。阿姆斯壯很有可能也會留在充滿挑戰的測試飛行領域。尼爾最後一次駕駛 X-15 飛機是在一九六二年七月二十六日，但是直到測試飛行計畫於一九六八年十月結束之前，X-15 一共翱翔天際一百三十五次。一九六〇年十一月，美國航太總署任命阿姆斯壯擔任美國空軍和美國航太總署動力倍增計畫的「飛行顧問團」成員。雖然，美國空軍最後希望將動力倍增計畫付諸應用，導致計畫變得更爲複雜，但計畫當初的目標是追求研究成果，藉由人爲控制的升力重返（controlled lifting reentry）技術，創造足夠的航空升

㊳飛行包線（flight envelope）是指飛機出廠時，製造商針對飛機性能（最低速度、最高速度、海拔高度）提出的性能說明，可以理解爲飛機的極限能力表。

力，讓穿越大氣層的載具獲得足夠的橫向航程，降落至預先設定的跑道，正如後來的太空梭。升力重返技術讓無法創造升力的鈍體子彈型太空艙獲得操作上的彈性。由於技術發展極為迅速，成果相當豐厚，在以未來導向的航太科技研發領域之中，動力倍增也成為關鍵的焦點。

雖然崔登飛行研究中心的美國航太總署工程師曾經思考使用 B-52 或 B-70 擔任母艦，在空中發射 X-20 的可能性，美國航太總署和美國空軍最後決定將發射滑翔載具放在泰坦三號的頂端，再用泰坦三號將載具送入太空軌道。但是，這個決定引起另外一個問題，如果發生緊急事件，例如在起飛的過程中起火燃燒或失敗，要如何拯救 X-20 和機上成員（一九六五年十二月的雙子星計畫幾乎就要發生這種惡夢，當時搭乘雙子星 6A 號的華利・舒拉差點猛力拉動雙腿之間的座椅彈射環，將他與同行的太空人湯姆・史塔福德〔Tom Stafford〕一同彈出泰坦火箭）。由於「動力倍增」是能夠實際飛行的翼型載具，X-20 的飛行員一旦徹底脫離泰坦火箭發射器之後，或許能夠駕駛載具，安全降落至跑道上。

阿姆斯壯構思了測試飛行員安全逃脫概念的方法。動力倍增計畫預計在 X-20 上安裝小型的逃脫火箭，可以將 X-20 射向數千英尺的高空，阿姆斯壯也因此想到「或許，我們可以如法炮製。我決定開始著手研究這個概念是否可行，我們能不能藉此設計一臺飛機」。

F5D 空中槍兵是道格拉斯製造的實驗戰鬥機，但美國海軍最後決定不要大量生產，只有建造四臺飛機，其中兩臺是美國航太總署在一九六〇年代晚期生產的原型機。一九六〇年九月二十六日，阿姆斯壯造訪美國航太總署安姆斯航空工程實驗室時，曾經駕駛其中一臺F5D。尼爾立刻發現F5D可以協助動力倍增計畫已經放棄的一個開發計畫，因爲F5D的翼機臺適合X-20纖細的三角機翼。阿姆斯壯知道，他們需要像是F5D這種飛機，能夠在超過三百節（三百四十五英里）的高速中，完整安全地使用所有機組零件。一九六一年七月，阿姆斯壯開始進行F5D的測試飛行，就在凱倫確診罹患腦癌不久之後。尼爾和珍妮特處理小女孩第一次的X光放射線治療時，他的腦袋都在思考飛行路線和降落方式應該採用何種分離策略，才能讓X-20安全降落。一九六一年七月七日至十一月一日之間，阿姆斯壯駕駛F5D超過十次。到了十月上旬，他已經發展出讓飛機能夠有效率脫離火箭的操作方法。藉由駕駛F5D垂直飛上七千英尺高空，尼爾模擬飛機從火箭脫離的環境。到了這個高度之後，阿姆斯壯拉動駕駛桿，讓X-20的機腹朝天之後，再翻轉回到正常位置，開始低升力降落方法，降落在羅傑斯乾湖的特殊區域，此處模擬卡納維拉爾角佔地一萬英尺的簡易機場。

一九六一年夏末，美國航太總署在F5D的鼻翼安裝西涅拉瑪型鏡頭（Cinerama camera），拍攝飛機從火箭脫離的畫面。一九六一年十月三日，副總統詹森訪視艾德華空軍基地時，阿姆斯壯演示動力倍增機的脫離過程。在這段期間，尼爾飛行時，還要擔憂凱倫罹患腦部腫瘤之後的種種麻煩。

一九六二年三月十五日，凱倫死後六周，美國空軍和美國航太總署聯合任命阿姆斯壯成爲動力倍增機的其中一位「飛行工程師」，總計六名。航太總署提名的另外一位飛行員是米爾特・湯普森，這次的人事任命是相當値得推崇的殊榮。阿姆斯壯是最年輕的成員。倘若美國成功完成計畫，在一九六四年完成X-20量產，建立一隻小型X-20飛行隊伍，這六名成員就會是第一批正式飛行員的首要人選。

女兒去世之後，阿姆斯壯思考自己的職業未來，看見三個選項。「我可以繼續駕駛X-15，努力完成動力倍增計畫，雖然只是紙上設計的飛機，但始終是一種可能。除此之外，休士頓還有另一個計畫，也就是阿波羅計畫……阿波羅計畫太讓人振奮，我決定放棄其他機會，追求阿波羅計畫，雖然我知道這個計畫可能永遠不會實現。」

阿姆斯壯承認，水星計畫掀起的浪潮影響了他的決定。一九六二年二月二十日，凱倫死後三周，水星計畫太空人小約翰・葛倫駕駛太空飛行器「友誼七號」（Friendship 7）軌道環繞地球三次。自從阿姆斯壯的英雄查爾斯・林白於一九二七年橫跨大西洋以來，全美沒有任何一次事件的歡呼浪潮可以勝過葛倫的榮耀。倘若眞有某個時刻足以誘使一位飛行員離開飛機，踏入太空飛行器，就是這個事件了。「太空人葛倫」成爲一九六二年冬春季無數報紙和雜誌的封面人物，其中也包含《生活》雜誌。阿姆斯壯思考將近五個月，終於申請參加太空人遴選。他時時刻刻哀悼女兒之死，也繼續飛行。

阿姆斯壯本人宣稱，女兒的病情對於他在艾德華空軍基地的工作沒有可見的不良影響。但是，凱倫過世之後的數個月，阿姆斯壯確實發生了少數幾次飛行意外。凱倫生病期間，阿姆斯壯第三次和第四次駕駛 X-15 火箭飛機（他一共駕駛七次）時沒有問題，至少阿姆斯壯本身的駕駛表現毫無瑕疵。

X-15 的飛行準備讓所有相關人員非常緊張，但壓力最大的人莫過於飛行員。阿姆斯壯擔任飛行員的時候是 X-15 三號機的第一次飛行。X-15 三號機——更準確的描述是 X-15 搭載新型的 XLR-99 強力火箭引擎——已經有著盛衰無常的歷史，包括一九六〇年六月在測試臺發生爆炸事件。調查人員判斷，調節閥冷凍、洩壓閥故障，以及背壓高速累積導致 X-15 機身氨氣槽中央結構不穩定，撞擊控制系統的過氧化氫。直到 X-15 的壓力維持系統和壓力排泄系統進行完整的分析、重新設計，以及測驗之前，禁止任何飛行員進入駕駛艙。等到阿姆斯壯準備駕駛時，X-15 三號機的開發時間已經延誤十六個月，耗資四百萬美元。

由於 X-15 三號機進行一輪全新的引擎基礎測試，尼爾有充分的理由相信，飛機的問題已經解決了。

重新建造飛機使得北美航空公司有機會升級最新的研究裝備，安裝尼爾協助明尼亞波里斯哈尼威爾爲了本次計畫而開發的 MH-96 黑盒子。尼爾在一九六一年十二月的飛行主要目標，就是在實際飛行中測驗創新的調節式控制系統。

飛行時間原定於十二月十九日，由於 X-15 球形鼻翼上的儀器讀數錯誤，他們決定延期至隔天。這次試飛還有其他問題。B-52 在加州銀湖上方空投之後，MH-96 上的三軸穩定增強系統立刻失效，「偏擺和俯仰出現偏離的狀況，X-15 嚴重右翻滾。」

阿姆斯壯回憶道，當時的系統失效並未造成太大問題。「MH-96的其中一個特色就是穩定性，這個系統已經經過了七萬六千小時的錯誤試驗。」「那是一次中速飛行。」尼爾解釋：「雖然，我認為當時的速度已經高於我過去的飛行速度。」時速高達三·七六馬赫或三千六百七十英里。

阿姆斯壯用不到十分鐘又三十秒就成功降落X-15，飛行距離為一百五十·九英里。最高海拔為八萬一千英尺。阿姆斯壯慎重地讓X-15三號機降落在羅傑斯乾湖。阿姆斯壯下一次駕駛X-15是在一九六二年一月十七日，凱倫死前一個半星期。這次的飛行目標依舊是評估MH-96系統，也是阿姆斯壯第一次突破時速五馬赫以及突破海拔十萬英尺。事實上，他突破兩項紀錄，速度到達五·五一馬赫，海拔高度為十三萬三千五百英尺。X-15三號機從B-52空投出發以後，飛行二百二十三·五英里，不到十一分鐘之後就安全降落了。

一九六二年一月十七日的X-15飛行之後，阿姆斯壯就沒有進行任何形式的飛行，直到凱倫葬禮後一星期。二月六日，他在艾德華空軍基地駕駛F5D進行低升力降落方法。二月期間，阿姆斯壯只飛行了另外三次，分別是十二日、十三日和十六日。二月二十六日至三月二十日之間，他在西雅圖處理動力倍增計畫。

三月二十三日星期一，阿姆斯壯回到艾德華空軍基地之後，立刻著手準備下一次的X-15飛行。他大多數的飛行都要駕駛F-104進行「觸地重飛」（touch-and-go），而這個技術就像駕駛X-15的實際降落狀況。由於諸多問題，直到四月五日之前，阿姆斯壯都沒有實際飛行。等到他在加州死亡谷國家公園（Death Valley）的上空空投發射時，火箭引擎並未啓動。駕駛X-15時，飛行員的時間很少，只足夠重新啓動引擎一次，直到降落之前，剩餘時間必須用於完整消耗推進燃料。如果飛行員嘗試再度啓動引擎，降落時，油箱還會有剩餘的推進燃料，用阿姆斯壯本人的話來說，「不是我們希望得到的結果」。根據他的回憶，當時「再度啓動引擎，似乎用了很久的時間。」

尼爾加速至時速四．一二馬赫，海拔高度十八萬英尺。這是他第一次攀升至足夠的海拔高度，能夠完全整合MH-96的反應控制系統。在成功降落之前，這次的測試飛行一共完成一百八十一．七英里的飛行距離，時間稍微超過十一分鐘。

但是，X-15並未抵達測試MH-96系統的極限高度，或者說「G力極限値」，這是阿姆斯壯部分參與設計的系統，用於避免飛行員承受超過五G力，他認爲「自己必須演示MH-96所有的性能和特色。」

有些人相信阿姆斯壯的熱忱和堅持，這是他在X-15研究開發計畫中最大的操作失誤。四月二十日，阿姆斯壯進行飛行任務編號3-4-8。「這是我的最高海拔紀錄」——二十萬七千五百英尺高，直到雙子星八號之前，這都是他個人的最高紀錄。「天空的景緻相當驚人，MH-96系統運作良好。反應控制系統極度令人滿意，在高海拔的情況下也表現得宜。一切順利。穿過大氣層之後，飛機的狀況很棒，我們完全依賴反應控制系統進行飛行。空力控制則完全失效，就像在眞空中飛行。」從最高海拔點下降之後，飛行計畫其中一環就是檢查G力極限。阿姆斯壯解釋道：「我認為自己已經承受很高的G力，G力極限系統卻尚未開始運轉，但我的任務就是測試系統。」

阿姆斯壯讓X-15的鼻翼稍微抬起，機身彷彿氣球般，攀升至足夠的海拔高度——大約十四萬英尺——「機翼回到沒有側滑的水平姿勢之後，我採用十五度至十六度的攻擊角度，承受四個G力，我決定保持這種攻擊角度模式，希望我可以觀察機身系統實際承受的G力極限。我們已經在模擬器中觀察大約四個G力的G力極限，所以我認為保持長時間的四個G力，或許就能看出G力極限，但我們失敗了，很顯然這是因為我們讓飛機進入氣球上升狀態。」

「航太總署一號」在無線電中向尼爾強調：「我們發現飛機正在氣球上升，而不是轉向，尼爾，急速往左轉！」「我當然正在努力轉向。」尼爾解釋道：「但飛機毫無反應。我處於氣球上升狀態，我將方向舵轉為相當陡峭的角度，希望將飛機降至大氣層，但機身的空力零件沒有發揮作用。飛機處於氣球上升軌跡，隨意攀升。我滾動機身，希望降至大氣層，但因為此處沒有任何空氣可用，飛機並未下降。」

「我沒有任何理由懷疑氣球上升狀態會導致問題，因為我經常在模擬器中測試氣球上升狀態，不曾遇過這種問題。」

阿姆斯壯可以轉向時，X-15終於降至大氣層。但尼爾回憶道，到了那個時候，飛機已經「愉悅地在天空航行」——時速高達三馬赫！阿姆斯壯轉至特定方向，進入攻擊角度，準備朝向東北方，回到艾德華空軍基地，他發現飛機正在靠近帕薩迪納。後來，艾德華空軍基地流傳的故事相信尼爾飛到帕薩迪納南方的玫瑰盃球場，但他其實在艾德華空軍基地南方四十五英里處，機身的海拔高度依然維持在十萬英尺。降落的視野非常有限，所以尼爾不知道自己在基地南方何處，絕對不是在玫瑰盃球場附近。

「轉彎的時候，我根本不清楚自己能不能回到艾德華空軍基地，我也不擔心，因爲還有其他的乾湖區域可供降落。最簡單的選擇就是艾爾・米拉奇（El Mirage）乾湖，我可以輕而易舉地降落在該地。當時另外一個選項則是加州的棕櫚谷（Palmdale）市機場，但我不希望搗亂他們的航空安排。」因此，阿姆斯壯決定想辦法回到艾德華空軍基地。「等到飛機回到……艾德華空軍基地的北向航道之後，一切都明朗了，我可以嘗試回到基地。我必須『直接降落』。」

一九六二年四月二十日，阿姆斯壯駕駛 X-15 飛行，創造時間最久（十二小時二十八分鐘〇七秒）和距離最長的紀錄（三百五十英里飛行軌跡）。艾德華空軍基地當地流傳一個傳說，認爲尼爾千辛萬苦穿過約書亞森林，降落在羅傑斯乾湖南側；事實上，有趣的地方在於，尼爾其實是繞過約書亞森林之後，再往北方駕駛（艾德華空軍基地在羅傑斯乾湖左側，約書亞森林在艾德華空軍基地南側）。航太總署的飛行員同仁布魯斯・彼得森（Bruce Peterson）在羅傑斯乾湖北側待命，準備發射定位訊號彈。「尼爾應該降落在北側湖床的十八號跑道。」彼得森回憶道：「我從無線電得知，尼爾準備前往南側湖床，我跑進汽車，以時速一百多英里的速度奔向南側湖床，希望能夠來得及發射訊號彈。我看見尼爾的飛機來了，我知道他非常靠近湖床邊緣。」

四月二十日不在艾德華空軍基地現場的人，也都相信阿姆斯壯千鈞一髮地成功降落。航太總署飛行員比爾・達納當天駕駛 F-104 前往新墨西哥州的阿爾伯克基，「但我回到艾德華空軍基地之後，確實聽到尼爾的事蹟！」空軍測試飛行員彼得・奈特（Pete Knight）並未目睹尼爾的飛行過程，但「我聽到其他飛行員同仁嘲笑尼爾『破紀錄的跨州飛行』。那個時候，我們覺得很有趣，像是氣球一樣飄到空氣過於稀薄的高空導致無法轉向。」駕駛 F-100 負責觀察阿姆斯壯飛機的鮑伯・懷特（Bob White）少校承認他「因為這件事情而忍俊不禁」，但「從未與尼爾討論當時的過度飛行事件，因為可能有些難為情。」飛行報告送到華盛頓當局，美國航太總署的長官，包括載人太空飛行計畫辦公室主任布萊納德・霍姆斯（Brainerd Holmes），都認為尼爾的行為聽起來就像「搞砸了」。「我單純認為因為霍姆斯不懂。」尼爾說：「他沒有任何理解相關問題的技術知識。」

阿姆斯壯後來解釋：「『如果G力極限測試系統並未啟動，我不應該繼續推向極限，等到下次飛行時再繼續嘗試』可能是一個良好的思考建議。」阿姆斯壯一如往常地將眾人皆知的「飛過帕薩迪納」事件視為「一次學習機會」。

X-15 過度飛行事件過了僅僅四天，阿姆斯壯立刻發生第二次的意外，這可能表明凱倫之死確實暫時影響他的工作表現。四月二十四日，阿姆斯壯和查克・葉格進行唯一一次的共同飛行。

這次的 X-15 飛行計畫可能導致降落軌跡一帶全部成爲緊急迫降地點。最遠的其中一個地點是史密斯農場乾湖（Smith Ranch Dry Lake），位於艾德華空軍基地正北方大約三百八十英里。

想要順利降落，必須仔細檢查乾湖的河床狀況，特別是在潮濕的冬季。調查團隊需要親自走在河床，從五英尺的高度放下直徑六英寸的鉛球，測量鉛球在河床造成的凹陷直徑，將資料比對平坦可降落的河床測量數據之後，調查人員才能決定史密斯農場乾湖的河床表面能否支撐十五公頓重的 X-15。

一九六二年的冬天，美國西部沙漠地區特別潮濕。艾德華空軍基地的許多往來道路都已經封閉，也幾乎沒有飛行計畫。

四月二十三日星期一，美國航太總署的喬・沃克駕駛 F-104 前往史密斯農場乾湖確定此地是否能夠成爲 X-15 一號機的緊急降落可能地點。沃克預計從加州馬德湖（Mud Lake）駕駛 X-15 一號機。傑克・麥凱和布魯斯・彼得森駕駛航太總署的 R4D 信天翁（Gooneybird）回報，史密斯農場乾湖的湖床乾燥程度或許足以承受降落重量。

飛行研究中心主任保羅・貝可（Paul Bikle）希望百分之百確定史密斯農場乾湖的狀況能夠讓沃克降落。四月二十四日，懷特原本應該駕駛 X-15 二號機，因爲雲層狀況不佳而取消，貝可致電查克・葉格上校，葉格是艾德華空軍基地太空研究飛行員學校的新任指揮官——碰巧的是，他也要在當天早上負責共同駕駛空投X-15二號機的B-52飛機。根據葉格的說法，他告訴貝可，河床表面過於潮濕，如果阿姆斯壯願意飛行，而且葉格本人無須替任何後果複雜，他就願意嘗試降落。於是，阿姆斯壯坐在T-33教練機的前座，葉格坐在後座。在那個充滿陽光的溫暖下午，兩個人只穿著飛行衣和飛行手套。

「我們飛到史密斯農場乾湖檢查情況。」阿姆斯壯回憶道：「西側看起來很潮濕，但東側非常乾燥。所以，我告訴查克：『我們嘗試觸地重飛，看看情況如何。』」觸地重飛毫無問題。尼爾降落，機輪在河床表面運轉，加速之後起飛。阿姆斯壯的問題就要來了，葉格告訴他：「我們回頭重新測試，這次放慢速度。」

「好，我同意。」尼爾：「所以我們進行第二次降落，收回動力並且減速，我感覺得到輪胎下方的土壤開始變軟，我踩了油門，輪胎陷入土壤更深了，我又加重油門。最後，我油門全開，飛機反而完全停止，輪胎陷入。」阿姆斯壯回憶道：「查克一開始只是竊笑，慢慢愈笑愈大聲。等到飛機完全停止，他笑到彎腰。」

阿姆斯壯和葉格離開T-33，美國空軍的接機卡車立刻開向他們。「司機走出車外，帶著一條鎖鏈。」阿姆斯壯：「我們把鎖鏈放在鼻翼上，再掛在卡車上，想要將飛機拉出泥巴，但並未成功。我們做不到，只能坐在機翼上。」尼爾使用一臺廉價的攝影機拍攝飛機卡在泥巴中的八釐米相片。這個失誤發生在當天下午大約三點三十分。太陽開始落入西方的高山之後，溫度急速下降。阿姆斯壯和查克穿著輕薄的飛行衣，也開始覺得寒冷。「有沒有想法？」葉格宣稱自己詢問阿姆斯壯，阿姆斯壯只是嚴肅地搖頭。下午四點之後的某個時間，他們聽見航太總署的信天翁飛機靠近。由於艾德華空軍基地並未收到T-33的消息，航太總署用無線電要求麥凱和達納飛向史密斯農場乾湖查看情況。比爾・達納回憶道葉格想要「嘲笑」尼爾，但尼爾「並未上鉤」。達納和麥凱都相信，而阿姆斯壯也有同樣的感受，「尼爾因為自己的操作失誤而非常難為情，但葉格幸災樂禍。」

在自傳和採訪中，葉格對阿姆斯壯的作為也表達相當嚴厲的情緒反應，證實上述論點：「尼爾・阿姆斯壯可能是第一個登陸月球的人，但他是艾德華空軍基地最不願接受建議的飛行員。」對此，尼爾只是諷刺地回應道：「在史密斯農場事件中，我確實採納了他的建議！」

回到高速飛行站，尼爾似乎繼續承受連續不停的厄運之苦。五月二十一日星期一，尼爾在家族俄亥俄州度假旅行之後返回工作崗位。

喬・溫瑟爾請阿姆斯壯飛到拉斯維加斯北方大約九十英里的迪拉馬湖（Delamar Lake）。駕駛F-104半個小時之後，尼爾準備採用一種特殊的降落方式，可以練習死桿降落。「我使用飛行員慣常的方法。」他回憶道：「我們發射信號彈之後陡峭降落，就像X-15飛機，模擬在信號彈光芒中放下降落輪著陸，加大馬力再度起飛。這次，我如法炮製，但前方就是太陽，難以看見信號彈。」

即使塗上線條油漆和其他標記，中型河床幾乎無法成為合格的跑道，不像艾德華空軍基地附近大型乾湖河床的正常跑道。不同河床的表面可能有極大的差異，正如硬泥表面相當不同。經驗老道的沙漠飛行員都知道，降落在乾湖河床，就像嘗試判斷光亮如鏡的水面深度。導致這次「意外事件」的原因有二。阿姆斯壯無法準確判斷自己的高度；他也沒有發現，在信號彈光芒中放下降落輪時，零件並未完全伸展定位，導致機身撞擊河床。「飛機失去液壓。」阿姆斯壯解釋道：「我只能將降落輪留在外面，我也無法收起降落輪，剩餘的燃料無法飛回艾德華空軍基地。我決定回到拉斯維加斯附近的尼利斯空軍基地（Nellis Air Force Base），距離相當靠近。」

飛機的無線電天線損毀，阿姆斯壯無法聯繫溝通。「所以我必須在沒有無線電的情況下進行降落，將飛機駛入機場上空，擺動機翼，塔臺中的工作人員應該會看見你，知道你準備在沒有無線電的情況下進行降落。」

阿姆斯壯並不清楚，失去液壓會導致機身釋放緊急著艦鉤。如果阿姆斯壯知道此事，降落在尼利斯空軍基地可以免去許多麻煩；畢竟，他是一位海軍飛行員，使用著艦鉤降落的經驗相當豐富。尼利斯空軍基地的著艦機具有一條鋼索，連結至另一條長形錨鍊，每個錨鍊環重量超過三十英磅。

「我碰到錨鍊時，出現一波很大的震動。」阿姆斯壯敘述道：「完全無法預期，我甚至沒有想到著艦鉤已經放下，因爲我看不清楚飛機周圍的狀況。」飛機在跑道上奔馳數百英尺，四面八方沉重的錨鍊已經破碎傾斜，彷彿沙漠中的風滾草。F-104完全靜止停在跑道上。

美國空軍用了三十分鐘才完成跑道清理，以及更可觀的時間安裝臨時用的著艦鉤機具。阿姆斯壯搭乘現場工作人員駕駛的汽車，前往基地值勤的作戰官員辦公室，脫下身上的裝備，向心神不寧的作戰官員解釋事發經過，鼓起勇氣致電回航太總署，報告這場意外事件。那個時候，航太總署的每個人都擔心已經發生最糟糕的狀況。艾德華空軍基地的控制塔臺毫無相關資訊。幾分鐘之後，塔臺回報尼爾遭遇問題，但安全降落至尼利斯基地。航太總署的測試飛行員米爾特‧湯普森駕駛當時唯一可用的兩人座飛機F-104B，到尼利斯基地接尼爾。然而，飛機遭遇一陣強烈的側風，導致湯普森必須迫降，造成左機輪主胎爆胎。湯普森將殘破的飛機駛出滑行道時，消防車和基地作戰車迅速趕到現場。當時，心情比湯普森更糟糕的人就是阿姆斯壯，他看著基地作戰官員在當地下午二度封閉跑道。

航太總署現在有兩名駕駛員「擱淺」在其他基地。他們別無選擇，只能派出第三臺飛機前往尼利斯。不幸的是，唯一的選項是T-33，且是兩人座飛機。比爾‧達納降落時，飛機看似又要衝出跑道。「喔，不，不要再來一次！」尼利斯空軍基地的作戰官員悲痛地說，尼爾將頭埋入手臂，湯普森看起來六神無主。幸運的是，達納及時停住飛機。「不要再派另外一臺航太總署的飛機了！」尼利斯基地的空軍官員乞求說道：「我個人親自找一臺運輸機送你們回艾德華基地。」

空軍官員信守承諾。一臺隸屬空軍的C-47正好經過尼利斯基地，準備返回洛杉磯，空軍作戰官員立刻加快燃料補充，將湯普森推入C-47。往後數年，這位基地作戰官員總會提到「航太總署三位測試飛行員大人物的傳說故事」，敘述他們如何「毀了空軍官員管理的基地跑道」。

內華達州慘劇隔天，阿姆斯壯前往西雅圖出差二周，六月四日才回到艾德華基地。尼利斯事件之後，他的第一次飛行日期是六月七日，他和比爾・達納一起駕駛 F-104。

到了這個時候，阿姆斯壯已經決定申請太空人遴選計畫。航太總署在一九六二年四月十八日宣布，他們開始接受新一批的太空人培育，就在尼爾駕駛 X-15 過度飛行事件的前兩天。尼爾很有可能在四月二十七日之後才知道航太總署的公告。那天，飛行研究中心內部的新聞文件刊登一則報導，標題為「航太總署即將遴選更多太空人」，特別提到航太總署招募五到十名太空人。新的太空人會參與協助水星計畫運作，並且與水星計畫太空人一起駕駛兩人座的雙子星太空飛行器。

第二次太空人的遴選標準非常適合阿姆斯壯，彷彿航太總署替他量身打造。成功入選的條件包括，應試者必須是一位經驗豐富的噴射機測試飛行員——最好目前就是高性能飛機的飛行員。除此之外，應試者也要在軍隊、航空產業或航太總署中，曾有實驗飛行經驗。第三，應試者須有物理學、生物科學或工程學大學學位。第四，應試者必須是美國公民，年紀低於三十五歲，身高低於六英尺。第五，應試者必須獲得原服務單位推薦，以阿姆斯壯來說，便是美國航太總署的飛行研究中心。

一九六二年六月一日，休士頓載人太空飛行器中心主任羅伯・吉爾魯斯開始接受申請。七月，符合資格的飛行員進行面試。通過一連串工程和科技知識筆試的候選人，隨後接受醫學專家團體的檢驗。新太空人的訓練計畫包括：與設計發展工程師合作、模擬機飛行、離心力測驗、額外的科學訓練，以及高性能飛機飛行訓練。實際上，阿姆斯壯過去早已完成新太空人的所有培育計畫。

一九六二年五月九日至十一日，阿姆斯壯前往西雅圖，參加聯合國和平利用外太空委員會（Peaceful Uses of Space）第二次年會，這個活動由美國航太總署和其他太空協會資助，希望拓展國際合作應用太空科學和技術的潛能。阿姆斯壯、喬．沃克、佛洛斯特．彼得森與鮑伯．懷特，所有榮登「十萬英里俱樂部」的飛行院，都在會場介紹「X-15飛行計畫」。其他參與這場年會的演講者，包括航太總署的長官詹姆斯．韋伯（James E. Webb）、美國副總統林登．詹森與其他貴賓。參與這次研討會以及共同舉辦的西雅圖世界博覽會，讓阿姆斯壯留下深刻的印象。在第二天博覽會，吸引眾人目光的明星是甫結束水星計畫軌道飛行的太空人小約翰．葛倫。「敬佩葛倫的仰慕者成群結隊」出現在西雅圖街頭，只為了看他一眼。

迪克．戴是第二批太空人遴選團隊的其中一位成員，他是飛行研究中心的模擬飛行專家，與阿姆斯壯緊密合作。一九六二年二月，戴從艾德華空軍基地調職至休士頓，擔任載人太空飛行器中心的飛行成員計畫分部副主任。戴檢閱所有的太空人訓練計畫，成為太空人遴選團隊的專業祕書長。根據戴的說法，阿姆斯壯的申請文件錯過了六月一日的截止日期。「原本在艾德華空軍基地服務的某些人，已經轉任至休士頓，例如阿姆斯壯過去的主管華特．威廉斯。華特在休士頓擔任太空任務團隊的執行主任。他希望尼爾申請太空人培訓計畫，我也希望尼爾申請。尼爾的申請文件絕對超過截止日期大約一星期左右。但他在艾德華空軍基地交出許多傑出的成績。他的表現遠遠超乎申請標準，更勝過其他人，與第一批太空人團隊成員相比也絕對不遑多讓。我們希望他加入第二批太空人團隊。」

尼爾的申請文件抵達休士頓之後，戴將其與其他人的申請放在一起，在遴選團隊第一次的會議中優先討論。事實上，艾德華空軍基地的所有人都認爲，尼爾是成爲太空人的傑出人選，尤其因爲他在一九六二六月上旬榮獲奧克塔夫．沙努特獎由航太科學研究所（Institute of Aerospace Sciences；IAS）頒發，表揚過去一年對航太科學最有貢獻的傑出人物。根據迪克．戴的說法，艾德華空軍基地的飛行研究中心主任保羅．貝可（同時也是戴過去的主管），對阿姆斯壯的想法並不正面。貝可不推薦阿姆斯壯擔任太空人，因爲他過去的飛行紀錄，讓貝可嚴重質疑他的表現。一九六二年五月下旬，貝可甚至取消尼爾前往英國駕駛亨德利．佩奇（Handley-Page）公司新出產的 HP-115 超音速研究飛機。迪克．戴也知道此事。

休士頓載人太空飛行器中心的另外一位關鍵人物是小克里斯多福．克拉夫特，他是航太總署休士頓任務管控中心載人太空飛行行動最早的主管。一九四四年，克拉夫特在維吉尼亞科技大學取得航太工程學位之後，就在美國國家航空諮詢委員會蘭利飛行研究分部的穩定和控制組（Stability and Control Branch）工作。克拉夫特與才華洋溢的飛行測試工程師爲伍，例如鮑伯・吉爾魯斯、查爾斯・多蘭（Charles Donlan），以及華特・威廉斯。蘇聯發射史普尼克衛星之後，一九五八年的夏天，這群工程師帶著克拉夫特一起進入太空任務小組，規劃並且主導水星計畫。世界上沒有人比這四個男人更理解測試飛行員或太空人的想法。雖然克拉夫特本人並非第二批太空人培訓計畫的遴選委員，但他深入參與制定明確的遴選標準。「查爾斯・多蘭負責遴選。」克拉夫特回憶道：「他和我懇談，因爲他重視我和前七位太空人的關係。我強調，我們應該和熟悉應試者的人聊聊，他們熟悉應試者的性格與能力。吉爾魯斯、威廉斯和我都想要找到合格的測試飛行員。」

克拉夫特「幾乎不知道」阿姆斯壯在艾德華空軍基地之外的生活。「我不知道他女兒過世了，也不清楚他曾經發生幾次意外——哪一位飛行員不曾發生意外？但是，我不曾將意外與衝擊內心的事件相連。我只知道，華特・威廉斯認爲阿姆斯壯是一級人選。我們見到阿姆斯壯之後，吉爾魯斯、我，以及所有人都有同感。」

「他一定會是一位傑出的太空人。」

㊴奧克塔夫・沙努特（Octave Chanute, 1832-1910），美國公民、工程師和航空先驅，他曾幫助許多航空熱忱人士，包括萊特兄弟，提供建議並且協助進行實驗。沙努特死後被譽爲航空與比空氣重的飛行儀器之父。

Chapter 11

我有一個祕密

一九六二年九月上旬，尼爾在艾德華空軍基地的辦公室工作時，接到戴克・史雷頓的電話，他是載人太空飛行器中心太空人辦公室的主管。當時，太空人辦公室還在建設中，地點則是休士頓東南方的淨湖（Clear Lake）。

戴克直接進入重點：「嗨，尼爾，我是戴克，你還有興趣加入太空人團隊嗎？」

「長官，我依然有興趣。」阿姆斯壯回答。

「好，你已經入選了。我們會立刻開始訓練，請你安排自己的行程，九月十六日的時候到休士頓。」史雷頓告訴阿姆斯壯，他可以告訴自己的妻子，除此之外，不要張揚這個消息。

尼爾的父母也不知道自己的兒子即將成爲太空人，直到那個週末的某個時間，他們接到航太總署公共關係部門官員的電話，他們希望協助哥倫比亞廣播公司電視臺安排尼爾父母在下星期一晚上參加電視臺的節目《我有一個祕密》（*I've Got a Secret*）。這是一個猜謎節目，百老匯明星和固定班底貝蒂・帕馬（Betsy Palmer）猜測來賓的祕密——也就是老阿姆斯壯夫婦的兒子被任命爲太空人——主持人蓋瑞・摩爾（Garry Moore）提出先知般的主張：「阿姆斯壯太太，倘若這件事情是眞的——當然，沒有人事前知道，但如果是眞的——您的兒子即將成爲登陸月球的第一人，您會有什麼感覺？」薇歐拉・阿姆斯壯的回答是：「好吧，我想自己會說，願上帝祝福他，我也希望他一帆風順。」至於尼爾本人回想史雷頓的電話通知時則說：「我很高興接到電話。」

史雷頓的電話並未讓尼爾驚訝。早在一九六二年仲夏，報紙媒體已經開始報阿姆斯壯即將被選爲「第一位平民太空人」。航太總署官員否認報導內容，勉強承認阿姆斯壯「確實在候選人名單中」，報名參與遴選且通過第一階段測試者共有二百五十三名，其中三十二名列入候選人名單，但航太總署聲明，他們尚未完成最後的決定。許多密切關注航太總署的觀察家不相信他們的聲明。在遴選過程中，尼爾與美國航太總署／美國國家航空諮詢委員會之間的關聯成爲一大助力。阿姆斯壯相對有信心認爲航太總署選擇他成爲下一批太空人，但他無法確定。「許多候選人都有戰鬥經驗，但我認爲自己的教育程度很有競爭力，經驗充足，也曾經駕駛火箭飛機和其他相關載具，更廣泛參與各種測試飛行計畫。然而，我不知道自己在生理、情緒和心理領域是否也具備同樣的競爭力，也不明白其他人對我的看法，不曉得自己在這些領域的成績，而其中一項成績就可能讓你被拒於門外。」

從一九六二年六月上旬遞出太空人申請文件，到史雷頓於九月致電給他，在這四個月期間，阿姆斯壯其實非常忙碌，無暇憂慮自己是否能夠成爲一名太空人。六月的第二個星期，他在新墨西哥州阿爾伯克基的勒夫雷斯診所接受體檢，表面上是美國航太總署測試飛行員的年度體檢，實際上，某些檢驗結果送往載人太空飛行器中心，成爲太空人遴選過程的評估指標——阿姆斯壯並不知情。回到艾德華空軍基地之後，尼爾進行一連串的飛行，在洛杉磯領取沙努特獎，並且替當時正在開發的土星火箭進行測驗飛行計畫。

一九六二年七月五日，阿姆斯壯前往法國參加航太研究和發展顧問團（The Advisory Group for Aerospace Research and Development; AGARD）舉行的會議，他和艾德・霍爾曼聯名發表一篇論文，題名是〈人力操控太空載具相關飛行模擬〉（*Flight Simulation Pertinent to Piloted Space Vehicles*）。從巴黎的研討會回到美國之後，尼爾將所有時間用於準備最後一次的X-15飛行計畫。阿姆斯壯在這次飛行中創下個人在X-15計畫中的最快飛行速度成績——五・七四馬赫，相當於三千九百八十九英里。尼爾將黑色的火箭飛機推向最高速度時，引擎飄出煙霧，竄進駕駛艙，但他依然安全降落了。

尼爾前往聖安東尼奧的布魯克斯空軍基地（Brooks Air Force Base）之前，幾乎沒有足夠的時間撰寫飛行員報告。到了布魯克斯空軍基地之後，他度過精疲力竭的一星期，接受連續的醫學和心理檢驗。檢驗結果也對新太空人遴選有相當大的幫助。阿姆斯壯本人則認爲，「那是相當痛苦的經驗。當時，我覺得當中的某些測驗是專門用於醫學研究，而非診斷我的身體是否健康。」

少數幾項測驗特別殘忍。「我記得其中一個。」尼爾回憶道：「他們把冰水注入你的耳朵，要你等待很久才能解脫這個狀態，另外一個測驗則是將雙腳放入冰水好一陣子。我接受了許多這種詭異測驗。」

阿姆斯壯也記得其中一個心理測驗是孤立測驗。「他們把你放在漆黑的房間，移除所有的感官來源，沒有聲音、光線和氣味，兩個小時之後，你才能離開。」尼爾應用了工程原則：「我嘗試擬定一種方法，理解兩個小時究竟多久，決定使用歌曲〈寄宿小屋床上的十五個男人〉（*Fifteen Men in a Boardinghouse Bed*）。我沒有手錶或其他工具，只能一直唱歌。我覺得兩個小時到了之後，敲門大喊：『讓我離開這個地方！』」八月十三日，阿姆斯壯前往休士頓的艾靈頓空軍基地（Ellington Air Force Base）接受最後一次的醫學和心理測驗。阿姆斯壯也在那裡第一次見到航太總署的太空人遴選委員會，包括戴克・史雷頓、華倫・諾斯（Warren North）、華特・威廉斯以及迪克・戴。小約翰・葛倫和華利・舒拉偶爾會進出房間。阿姆斯壯回憶此事時曾說：「我不覺得會面過程辛苦，也沒有壓力，我認爲只是自然的對話，討論我在那個時候有興趣的主題。」

三十二位進入最後遴選階段的候選人（十三名爲現役海軍軍人、十名現役空軍軍人、三名現役海軍陸戰隊軍人，以及六名平民）都參加載人太空飛行器中心幾位主導官員舉行的一場晚宴。阿姆斯壯回憶道：「晚宴上的許多人，我不知道他們是誰。因爲XF4H-1評估計畫，我知道舒拉，其他人則稍有認識。」例如曾經在艾德華空軍基地服務的蓋斯・葛利森。小約翰・葛倫與艾爾・雪帕則是偶爾參加飛行測試計畫。在水星計畫的太空人當中，尼爾唯一沒見過的，就是史考特・卡本特。

只有四名完成太空飛行的水星計畫太空人，包括艾爾・雪帕、蓋斯・葛利森、小約翰・葛倫以及史考特・卡本特——飛出大氣層的距離，遠過於阿姆斯壯駕駛 X-15 飛出大氣層的距離；而尼爾是團體裡唯一駕駛過火箭飛機並贏得奧克塔夫・沙努特獎殊榮的成員。回到艾德華基地之後，阿姆斯壯安靜專注地處理自己的日常工作。在戴克・史雷頓致電前三周，尼爾幾乎天天飛行。

尼爾在一九六二年九月十五日星期六晚間抵達休士頓霍比機場（Hobby Airport）。尼爾回憶道：「四處寂靜無聲，沒有人知道我們要來，也不清楚他們要宣布這個消息了。」尼爾按照航太總署的指示，以代名「馬克思・佩克」（Max Peck）入住萊斯飯店（Rice Hotel），其他八名雀屏中選的太空人，代名也是「佩克」。隔天清晨，航太總署的新太空人班級成員，首次在史雷頓的指揮下聚首。飛行任務的主管華特・威廉斯向他們進行工作內容簡介。載人太空飛行器中心的主任鮑伯・吉爾魯斯，從一開始就率領太空任務團隊，也告訴九名新的太空人，在雙子星計畫的十一次飛行當中，至少四次會採用阿波羅一號第一批太空飛行器（用土星一號進行發射），使用阿波羅一號第二批太空飛行器的次數尚未決定，其中包含人類首次登月的任務。「你們將完成許多任務。」史雷頓也警告太空人即將面對新的壓力和誘惑。他要求太空人必須慎重處理禮物和免費招待，特別是來自彼此競爭的航太總署承包商公司。綽號「矮子」的鮑爾斯（Shorty Powers；原名爲約翰・鮑爾斯）是航太總署的公共關係官員，也被稱作「水星計畫之聲」，以即將舉行的媒體招待會，總結這次的會議。隨後，他帶領九名太空人進行第一次漫長無盡的拍照行程。

休士頓大學卡倫演奏廳（Cullen Auditorium）共有一千八百個座位，現場座無虛席，都在等待航太總署公布消息。全美三家主要的電視網、廣播系統公司、通訊社、數十間美國國內和國際報章雜誌的記者和攝影工作人員擠入現場，等待誰才是美國最新的太空人。回到一九五九年四月二日，社會大眾因爲甫創立的航太總署公布最初的七名太空人而掀起一陣熱潮，讓他們驚訝不已。這一次，航太總署更有經驗，更有準備面對媒體風暴。太空人亦是如此。

「新的九名太空人」——尼爾・阿姆斯壯、空軍少校法蘭克・博爾曼（Frank Borman）、海軍上尉小查爾斯・康拉德、海軍少校小詹姆斯・洛維爾、詹姆斯・「吉姆」・麥克迪維（James A. McDivitt）、空軍上尉小艾略特・希（Elliot M. See Jr.）、空軍上尉湯馬斯・史塔福德、空軍上尉艾德華・懷特二世（Edward H. White II）以及海軍少校約翰・楊——確實是出類拔萃的一群。負責主導美國早期載人太空計畫的幾位關鍵人物都毫無疑問地認爲，這是有史以來最全能傑出的太空人團隊。第二群太空人團隊的教育水準遠遠高過水星計畫的七名太空人，並且準確地符合航太總署太空人遴選委員會對工程知識的嚴格要求。九名成員當中，許多人都有工程學士學位，有些人甚至擁有碩士學位。阿姆斯壯符合所有的要求，除了航太科技的碩士論文尚未完成上繳給南加州大學。

新太空人團隊的飛行經驗與飛行世界紀錄也同樣令人印象深刻；大多數的成員擁有超過兩千小時的飛行時數，有些成員甚至奠定紀錄。尼爾的飛行時間爲兩千四百小時，九百小時駕駛噴射機，他也是唯一一位曾經駕駛火箭動力飛機的成員。

新團隊的平均年齡是三十二・五歲，平均體重爲一百六十一・五磅，平均身高則是五英尺十英寸。阿姆斯壯的身高五英尺十一英寸，體重一百六十五磅，略高於平均身高。所有男性成員都已婚，沒有人曾經離婚，每個人都有孩子。阿姆斯壯的回憶指出，「記者招待會上的問題都非常典型，相當單純——我們的答案也是如此。」這種又褒又貶的評論——包括貶抑自己——也展現阿姆斯壯後來經常遭到誤解的媒體態度。

航太總署希望阿姆斯壯和其他的新太空人一起前往卡納維拉爾角，參加舒拉的水星計畫發射，但預定日期是十月三日。因此，舉家搬往德州的多數準備工作，都落在珍妮特的肩膀上，尼爾立刻回到艾德華空軍基地工作。直到十月底之前，尼爾每天都會飛行。

一九六二年九月二十八日，尼爾最後一次以飛行研究中心的員工身分飛行，駕駛F5D。當週週末，尼爾待在家，隨後從洛杉磯搭乘商務航空飛機，目的地不是休士頓，而是奧蘭多。抵達奧蘭多之後，搭乘短程汽車，前往卡納維拉爾角，與九名新的太空人成員一起觀賞舒拉在十月三日駕駛水星計畫的席格馬七號（Sigma 7）太空飛行器順利升空。

隔天，尼爾返回艾德華空軍基地，因爲他原本是在飛行研究中心擔任公務人員，這個身分直到十月十一日才會失效，而他在載人太空飛行器中心的工作身分從十月十三日開始。隨後，他和同樣待在洛杉磯的艾略特・希，一起駕駛希的汽車，行駛一千六百英里（在美國州際公路系統完工之前），前往德州。尼爾租賃了一間附設家具的公寓，離霍比機場非常近，然後和新太空人團隊的其他成員，一起出發視察載人太空計畫在全國各地的承包商工廠。

十一月三日，阿姆斯壯回到洛杉磯之後，賣掉自己的兩部汽車，購買一臺二手的旅行汽車。他們一家人的家具和衣物早已送往休士頓。尼爾帶著瑞克駕車，珍妮特在兩天之後搭機前往休士頓。隨後的幾個月，阿姆斯壯一家人住在租賃的公寓，等待艾爾拉哥（EL Lago）新住宅區的房子完工，地點就在載人太空飛行器中心東方，只需要幾分鐘路程。

Part Four

太空人

Astronaut

他們說「沒有人是一座孤島。」好吧，尼爾就是一種孤島……有時候，當他思考，相較於其他人的想法，他認為自己內心的想法更有趣。因此，他為什麼會想要離開自己的島嶼，艱困地走入淺灘和某個人握手寒暄，如果他在小巧的草屋中可以獲得完美的快樂。

——麥克・柯林斯（Michael Collins），雙子星十號和阿波羅十一號任務太空人

Chapter 12 訓練時光

美國航太總署在一九六二年九月任命阿姆斯壯成爲九名新太空人其中之一時，載人登陸月球似乎成爲可能實現的想法。推動這種改變的原因，是一九六一年春天各種政治事件造成的激烈政治影響，斷傷約翰・甘迺迪羽翼未豐的總統任期，刺激他驚人地公開宣示投入太空人登月計畫。

一九六一年四月十二日，甘迺迪的總統任期開始不到三個月，蘇聯再度於拓展太空領域讓全世界驚呼。正如一九五七年的史普尼克衛星，蘇維埃社會主義共和國聯盟正面痛擊美國，蘇聯太空人尤里・加加林（Yuri Gagarin）成爲第一位太空漫遊者。三天之後，美國策劃入侵古巴，推翻卡斯楚的共產政權，卻在豬玀灣承受悲慘的失敗。

旋即而來的國際批評聲浪，讓甘迺迪知道，只有充滿張力的行爲，可以重拾美國的國際聲譽。甘迺迪將目光轉向載人太空計畫。總統將航太總署和太空人視爲滿足政治目標的手段。「現在就是邁開步伐的時刻——追求偉大的美國創新精神——讓這個國家在太空成就中取得眞正的領先地位，從許多方面而言，這將是我們在地球生存的重大關鍵。」

一九六一年五月二十五日，甘迺迪總統在國會聯席會議上拋出這些極具歷史意義的文字，宣示美國的決心：「我相信，美國應該追求這個目標，在這個十年結束之前，讓太空人登陸月球之後，平安返回地球。」

太空人遴選結束之後，九位新太空人（除了當時不克參與的艾略特・希）迅速近距離接觸航太總署爲了推動目標的所有努力。一九六二年十月三日，他們參加水星計畫的第三次載人軌道飛行計畫，由華利・舒拉負責駕駛。在此之前，絕大多數的團體成員不曾親眼看過火箭發射。九個小時之後，舒拉駕駛的席格馬七號完成六次軌道飛行，濺落在美國航空母艦基薩奇山號（Kearsarge）鄰近的太平洋海域。

三個星期之後，新太空人團隊啓程參加第一次的承包商導覽之旅。他們前往位於佛羅里達西棕櫚海岸（West Palm Beach）的普惠引擎公司（Pratt & Whitney Engine Facility），阿波羅號太空船的燃料電池都在此處製造；巴爾的摩的馬丁公司（Martin Company）替雙子星計畫製造泰坦火箭二號，以及馬丁公司設於丹佛的分公司，負責製造洲際彈道版本的泰坦火箭二號。隨後，他們造訪沙加緬度的通用航空公司（Aerojet-General Corporation），這間公司製造阿波羅服務艙的動力推進引擎。太空人團隊也參觀位於舊金山南部的美國航太總署安姆斯研究中心，最後抵達洛杉磯的洛克希德飛機公司。洛克希德是阿波羅啓動逃生系統製造商，準備投標爭取阿波羅的登月小艇合約，最後，這個合約由格魯曼公司取得。這次旅程讓他們非常疲倦。太空人搭乘商務艙，其中四位一組，另外五位一組，分別搭乘不同的飛機。「他們準備許多食物和酒。」湯姆・史塔福德回憶道：「但我們非常克制，從未過量喝酒。」當時，載人太空中心的多數建築還在施工，數個月來，所有的太空人都在休士頓市中心的租賃辦公室工作。每個星期一，太空人舉行飛行員會議，由史雷頓主持，他們收到每周工作表。

新九人團隊用了許多時間通勤。爲了熟悉阿波羅的發射火箭——也就是後來的土星五號月球火箭——他們參觀美國航太總署位於阿拉巴馬州亨茨維爾（Huntsville）的馬歇爾太空飛行中心（NASA's Marshall Space Flight Center），也在此地第一次遇見火箭科學家華納・馮・布朗博士。幾個月之前，馮・布朗因爲改變立場，不再認爲地球軌道交會（earth-orbit rendezvous; EOR）是登陸月球最好的方法，轉而支持更有爭議的月球軌道交會（lunar-orbit rendezvous; LOR）。隨後，太空人在聖路易的麥克唐納飛機公司停留數日。他們認識水星計畫太空飛行器的建造方法，明白麥克唐納公司準備用什麼方法設計建造新的雙子星太空飛行器。新九人團隊在加州道尼（Downey）聽取北美航空公司太空資訊系統分部（Space and Information Systems Division of North America Aviation, Inc.）提出阿波羅的技術簡報，北美航空公司是阿波羅的指揮艙和服務艙主要製造承包商。他們也在杭亭頓海灘的道格拉斯飛機公司實驗室，觀察如何建造S-IVB上節火箭，用於土星1B和土星五號火箭。

一九六三年和一九六四年的主軸是密集的基礎訓練。正如阿姆斯壯的回憶：「沒有人曾經完成這些訓練，他們無法教導我們如何完成。」太空飛行各種領域的專家「能夠教導他們所知的一切」，而系統專家可以解釋「慣性導航系統、電腦或者特定引擎閥的運作細節，讓我們得以處理故障。」

「太空人訓練的早期內容，與海軍飛行訓練內容非常相似。」阿姆斯壯解釋道：「航太總署認為，新的太空人如果沒有接觸軌道飛行複雜機制的經驗，或者不知道飛機和太空飛行器之間的差別，他們需要迅速學習基礎課程。」

「我很熟悉其中特定的科目。」阿姆斯壯主張：「例如，我已經學習過軌道飛行機制。整體而言，我不認為訓練課程的負擔過於沉重。」

除了學術課程大綱之外，阿姆斯壯和同袍也接受一系列的正式訓練課程。在操作熟悉課程中，他們認識所有相關的發射設施，研究卡納維拉爾角和休士頓任務管控中心的嚴格發射前程序。太空人也在環境訓練課程中，體驗加速、無重量、振動和噪音，模擬月球重力，以及穿著太空壓力衣的感受。意外事件訓練課程包含沙漠和叢林生存，同時學習如何使用彈跳座椅和降落傘。工程簡報和原型機回顧時，他們也完成了太空飛行器、發射載具設計和發展訓練課程。

為了保持最佳的飛行能力和判斷，太空人也要參加飛行訓練課程。他們定期駕駛分派給太空中心的 T-33、F-102 和 T38 飛機，地點位於艾靈頓空軍基地。太空人還要搭乘「零重力飛機」（俗稱「嘔吐彗星」）體驗拋物線軌跡。零重力飛機其實是改裝版本的 KC-135 飛機，可以讓太空人體驗三十秒左右的無重力狀態。尼爾駕駛 F-104 星式戰鬥機練習表現極爲傑出，但是，無重量環境飛行訓練無法比擬拋物線墜落引發重力突然改變的噁心不適。一九六三年四月的最後一個星期，阿姆斯壯在懷特－派特森空軍基地接受爲期四天的零重力適應訓練，他在訓練空間中自由漂浮、滾動、旋轉，靠著牆壁和艙板反推自己的身體上升移動，在將近零重力的環境飲食，學習如何使用工具。

一九六三年九月下旬，九位新太空人前往彭薩科拉的美國海軍飛行前預備訓練學校接受水中安全和生存訓練課程。對於團體中的四位海軍飛行員——阿姆斯壯、洛維爾、康拉德和楊——這些訓練內容，包括再度面對呆伯特浸泡機，都是老把戲了。所有太空人都要學習的新技巧，就是在水中保持漂浮，穿著笨重的太空壓力衣，抓住直升機的救援鉤索（蓋斯・葛利森在一九六一年七月二十一日的水星計畫飛行經驗，已經證明水中救援的危險程度）。除了阿姆斯壯之外，新太空人的其他成員沒有任何經驗可以趨近搭乘離心機的感受，許多人甚至從未看過離心機。美國航太總署的航太力學和太空載具設計專家馬克思・法傑特（Max Faget）曾經挑戰水星計畫的太空人。「如果你們可以承受二十G力，就可以成爲我認可的英雄。」一九五九年，阿姆斯壯最高可以挑戰十五G力。

一九六三年七月下旬，新九人團隊前往約翰斯維爾，開始爲期四天的地獄訓練。在這段期間，尼爾一共搭乘離心機進行八次「動力訓練」，總時間爲五個小時。太空人也在艾靈頓空軍基地搭乘飛機，於三百英尺的海拔高度進行跳傘訓練，降落至地面和水面。甚者，所有的太空人都遵守航太總署的指示，增加直升機飛行訓練，準備模擬登陸月球的情況。到了十一月的最後兩個星期，尼爾已經駕駛多種直升機，獨自飛行總時數爲三小時。一九六三年十一月二十二日，總統甘迺迪遇刺當日，尼爾和吉姆・洛維爾一起從彭薩科拉的直升機訓練基地，開車回到休士頓。阿姆斯壯並未參加甘迺迪的葬禮，小約翰・葛倫代表太空人團隊出席。

在飛行模擬器訓練的關鍵領域中，阿姆斯壯的經驗勝過其他太空人。一九六三年初，戴克・史雷頓分發特殊技術領域工作時，讓阿姆斯壯負責處理飛行模擬。

在雙子星計畫和阿波羅計畫中，太空人和太空飛行器必須進行大型、複雜而且沒有前例的操作，通常必須在第一次嘗試就成功完成目標。飛行模擬是成功的關鍵。水星計畫不需要模擬，因爲其特定目標是將飛行員送入軌道且平安回到地面。在另一方面，一九六二年誕生的雙子星計畫是水星計畫和阿波羅計畫之間的橋樑，必須處理軌道交會和太空對接的技術問題。相較於將太空艙送入軌道，軌道交會和太空對接是更危險複雜的操作，關鍵的條件就是能夠在太空中追上另外一個物體之後相連，才能補充燃料或處理其他關鍵零件。因此，學習如何進行軌道交會和對接，就是雙子星計畫最主要的目標。如果無法完成軌道交會和對接，雙子星計畫的其他目標——特別是長期飛行和艙外活動（extravehicular activity；EVA）——都對阿波羅計畫毫無意義。

在雙子星計畫和阿波羅計畫的飛行模擬器發展過程中，沒有任何一位太空人的角色比阿姆斯壯更重要。阿姆斯壯經常發現飛行模擬器的行為完全不像實際的太空飛行：「我特別關注所有飛行模擬器的設計者是否正確地應用運動公式。因此，我經常操作飛行模擬器至其他人不會探索的領域，確保運動公式出現不一致狀況時，不會產生數學計算錯誤，導致飛行模擬器的行爲異常。飛行模擬器運動公式錯誤的比例很高，令人驚訝。我很自然地認爲那就是我的責任，因爲我在艾德華空軍基地也從事同樣的工作。」

正如艾德華空軍基地的情況，開發飛行模擬器時，阿姆斯壯的飛行員觀點非常重要。「負責處理運動公式的人——有時是承包商，有時則是航太總署的員工——經常沒有飛行員的經驗觀點。」尼爾解釋道：「他們無法想像拉高飛機的垂直位置，翻滾九十度，立刻俯衝回到地面，對飛行員而言究竟有何意義——以及飛行員眼前的實際光景。他們經常沒有充分考慮，就直接設計運動公式。」阿姆斯壯完成巨大的貢獻，協助設計雙子星計畫的發射模擬器，安裝於載人太空中心的太空人團隊訓練大樓。

設計太空人專業分工系統時，史雷頓非常清楚，太空人在短時間之內接受太迅速的資訊，導致他們無法完全理解，最好採取小量片段的技術知識學習方法。戴克的想法主張，讓太空人可以自由交換彼此在不同指派領域中的知識和經驗。太空人團隊成員共同承擔的另外一個責任，則是提升航太總署的公共關係形象，以及出席面對專業人士、媒體和仰慕太空人的社會大眾。航太總署的公共關係官員很早就接納太空人自行提出的想法，安排時間表，每位太空人都要輪流出席相關活動。一般而言，每次的公關活動持續一星期，太空人團體內部將公共亮相時間稱爲「住在桶子的一星期」。

阿姆斯壯第一次參加「住在桶子的一星期」是七月六日，他前往維吉尼亞州、華盛頓特區、紐約的世界博覽會，以及愛荷華州。到了愛荷華州之後，阿姆斯壯一天之內在五個不同的科學組織進行演講。連續不斷的握手寒暄讓他精疲力盡，隔天清晨，他搭飛機回到休士頓。成爲太空人的種種一切之中，阿姆斯壯最不想要的，就是公開行程。

阿姆斯壯認爲，從研究測試飛行員轉變爲太空人，其實相對輕鬆且舒適——除了被迫成爲公共名人之外。隨著訓練課程進行，阿姆斯壯的同儕開始尊敬他身爲飛行員、工程師，以及太空人的能力，仰慕他的才智，更好奇阿姆斯壯的獨特性格。

「我對尼爾的第一印象是他非常安靜。」法蘭克・博爾曼說：「因爲他相當安靜，總是若有所思，代表他只要開口說話，必定值得仔細聆聽。太空人團隊多數成員都認爲自己是『務實追求完成目標的人』，尼爾當然也講究務實操作，但是他更有興趣知道系統內部的運作機制。大多數的太空人都習性相近，尼爾與眾不同。」「尼爾是非常內斂的人。」麥克・柯林斯回憶道：「我認爲他比一般的測試飛行員更喜歡思考。倘若這個世界可以分爲思想家和行動家——測試飛行員通常都是行動家，而不是思想家——在測試飛行員的世界中，尼爾太過於偏向思想家。」

「尼爾不健談。」比爾・安德斯也提供自己的想法：「他非常專業——不過度溫暖待人，但也不冷漠。我不記得自己曾經和他坐在一起，閒聊『你的孩子過得如何？』話題。尼爾也不會和你小酌幾杯。但是，在所有重要的關鍵議題，尼爾都非常直率。我個人認為，尼爾．阿姆斯壯眞正的性格，比他大多數的同儕都更為崇高。」

「尼爾是一位非常友善的人。」小約翰．葛倫表示：「他總是非常輕鬆、友善而且很有教養，就像我的故鄉常見的小鎮男孩。我和他從來不曾對彼此擺出任何架子。」一九六三年六月上旬，葛倫和阿姆斯壯一組，參加叢林生存訓練，由美國空軍熱帶生存訓練中心舉行，地點就在巴拿馬運河地區的阿爾布魯克空軍基地。

葛倫和其他曾經與阿姆斯壯相處的人，都非常享受，也相當驚訝於尼爾的詭異幽默感。小約翰．葛倫回憶道：「我總是非常喜歡尼爾的運動理論。」阿姆斯壯喜歡和朋友開玩笑表示，運動浪費人生的總心跳次數。戴夫．史考特，尼爾的雙子星八號工作同仁，曾經回憶阿姆斯壯走進太空人的健身房，史考特正在舉重，全身是汗，尼爾則坐上健身車，將輪子阻力調整至最低，對著戴夫咧嘴微笑：「好棒，戴夫，繼續努力！」

戴夫．史考特說：「和他一起工作非常輕鬆。他很聰明，可以迅速分析問題，面對壓力，依然保持冷靜。」

用伯茲．艾德林的話說，「尼爾不是精力充沛的彼得．康拉德，也不是展現權威的法蘭克．博爾曼。大多時候，你必須靜靜等待尼爾決定，你毫無頭緒，不知道他的腦海正在思考什麼。你無法看穿他。但是，即使如此晦澀難解的性格，都讓他成為一位偉大的指揮官。」

Chapter 13

等待指揮

在九位新太空人中，率先成爲正式飛行成員的是湯姆・史塔福德以及法蘭克・博爾曼。一九六四年二月，史雷頓將史塔福德和艾爾・雪帕編爲同隊成員，雪帕是水星計畫老將，也是第一位進入太空的美國人，他們的計畫編號爲雙子星三號。蓋斯・葛利森和法蘭克・博爾曼是雙子星三號的後備隊員。雖然阿姆斯壯也焦慮地想要成爲下一位獲得飛行任務的隊員，但他並未對此結果失望。「因爲我沒有任何期待。我很高興自己可以參與這項計畫，一切都在努力前進，一切都在逐漸發生，一切都令人興奮。我認爲，太空計畫的目標非常重要，不只是爲了美國，也是爲了人類社會。完成他們指定的任何工作，都會讓我非常快樂。」事實上，雙子星三號的成員，甚至在飛行準備工作開始之前，便必須被迫進行改組。艾爾・雪帕因爲內耳慢性疾病而有間歇性的暈眩問題，所以史雷頓讓後備成員葛利森成爲主要指揮官，而蓋斯選擇約翰・楊擔任副手。這次人事異動並未讓任何人覺得高興，湯姆・史塔福德成爲雙子星三號的後備成員，接受水星計畫老將華利・舒拉的指揮。法蘭克・博爾曼則是完全離開雙子星三號任務，等待尚未指派的雙子星相關任務。

「關於戴克如何指派成員，我確實有自己的想法。」阿姆斯壯強調：「而且難以解釋。我不認爲指派成員只是單純來回移動或改變職位。戴克的主要原則就是讓每次的飛行任務都有足以勝任的指揮官。他的次要目標就是讓其他人擔任其他職位，獲得妥善的訓練和經驗，使他們可以在下次的指派工作中，擔任更重要的位置。」

尼爾繼續說道，在飛行團隊成員之中，「我們平均分攤責任，所以每個人都有平等的工作量。如果其中一位成員必須完成某個職責，我們也會嘗試讓他知道方法，但我們同樣技術性地分配責任，所以每個人都能實質上地更深入了解自己的領域。指揮官工作的原則不同，因爲他必須進行決策，就像船艦或飛行隊的指揮官，永遠都要負責領導團隊。」

「我認爲最關鍵的想法就是讓指揮官負責處理正確的工作，具備正確的經驗，才能建立足夠的自信。戴克總是說，我也認爲他是對的，他相信所有完成訓練過程的隊員，都有合格的飛行能力，足以駕駛飛行，也能夠接受所有的指派工作。」

「話雖如此，戴克確實也說過，而且寫在自傳中，上述的想法都是眞的，但他依然想要在最好的位置，找到最好而且最適合的人選。除此之外，還有一個額外但沒有如此重要的技術理由。戴克認爲自己有義務照顧水星計畫的同儕。他總是特別將蓋斯、艾爾和華利視爲優先人選——而且妥善安排。他們是一流的太空人，他們接受最嚴格的考驗，他們應該獲得優先任命。」

史雷頓的標準實現方法則是詢問指揮官對可能成員的想法。「我們有一個規則。」阿姆斯壯強調：「一個人不能同時參加兩個飛行計畫。訓練準備期間非常漫長，戴克要求主要成員和後備成員必須長時間專注，也不能接受其他工作指派。如果他必須編制三個飛行計畫的成員，代表他必須使用十二名至十八名人員，但太空人的數量其實不多。所以，他努力提前思考安排。他認爲每次的飛行任務都很重要，但特定計畫的早期飛行更重要，特別是雙子星計畫和阿波羅計畫的早期飛行。我們不能失誤，這點非常重要，因爲飛行計畫的早期階段如果發生問題，就會危害整個計畫。」

尼爾是新九人當中唯一一位在太空人辦公室中有正式管理責任的成員。在辦公室中，喬瑟夫・艾爾格蘭帝負責處理飛機的任務，而華倫・諾斯安排飛行成員的任務，史雷頓則是太空人任務的協調者。艾爾・雪帕因爲暈眩發作而留在辦公室協助戴克。在組織系統中，雪帕的下屬是蓋斯・葛利斯，他負責管理雙子星計畫團隊，而小高登・古柏管理阿波羅計畫團隊。戴克讓阿姆斯壯負責管理第三個團隊，名爲行動和訓練。正如葛利森和古柏，阿姆斯壯也有幾位太空人同儕替他工作。「戴克讓我負責擬定一個特定機制，使他可以在任何時間都知道現在需要幾名太空人。」阿姆斯壯回憶道：「因此，我使用非常單純的方法。我採用雙子星計畫和阿波羅計畫的預定發射飛行時間，當時，阿波羅計畫有各種任務。我將任務時間表結合預定發射時間，然後思考『倘若時間正確，我們需要幾名飛行團隊成員？』我以預定發射飛行時間爲基礎，計算太空人需要準備的時間，我們並未刻意指定任何一位太空人的名字，而是用A、B、C、D依序安排。我將所有飛行任務放在時間軸上，加上區塊顯示每個任務需要的人力。在時間軸的下方，我在每個月都標示幾位太空人正在進行飛行計畫，又有幾位太空人可以接受新的飛行計畫任務。」

阿姆斯壯的圖表讓史雷頓可以決定何時應該招募新的太空人，也因此讓休士頓在一九六三年六月公開宣布，美國航太總署正在遴選額外十五名太空人。第三輪的太空人徵選將年齡需求由三十五歲改爲三十四歲，申請者不再必須是測試飛行員，因爲他們可能需要協助阿波羅登月任務進行更廣泛的科學和工程任務。航太總署在一九六三年十月選出十四名新太空人，最後依然有八位是測試飛行員，五位來自空軍，分別是唐・艾斯利（Donn Eisele）、查爾斯・巴賽特（Charles Bassett）、麥克・柯林斯、西奧多・費里曼（Theodore Freeman）以及大衛・史考特，兩位海軍艾倫・賓恩（Alan Bean）和小理察・「迪克」・高登（Richard "Dick" Gordon Jr.），一位海軍陸戰隊隊員克里夫頓・威廉斯（Clifton Williams），其他六名太空人則是擁有廣泛學術研究背景和飛行經驗的飛行員，包括艾德溫・「伯茲」・艾德林；空軍戰鬥機飛行員威廉・安德斯（William Anders）；海軍飛行員尤金・賽爾南和羅傑・查菲（Roger Chaffee）；最後兩位則是平民，分別是前海軍陸戰隊飛行員華特・康寧翰（Walter Cunningham）和前空軍飛行員羅素・施威卡特（Russell Schweickart）。

阿姆斯壯和這群傑出的太空人一起進行眞正的太空飛行：雙子星八號任務的大衛・史考特，阿波羅十一號的伯茲・艾德林和麥克・柯林斯。

一九六五年二月八日，阿姆斯壯首次獲得飛行任務，史雷頓任命他在雙子星五號任務擔任高登・古柏的後備指揮官。雖然這次任務的主要目標是演示太空交會的準備程度，但太空人依然要在太空停留八天。雙子星五號任務在太空停留的時間長度，是吉姆・麥克迪維和艾德・懷特雙子星四號預計停留時間的兩倍。

艾略特・希和阿姆斯壯一起成為後備團隊成員。希負責支援彼得・康拉德。康拉德名列主要團隊成員，擔任古柏的隊員。阿姆斯壯說，「由於一切的目標就是打倒俄羅斯人，在這個十年結束時完成，所以時間表極度重要。」尼爾「相當高興接到飛行任務，非常滿足擔任高登・古柏的後備隊員」。加入雙子星五號任務之後，阿姆斯壯繼續進行常態訓練，但時間減少為平常工作的三分之一。另外三分之一則是「用於規劃，釐清完成最佳軌跡和計畫結果的技術與方法。」最後三分之一的工作時間涉及測試：「待在實驗室和太空飛行器數千個小時，測試所有情況，確認是否順利運作，熟悉系統。測試時間經常是凌晨兩點。我們輪流進行。我們四個人用非常多的時間共同合作，努力研究細節。我不會說我們不曾說笑話或者談論和計畫無關的話題，但是我們永遠都保持百分之九十八的工作專注程度。」

即使為了擔任雙子星五號任務的後備成員而努力準備，阿姆斯壯依然稱職完成雙子星三號任務的輔助工作，蓋斯・葛利森和約翰・楊在雙子星三號任務負責駕駛茉莉・布朗（*Molly Brown*）號太空飛行器。雙子星三號是雙子星整體計畫的首次載人太空任務，尼爾前往夏威夷考艾島（Kauai）的世界衛星網路追蹤站進行為期一星期的工作。考艾島位於夏威夷主要群島的最北方，成爲此次計畫的「主要」工作站，負責將上級的口頭命令傳遞給進行軌道飛行的雙子星太空飛行器。「次要」工作站有數個，例如加勒比海的大巴哈馬島（Grand Bahama Island; GBI），處理傳送雷達和遠端遙測資訊。

航太總署的特定同仁認爲，史雷頓的工作安排，部分目的是爲了讓太空人可以稍微放鬆休息。尼爾在雙子星三號發射之前一星期前往夏威夷，協助處理追蹤和通訊。雙子星三號的目標是演練太空飛行器發射火箭推進器改變飛行軌道，這是軌道交會的必要技術，也是登陸月球的關鍵。更重要的是，雙子星三號必須演練藉由三次的謹愼「燃燒燃料」，或者說，精準點燃火箭推進器，在太空中有效移動的能力。眞正的飛行難題在最後。太空飛行器回到地球之後，降落地點和目標地點出現五十英里的偏差，而降落傘發射系統發生錯誤，將太空人彈射回駕駛艙，蓋斯・葛利森的控制螢幕面板也因此遭到撞擊摧毀。雙子星三號和雙子星五號的發射間隔有二十一個星期，尼爾前往聖路易，造訪負責測驗和調整雙子星五號太空飛行器的麥克唐納飛機公司，停留二十六天，又在佛羅里達的甘迺迪太空中心待了二十天。在這段期間，尼爾總共前往加州、北卡羅萊納州、維吉尼亞州、麻州、科羅拉多州和德州。

在這段將近五個月的時間之內，阿姆斯壯和雙子星五號的其他成員四處奔波長達六萬英里，其中一些行程搭乘商務飛機，但太空人經常自行駕駛飛機旅行，保持飛行能力。

最初的七名太空人在北卡羅萊納大學教堂山的摩爾黑德天文館（Morehead Planetarium）

學習許多星際探索知識。傑出的天文館館長東尼・簡薩諾（Tony Jenzano）替水星計畫設計和建構不同版本的林克訓練機，能夠模擬從太空駕駛艙看見的太空景象。坐在兩張理髮椅上，周圍使用夾板、布料、泡綿橡膠和紙張打造太空飛行器的內部環境，太空人操作星際空間運作軌跡，模擬俯衝和翻滾。椅子也會稍微傾斜，模擬火箭發設計造成的左右偏擺。

阿姆斯壯多次造訪摩爾黑德天文館。一九六九年二月二十一日，距離阿波羅十一號發射還有五個月，阿姆斯壯最後一次前往摩爾黑德天文館。水星計畫、雙子星計畫和阿波羅計畫的所有成員，沒有任何人比阿姆斯壯用更多時間待在摩爾黑德天文館研究星體。尼爾曾說，在摩爾黑德天文館學習，能夠協助太空人認識星體和星座，提升雙子星計畫的電腦導航系統和天文相關實驗。阿波羅計畫的電腦能力已經有所提升，也招募擁有「良好電腦視覺設計能力」的工作人員，以航太總署的星際導航系統爲基礎，使用全部三十六顆星球的資料，建造六軸視覺和電腦導航系統。

爲了一九六六年三月的雙子星八號發射計畫，阿姆斯壯和大衛・史考特駕駛 T-38 飛機穿梭美國各地，他們經常測試彼此的星體知識。「我們飛到海拔高度四萬英尺，完全關閉駕駛艙的所有燈光。」尼爾回憶道：「天空的景緻非常驚人，也是非常好的星體知識練習。」一九六九年三月，阿波羅九號發射，史考特展現完美的星體知識，讓指引和導航系統能夠妥善連結。

雙子星五號任務的成員，古柏、康拉德、阿姆斯壯和希，加上隨後的雙子星八號任務成員，阿姆斯壯、史考特與他們的後備成員（彼得・康拉德和迪克・高登）。一九六五年八月二十一日，美東時間早上九點過後數秒鐘，泰坦二號火箭在LC-19發射基地將太空飛行器送上天空，隨後，因爲卡納維拉爾角的天氣狀況，加上燃料低溫問題，發射進度延後兩天。高登・古柏回憶道：「我們是第一臺帶著燃料電池進入太空的太空飛行器，一種可以當場製造能源的光化學生產器。以前的太空飛行器必須仰賴傳統電池，由於現代太空飛行器的科技更爲進步，電池必須生產大量電力，體型過於笨重。例如，雙子星五號首次帶著機上雷達和電腦進入太空，兩者都會使用非常大量的電力，證明我們可以帶著燃料電池進入太空是相當重要的成就。」

阿姆斯壯和希遵守後備成員的工作流程，在發射時待在卡納維拉爾角，隨後回到載人太空中心。在第三軌道，康拉德發現燃料電池中的氧氣壓力從每平方英寸八百英磅驟降至七十英磅，當時「我們剛放出太空交會機，在雷達上可以清楚看見它，準備擷取——這個實驗的目標就是提供前所未有的太空交會嘗試需要的關鍵資訊。」燃料電池的壓力最後恢復了，但那個時候已經失去太空交會的機會。相較於原定停留在太空八小時，雙子星五號的太空飛行時間只少了一個小時又五分鐘。他們回到地球時，降落至救援船地點的九十英里外，因爲地面編制成員中的某人傳送錯誤資訊到機上導航系統。這次任務累積相當可觀的無重量人體生理反應（古柏和康拉德進入太空兩天之後，心血管系統才恢復正常），但太空交會的結果不如人意，也成爲雙子星計畫下次飛行的重點。

雙子星五號降落至地球海面的三個星期之後，一九六五年九月二十日，美國航太總署正式任命雙子星八號任務的團隊成員，阿姆斯壯成爲指揮飛行員，因爲他曾經在雙子星五號擔任後備成員。史雷頓並未選擇尼爾在雙子星五號的搭檔艾略特・希，而是讓來自第三梯次太空人的戴夫・史考特與尼爾合作，史考特也是其中第一位獲得飛行任務的第三批太空人。尼爾和戴夫的後備成員是剛完成雙子星五號任務的彼得・康拉德，以及剛加入雙子星計畫的迪克・高登。

一九六五年九月，阿姆斯壯獲命指揮雙子星八號之後，他的太空人職業發展第一階段也結束了。隨後的六個月，直到雙子星八號在一九六六年三月十六日發射之前，阿姆斯壯和史考特在毫無干擾的情況下，爲了第一次太空飛行進行積極訓練，那是美國太空計畫迄今爲止最複雜的飛行計畫——幾乎奪走他們的生命。

Chapter 14

雙子星八號

一九六六年三月十六日星期三，美東時間早上九點四十一分，甘迺迪角（卡納維拉爾角），這裡是雙子星發射控制臺，距離雙子星八號在十九發射臺起飛還有一百一十四分鐘，距離擎天神－艾琴娜（Atlas/Agena）火箭在十四發射臺起飛還有十九分鐘。負責進行本次任務的主要飛行員，太空人尼爾・阿姆斯壯和大衛・史考特三十八分鐘之前進入駕駛艙，現在已經準備就緒……

成爲太空人三年半之後，三十五歲的尼爾・阿姆斯壯終於走進太空飛行器，上方是裝滿燃料的泰坦二號火箭，準備進行第一次太空飛行。雙子星八號是美國載人太空計畫的第十四次飛行，也絕對值得等待。四個月之前，人類終於達成迄今唯一一次太空交會，而且不是由俄羅斯人完成。一九六五年十二月，太空人華利・舒拉和湯姆・史塔福德駕駛雙子星六號，沿著飛行軌道，距離法蘭克・博爾曼和吉姆・洛維爾駕駛的雙子星七號只有幾碼距離。現在，雙子星八號不只要完成太空軌道交會，還要與特別設計的雙子星－艾琴娜目標飛船進行第一次的實際太空對接。

雙子星八號也要求來自德州的三十三歲太空人戴夫・史考特進行艙外活動，而且比艾德・懷特在一九六五年六月進行雙子星四號任務時完成的美國史上首次的太空漫步更複雜。除此之外，雙子星八號的隊員也要在預定的七十小時、五十五次軌道飛行當中，完成數項實驗，包括黃道光攝影、青蛙蛋培育、月球表層概況攝影、核乳膠以及大氣層雲朵分光攝影。「在古希臘神話中，雙子星代表孿生子卡斯托（Castor）和波魯克斯（Pollux）。」阿姆斯壯解釋道。阿姆斯壯和史考特設計的雙子星八號圖像「從卡斯托和波魯克斯生出的光線，穿過稜鏡，反射出所有的太空光譜。」雙子星八號的基礎目標就是替登陸月球做好準備。一九六二年的夏天，美國航太總署決定月球軌道交會方法就是在六〇年代最後登陸月球的唯一途徑時，學習如何在太空中與另外一艘太空飛行器交會和對接，就成為絕對關鍵的技術。

身為指揮官，阿姆斯壯必須決定何時要執行首次的關鍵技術。

艾琴娜原本是洛克希德公司替美國空軍設計的產品，現在則是航太總署使用的第二節火箭。艾琴娜的表現相當穩定，航太總署的規劃人員早在一九六一年代就思考將艾琴娜改裝為目標飛船，用於交會實驗，這個概念也在雙子星計畫中開花結果。改裝調整之後的艾琴娜目標飛船需要三方數據交流系統、雷達發射感應器、其他類型的追蹤輔助工具、高度穩定系統以及交會接口。其中最複雜的技術，則是雙子星－艾琴娜目標飛船需要使用可以重新啓動的引擎，必須在太空中進行高於五次的啓動休止循環，讓太空船的對接艙口可以轉換至任何方向。直到阿姆斯壯的任務啓動前十一天，艾琴娜飛船的修改引擎才獲得使用核可。

在正式發射起飛之前，太空飛行器內部構造的一個瑣碎問題，幾乎讓尼爾和戴夫失去在太空中和艾琴娜飛船會合的機會，所幸他們依然順利進入太空奔馳：「我和戴夫進入艙口和座位之後，飛行準備的其中一位工作人員發現，戴夫座艙的安全扣環上出現環氧化物。我和戴夫已經被限制在座位中，根本無能處理。後備指揮官彼得・康拉德和發射基地的主管甘特・溫特（Guenter Wendt）稍微費力處理之後，終於清除艙口握把的黏膠化合物。」

珍妮特和兩位小男孩待在休士頓家中，緊張地觀看電視轉播。尼爾替父母預約了飯店房間，他們和其他貴賓一起乘坐航太總署的接駁車，前往甘迺迪角的觀賞臺。茱恩和她的先生，迪恩和他的妻子也出席觀看。尼爾本人體驗焦慮和期待的「相互抵銷」，因爲「駕駛飛機的時候，如果你準備起飛，你就能夠起飛，但是駕駛太空飛行器，你經常進入發射基地，坐著等候數個小時之後，卻必須離開太空飛行器，回到自己的住處。這種情況太常發生，眞的順利發射反而變成一種驚喜，你不會期待啓程」，直到火箭的定位錨栓順利脫離。

「擎天神－艾琴娜火箭準時啓程。」阿姆斯壯回憶道：「那是一個好跡象，我們的泰坦二號火箭同樣準時發射，那也是一個好跡象，代表我們的交會預定時間可以符合預測練習。」

「泰坦二號火箭非常平順。」尼爾回憶道：「比後來阿波羅計畫使用的土星五號更順暢。火箭發射很關鍵，火箭啓動之後，你知道自己啓程了。在泰坦火箭的第一階段，G力很高——可能接近七G力。一開始，你只能看到藍天，隨後進入俯衝階段——視線上下顚倒，由於火箭俯衝，你的腳朝向天空奔馳，你看見地平線從窗戶上方往下降，景緻十分可觀，因爲你穿越加勒比海，看見藍綠相間的景色，偶爾還會出現各個小島。倘若能夠享受美景，當然很好，但你只會擔憂引擎是否持續保持運轉。」

雙子星八號太空飛行器朝著東方繞著地球飛行，以數分鐘的頻率進行間歇語音對話。在座艙和休士頓總部之間是一座橫亙全球的追蹤網絡，通訊工作站的地點包括位於南大西洋，英國的亞森欣島（Ascension Island）；非洲東岸馬達加斯加島，隸屬馬達加斯加共和國的塔納納利夫（Tananarive）；非洲東岸的馬達加斯加島；澳洲西部的卡納芬（Carnarvon）；夏威夷群島最北端的考艾島；加州灣墨西哥側的瓜伊馬斯（Guaymas）。通過夏威夷之後，兩位太空人才開始觀賞景緻。阿姆斯壯認出摩洛凱島（Molokai）、茂宜島（Maui），以及夏威夷的大型島嶼。他們開始尋找德州海岸線，希望看見休士頓，指出自己家的位置。但是，他們眼前的工作是追上艾琴娜，當時與雙子星八號之間的距離爲一千二百三十英里，在海拔更高的不同軌道進行飛行。

阿姆斯壯第一個需要完成的任務是校正太空飛行器的慣性平臺系統，這是太空飛行器的固定方位基礎系統，用於測量飛行角度——以及方向——因爲太空中沒有東南西北，只能採用相對方向。慣性平臺包含三個迴轉儀，彼此的安裝角度正確。太空飛行器根據迴轉儀移動，慣性測量單位向追蹤艾琴娜飛船的電腦提供正確的俯衝、偏擺和翻滾角度。除了三個迴轉儀之外，太空飛行器也安裝三個相對應的加速儀，測量太空飛行器對火箭推進引擊的反應。

雙子星八號進行五秒的前方火箭噴射之後，可以減慢速度，讓太空飛行器進入正確的軌道傾角位置——也就是太空飛行器的軌道和地球赤道之間的角度差距——準確合乎艾琴娜飛船的軌道。這個關鍵的時刻發生在雙子星八號任務開始之後的一個小時又三十四分鐘。

「交會的基礎條件」，阿姆斯壯解釋道：「是讓太空飛行器進入目標的軌道，即使只有幾度的偏差，都會導致太空飛行器沒有足夠的燃料靠近交會目標。因此，我們的計畫是啓動時與目標軌道保持小數點一位數的偏差，方法爲準時發動火箭，讓太空飛行器和目標在地球自轉之下保持相同平面軌道。」但無論太空飛行器和目標飛船的發射時間何其準確，軌道傾角依然會有細微的偏差。在雙子星八號的例子中，太空飛行器和艾琴娜飛船之間出現〇・〇五度的軌道傾角，必須加速追上。

即使是在理想的環境，在太空追逐特定目標，依然需要銳利的飛行技術。沒有充足的模擬器訓練，難以相信任何一位太空人可以完成太空交會。導航電腦必須計算兩艘太空船的位置，精準界定進入雙子星－艾琴娜目標飛船軌道的最佳弧線，除此之外，在太空交會的最後階段，還要根據雷達上鎖定的艾琴娜飛船位置，精確計算軌道傾角的數學結果。位於紐約州奧斯威戈（Oswego）的 IBM 聯邦系統分部替航太總署打造雙子星的導航電腦，也是全球第一批使用數位系統和固態電子零件的電腦，目標就是協助飛行儀器即時導航、探索和控制。「那是一部非常小型的電腦。」阿姆斯壯回憶道。電腦長十九英寸，重量五十英磅，安裝於太空飛行器的前牆之中。這臺電腦的記憶體是結實緊密的小巧單位，外型猶如甜甜圈的磁鐵，可以儲存十五萬九千七百四十四位元的資訊，不到兩萬位元組。除此之外，太空人也可以使用磁碟機，加入額外的程式功能，稍微增加電腦的工作能力。雙子星八號是首次採用額外磁碟系統的太空任務。即使採用當時最主流的電腦科技，任務的計畫者依然必須肩負處理太空交會難度的重責大任。

考慮數學模型計算結果、情境模擬，以及雙子星計畫的早期飛行經驗，兩臺太空飛行器最適合的交會高度差距是十五英里，而理想的轉換角度——艾琴娜飛船的飛行軌道更高，雙子星太空飛行器必須向上穿越的角度距離——則是一百三十度。正如阿姆斯壯的解釋：「我們的任務計畫者設計一條途徑，讓我們前往艾琴娜飛船時，它就像一顆固定在背景正中央的巨大星體，而其他事物停在固定位置。這個交會技術有一個好處，背景環境不會移動，我們更容易接近目標。如果目標在星空背景中靜止，我們可以知道自己的方向正確，倘若目標飛船移動了，我們也會立刻察覺，必須調整速度零件運作。」至於最佳光線環境，他們發現，進入太空交會最終階段時，太陽必須在雙子星太空飛行器的背後。計畫設計者藉由以上條件，推論最理想的發射啓程時間、上升軌跡、軌道變數，替雙子星製造最理想的太空交會最終階段環境，進入太空對接。

雙子星計畫開始之後，經過一小時又三十四分鐘，太空飛行器才進行第一次加速前進，而進行最後階段，大約需要兩個小時又十五分鐘。阿姆斯壯和史考特決定先用餐。食物袋的標籤寫著第一天的B餐，裡面是冷凍乾燥雞肉和肉汁燉鍋菜。但此時，在休士頓待命的太空艙通訊員吉姆・洛維爾經由英屬西印度群島（British West Indies）的追蹤站轉接通話，告訴兩名組員要立刻準備進行下次加速——這是階段性的調整，或者說，稍微重新定位，也要完成另外一次的平臺校正。阿姆斯壯和史考特使用魔鬼氈將食物貼在太空飛行器的天花板，等到加速完成之後再繼續食用。半個小時之後，太空人取回食物，發現燉鍋菜依然非常乾燥。阿姆斯壯打開一包布朗尼蛋糕，蛋糕碎片漂浮在駕駛艙中。

下一次的行動是改變水平位置的加速，就在他們完成第二次軌道飛行，正要橫越太平洋上空，任務經過時間爲兩小時四十五分鐘又五十秒。阿姆斯壯按下推進器，進行水平加速，速度每秒提高二十六・二十四英尺，導致雙子星八號的鼻翼朝下，可能產生不精準的結果。

任務時間二小時四十六分二十七秒 阿姆斯壯：「我們可能過度加速了。」

直到太空飛行器穿過墨西哥上空，尼爾終於知道自己的直覺正確。洛維爾要尼爾讓速度每秒提高二英尺，進行另外一次的短程加速。他們將太空飛行器保持水平，終於進入艾琴娜下方的飛行軌道，準備跟上艾琴娜。進入艾琴娜的飛行軌道之後，他們立刻用電腦計算距離和速度，再與地面工作人員確認相關圖表。調整數據之後，他們「在目標飛船與星體之間的相對移動速度爲零時，用合理的速度，保持最低耗油量，減速進行最後接近，可望與目標飛船會合」。

直到雷達確實鎖定艾琴娜飛船，雙子星八號才能進行最後階段。指揮官阿姆斯壯一直在內心確認接近率和接近速度，避免過快接近艾琴娜目標飛船。任務時間三小時八分四時八秒，阿姆斯壯回報：「我們已經可以在雷達上間歇看見目標。」三十五分鐘之後，太空飛行器飛越非洲上空，尼爾回報雷達已經準確鎖定艾琴娜飛船。尼爾必須進行另外一次加速。過去數個小時以來，雙子星八號保持的飛行弧線已經變成橢圓形了，路徑符合地球星體造成的重力場。阿姆斯壯將太空飛行器的鼻翼往下，啓動尾翼推進器，這次加速提升每秒五十九英尺的速度，改變了雙子星八號的飛行軌道，準確地與艾琴娜飛船保持相同的水平軌道。

過了一陣子，雙子星八號組員才能看見目標飛船。阿姆斯壯解釋：「到了某個階段，我們知道自己可以親眼看見目標，但距離必須非常接近。根據任務計畫，我們必須採用一百三十度傾角的盲視弧線飛行，至少要保持一百二十五度。大約十英里之後，目標飛船就會受到陽光照射。到了那個階段，它就像一棵被點亮的聖誕樹。在陰暗的天空之中，它彷彿一座巨大的燈塔。此時，星空背景已經不重要了，因爲我們可以用肉眼進行最後的調整。」史考特很快就用無線電回報雙子星八號成員可以看見目標在七十六英里的距離閃爍發光。他們認爲目標就是艾琴娜飛船。目標位於雙子星八號上方十度時，阿姆斯壯必須再度校正慣性平臺，準備進行最後一次的轉換操作。尼爾拉高太空飛行器的鼻翼大約三十度，將太空飛行器朝著左側傾斜十七度。等到操作成功完成，他就有時間好好欣賞艾琴娜飛船。

幾分鐘之後，艾琴娜進入暮光，消失在視覺範圍之外，雙子星八號發出指令，太空人很快就重新看見目標飛船上閃爍的搜尋指示燈。「只要完成飛行轉換弧線。」阿姆斯壯解釋道：「我們就可以進行最後調整，讓雙子星八號與艾琴娜保持相同位置和速度，形成隊列飛行。從那個時候開始，我們進行所謂的『靜態保持位置』，維持一百五十英尺的距離。我們繞著目標飛行，絕對不能遠離。我們必須和艾琴娜飛船保持相同飛行軌道，即使失之毫釐，也會差之千里。我們一定要保持隊列飛行。」

雙子星八號飛過加勒比海的安地卡島（Antigua）上空之後，兩位太空人準備進行減速，不要過快接近艾琴娜飛船導致撞擊。阿姆斯壯謹慎減速，間歇啓動尾翼推進器，進行非常短暫的加速，而戴夫・史考特負責報告雙子星八號的範圍距離和速度。二分鐘二十一秒之後，他們看見艾琴娜飛船的燈光。雙子星八號以每秒五英尺的速度緩慢靠近，終於進入艾琴娜飛船上方。阿姆斯壯的興奮之情溢於言表：

任務時間五小時五十三分八秒，阿姆斯壯：「我不敢相信！」

任務時間五小時五十三分十秒，史考特：「我也不敢相信！前輩，你太傑出了！」

任務時間五小時五十三分十三秒，阿姆斯壯：「搭檔！太棒了！」

任務時間五小時五十三分十六秒，史考特：「你成功了，朋友，你做得太好了！」

任務時間五小時五十三分十七秒，阿姆斯壯：「這是兩人齊心協力的成果。」

兩分鐘之後，方才保持沉默，害怕自己打擾阿姆斯壯和史考特進行關鍵減速階段的太空艙通訊員洛維爾要求隊員報告太空交會進度。

任務時間五小時五十六分二十三秒，阿姆斯壯：「休士頓，這裡是雙子星八號，我們與艾琴娜飛船保持一百五十英尺的靜止飛行。」

雙子星八號和艾琴娜飛船之間已經沒有相對的速度差距，他們完成了太空交會——在太空時代的短暫歷史中，人類只完成了第二次太空交會。

對阿姆斯壯而言，保持靜止飛行毫無困難。「近距離飛行很容易。我們在艾琴娜飛船附近飛行，替艾琴娜飛船拍攝不同角度和光線的照片。」談論駕駛飛機或太空飛行器時，阿姆斯壯總是使用「我們」，但雙子星任務的使命非常沉重，他不會讓史考特肩負駕駛責任，至少當時不會。尼爾預計讓史考特在任務稍後的進度中負責駕駛太空飛行器，就在完成太空對接或者史考特完成艙外活動之後。阿姆斯壯和史考特在「日光狀態」保持交會靜止狀態，因爲任務目標是在進入隔天「夜間狀態」時進行對接，夜間狀態更適合對接。在雙子星八號目前的飛行軌道中，日光只能維持四十五分鐘。

太空交會對接的開始地點在夏威夷西部上空。雙子星八號進入日光狀態區域，地點是美國船艦玫瑰結勝利者號（Rose Knot Victor）附近，這艘船艦在南美洲東北海岸附近追蹤太空飛行器的狀態，就在這個時候，阿姆斯壯開始減慢太空飛行器速度，朝向對接口，保持幾乎難以察覺的每秒三英寸速度。

任務時間六小時三十三分四十秒，太空艙通訊員：「雙子星八號，從地面觀察，你們的情況非常好，我們同意繼續，看起來非常適合進行對接。」

任務時間六小時三十三分五十二秒，阿姆斯壯：「休士頓，我們完成對接了，太好了，一切非常順利。」

休士頓的任務管控中心陷入數秒鐘的瘋狂慶祝，太空艙通訊員恭賀雙子星八號的兩名成員，回報艾琴娜飛船的狀況穩定，沒有發現任何震盪異常。

在太空對接的前幾分鐘，雙子星八號的兩名成員和飛行管控中心人員都專注觀察艾琴娜飛船的效能，因爲雙子星－艾琴娜目標飛船曾經出現許多難以處理的問題。休士頓現在也無法確定艾琴娜飛船可以正確接收、儲存指令，進行偏擺動作，而飛行中心也難以查明艾琴娜飛船的速度表爲什麼無法順利運作。這兩個問題顯示，艾琴娜飛船的姿態控制系統（attitude control system）可能故障。太空艙通訊員告訴阿姆斯壯，如果艾琴娜飛船失控，立刻關閉飛船引擎，重新取得太空飛行器控制權。六分鐘之後，太空飛行器進入觀察死角區，塔納納利夫追蹤站失去訊號。隨後的二十一分鐘，休士頓無法和雙子星八號通訊，而雙子星八號已經和艾琴娜飛船對接，成為單一整合太空飛行器。

雙子星八號傳來令人恐懼的訊息：

任務時間七小時十七分鐘十五秒，史考特：「我們遇到嚴重的問題了。我們……正上下抖動。雙子星八號正在脫離艾琴娜飛船。」

阿姆斯壯如此回憶隨即引發的飛行緊急事件，也是美國太空計畫中第一次出現的潛在致命危機：「完成太空對接之後，我們進入夜間狀態，在夜間環境中，視線不好。你可以看見上方的星辰，下方的城市光線，或者是雷雲中的閃電，但你無法看見太多資訊。戴夫觀察球體感應器之後，立刻請我注意，雙子星八號並未按照預期的水平飛行，而是傾斜三十度。」

太空飛行器進入夜間區域之後，太空人幾乎點亮所有艙內燈光，導致他們幾乎不可能察覺任何水平線的改變，除非他們直接觀察儀器數值。「我希望減少傾角，主要的方法就是啓動軌道姿態和操作系統中的短期推進，但太空飛行器依然繼續傾斜，我要求戴夫關閉艾琴娜飛船的控制，艾琴娜飛船的所有控制面板都在他的駕駛位置。」

史考特要求目標飛船關閉姿態控制系統，但毫無作用。他反覆開關目標飛船的控制操作桿，重新啓動又關閉艾琴娜的控制面板電源。阿姆斯壯回憶道：「根據我們完成的模擬結果，我不認爲太空對接會有任何問題。」但是，沒有人可以模擬完成對接的雙子星－艾琴娜將發生如此嚴重的不正常運動。「如果我們能夠練習處理。」阿姆斯壯認爲：「我很確定，我們就能更迅速釐清問題。」

「到了這個階段，我們已經有好幾次成功的雙子星飛行經驗。」阿姆斯壯強調：「所以，我們很自然地懷疑，倘若出現任何問題或失誤，必定來自艾琴娜飛船，因爲艾琴娜飛船在開發階段已經出現些許問題了。」

吉姆・洛維爾在太空對接之前提出的警告，也加強他們對艾琴娜飛船的偏見。洛維爾提醒，倘若艾琴娜飛船出現任何異狀，阿姆斯壯和史考特應該立刻放棄艾琴娜，重新取得雙子星八號的控制權。尼爾簡短地告知隊友：「我們要撤出，切斷對接。」戴夫立刻同意。「動手。」阿姆斯壯通知史考特。「我們成功撤出。」多年以後，尼爾回憶道：「但是，我依然有些擔憂，因爲我不想立刻和艾琴娜飛船再度碰撞。於是，我立刻拉起操縱桿，希望增加雙子星八號和艾琴娜飛船之間的距離，避免兩者相撞。這個動作的結果良好。隨後，我們嘗試重新控制太空飛行器，但失敗了。這個時候，事態已經非常明顯，問題不是艾琴娜飛船，而是雙子星八號。」

眞正的兇手是雙子星八號軌道姿態和操作系統中的其中一部推進器——特別是八號推進器，一具小型火箭，擁有二十三磅推進力，用於機身翻滾。很顯然阿姆斯壯使用軌道姿態和操作系統進行雙子星－艾琴娜飛船對接時，一個短迴路陷入推進器出口。

「當時，我並不清楚。」阿姆斯壯回憶道：「你只能在推進器啓動時聽見雜音，推進器穩定運轉時沒有異狀。」

雙子星八號失去控制地旋轉，非常危險。根據阿姆斯壯的說法，「旋轉頻率持續增加，直到動作開始產生耦合效應。換句話說，問題已經不是危險的高速翻滾，俯衝和偏擺的耦合效應也造成危機。」在航太工程的領域中，慣性耦合的操縱困難曾是早期超音速飛機設計的一大難題。

「我們的太空飛行器變成振動的迴轉儀，以最高翻滾速度進行運動。我們的翻滾速度儀器顯示每秒翻滾二十度，所有的翻滾速度儀器指針都卡在最高單位。因此，所有軸都超過每秒二十度——雖然，指針有時會相當神祕地來回擺動。」翻滾頻率超過每秒三百六十度。「我非常擔心我們可能失去準確辨別的能力。」阿姆斯壯回憶：「我抬頭看著上方的火箭引擎控制系統，發現自己的視線變得模糊。我認爲自己可以將頭部保持在特定角度，維持專注，但我知道我們必須快點處理，才能確保我們能夠解決問題，不會失去視線或者意識。」

阿姆斯壯發現，他只剩下一個選項，「讓太空飛行器保持穩定，才能重新控制機身，而唯一的方法就是啓動太空飛行器的其他控制系統。」他決定啓動太空飛行器鼻翼上的返航控制系統（reentry control system；RCS）。返航控制系統有兩個獨立耦合的操作按鈕，「直到正常使用之前，返航控制系統的燃料油箱通常不會產生壓力。我可以使用一個開關啓動燃料閥的能量，讓高壓瓦斯增加 UMDH/N204 燃料油箱的壓力。一旦油箱壓力增加，我們就能各自使用電子開關操作兩個獨立的按鈕。打開小型爆開閥之後，我們用這兩個按鈕重新控制，隨後關閉其中一個按鈕，儲存返回大氣層的燃料。根據任務規則，只要爆開閥爆炸之後，我們必須在下次重返可以重返地球的機會，立刻登陸。」

「我們關閉後方的控制系統，用前端控制系統穩定機身。」尼爾回憶道：「雖然重返控制系統的燃料使用量並未相當惡劣，但也用了不少。」

啓動重返控制系統讓太空飛行器穩定之後，尼爾依序點燃推進器，啓動八號推進器時，雙子星八號立刻開始翻滾。「我們終於找到罪魁禍首了。」阿姆斯壯強調：「但在那個時候，後端的控制系統已經沒有足夠燃料。」

「莫非定律說，最壞的情況總是在最惡劣的時間點發生。」後來，阿姆斯壯表示：「在這個情況中，我們的飛行軌道並未經過任何追蹤站，我們幾乎無法進行無線電通訊，即使能夠短暫溝通，海上的追蹤船與任務管控中心的通訊能力非常有限，也難以將數據傳送回休士頓。等到我們越過一、兩座追蹤站，終於可以傳遞問題資料，讓任務管控中心知道情況，他們也無法提供任何協助。」雙子星八號終於停止瘋狂旋轉，阿姆斯壯把握第一次機會，立刻向任務管控中心解釋情況，而史考特也告訴休士頓，自從解除太空對接之後，他們尚未看見艾琴娜飛船。

尼爾回憶自己決定啓動返航控制系統的決策。「我很清楚任務規則，只要我們開啓返航控制系統，解除返航控制系統兩個按鈕的鎖定之後，我們必須回到地球——而且要在下一次登陸機會出現時，立刻返航。我要回到最基礎的直覺本能，『保護太空飛行器、保護隊員，安全回家，雖然無法完成目標，也只能失望了。』休士頓告訴雙子星八號，他們要立刻中止飛行計畫，降落在西太平洋。一艘驅逐艦正在前往落海地點，需要六個小時才會抵達。尼爾和戴夫知道，在寬闊的海域上進行救援，通常不會太快完成。即使回到地球，使用現代通訊器材，太空逃生艙的體積極小，無法輕易尋獲。美國航太總署裡流傳各種故事，講述俄羅斯太空人的降落傘抵達哈薩克或西伯利亞之後，經過四十八個小時才找到他們。

兩位太空人必須做好準備，進行緊急返航和濺落。「戴夫和我都明白，我們可能有幾個小時的準備時間。地面人員通知我們減速的時間和地點，就在越過非洲之後，是地球的夜間區域，所以我們開始準備減速。我們飛過奈及利亞的卡諾（Kano）上空，休士頓開始倒數計時降落時間。在倒數之中，我們和地面人員失去通訊，所以他們其實不知道我們是否已經開始減速。減速過程非常穩定，速度表的減速讀數——也就是實際減速情況——相當良好，可以順利抵達我們希望的目標地點。指引導航系統似乎恢復妥善運作，我們朝向沖繩。」

雙子星八號進入日光地區，「我們開始用驚人的速度下降。」尼爾回憶：「我們幾乎可以用肉眼看見那座大山（喜瑪拉雅山）朝向我們前進。」太空飛行器的主要降落傘準時開啓，太空人的視野並未下降，反而上升，因此「我們使用一種特殊的鏡子，一種小型的飛行口袋鏡，能夠看著下方，確認我們的位置，感謝上天，我們還在海上。」「身爲老海軍，我情願掉到海中，而不是進入紅色共黨中國。」尼爾帶著微笑回憶道。

雙子星八號帶著降落傘下降時，尼爾是第一位聽見螺旋槳飛機的人。「我們假設對方應該是友軍。」

濺落至海面的過程，用尼爾本人的話來說，「不算太差。」C-54 救援機迅速抵達，海軍蛙人進入險峻的水域中，安裝巨大的漂浮環在太空飛行器周圍。他們現在只要等候雷納德・曼森驅逐艦（*Leonard Mason*），但這次等待卻演變爲頭暈目眩的折磨。

「雙子星是很糟糕的船。」尼爾解釋：「很棒的太空飛行器，但並非很好的船。」阿姆斯壯和史考特都非常後悔沒有攜帶氯苯甲藥片，用來減輕噁心暈眩。「所以，我們兩人都暈船了。」幸運的是，他們的身體裡面沒有過多食物。

超過兩個小時之後，蛙人也因爲吸入雙子星八號熱護盾焚燒後的臭氣而反胃不適。他們打開太空飛行器的艙口，兩名太空人順利爬出。尼爾不情願地和工作人員握手。「那時候，我非常失望。我們沒有完成所有目標。我們甚至失去讓戴夫進行不凡的艙外活動的機會。我們用了納稅人的大筆金錢，卻沒有讓他們得到值得的成果。我很難過，我知道戴夫也是。」十四個小時之後，船艦終於將太空人送回沖繩。

他們在沖繩度過美好的一夜，再搭機飛向夏威夷，於三月十九日回到甘迺迪太空中心，距離甘迺迪角的發射時間，已經過了三天。直到三月二十五日，阿姆斯壯和史考特才回到休士頓的住家。隔天，航太總署召開第一次的飛行任務結果討論會議。阿姆斯壯耗費數天和同仁討論技術問題，依然無法減輕沮喪。

國際媒體非常關注雙子星八號遭遇前所未有的險峻考驗。美國境內的所有電視網也在平日的晚間節目中臨時插入緊急新聞通知（美國廣播公司甚至打斷當時極受歡迎的《蝙蝠俠》影集，導致電視公司接獲千餘次抱怨電話）。隔天清晨，《紐約每日郵報》的頭版是「太空惡夢！」穩重的《生活》雜誌，雖然與太空人簽了專屬合約，能夠報導他們的個人故事，也將意外事件報導為傳奇故事。一開始，《生活》雜誌將報導內容的標題定為「我們的太空狂野旅程——尼爾和史考特」，但阿姆斯壯拒絕了。他致電漢克・蘇丹（Hank Suydam），蘇丹是《生活》雜誌派駐在休士頓的作家，蘇丹以電報聯繫雜誌總編艾德華・湯普森（Edward Thompson）：

我剛剛接到尼爾・阿姆斯壯的電話，他收到這個星期雜誌文章的預付稿費，標題是「我們的太空狂野旅程」。他表示，他們提供文章內容，而你使用的標題不該專注於緊急意外事件，也不應使用過度活潑花俏的描述詞彙。我向他表明，我們非常感激他的建議。但是，我也解釋，雜誌必須使用畫龍點睛的標題，強調報導內容中的不同面相。我向他保證，我們不會使用預付稿費中的標題，可能也會在大多數的文章內容中，使用他們本身的措辭。

《生活》雜誌的編輯接納阿姆斯壯的建議，但只有部分遵守。他降低文章內容的戲劇色彩，刪除兩位太空人的屬名，將標題改變爲「太空人的高度緊張」。《生活》雜誌並在隨後兩期繼續刊登雙子星八號的報導故事。第二篇報導內容的其中一個標題構想讓尼爾非常沮喪，名爲「天上狂戰士的狂野翻滾」。第三篇報導內容的標題則是「建設性的警告」，副標題刊登了太空人的名字，但他們本人的言論遭到嚴重的編輯變更，阿姆斯壯再度提出抗議。尼爾對於最後一段引述文字特別不滿：「我認爲，我和史考特的想法幾乎一致，所以我可以替我們發言。我們非常失望自己無法完成任務，但是，我們成就的一切，我們體驗的一切，我們不願意用任何東西交換。」

比媒體狂熱更糟糕的是特定太空人同袍的誹謗。根據太空人金・賽爾南的說法：「不久之後，太空人辦公室已經開始有人批評尼爾的能力，例如，『你也知道尼爾現在是平民飛行員，或許他的能力已經退化了。他爲什麼不做這個，爲何不做那個？如果他讓雙子星八號保持和艾琴娜飛船的對接狀態，就不會開始旋轉。』太空人之間保持高度競爭的友誼關係，不允許失敗，你如果失敗，就要承受極大的代價。倘若這些批評傳到戴克耳中，他會不會改變未來的隊員遴選，支持批評尼爾的人，誰知道呢？只要其他人有機會批評，沒有人可以逃過一劫，沒有人。」

「每個人都會事後評論其他人的表現。」太空人艾倫・賓恩回憶道，他在雙子星五號任務中擔任約翰・楊與麥克・柯林斯的後備隊員。賓恩當時的搭檔是克里夫頓・威廉斯。「不要忘記，你和一群非常有競爭力的人一起工作。你幾乎是必須挑剔其他人的表現，這就是我們的生存之道。」

伯茲・艾德林正在準備擔任雙子星九號的後備駕駛員。回顧當年，他也同意，任何人批評尼爾的危機處理表現，都只是事後諸葛。另一方面，艾德林也推測：「我想，他們可能有極為渺小的機會，可以避免啓動返航系統的其中一個按鈕。」

「我並未聽見任何批評。」法蘭克・博爾曼主張，他和華利・舒拉一起在沖繩迎接獲救的雙子星八號隊員，陪伴他們回到夏威夷。「即使有人批評他們，我也不會參與那種垃圾。我認為尼爾和戴夫做得很好，其他人無法明白，他們何其接近可怕的災難意外。回想起來，尼爾當初的處境，可能與阿波羅十三號的情況一樣危險。雖然雙子星八號的意外並未耗費太多時間，但如果他們為了阻止旋轉而用盡反應控制系統的燃料，他們必定身亡。」舒拉的感覺和博爾曼相同。「尼爾和戴夫的決定很好。」

史考特用無線電傳達緊急報告時，任務管控中心正在換班，金・克蘭茲（Gene Kranz）接替原本的飛行督導約翰・霍吉（John Hodge）。克蘭茲事後回憶道：「在極為動盪的環境中，操作人員確實難以準確追蹤特定目標，這就是關鍵問題，但他可以做到。」然而，克蘭茲並未指責雙子星八號成員犯下測量錯誤，而是將責任歸咎給自己和休士頓的飛行督導和任務規劃人員。「尼爾讓我留下非常深刻的好印象，所有與雙子星八號任務有關的同仁也有一樣的感覺。」雙子星八號任務結束之後，克蘭茲在會報中告訴自己的控制人員：「雙子星八號隊員的反應符合訓練計畫的結果，如果他們的反應錯誤，也是因爲我們的訓練方法錯誤。我們並未思考兩艘太空飛行器完成對接之後，必須視爲一艘太空飛行器，一座整合的動力系統，一座整合的控制系統，以及單一機體結構。我們很幸運，該死的幸運，我們絕對不能忘記這次任務的教訓。」事後回想，克蘭茲認爲，將完成對接的太空飛行器視爲單一系統乃是雙子星計畫創造的重要啓示之一。「這個觀念深刻影響日後飛行控制人員的成功。」在第二次的致命飛行意外，也就是一九七〇年的阿波羅十三計畫中，這個觀念也證明其珍貴無價之處。

關於責任歸屬，克里斯・克拉夫特完全同意克蘭茲的想法，他主張：「我們誤導了太空人。我認爲尼爾和戴夫完全遵守我的指示。至於其他人的事後批評？我猜，或許少數太空人可能會說：『我比他們更好。』只不過是自欺欺人。」

對於阿姆斯壯的飛行技術，他本人才是最嚴厲且最誠實的批評者。「我一直認爲，倘若我更聰明思考，就能夠比當初更早發現正確的問題，想出解決方法，但我沒有，我只是完成自己認爲的必要之舉，接受後果。我只能竭盡所能。」回到休士頓之後，他發現，就在雙子星八號發射的一、兩天之前，太空飛行器的環境控制系統出現問題。技術人員替換了一、兩個零件。詭異的是，當初修復的控制系統線路也連結至造成太空問題的瑕疵火箭推進器。「所以，我猜測。」尼爾說：「技術人員在修復過程中，不愼造成線路受損，引發短路故障。就我所知，航太總署無法找出雙子星八號的問題。當然，太空飛行器後方的接合機不會和我們一起回到地球。因此，假如問題就在雙子星八號的後端，我們永遠沒有機會檢驗。」

戴夫・史考特比尼爾更熱情，捍衛他與指揮官的太空決策。「我的內心毫無疑問地認爲，我們做了正確的決定，否則，我們根本無法倖免於難。」倘若雙子星八號最終淪爲悲劇，正如尼爾的推測，「我可以相信，雙子星八號究竟發生何事，將會成爲永遠的謎題。」史考特同意尼爾的想法：「他們難以找到眞相，因爲沒有任何傳遞給地面人員的資料。他們無法知道問題出在雙子星八號，因爲沒有任何數據，也因爲雙子星八號不曾過快飛行。」如此神祕難解的悲劇「會導致太空計畫出現漏洞，必須用很長的時間釐清問題，前提是我們眞的能夠找到眞相。」如果他們不知道雙子星八號的問題，可能難以進展至阿波羅計畫。阿波羅計畫的時間就在十個月之後，假設阿波羅發射之後，也發生相同的意外，殺死三名太空人，美國人對太空計畫的支持就會消逝，登陸月球的夢想亦是如此。正如戴夫・史考特所說：「倘若我們無法阻止雙子星八號翻轉，就會終止一切。」

事後證明，雙子星八號事件並未造成太大的影響。「兩位太空人事後的飛行表現，依然符合我們先前的預期。」麥克・柯林斯解釋：「他們的飛行任務分配絕對沒有受到任何影響，完全沒有。倘若他們當初確實犯錯，肯定會有影響。」太空人比爾・安德斯的首次任務就是在一九六八年十二月駕駛阿波羅八號進行歷史性的環月飛行，他也同意上述觀點：「尼爾不只思維敏銳，他也不害怕證明自己是錯的。」根據克里斯・克拉夫特的說法，阿姆斯壯在危機事件期間的自我應對態度，讓航太總署「對他的能力更有信心。」

飛行任務結束之後兩個星期，雙子星八號任務評估團隊「明確排除」飛行員失誤是緊急事件的原因。在團隊報告的公開篇幅中，鮑伯・古爾魯斯（Bob Gilruth）如此評論：「事實上，雙子星八號的團隊成員展現相當傑出的飛行技巧，才能克服險峻的問題，讓太空飛行器安全降落地球。」毫無疑問，阿姆斯壯必定還會被指派為任務指揮官。航太總署頒發傑出服務獎章殊榮給阿姆斯壯和史可特。美國空軍則頒發傑出飛行十字勳章給戴夫。史考特少校榮升中校，尼爾的薪資提升六百七十八美元為二萬一千六百五十三美元，因此成了薪資最高的太空人。一九六六年三月二十一日，尼爾完從雙子星八號回到休士頓的兩天之後，航太總署任命他擔任雙子星九號的後備指揮官，威廉・安德斯則是後備飛行員，彼得・康拉德和迪克・高登將在六個月後駕駛雙子星九號，進行太空交會和太空對接。

在阿波羅計畫之前，這是尼爾最後一次的飛行任務。

Chapter 15
太空人之妻

對於沃帕科內塔的七千位鄉親而言，在當地長大的那個孩子是「太空英雄」。沃帕科內塔鄉親緊張坐在電視機前，等待男孩駕駛的雙子星八號成功濺落海域的新聞，三個星期之後，一九六六年四月三日，俄亥俄州小鎮接待一萬五千名群眾，歡慶尼爾光榮回家。

阿姆斯壯無意慶祝，但沃帕科內塔提出要求，航太總署也同意了，於是活動順利舉行。爲了家鄉的老友和鄰居，太空人努力強顏歡笑。時間還是初春，尼爾和珍妮特從機場搭乘敞篷車，沿路微笑揮手，前往露天活動場地。現場舉行簡短的記者招待會之後，遊行隊伍穿越插滿旗幟的沃克帕內塔市中心商業區，朝向尼爾畢業的布魯姆高中。尼爾說「你們是我的同胞，我爲你們感到驕傲」，讓現場群眾非常興奮。尼爾用「美好無比」形容返家的感受，反覆告訴群眾，他們的熱情迎接已經「遠遠超過我所應得」。州長詹姆斯・羅迪斯（James Rhodes）出席迎接典禮，他宣布州政府將和奧格萊塞縣一起建立以尼爾爲名的機場。尼爾的父母喜形於色，兒子經歷任務危機之後平安返家，這讓他們鬆了一口氣。

如果不是因爲航太總署有一項不成文的規定，要求太空人的妻子最好不要於發射日待在太空發射地點甘迺迪角，在那個可怕夜晚，珍妮特・阿姆斯壯很有可能就在佛羅里達。她留在艾爾拉哥的家中，照顧年幼的小兒子（馬克・史帝芬・阿姆斯壯於一九六三四月八日出生），招待自己的姊妹和其他客人。航太總署認為讓太空人的妻子遠離發射現場就是「保護」她們。倘若發射現場出現災難性的意外，沒有人希望太空人的妻子出現在數百萬觀眾收看的電視畫面中。

太空人希望妻子待在家中的理由不盡相同，因為戴克・史雷頓不希望她們前往甘迺迪角。在發射之前的緊張時期，妻子的存在使得太空人無法集中注意力，所以他們不希望引起史雷頓的不滿。若干太空人之妻懷疑丈夫有婚外情，其中少數人更是確定如此。負責報導航太總署新聞的記者知道某些太空人出軌，但一九六〇年代的美國並未出現相關報導。珍妮特的擔憂並非尼爾的感情不忠，她也非常熟悉獨自待在家中。「他們準備飛行任務的時候，」珍妮特接受《生活》雜誌記者朵蒂・韓柏琳採訪時表示：「他們幾乎不會在家，只在週末返家，即使如此，他們在家依然繼續工作。如果我們幸運，他們回到家之後可以坐下打招呼，隔天，又要外出工作。在那段期間，能夠讓他們留在家裡八個小時就是一種特權。」

至於尼爾的工作風險，她則說：「我當然知道他的職業有危險。我猜想，多年來，我們早已做好準備，承受可能的悲劇，因為危險永遠都在。但我對太空計畫有絕對的信心。我知道尼爾有信心，所以我也有信心。」

然而，尼爾在一九六六年三月進行第一次太空飛行任務，其壓力完全不同，而且更為極端。雙子星八號任務期間，電視臺的攝影機禁止進入珍妮特的家中，但他們早已準備就緒，只要珍妮特離開家中，就會立刻開始跟拍。《生活》雜誌的攝影記者坐在珍妮特的客廳。尼爾和戴夫在太空遭遇意外之後，珍妮特準備前往任務管控中心，航太總署的公共事務官員陪伴她。在任務期間，公共事務官員負責照顧尼爾的家人。航太總署了解雙子星八號在太空遭遇何種事態之後，立刻關閉提供給太空人家屬的通訊器，讓珍妮特與待在拿騷灣（Nassau Bay）住家的蘿登・史考特（Lurton Scott）毫無頭緒。在珍妮特的堅持之下，公共事務官員將她載往載人太空中心，但她被拒於門外。可以理解，珍妮特因此非常不悅，因爲太空人的妻子無法進入安全區域了解太空任務管控中心的情況。

「你絕對不可以再把我關在門外！」珍妮特對戴克・史雷頓說：「如果任務出現問題，我要待在任務管控中心，如果你不讓我進去，我就把這些事情告訴全世界！」然而，珍妮特可以諒解他們必須關閉通訊器。「航太總署不希望待在我們家的其他人聽見消息。在這種關鍵時刻，航太總署不希望洩漏特定資訊，才會在危機期間終止通訊。爲了安全起見，我完全可以理解。」珍妮特無法接受的是，太空人的妻子不能進入任務管控中心了解相關狀況。「好吧，任務管控中心的男人可能以爲，倘若我們的丈夫遭逢不幸，他們無法承受我們的痛苦，但我對戴克說：『太空人妻子的感受又該如何是好？』」

《生活》雜誌對珍妮特當晚感受的報導，幾乎就像航太總署的作爲一樣，讓她勃然大怒。《生活》雜誌第一篇雙子星八號飛行任務報導刊登一張充滿戲劇效果的照片，珍妮特雙膝跪地，「聆聽但無法直視」客廳的電視機。根據圖說文字，攝影記者在「航太總署傳來消息，他們已經找到太空人，太空人的情況良好」時拍攝照片，而珍妮特確實說了「我知道他們一定會平安，但我也是宿命論者。」眞相僅限於此。「在《生活》雜誌刊登的照片中，我跪在電視機前，因爲通訊器就在那裡。」（照片拍攝於通訊器遭到強制關閉之前）「我跪在地上，緊閉雙眼，因爲我正在專注聆聽航太總署的訊息，但他們將我描述爲正在祈禱，好吧，完全不是事實。」

雙子星八號任務開始的數日之前，艾略特・希和查爾斯・巴賽特發生悲劇死亡事件，航太總署應該更關心太空人的妻子。希和阿姆斯壯都是航太總署在一九六二年挑選的「新的九名太空人」。他們在雙子星五號任務期間擔任後備隊員，合作緊密。他們相處甚久，珍妮特與希的妻子瑪林亦是如此。自從韓戰時期的雀特・雀雪爾之後，尼爾不曾與其他人發展如此親密的友誼。「艾略特非常勤勉努力。他認眞對待雙子星五號任務。他有很好的想法，也願意表達。他的性格或許和其他太空人不同，但性格不同並非壞事。我曾經聽見其他人認爲，他的飛行技術——特別是使用儀器的技巧——可能不符合太空人的標準。我經常和他一起飛行，我不記得自己發現任何值得擔憂之處。」

艾略特和雙子星十一號任務隊員巴賽特死於一九六六年二月二十八日。當時，他們駕駛 T-38 飛機，準備降落在蘭伯特－聖路易機場（Lambert-Saint Louis Airport）。他們從休士頓出發，湯姆・史塔福德與金・賽爾南駕駛另外一臺T-38飛機隨行。他們四人希望在麥克唐納飛機公司的太空交會模擬器進行訓練。他們靠近機場時，氣候非常惡劣，兩臺飛機都越過跑道，無法順利降落。史塔福德穿出雲霧，旋轉機身，安全降落。希則使飛機朝向左側傾斜，保持在雲層之下，想要看清機場位置。他的T-38飛行位置過低，直接撞擊機場的一〇一號大樓，也就是麥克唐納公司的技術人員正在處理雙子星九號的地點。艾略特和巴賽特當場死亡，所幸沒有其他傷亡。

一九六六年三月二日，雙子星八號起飛的十五天之前，尼爾和珍妮特和一大群哀悼者，參與逝去同袍的兩場紀念會。隔天，所有的太空人都出席兩名太空人在華盛頓特區外艾靈頓國家墓園的葬禮。一九六四年，太空人西奧多・費里曼是美國第一位殉職的太空人。他駕駛T-38訓練機時遭到鵝群撞擊。第一位趕往事故現場報導噩耗的是休士頓當地報社的記者。聽到丈夫罹難之後，費絲・費里曼（Faith Freeman）傷痛欲絕。媒體同樣並未善待瑪林・希（Marilyn See）和金尼・巴賽特（Jeannie Bassett）。雖然其他太空人的妻子二十四小時陪伴支持，但金尼・巴賽特必須忍受航太總署鉅細靡遺的殘忍事故報告，又因為《時代》雜誌的報導得知，飛機失事時，她丈夫的屍體四分五裂。

費里曼悲劇事故的六個月前，四月二十四日凌晨三點，珍妮特聞到煙味而驚醒，她喚醒尼爾，尼爾立刻起身查看。幾秒鐘之後，尼爾大喊家中失火。他們無法致電總機或緊急事故電話，珍妮特跑到院子，大聲呼喚鄰居艾德（Ed）和派特・懷特（Pat White）。

懷特夫婦和阿姆斯壯夫婦都是在一九六二年秋天，以新九人隊員身分，搬到休士頓。另外幾位太空人也住在這個區域，還有幾名航太總署的管理階層人員。博爾曼夫婦、楊夫婦、費里曼夫婦與史塔福德夫婦在艾爾拉哥區建立自己的住家，位於懷特夫婦和阿姆斯壯夫婦住家旁的另一個街區轉角。希夫婦、卡本特夫婦、葛倫夫婦、葛利森夫婦、舒拉夫婦也住在附近。兩個社群的聚集讓此地成了太空人的居住地。

尼爾和珍妮特很快就和鄰居懷特夫婦結為好友，兩家的後院以六英尺高的籬笆區隔。艾德和派特從臥室窗戶聽見珍妮特的呼喊。幸運的是，阿姆斯壯夫婦保持窗戶敞空。「小孩沒有窒息的原因是我們的冷氣故障，當夜氣候溫暖，我關上屋門，打開窗戶。」

珍妮特鮮明地回憶起，曾是跨欄選手的艾德・懷特爬上她家後院的籬笆。艾德帶著水管飛奔救援，尼爾救出十歲的馬克，而派特致電消防當局。阿姆斯壯家的客廳牆壁已是鮮紅火色，玻璃窗戶早已龜裂。艾德將水管遞給珍妮特，從尼爾手中接過馬克，再將小孩傳給籬笆另一頭的派特，艾德才能取得另外一根水管。當時溫度極高，珍妮特必須用水柱沖灑地面，才能赤腳站立。尼爾新買的雪佛蘭汽車停在車庫，玻璃纖維已經開始融化。

尼爾再度回到火災現場，想要搶救瑞克——尼爾和珍妮特當時不知道——瑞克蜷曲在臥室，即使方才父親已經叫醒他，要他立刻離開房子。「第一次走出房子時，我只需要屏住呼吸；第二次，我必須壓低身體，用溼毛巾蓋住臉部。我依然想要暫時停止呼吸，但無法完全停止。如果你吸入如此濃厚的煙霧，情況眞的很糟糕。」後來，阿姆斯壯曾經告訴珍妮特，在屋中前進二十五英尺，想要拯救瑞克，是他人生「最漫長的旅程」，因爲他害怕盡頭的景象。幸好，六歲的瑞克平安無事。尼爾將臉上的溼毛巾取下，放在長子身上，再將長子擁入懷中，顫顛走至後院。兩位男士拿起水管，繼續對抗火勢。鄰居發現阿姆斯壯飼養的小狗「超級」也無恙。

派特致電求助八分鐘之後，消防義勇隊抵達現場，剩餘的夜晚時間，他們都在撲滅火勢。阿姆斯壯一家人住在艾德夫婦家中數日，等待重要物品搬入鄰近的租賃房屋。阿姆斯壯失去了許多重要的物品，包括家族照片，特別是凱倫的相片。他們暫時住在租賃房屋中，等待原址重建新屋，這一次，他們聘請防火專家加入設計。火災之後，現場調查官在尼爾的協助之下，發現起火原因。建築工人處理窗框時，並未謹愼密封，濕氣導致木材彎曲。修復彎曲木材時，他們並未察覺釘子掉入電線中。數個月之後，因爲電流經過而產生短路，溫度逐漸變高，終於起火燃燒。在這次火災中，尼爾失去孩童時期珍貴的飛機模型，以及描繪飛機設計和設計細節的筆記本，加上成箱老舊的航空雜誌。

珍妮特的內心毫無僥倖。「我們當初可能都會死在濃煙中，煙霧令人非常難受致命。」即使是尼爾也用了非常嚴肅的字眼形容那場危機。「火災可能造成致命結果。倘若我們清醒之前已經窒息，或許無法倖免於難。」

但是，阿姆斯壯還要面對另外一場悲劇。九個月之後，一九六七年一月二十七日，英勇的鄰居艾德・懷特死於阿波羅一號的發射現場，團隊成員蓋斯・葛利森以及羅傑・查菲也罹難了。

「人們喜歡問我，和太空人結婚是什麼樣的感覺。」一九六六年至一九六九年間，珍妮特接受《生活》雜誌的連續採訪時曾說：「我個人相信，成爲尼爾・阿姆斯壯的妻子才是更貼切的問題。我和尼爾・阿姆斯壯結婚，而他的職業正好就是太空人。對於我，對於孩子，對於我們的家人以及親密的朋友，他永遠都是尼爾・阿姆斯壯，他是一位丈夫，也是兩個男孩的父親。他必須面對郊區生活問題、家務管理問題、家庭問題，和其他人一樣。」

珍妮特不需要處處呵護尼爾，但她確實替尼爾洗淨衣物，也爲家人烹飪餐餚。「尼爾永遠不曾表現他過了非常痛苦的一天，不會將憂慮帶入家門，我也不喜歡詢問他的工作。」珍妮特回憶：「因爲他已經付出太多的努力，但我喜歡其他人詢問他的工作，我就能夠坐下來，好好傾聽。太空人妻子唯一的參與方法，眞正的參與，就是盡可能事先知道情況，專注留意廣播和電視報導，以及善用地面通訊器材。」

珍妮特非常努力讓兒子保持平常心，尼爾亦是如此。「你不希望小孩得意洋洋地四處宣傳：『我是太空人的小孩。』因此，我們努力保持普通的日常生活。我們相信孩子不該因爲尼爾而在班上倍受寵愛，這點非常重要。我們希望孩子可以順利成長，擁有普通的人生——正常的人生。孩子就是孩子，你當然希望他們就是孩子，但是，太空計畫也要求孩子付出。如果他們出席公共場合，就要成爲嫻熟世故的孩子。」

珍妮特的座右銘迅速成爲「活在當下才是最重要的。我們只能一天一天地過生活。未來的規劃和期待非常困難，因爲丈夫的行程表每天改變，有時候，甚至每分鐘都不一樣，我從來不知道他今天會回家或離開，特別是在他成爲飛行任務隊員時。」

每位太空人之妻都承受非比尋常的壓力。她們肩負沉重的負擔，努力在社會大眾面前扮演「太空人之妻」和全美人民心中的模範母親。她們知道航太總署甚至白宮的期待。身爲太空人的妻子，決定穿著何種衣物，已經不只是女人的品味風格甚至滿足自己的虛榮心，而是維繫美國太空計畫，甚至美國本身的神聖和諧形象。

「我們的生活奉獻於一個特定目標，就是在一九六九年年末，將一個人放上月球。每個人都爲此付出一切，不只是我們的太空人家庭奉獻人生，成千上百的家庭都是如此。」航太總署爲了他們設立正式的心理諮商服務或許是明智之舉，因爲，登陸月球的二十一位已婚太空人之中，十三位最後選擇離婚或分居。

珍妮特從未積極參與太空人妻子組成的各種社團俱樂部，尼爾也一樣。在未來的數年，珍妮特關於身分認同的掙扎日趨嚴重，她不只是任何一位太空人的妻子，她承受更大的壓力，因爲她是第一位登陸月球的太空人之妻。

Chapter 16

為了所有的美國人

尼爾在一九六六年三月下旬提出雙子星八號任務結果簡報之前，他早已被任命爲雙子星十一號的後備指揮官。他接受迅速且縝密的訓練，甚至無法在光榮返鄉當日，和家人一起在沃帕科內塔過夜。

雙子星九號任務和雙子星十號任務安排在一九六六年的六月和七月，相隔七周，任務內容目標是再度進行相對容易的太空交會，隨後是關鍵的太空接合。但是，艾琴娜目標飛船並未完成雙子星九號任務中的目標，擎天神火箭推進器發射不久之後發生故障，艾琴娜飛船螺旋墜入大西洋中。雙子星十號飛行任務於七月十八日至七月二十一日進行，阿姆斯壯擔任休士頓的太空艙通訊官。這一次，太空對接成功了，指揮官約翰・楊穩定接合太空飛行器和全新的艾琴娜飛船。自從阿姆斯壯負責的雙子星八號之後，這是第一次載人太空飛行器成功與目標飛船完成對接，更是歷史上第一次保持結合狀態。隨後，雙子星十號的飛行員麥克・柯林斯完成艙外活動壯舉，維持一個半小時，締造美好的成果。

擔任雙子星十一號的後備指揮官時，阿姆斯壯的職責不是學習，而是教導。自雙子星五號和八號之後，已經是他第三次參加雙子星計畫。阿姆斯壯更關心和擔憂的是雙子星十一號任務中尚未經過測試的目標，特別是飛行員操作。計畫預定在太空飛行器的第一圈地球軌道飛行就要進行太空交會，只有兩秒的操作時間。這次太空交會的目標是模擬使用預定用於月球的登月艙（Lunar Module；LM）與指揮艙（Command Module；CM），其中的登月艙能夠離開月球表面，進行重新接合。由於登月艙的燃料供應量有限，必須在上升階段快速完成太空交會。有些任務規劃者稱這次行動爲「暴力執行」，太空飛行器必須高速靠近目標飛船，而早期的太空交會飛行任務都採用相對從容的方式，等到第四圈軌道飛行之後，便保持靜止速度，再進行太空交會。雙子星十一號任務的另外一個創新，則是讓雙子星十一號和艾琴娜飛船採用一百英尺長的達克龍聚酯纖維繫鏈進行固定。這項實驗措施的目標，根據阿姆斯壯的解釋，就是爲了「理解我們是否可以在不使用燃料輸入或其他控制行爲的情況下，讓太空飛行器和飛船保持一體的狀態。」另外一個目標則是測試聚酯纖維繫鏈固定技術能否增加兩艘太空飛行器的穩定程度，減少彼此碰撞的風險。

雙子星十一號發射前的夏天，阿姆斯壯和安德斯協助主要隊員彼得・康拉德和迪克・高登練習任務所需要的一切技術。四位男人待在甘迺迪角的海邊小屋。根據尼爾的回憶，「我們走在海灘，在沙灘上畫圖，理解飛行軌道程序和太空交會程序。我們走在圖表周圍，演練所有的過程，探索尚未理解的艱困難題。雖然很放鬆，但我們的努力確實有用。有時候，我們會請太空人宿舍的廚師調理食物，放進午餐盒，帶到沙灘，再花幾個小時一起思考，沒有任何干擾電話，我們非常專注。」

一九六六年九月十二日，雙子星十一號發射。太空交會技術運作順利。雙子星十一號打破海拔高度四百七十五英里的世界紀錄，直到兩個月之後，約翰・楊和柯林斯駕駛的雙子星十號將飛行軌道頂點高度推進至八百五十英里。但是，太空對接時確實引發眾人緊張。迪克・高登在艙外活動期間必須手動栓合繫鏈，最後成了極度強調運動能力的使命。高登的視線因爲汗水受限，幾乎無法看清眼前狀況。他坐在太空飛行器的鼻翼，試圖將繫鏈連結至對接目標飛船。高登原定歷時一百〇七分鐘的艙外活動，因他看起來太過勞累，以致康拉德在艙外活動開始三十分鐘之後，立刻命令高登回到太空飛行器內部。取出儲藏區一百英尺長的繫鏈便消耗了高登大量的體力，因爲達克龍聚酯纖維繫鏈懸掛在魔鬼氈上，連結之後繫鏈異常地搖晃，康拉德必須時不時地使用控制系統保持穩定。雙子星九號和艾琴娜飛船對接三個小時之後，康拉德和高登快樂地結束實驗，投棄太空對接條。直到雙子星十二號任務時，伯茲・艾德林和吉姆・洛維爾終於成功完成繫鏈實驗，證明兩艘進行軌道飛行的載具能在海拔高度差距不大的情況下，無須使用燃料便完成繫鏈對接並保持靜止接合。

尼爾接續參與雙子星十一號任務，擔任休士頓任務管控中心的太空艙通訊官。九月十五日，雙子星十一號任務宣布成功，尼爾隨後進行數次任務結果簡報之後，他在雙子星計畫的使命便完成了。

雙子星最後一次的飛行任務是雙子星十二號，從一九六六年十一月十一日至十五日。吉姆・洛維爾擔任指揮官，伯茲・艾德林是飛行員，他們繞行地球軌道飛行五十九圈，完成令人印象深刻的太空交會和太空對接。這次飛行任務最著名的成就，就是艾德林完成長達五個小時的艙外活動。

許多太空計畫分析師一致認爲雙子星計畫是水星計畫和阿波羅計畫之間的重要橋樑。雙子星計畫確實完成所有特定目標並演示各種成果，包括與目標飛船進行太空交會和太空對接、載人太空飛行器的科學和技術價值、太空人的太空工作能力、對接太空飛行器可以使用動力燃料衛星進行主要和次要推進、太空人進行持久的太空飛行之後並未對身體產生不良影響，以及太空飛行器的精準降落技術。雙子星計畫也創下多項紀錄，包括最久飛行時速（三百三十小時又三十五分鐘），最高海拔（八百五十一英里），單一位太空人最久艙外活動總時間（五小時二十八分鐘，艾德林在雙子星十二號任務期間分別進行三次艙外活動）。直至洛維爾和艾德林重返地球大氣層帶著雙子星十二號回來，也是雙子星計畫正式結束時，美國的人爲駕駛太空總飛行時間共一千九百九十三個小時。

尼爾・阿姆斯壯知道臨時終止的雙子星八號的飛行時間只有大約十個小時之後感到非常懊悔。

相較於尼爾和珍妮特後來承受的悲劇損失的痛楚，上述的懊悔顯得微不足道。一九六六年六月八日，尼爾在艾德華空軍基地的主管和摯友喬・沃克，因於莫哈維（Mojave）沙漠發生可怕的空中碰撞意外而罹難。沃克駕駛 F-104N 星式戰鬥機，發生難以解釋的意外，他和隊友保持飛行隊形，卻過度靠近 XB-70A 女武神（Valkyrie），一臺由北美航空公司設計、價值五億美元的實驗轟炸機，目標是突破三馬赫的速度。沃克被捲入女武神極爲巨大的機翼所產生的強力氣旋，當場死亡。女武神的其中一位駕駛員卡爾・克羅斯（Carl S. Cross）死於轟炸機的殘骸中。另外一位駕駛員艾爾・懷特（Al White）是北美航空公司的測試飛行員，他使用逃生座艙倖免於難，卻也受到嚴重的創傷。讓這場悲劇死傷更駭人的是，奇異公司（General Electric）當初認爲這會是個公共宣傳的機會，因而全程拍攝。

意外發生不久之後，阿姆斯壯在休士頓接到艾德華空軍基地來電。距離他的好友艾略特・希與查理・巴賽特發生致命意外，只有三個月的時間。在希的意外和沃克之死之間，尼爾在雙子星八號中倖免於離他不遠的災難。尼爾和珍妮特參與沃克的葬禮，現場共有七百人出席，氣氛極爲悲傷。尼爾曾說：「失去朋友的噩耗總是介入我的成年人生。」

一九六六年十月初，尼爾前往拉丁美洲，進行爲期二十四天的親善之旅。參與這場旅程的夥伴包括剛剛完成雙子星十一號飛行計畫的迪克・高登，以及喬治・洛（George Low）博士。洛原本是航太總署總部載人太空飛行中心的副主管，幾個月前升任載人太空中心的阿波羅計畫主管。他們的妻子、航太總署的工作人員，以及其他單位的成員，像是美國國務院，也參加了這場旅程。這次的旅途一共行經一萬五千英里，穿過十一個國家，在十四座主要城市登臺亮相。太空人所到之處皆是人潮擁擠，萬人空巷。經過拉丁美洲時，他們發現那邊的人民「樸實、友善而且非常溫暖。」

這次的旅途是尼爾首次與成爲標誌性人物擦身而過，而這個地位往後將劇烈地改變他的人生。哥倫比亞是親善使團第二個拜訪的國家，而「現場接待的熱情令人無法喘息」，喬治・洛在日記中寫道。在厄瓜多的首都基多，群眾「無法滿足於站在人行道觀看」，使得遊行車隊「幾乎沒有足夠的通行空間」。到了巴西的聖保羅，親善使團目睹幾乎家家戶戶的窗戶都有探出身子的群眾。抵達智利的聖地牙哥時，身形嬌小的老女士拍手歡呼「萬歲！」。在里約熱內盧舉行正式晚宴時，賓客人數超過兩千五百名，每個人都期待能夠和太空人握手致意。巴西利亞大學邀請太空人演講時，會場座位五百名，卻湧入一千五百位觀眾。這次的旅行爲期三個半星期，超過百萬名群眾得以親眼看見來訪的美國太空人。「只要環境允許。」洛在日記中寫道：「尼爾和迪克就要對車外群眾揮手、替他們簽名，促進群眾和太空人的親近感。」親善使團的旅程成了全南美洲的報紙頭條和電視重點新聞，委內瑞拉的總統勞爾・雷昂尼（Raul Leoni）帶著他的小孩在加拉加斯（Caracas）郊外的總統官邸拉卡索納（*La Casona*；西班牙文，意爲「巨大的房屋」）親自歡迎太空人來訪。委內瑞拉、哥倫比亞、厄瓜多、秘魯和玻利維亞皆爲太空人設置了嚴密的安全防護。玻利維亞的拉巴斯（La Paz）市從機場到市中心，以四分之一英里爲距離設置武裝軍隊安全檢查站。巴西、巴拉圭和烏拉圭幾乎沒有使用軍隊作為安全防護，但部屬警力戒備，負責控制現場群眾。在少數地區，例如布宜諾斯艾利斯，現場群眾讓來訪的太空人無法喘息。在特定情況中，美國國務院、美國新聞署以及美國航太總署的工作人員甚至必須親自處理現場安全問題。

除了受到尋求太空人簽名的群眾包圍之外，令人意外的是，幾乎沒有意外事件，只有零星針對越戰的抗議行為。尼爾知道這次旅程的規劃之後，立刻報名參加西班牙語對話課程。他也花了許多晚閱讀百科全書，學習親善使團即將參訪的十一個國家之間的差異。尼爾與其他太空人以幻燈片的方式向群眾簡報，回答各式各樣的問題，從技術細節乃至於在太空飛行是否改變他們對上帝的看法。

尼爾的簡報內容並非喬治・洛對他印象深刻的主因。「尼爾非常擅長簡短的演說，例如敬酒的場合，或者獲獎時應答各種問題。」洛回憶道：「他永遠都能夠找到正確的用字。」在旅行日記中，洛總結道：「只能說，我非常佩服尼爾，他在群眾心中留下令人深刻的好印象。」

考慮洛未來在阿波羅計畫成員遴選討論中擔任的重要角色，以及決定哪一位太空人可以率先踏上月球表面，他對阿姆斯壯的極度正面評估，也確實是尼爾往後擔任太空人時期如此幸運的關鍵影響因素。

在國務院、美國新聞署以及美國航太總署內部，許多負責處理政治層面的官員認為，這次的親善使團在拉丁美洲掀起一陣「美國生活」旋風。

Part Five

阿波羅計畫指揮官

Apollo Commander

日常生活的時鐘滴答倒數起飛的時辰，你是否在每一個晚上，或者大多數的晚上，悄悄走到屋外，看著月球？我的意思是，月球是否讓你覺得「我的天啊」？
「不，我不曾如此認為。」

——尼爾・阿姆斯壯，二〇〇一年九月十九日，在德州休士頓接受歷史學家道格拉斯・布林克（Douglas Brinkley）利專訪時的回答。

Chapter 17 從灰燼中重生

到了一九六七年的元旦，許多人相信，甘迺迪總統當初承諾將美國人送上月球的目標期限，也就是「在這個十年的盡頭」，可能會提前數年完成。雙子星計畫的結果非常順利，阿波羅計畫多數的太空飛行器硬體構造也如期開始建造。用來推進阿波羅計畫太空飛行器的強力土星火箭已經接近實務測試。雖然數名太空人因爲空難身亡，但太空計畫本身並沒有出現嚴重錯誤。太空計畫的所有環節看似順利進行，打敗俄羅斯人，讓美國人率先登上月球，也似乎是非常可能實現的目標。然而，一九六七年一月二十七日，佛羅里達的甘迺迪太空中心發生撕心裂肺的意外事件。

美國東岸時間晚間六點三十一分至六點三十二分之間，在三十四號發射基地，安裝於土星 IB 火箭之上的阿波羅一號第一型指揮艙閃過一道火花。坐在阿波羅一號中的太空人包括蓋斯・葛利森、羅傑・查菲以及艾德・懷特。在距離起飛日約三個星期前，當三名成員正全副武裝的排練時，一道飄蕩的火光爆發成一片煉獄。幾秒鐘之後，三名太空人全數罹難。時鐘敲響午夜時刻，當天是阿姆斯壯結婚十一周年紀念日，也是凱倫的忌日。

太空飛行器底層裝備區的一條電線已磨損，可能是技術人員在測試之前多次進出該區域導致。磨損的電線產生火花，火花接觸特定易燃物質，有可能是泡綿填充物或者魔鬼氈。在百分之百純氧的環境中，即使只是瞬間的火光都會變成大爆炸。三位太空人在數秒鐘之內便死於窒息。

三位太空人在可怕的瞬間發現了異狀。羅傑・查菲率先透過無線電吶喊：「太空飛行器起火了！」懷特接著大叫：「座艙起火了！」查菲再度呼喊：「我們著火了！讓我們出去！」

查菲說完第一個字的十五秒之後，阿波羅一號的指揮艙爆炸了。

阿波羅一號的爆炸意外事件發生時，阿姆斯壯在白宮擔任太空人代表，與高登・古柏、迪克・高登、吉姆・洛維爾以及史考特・卡本特，一起見證各國代表簽署一項名稱非常複雜的國際協約《各國探索和利用外太空的原則管理條約》（*Treaty on Principles Governing the Activities of States in the Exploration and Use of Outer Space*）。太空人說這是「不得佔地條約」，因爲條約禁止任何國家主張月球、火星或其他外太空星體的所有權。除此之外，這項條約——由華盛頓、倫敦和莫斯科三國政府共同簽署，迄今依然有效——同時禁止將太空空間作爲軍事用途，更確保任何國籍的太空人如果意外降落至其他國家時，能夠平安回到自己的祖國。

條約簽署完成之後，白宮當局在綠廳舉行盛大的招待派對，由美國總統詹森和總統夫人「小瓢蟲」擔任東道主，世界各地的許多達官顯貴皆出席參加。依照航太總署的指示，太空人負責「炒熱氣氛」。派對結束之後，阿姆斯壯和其他太空人一起回到飯店。

晚間七點十五分，太空人回到飯店房間，看見電話閃著紅色訊息提示燈。飯店的櫃臺人員轉告尼爾，載人太空中心有緊急回電的需求。尼爾撥打電話號碼，接通阿波羅計畫辦公室。電話的那頭是休士頓的工作人員，他對尼爾大喊：「細節尚未完全明朗，但三十四號發射基地今天晚上發生火災。非常嚴重的火災。任務成員很可能活不了了。」航太總署的工作人員接著告訴尼爾不要離開飯店，好避開媒體。

太空人前往飯店走廊，彼此確認消息。飯店負責人很體貼地立刻在他們的房間附近安排了一間可容納全部太空人的大套房。

在大套房聚集前，每一位太空人都致電回家。尼爾聯繫不到珍妮特。太空人艾倫・賓恩在意外事件發生之後便迅速聯絡珍妮特，請珍妮特先前往懷特夫婦的家中，但派特・懷特不在家，當時派特正要去接她剛結束芭蕾舞課的女兒邦尼（Bonnie）。派特開車帶著兒子艾迪和女兒回到自家車道時，珍妮特就站在懷特家的車棚旁等著。珍妮特回憶道，「我到派特家時，還不知道實際情況，只知道航太總署那邊出事了。派特和她的孩子返家之後，我唯一能說的就是：『航太總署出事了。我不清楚實際狀況。』但我沒說出口。」

航太總署派太空人比爾・安德斯告訴派特這個噩耗。珍妮特記得當時許多朋友都到派特家待到凌晨三點才離開，安撫心急如焚的懷特家人。尼爾和其他太空人同袍一同待在大套房，喝完一瓶蘇格蘭威士忌。當夜稍晚，他們討論起造成這次災難的可能原因。

沒有任何一位太空人喜歡北美航空公司替航太總署打造的阿波羅一號第一型太空飛行器，在任何登月任務執行前，這個早期版本的阿波羅一號指揮艙原定要接受地球軌道飛行測試。蓋斯・葛利森更不可能欣賞這個指揮艙，因爲他曾經前往北美航空公司位於加州道尼的製造工廠實際進行一次測試，在那之後對指揮艙模擬器留下相當不好的印象。隨著喬治城的漫漫長夜過去，吉姆・洛維爾回憶起，對話的主題從「擔憂太空計畫的未來，到預測在這個十年結束之前是否可能登陸月球，轉變爲怨恨航太總署如此努力推動計畫，只是爲了滿足自設的期限，再改變爲航太總署打造如此糟糕的太空飛行器，又拒絕傾聽太空人的建議而感到憤怒，因爲太空人早已告知機構主管，航太總署終究還是要支付一筆錢重新製造到好。」「我不想責怪任何人。」尼爾認爲：「在我們生活的世界，這種事情常發生，我們也該明白這道理。只能努力避免。倘若意外眞的發生了，我們也只能希望自己有正確的處理程序、設備、知識和技巧，能夠倖免於難。我從來不願意責怪任何人。」

至於葛利森、查菲，以及特別是好友和鄰居的艾德・懷特之死，尼爾則說：「我想，對我來說可能更能接受朋友是死於飛行任務，但他們是在地面測試時喪命，確實非常令人傷心。」根據尼爾的說法，「飛行任務死亡是自己的責任，因爲那是我們在某個環節沒有把事情做好。那是加倍的，加倍的痛苦。飛行任務可能會發生各種你束手無策的狀況，但你已經竭盡全力做好該做的一切。相較於地面測試，飛行任務的傷害，甚至是死亡更容易讓人接受，因爲地面測試應該要安排在任何意外情況下都能讓太空人全身而退的方法。至於爲什麼航太總署以及航空產業的所有傑出人才都忽略讓太空飛行器在百分之百純氧含量環境進行地面測試的危險？好吧，我只能說，那是非常糟糕的疏忽，雙子星計畫全程都在同樣的環境進行地面測試，我們長久以來都僥倖逃過一劫，我猜想，我們都變得過於自滿。」

火災意外之後的四天，爲了紀念三位隕落的太空人，分別舉行兩次葬禮。尼爾和珍妮特很自然地參加兩場葬禮。第一場葬禮是葛利森和查菲的，在艾靈頓國家墓園舉辦，現場的氛圍極爲莊重且具軍事威嚴。艾德・懷特的葬禮在同一天稍後，在西點軍校的老軍校生教堂，因爲艾德和他的父親都畢業於這間美國軍事學校。尼爾與其他四名同樣身爲新九人的同袍一起擔任抬棺者，包括博爾曼、康拉德、洛維爾以及史塔福德。除此之外，伯茲・艾德林也是抬棺者。

雖然同袍之死讓太空人非常煎熬，但想當然爾遺孀必定承受更艱辛的苦楚。派特・懷特參加兩場葬禮，也是唯一一位出席兩場葬禮的遺孀，她往後卻無法記起任何關於葬禮的一切。更糟糕的是，航太總署曾經試圖說服派特，讓艾德與葛斯、羅傑一起埋葬在艾靈頓墓園，但艾德的家人都曉得，他希望埋葬在西點軍校。意外之後的數個月，派特幾乎無法生活。身爲鄰居和摯友，珍妮特記憶中的派特「全心奉獻於艾德」。派特替艾德烹飪美食，處理所有對外的聯繫。她是「完美的妻子，而且每分鐘都熱愛這樣的自己」。一九六八年末，派特缺席健身課程，電話也無法聯繫到她，珍妮特和珍・伊凡斯（Jan Evans，第五批太空人成員羅納德・伊凡斯〔Ronald Evans〕的妻子，羅納德是阿波羅十七號任務的指揮艙駕駛員）知道派特罹患慢性憂鬱症，害怕發生最可怕的結果。她們破門而入，看見派特手中緊緊握著藥罐。她們費盡千辛萬苦，才從派特的手中奪走藥罐。「太空人妻子俱樂部」的其他成員立刻團結起來照顧派特和派特的兩名孩子。直到派特在一九八三年去世之前，珍妮特一直都是她的摯友。派特的死因是癌症病發之後自殺。

阿波羅爆炸意外之後的隔天，美國航太總署副署長羅伯・西門斯（Robert Seamans）宣布成立意外調查委員會，唯一加入委員會的太空人是法蘭克・博爾曼。詹森政府同意讓航太總署自行調查。調查委員會很快地找到意外發生的原因。四月五日，委員會提交正式的調查報告，認定有缺陷的電線產生電弧，引發指揮艙內部的裝備區起火。在百分之百氧氣濃度環境中，隊員死於吸入有毒氣體而窒息。委員會報告的結論列出十一項硬體和操作方法的變更建議。

美國航太總署用了兩年才修復完阿波羅計畫的問題。由喬治・洛主導的阿波羅組態控制委員會監督一千三百四十一項太空飛行器的設計變更。從此之後，太空飛行器進行地面模擬任務時，絕對不會再冒險處在具備高度爆炸風險的百分之百氧氣濃度環境。在發射基地時，艙內空氣組成爲百分之六十的氧氣以及百分之四十的氮氣，而太空人使用太空裝配置的獨立呼吸系統，吸入百分之百的純氧。太空飛行器起飛之後會排出艙內氮氣。阿波羅計畫不僅獲得數個月的額外工作時間修復太空飛行器的瑕疵設計，也得以重新思考過去計畫的決策，改善許多事項。

調查委員會提出報告之後的下一個星期一早上，戴克・史雷頓在載人太空中心召集自己負責管理的太空人。太空人的總數將近五十人，但史雷頓只邀請了十八名太空人。會議桌前唯一一位水星計畫太空人是華利・舒拉，其他成員全都來自第二批和第三批太空人，其中五人尚未進行過太空飛行，包括比爾・安德斯、華特・康寧翰、唐・艾斯利、羅素・施威卡特，以及克里夫頓・威廉斯（數個月之後，威廉斯駕駛 T-38 飛機墜毀身亡），另外十三名太空人則是太空飛行的老將，至少參與過一次雙子星計畫：約翰・楊、吉姆・麥克迪維、彼得・康拉德、舒拉、湯姆・史塔福德、法蘭克・博爾曼、吉姆・洛維爾、金・賽爾南、阿姆斯壯、戴夫・史考特、麥克・柯林斯、迪克・高登、羅素・施威卡特，以及伯茲・艾德林。

史雷頓開宗明義地表示：「坐在這個會議室的人，就是參加首批月球任務的太空人。」會議桌前的所有太空人立刻明白，自己已經進到角逐第一位登陸月球的太空人的最後名單。最有可能獲選的太空人來自新九人的七位成員，他們在雙子星計畫中都曾經擔任指揮官，包括麥克迪維、博爾曼、史塔福德、楊、康拉德、洛維爾和阿姆斯壯。一九六六年時，史雷頓曾指派華利・舒拉擔任阿波羅二號的成員，但舒拉對於阿波羅二號任務的性質的抱怨，引起史雷頓的不滿，便將舒拉從阿波羅二號任務的主要成員，轉調爲阿波羅一號的後備成員。

史雷頓在會議中完整介紹阿波羅計畫的進程。因爲致命火災而延期的第一次阿波羅載人任務將在完成一系列的主要設備測試之後，大約於一年半之後進行。航太總署也將原定的阿波羅一號任務改爲阿波羅七號任務。爲了紀念葛利森、懷特和查菲，往後將不會使用阿波羅一號任務之名，也不會有阿波羅二號任務和阿波羅三號任務。史雷頓告知太空人，隨後的阿波羅飛行任務將從A計畫開始，進展至J計畫。A計畫是由阿波羅四號任務和阿波羅六號任務進行無人飛行，測驗土星五號三節式起飛火箭，以及指揮艙重返地球大氣層的能力。B計畫則是阿波羅五號，進行登月艙的無人測試。C計畫——也就是第一次的載人飛行任務，阿波羅七號——目標是測試阿波羅的指揮和服務艙（Command and Service Modules; CSM）、阿波羅任務組員的適應能力，以及阿波羅的地球軌道飛行導航系統。D計畫用於測試指揮服務艙和登月艙的實際組合應用，同時測驗兩者在地球軌道的表現能力。E計畫的目標同樣是測試指揮和服務艙與登月艙結合之後的實際表現，但地點改爲深太空。F計畫是全副武裝的登月實際演練，而G計畫是登月本身。緊接首次登月的是H計畫，將攜帶完整的儀器組上登月艙，更深入探勘月球表面。I計畫原本構想只有進行月球軌道飛行，藉由指揮和服務艙遠端遙控感應零件探勘月球，不會實際登陸月球。航太總署最後的預定計畫爲J計畫，計畫內容與H計畫相同，差別在於讓登月者可以在月球表面停留更久。

史雷頓接著開始任命阿波羅計畫的前三位太空人。出乎某些人的意料之外，史雷頓指派舒拉擔任阿波羅七號任務的指揮官，組員是艾斯利和康寧翰。華利・舒拉的後備組員則是湯姆・史塔福德、約翰・楊，以及金・賽爾南。在一九六六年史雷頓調動舒拉的職務讓他從阿波羅二號任務的主要成員轉任阿波羅一號的後備成員之後，史塔福特的組員便改爲擔任由吉姆・麥克迪維指揮的阿波羅二號任務後備成員。由於現在的計畫安排改變，麥克迪維改爲擔任阿波羅八號的指揮官，預定進行第一次的登月艙測試。阿波羅八號任務的組員包括戴夫・史考特和羅素・施威卡特。彼得・康拉德、迪克・高登，以及克里夫頓・威廉斯擔任後備隊員。（威廉斯在一九六七年十二月因駕駛飛機墜毀身亡，由艾倫・賓恩替補其位。）阿波羅九號的目標是進行指揮服務艙和登月艙在地球軌道飛行的表現測試，組員則是法蘭克・博爾曼、麥克・柯林斯以及比爾・安德斯。阿姆斯壯、吉姆・洛維爾和伯茲・艾德林擔任阿波羅九號任務的後備成員。

現場十八位太空人的工作職位已經分配至A到D計畫。阿姆斯壯非常清楚，至少要等到阿波羅十一號任務，他才可能擔任指揮官，因爲所有的太空人擔任計畫主要成員之前，都要先擔任後備成員。由於E計畫和F計畫完成之後，航太總署才會進行實際的登陸月球，或者說，G計畫，因此踏上月球的歷史步伐至少要等到阿波羅十二號。如果尼爾最後成爲阿波羅十一號的指揮官，他將負責指揮全副武裝的登月演練，而不是真正的登月。

Chapter 18

月球上的無翼飛行

阿姆斯壯在成爲阿波羅十一號任務指揮官的七年半之前，早已開始研究如何駕駛飛行器在月球降落的難題。「我們知道月球的重力與地球截然不同（約爲地球的六分之一）。」阿姆斯壯回憶道，在甘迺迪總統於一九六一年五月發表登月決心之後，艾德華空軍基地便已開始相關的工程研究。「我們曉得，人類目前所有的航太科技知識都無法應用至眞空環境，更明白太空載具的飛行特質將不同於我們熟知的任何事物。」

太空人得攻破飛行載具在缺乏大氣層以及完全不同的重力環境中的穩定性和控制的問題。「這對我們來說是非常自然的事。」對尼爾而言，可能更是如此。「因爲飛行模擬是艾德華空軍基地的專長。我們使用飛行模擬器，嘗試複製其他飛行載具的性能，或者複製飛行軌跡。」

飛行研究中心的副主任休伯・德瑞克（Hubert Drake）組織了一個小型研究團體。早在一九五〇年代早期，德瑞克就曾經扮演同樣的催化角色，構思駕駛研究飛機突破時速三馬赫和海拔十萬英尺，倡議極音速 X-15 計畫。研究工程師金・馬崔嘉、唐納・貝爾曼

（Donald Bellman）和阿姆斯壯經常合作，也一起解決登月飛行載具研究的問題，而阿姆斯壯是其中唯一的測試飛行員。

德瑞克研究團體提出的第一個想法是特定形式的直升機，因爲直升機可以保持盤旋，以及有垂直降落和起飛的性能。不幸的是，直升機無法重製月球重力的模擬結果。另外一個想法則是在太空飛行器下方懸吊小型登月研究載具，將太空飛行器和登月載具以繫鏈接合之後，進行同步「飛行」。另外一種更安全選項爲使用固定式電子模擬器的路徑。最後，航太總署決定三種方法全部都使用——直升機、在維吉尼亞州蘭利的美國航太總署基地使用繫鏈登月研究設施，以及多種固定式電子模擬器——研究月球登陸的相關問題，以及訓練阿波羅計畫的太空人。最後德瑞克的研究團體選擇垂直起降技術。採用垂直起降技術的飛行儀器將搭載可移轉的引擎，發揮類直升機的飛行特色。

德瑞克的研究團體在測試載具的下方安裝配置平衡環的噴射引擎，確保噴射引擎創造的推動力永遠都會往上。噴射引擎將測試載具提升至預定海拔高度，而駕駛員控制引擎推動力支撐載具重量的六分之五，藉此模擬只有地球六分之一的月球重力環境。載具的上升和下降運動則藉由兩個可控制的過氧化氫火箭來調整。載具配置小型的過氧化氫推進器，讓駕駛員能夠控制載具的俯仰、偏擺和翻滾。如果主要噴射引擎失效，輔助噴射火箭就會取代主要引擎的垂直升降功能，暫時穩定載具機身。這種技術概念的激進創新之處在於，當時的航太科技——探索所有地球飛行的科學——毫無用武之地。因此，阿姆斯壯在一九六一年協助構思的登月測試載具，是人類歷史上第一個設計用於其他星體、但也能夠在地球順利飛行的飛行載具。

鑑於該項計畫的複雜性，阿姆斯壯表示，他們決定「先打造一臺小型的單人載具，測試月球環境飛行的特質和需求。我們藉此建立資料庫以打造更大型的載具，開發眞正的月球太空飛行器原型機。」一九六一年的夏秋結束之後，德瑞克的團隊設計出了這種載具。根據尼爾的說法：「看起來就像巨大的康寶罐頭底下長了腳，下方安裝平衡環引擎。」

德瑞克的研究團體不知道，紐約水牛城的貝爾航空系統工程團隊當時也正在探索自由飛行登月模擬器的設計概念。貝爾航空系統工程團隊的前身曾經打造X-1和其他早期的X計畫飛機，是全美唯一擁有重要經驗的飛機製造商，熟知如何設計製造使用噴射引擎的垂直起降飛機。德瑞克從一位航太總署官員聽說貝爾公司的計畫之後，貝爾曼和馬崔嘉立刻前往水牛城，搭乘貝爾公司製造的47型直升機模擬月球降落。飛行研究中心的兩位工程師親自確認了他們的疑慮，直升機確實無法進行登陸月球所需要的降落軌跡飛行和下降速度。

航太總署和貝爾公司簽署合約，貝爾公司將構思基礎藍圖，設計更小型、造價相對低的月球登陸測試載具，其設計也將獨立於阿波羅計畫現有的組態，因爲組態尚未定案。貝爾公司的職責即是製造一臺飛行儀器，讓航太總署調查降落月球的核心技術問題，目前最高海拔高度爲兩千英尺，而最快垂直降落速度爲每秒兩百英尺。

直到一九六二年七月，航太總署才決定好如何前往月球。許多合格的工程師和科學家想像直接使用一座帝國大廈般巨大的火箭往返地球與月球。火箭飛向月球，以底部著地的方式降落，然後切換爲「直接起飛」模式回到地球。在這個設計中，工程師和科學家提議製造「諾瓦」（Nova）火箭，這個能夠產生一千兩百萬磅的推進力、將成爲人類歷史上最強大的火箭推進器。登陸月球的主要第二選項——許多太空飛行專家，包括華納・馮・布朗在內，都贊同這個想法——則是地球軌道交會。地球軌道交會計畫，使用馮・布朗率領的阿拉巴馬馬歇爾太空飛行中心團隊設計的多個土星級火箭，將登陸月球的太空飛行器組件發射至地球軌道，太空飛行器組件將在地球軌道結合並補充燃料，之後出發前往月球，再返回地球。地球軌道交會技術需要的火箭推進器更簡單，目前的火箭技術已經準備就緒。出乎眾人的意料之外，航太總署並未選擇直接起飛或地球軌道交會，一九六二年七月十一日，美國航太總署官員宣布，他們將採用「月球軌道交會」概念登陸月球。在所有登陸月球的方法中，月球軌道交會是唯一需要製作特殊登月艙的選項。

即使甘迺迪總統的科學顧問傑羅・威斯納（Jerome Wiesner）強烈反對，航太總署依然決定採用月球軌道交會。和其他的懷疑論者一樣，威斯納認爲，如果月球任務必須採用交會技術，也應該只在地球軌道上嘗試。如果交會失敗，生命安全受到威脅的太空人，只需要讓太空飛行器的飛行軌道下降，就能平安回家。最後，航太總署的任務規劃師認爲，月球軌道交會的危險程度並未高過其他兩種方法，甚至更安全，除此之外還有幾種關鍵益處。月球軌道交會組合的燃料需求更低，只需要一半的酬載，更不必仰賴新技術，還可以捨棄巨大的諾瓦火箭，只需要從地球進行一次發射，而曾經受到支持的地球軌道交會則需要至少兩次發射。想要將宛如巨獸的諾瓦火箭上半段送往滿是坑洞的月球表面，幾乎是不可能完成的目標。採用地球軌道交會登陸月球，也只能略微地降低難度。經過數個月的評估之後，他們別無選擇，只能選擇月球軌道交會。

月球交會技術最大的優勢，在於登陸機具可以變成太空飛行器上的「艙」。駕駛員只需要使用一臺非常小型輕量的月球登陸艙，不必讓整艘阿波羅太空飛行器降落在月球表面。再者，由於登陸機具使用完就會棄置不會回到地球，航太總署得以獨立定製登月艙的設計，只需要配合月球環境的機動飛行以及人為控制的月球降落。事實上，航太總署決定採用月球軌道交會之後，就能各自獨立製作阿波羅太空飛行器的所有艙——包括指揮艙、服務艙以及登月艙。登月艙是兩層式載具，使用能夠控制加速的火箭引擎進行降落。而登月艙的下層搭載登陸腳、下降引擎以及附屬油箱，將會留在月球表面，擔任上層登月艙起飛或上升階段的平臺。上層登月艙有獨立的固定推進引擎、附屬油箱、高度控制火箭以及座艙。

最重要的是，採用月球軌道交會是唯一能夠在甘迺迪總統期限之前完成月球登陸目標的方法。這是航太總署的決策關鍵。阿姆斯壯還記得當時航太總署的想法：「月球軌道交會可以節省兩年的時間以及二十億美元的經費。」一夜之間，登月艙成為阿波羅計畫最關鍵的系統。太空人可以坐在舒適的指揮艙，讓巨大的土星五號火箭帶領他們進入月球軌道，而阿波羅計畫的重點就是登陸月球。

很快地，嚴肅的登月艙研究便開始進行。一九六二年十一月，位於紐約長島的格魯曼飛機公司贏得承包合約。登月艙的完成之路牽涉到許多改動。由於測試過程發生一連串的失敗，格魯曼公司的團隊用將近七年的時間，忙於修正和完善這臺非比尋常的飛行器。直到一九六九年三月，才有第一臺能夠正式進行地球軌道試航的登月艙，也是阿波羅九號的主要任務。

由於決定採用的月球軌道交會，飛行研究中心的登月研究載具開發所需要的條件也變得更爲具體。而飛行研究中心原本設計的登月研究載具，其特質、大小和慣性，因純粹的偶然，非常契合格魯曼公司建造登月艙的需求。一九六三年二月，貝爾航空系統團隊開始結合飛行研究中心和格魯曼飛機公司各自提出的登月研究載具設計。一九六四年四月十五日，機器組件分裝送達艾德華空軍基地，因爲飛行研究中心的技術人員想要自行安裝他們的研究儀器。登月研究載具高十英尺，重三千七百英磅，還有四隻可以延伸至十三英尺的鋁製支柱腳。駕駛員坐在由韋伯飛機公司（Weber Aircraft）製造的火箭彈跳逃脫座椅，以壓克力護罩爲屏障，在近露天的環境中。韋伯公司製作的座椅成效很好，甚至成功在「雙零環境」中有效使用，也就是即使登月研究載具以每秒三十英尺的速度下降，在彈跳逃脫的最低點，也能順利運作。沒有任何彈跳座椅的性能勝過韋伯公司的產品，這是好事，因爲登月研究載具計畫必須多次使用彈跳座椅。

第一位駕駛登月研究載具的飛行員是尼爾過去的老闆喬·沃克。沃克在一九六四年十月三十日進行初次飛行，在不到一分鐘的時間之內，沃克駕駛登月研究載具進行三次非常迅速的起降。

從一九六四年開始，到一九六六年晚期登月研究載具計畫結束之間，艾德華空軍基地進行兩百次左右的研究飛行。駕駛員可以從兩種飛行模式當中擇一。第一種模式是「傳統」垂直起降載具，噴射引擎固定在特定位置，提供載具所有的升力，也就是「地球模式」。或者駕駛員可以切換至「月球模式」，引擎將在飛行過程中調整位置，減低登月實驗載具的「視重」，符合其月球狀態。在月球模式中，兩具位在平衡環的機身、可控制的五百英磅推進火箭提供升力。駕駛員可以調整引擎的推進角度和力道，藉此補償月球環境造成的阻力效應。駕駛員通常比較喜歡使用地球模式飛行。從另一方面而言，相較於月球模式，地球模式的火箭引擎採用感應節流閥，高度控制的表現更好。

登月研究載具已經非常接近實際的月球飛行狀態，雖然其最高海拔高度只能勉強接近八百英尺，最長飛行時間低於九分鐘又三十秒。更讓人感到不可思議的是，在登月研究載具計畫的測驗過程之中，沒有發生任何嚴重的意外。

阿姆斯壯在一九六二年九月離開艾德華空軍基地，前往休士頓，即使他本人非常樂意，也無法繼續得知登月研究載具的最新發展。然而，航太總署任命阿姆斯壯擔任工程焦點駕駛員，確保登月研究載具能夠符合太空人的需求。航太總署不希望讓任何一位太空人駕駛有風險的儀器。地面飛行模擬機提供了可觀的協助。正如尼爾的解釋：「進行大角度的俯仰和翻滾都還需要更長的機身運動時間或更大的控制力，我們推測，在地球環境中理想的控制條件，不一定完全適用於月球環境。」太空人發現，使用調整載具速度的可開關火箭能夠讓登月研究載具獲得良好的控制力——所謂調整載具速度，是爲了處理載具偏移，進行相對應的角度調整（速度調整）——但正如尼爾所說，「想要精準降落在月球表面，並且完全停止載具下降速度，依然有些困難，可能是因爲駕駛員的天性使然，通常不願意在低海拔時貿然大幅度改變機身姿態。」

一九六五年六月，航太總署啓用位於蘭利、造價近四百萬美元的月球登陸研究中心，其氣勢宏偉，高達二百五十英尺、寬四百英尺。「研究中心的運作令人驚訝地好。」阿姆斯壯回憶道：「飛行的空間——一百八十英尺高、三百六十英尺長，以及四十二英尺寬……已經足夠讓飛行員確實理解月球飛行的特色。」爲了讓登月模擬更接近眞實情況，設計師在紅白相間的高聳八腳建築結構中塡滿仿造成月球表面的泥土。他們經常在夜間進行測試，將泛光燈豎立至特定角度，模擬月球的光線，並且安裝大型黑色布幔，仿效月球沒有空氣的「天空」。技術人員將人造坑洞噴上黑漆，太空人得藉此體驗登陸月球時將看見的陰影。雖然「蘭利的工程師的設計相當傑出，使用繩索和滑輪創造出一種非常有彈性的系統，讓我們體驗到宛如眞正在駕駛太空飛行器」，但尼爾認爲，俯衝和翻滾的控制依然「非常遲緩」。「月球登陸研究中心是個高明的設施。」阿姆斯壯認爲：「在月球登陸研究中心，我們能夠嘗試在自由飛行載具中難以實行的事，因為在裡面可以避免危險。」

一九六四年，太空人辦公室開始尋找有機會成為登月模擬器的垂直升降機器。戴克・史雷頓要求阿姆斯壯分析貝爾公司製造的 X-14A 的潛力。X-14A 是全方位的小型飛機，航太總署的安姆斯研究中心也使用 X-14A 模擬月球下降軌跡。一九六四年二月，阿姆斯壯進行十次評估飛行之後，認為必須尋找其他級別的訓練載具。

「沒有飛行機器可以模擬月球飛行控制特色讓我們非常沮喪。」阿姆斯壯回憶道。唯一有效的替代方法是嘗試飛行研究中心開發的登月研究載具，但有些人認為風險太高。登月研究載具專案在休士頓的主要負責人是迪克・戴，他是出身飛行研究中心的模擬專家，曾在一九六二年時協助尼爾成為太空人。

一九六六年初，尼爾進行雙子星八號飛行任務之前，航太總署決定將登月研究載具改裝為登月訓練載具。到了這個時候，格魯曼公司已歷經了漫長的開發歷程，終於快要完成登月艙的設計。雖然登月研究載具比登月艙提前五年問世，但登月研究載具的尺寸和控制火箭的幾何設計，與格魯曼的登月艙沒有太大的差異。因此航太總署能夠相對迅速且節省成本地交由貝爾公司生產更符合登月艙特色的高階版本登月研究載具，而第一次實驗飛行任務就是阿波羅五號，預定於一九六八年一月進行。

打造登月訓練載具的決策，促使尼爾重新開始研究登月。一九六六年夏天，尼爾準備擔任雙子星十一號的後備隊員角色時，休士頓訂購三臺登月訓練載具，每臺造價將近二百五十萬美元。同時，載人太空中心也要求飛行研究中心的工程師完成相關事宜之後，儘速將兩臺登月研究載具送至休士頓。尼爾參與了貝爾公司的討論，提供登月訓練載具的設計需求。一九六六年十二月十二日，登月研究載具一號機從艾德華空軍基地送達休士頓時，他也在場。飛行研究中心的測試飛行員傑克・克魯佛（Jack Kleuver）前往休士頓，確認機器能夠順利運轉時，阿姆斯壯在旁觀察。相關人員在艾靈頓空軍基地進行第一梯的熟悉飛行，尼爾觀察作業流程，研究地面規則。一九六七年一月五日至一月七日之間，尼爾參加於貝爾公司舉行的登月訓練載具設計工程督導會議。數日之後，尼爾協助檢閱登月研究載具計畫的最終結果。尼爾甚至到加州搭乘貝爾公司製造的H-13直升機進行登月艙軌跡飛行測試，親眼觀察登月研究載具的飛行狀況。一月下旬，參加阿波羅計畫成員的葬禮之後，阿姆斯壯與伯茲・艾德林立刻駕駛T-38飛機前往蘭利訓練場，使用登月研究載具進行模擬登月。這是尼爾第一次親自使用蘭利的儀器，但不是最後一次。一九六七年二月七日，他和伯茲駕駛T-38飛機前往洛杉磯，爲了登月研究載具彈跳座椅的定製，在韋伯航空公司量身。當月稍後，尼爾再度前往洛杉磯，與比爾・安德斯拜訪北美航空公司，檢閱太空人將在太空飛行器內部來回指揮服務艙和登月艙之間的通道設計。一九六七年三月，他在洛杉磯和聖地牙哥檢閱萊恩航空公司負責的登月艙登陸雷達計畫。在這幾個月之間，爲了準備使用登月訓練載具，尼爾開始增加駕駛直升機的時間。協助將研究載具改裝爲訓練載具是個艱困的挑戰，但對阿姆斯壯來說再適合不過了，因爲他同時是工程師、測試飛行員和太空人。早在一九六一年，他當時便已經協力開發登月模擬機的原型概念。貝爾公司建造登月訓練載具時，基礎結構與登月研究載具相同，現在的主要目標則是盡可能地重製登月艙的飛行軌跡和控制系統，但登月艙的特定飛行特質無法模擬重現，其中最重要的環節在於，他們無法讓登月訓練載具的設計符合登月艙的下降速度，即使有可能，但實務上依然無法完成。

另外一個目標則是讓登月訓練載具的關鍵設計特色可以盡量接近登月艙的。舉例來說，貝爾公司製造新型登月訓練載具時，採用開放式座艙，讓太空人擁有和登月艙一樣的視線範圍。爲了符合登月艙的組態設定，控制面板從座艙中央移動至右方，螢幕的視覺顯示也比照登月艙的設定。登月訓練載具搭載三軸控制桿，與格魯曼公司在登月艙中設置的相同，而登月訓練載具的速度控制和高度穩定控制系統非常接近登月艙預定使用的主要操作方式。登月訓練載具同樣整合補償系統，能夠感應引起空氣力學改變的力量和情況，藉由引擎和高度控制火箭系統自動進行調整。按照上述設計，登月訓練載具的動作便相當趨近眞空飛行。採用與登月艙相同微小、輕量化的零件讓登月訓練載具的電子系統獲得改善。其他改善措施包括改善彈跳座椅、火箭容納更多過氧化氫，提高持續使用時間、噴射引擎小幅度更新，以及修正姿態系統，讓登月訓練載具與登月艙更相似。

另外兩臺較早改裝的登月研究載具，分別命名爲 A1 和 A2，也用於太空人訓練。三臺新型的機種，第一臺於一九六七年十二月從貝爾公司的工廠送達休士頓，則命名爲登月訓練載具B1、B2，以及B3。太空人親自駕駛任何一臺登月訓練載具之前，都需要接受數個月的飛行指導。史雷頓指派的登月艙可能駕駛太空人，包括阿姆斯壯在內，得在直升機學校接受三個星期的訓練，前往蘭利的月球登陸研究中心一星期，最後進行十五個小時的地面模擬器訓練，才能實際駕駛登月訓練載具，而地點一直都在艾靈頓空軍基地附近。尼爾早已在一九六三年去過海軍直升機學校，隨後四年累積了相當可觀的「直升機」（helo）時間，他只需要重新溫習直升機駕駛技巧。雖然駕駛直升機不是最好的月球飛行訓練方式，但對於理解月球駕駛的軌跡和飛行路徑可說是相當珍貴的經驗。

身爲一位經驗老道的工程測試飛行員，阿姆斯壯完成了相當傑出的思維探索，以反直覺的方式，理解月球常態環境中的飛行條件，避免直升機飛行的訓練主導其駕駛決策。最後，阿波羅登月任務所有主要和後備指揮官都在登月訓練載具中完成練習。隨著計畫進行，由於登月訓練載具的數量不足，無法提供足夠的訓練時間，只能縮減後備指揮官的使用時間。除了阿姆斯壯之外，曾經駕駛登月訓練載具的太空人包括博爾曼、安德斯、康拉德、史考特、洛維爾、楊、雪帕、賽爾南、高登，以及佛瑞德・華勒斯・海斯（Fred Wallace Haise）。

一九六七年三月二十七日尼爾首次駕駛登月訓練載具，當時登月訓練載具才剛送到艾靈頓空軍基地訓練場；他當天駕駛登月訓練載具A1飛行兩次。由於技術問題，A1在三月進行數次飛行之後，就無法起飛（直到一九六八年夏天之前，三臺新型的登月訓練載具都還不能實際進行飛行測試）。登月訓練載具維修完畢、回到上機狀態之後，由阿姆斯壯率先駕駛A1，檢查機身狀況。一九六八年三月二十七日至四月二十五日之間，尼爾一共駕駛由登月研究載具修改而成的登月訓練載具十次。登月訓練載具是非常危險的飛行機器。「沒有機翼。」正如伯茲・艾德林的評論：「如果主要引擎或推進器故障，訓練載具無法以滑行的方式安全降落。如果要獲得有效的訓練經驗，太空人必須駕駛訓練載具飛行至海拔五百英尺。在這種高度之下，任何差錯都可能引發致命的結果。」五月六日，阿姆斯壯終於親身體認到訓練載具的嚴苛之處，就在距離阿波羅十一號登陸月球的十四個月前。

「我不會用常態這個字，因爲登月訓練載具沒有任何所謂的常態，但當天下午，我正在訓練典型的登陸軌跡，準備進入典型的登陸軌跡，在我進入軌跡的最後階段，也就是登陸之前的最後一百英尺時，我發現訓練載具開始失去控制力。很快地，完全失控。訓練載具開始轉向。我們沒有任何備用控制系統能夠啓動——沒有任何可以恢復控制的緊急系統。訓練載具已經呈現三十度傾角，事態非常明顯，我沒有辦法停止訓練載具。我只有非常有限的時間可以逃出載具，所以我立刻使用搭載火箭動力的彈跳座椅。彈跳位置大約是海拔五十英尺，非常低，但火箭將我帶往高處。訓練載具先墜毀，而我背著降落傘遠離火勢在空中飄盪，成功降落在艾靈頓空軍基地中央的草地。」

自從十七年前在韓國棄置受損的美洲豹戰鬥機之後，這是尼爾第一次的爆炸彈跳。過程中他用力不愼咬傷舌頭，除了被草地中的沙蚤咬傷，這是唯一的傷勢，但尼爾的降落地點判斷得非常驚險準確。

現場目睹這次意外，或者事後聽聞的人，都認爲阿姆斯壯非常幸運才得以倖免於難。事後發現，意外的起因是推進器系統的設計瑕疵，導致訓練載具的推進燃料外洩。由於推進器燃料庫失去氦壓，造成姿態火箭關閉，進而失去控制。航太總署在風勢較強的氣候條件下依然讓太空人駕駛訓練載具是造成意外的另一個主因。艾德華空軍基地的工程師替登月研究載具設定十五節的風速限制，但休士頓的員工認爲風速限制必須提高至三十節，才能經常使用訓練載具。

意外發生之後，阿姆斯壯仍舊保持典型的作風，彷彿沒有發生任何不尋常的事件。艾爾・賓恩當天較晚外出吃午餐，回到辦公室之後，他看見尼爾坐在兩人共用的辦公桌前工作。稍後，賓恩在走廊經過一群同僚，他聽見他們正在討論某位太空人駕駛登月訓練載具發生意外。根據賓恩的回憶：「我說：『發生什麼事？』他們回答：『風勢很強，尼爾的訓練載具沒有燃料，他在最後一刻才逃出訓練載具，彈跳座椅成功了，他逃過一劫。』我又問：『這是什麼時候發生的事情？』他們說：『大概一個小時以前。』我說：『不可能，太扯了，我才剛剛離開辦公室，尼爾就坐在辦公桌前。他還穿著飛行服，正在隨意翻閱文件。』他們又說：『哦，那就是尼爾的風格。』我回答：「等等！」於是，我回到辦公室，尼爾抬頭看著我，我說：『我剛剛聽到最荒謬的故事。』他問：『什麼故事？』我回答：『我聽說你一個小時之前緊急逃出登月訓練載具。』他想了一秒之後才說：『哦，對啊。』我又問：『怎麼一回事？』他回答：『機身失去控制，我必須緊急逃出那個該死的東西。』

賓恩繼續說完這個故事。「我只是想說，我沒有辦法想到除了尼爾以外的任何人，更別提是另外一位太空人，可以在死亡前的一秒，使用彈跳座椅逃脫之後，立刻回到辦公室。他從未在所有駕駛員出席的會議中起身討論此事。從此之後，這個意外影響了我對尼爾的看法。他是如此與眾不同。」正如雙子星八號任務的意外，阿姆斯壯經歷這次事件之後，再度加強自己能夠妥善處理危急狀況的盛名。休士頓當局立刻暫停登月訓練載具的運作，等待載人太空中心的意外調查團隊提出報告，以及特殊調查委員會的相關報告。一九六八年十月中旬，兩個報告正式提出，強烈呼籲登月訓練載具的設計和管理運作方式都要改善，但同意太空計畫繼續進行。

一九六八年十二月八日，載人太空中心的首席測試飛行員喬・艾爾格蘭帝原定進行四分鐘的飛行測試，最後變成六分鐘，因爲他從五百五十英尺最高海拔下降時，登月訓練載具一號出現大型的橫向控制鐘擺效應。艾爾格蘭帝在海拔兩百英尺高時使用彈跳座椅，他已經駕駛登月訓練載具超過三十次，最後搭著降落傘毫髮無傷地降落，而造價一百八十萬美金的載具在數百英尺外墜地焚毀。休士頓再度成立意外調查委員會，這次由太空人華利・舒拉擔任主導。

載人太空中心的主管鮑伯・吉爾魯斯，以及載人太空中心的飛行行動主管克里斯・克拉夫特都認爲，登月訓練載具遲早會害死太空人。「吉爾魯斯和我已經決定完全廢除登月訓練載具。」克拉夫特強調：「但太空人非常頑固，他們希望得到訓練。」

一九六九年四月，登月訓練載具恢復運作。前幾次只有載人太空中心的測試駕駛員進行飛行，沒有出現任何問題後，太空人便再度開始常態訓練。甚至直到航太總署已經開始實際登月，克拉夫特和吉爾魯斯依然想辦法「逼迫所有重返地球的太空人，希望找到方法徹底廢除登月訓練載具。」他們每次都輸掉爭執，因爲太空人希望繼續使用。

一九六九年六月中，距離阿波羅十一號發射不到一個月，阿姆斯壯連續三天駕駛新型的登月訓練載具，克拉夫特和其他航太總署的管理人員屏息以待。在這三天，阿姆斯壯駕駛登月訓練載具抵達月球登陸的海拔高度，總計八次。阿姆斯壯總共駕駛改裝版的登月訓練載具十九次，新型的登月訓練載具八次。沒有任何太空人前輩或後進比阿姆斯壯駕駛登月訓練載具的次數更多。

Chapter 19
友好的陌生人

法蘭克・博爾曼、吉姆・洛維爾以及比爾・安德斯成爲歷史上離家最遠的三人組。他們的最高速度大約是每小時兩萬五千英里，阿波羅八號的速度逐漸減慢，剛好脫離地球重力和地球衛星月球的重力平衡點。現在，阿波羅八號，彷彿「墜落」，朝著月球前進。

那一天是一九六八年十二月二十三日的下午，太空人從海拔二十萬英尺之外，或者說，已經完成超過五分之四的月球旅途，將顆粒粗大但仍可清楚辨識的地球畫面回傳電視直播。在休士頓的任務管控中心裡，飛行控制人員已換到下一班了，而飛行主管米爾頓・溫德勒（Milton L. Windler）率領所謂的「褐紅部隊」，正要準備讓太空飛行器進入關鍵點，太空人即將完成人類歷史上第一次進入月球軌道。倘若加速進入失敗，阿波羅八號則會按照原定計畫，繞月球飛行一圈，沿著彈弓路徑回到地球。

阿姆斯壯站在任務管控中心後方，安靜地思忖即將進行的月球軌道進入。身爲阿波羅八號任務的後備指揮官，阿姆斯壯在過去的兩天半時時刻刻都深思著繞行月球飛行的所有細節。十二月二十一日的起飛當日，尼爾待在甘迺迪角，於清晨三點和主要組員共進早餐。博爾曼、洛維爾和安德斯正悉心穿上太空衣時，尼爾倉促衝向發射基地 39A。39A 以特殊規格製作，能夠容納一位或兩位後備組員，在發射之前，從駕駛艙內部進行監控，同時設定和確保所有開關能夠順利運作。

起飛時間比原定的晚了幾分鐘，直到早上七點五十一分才正式起飛。土星五號的別名是「月球火箭」。月球火箭進行第一次載人太空任務確實値得一見。尼爾待在起飛管控中心，由內自窗戶觀望巨大的火箭推進器緩慢地噴火起飛，伯茲・艾德林和佛瑞德・海斯也在尼爾身旁，海斯是尼爾的後備組員成員。

當天下午稍早，阿姆斯壯透過螢幕監控飛行過程，看著阿波羅八號完成兩次地球軌道飛行，突入月球飛行航道，順利地航向月球。尼爾、艾德林和海斯一起搭乘航太總署的灣流航太飛機回到休士頓，大約在晚間七點抵達。飛機上的乘客還包括他們的妻子，珍妮特、瓊・艾德林（Joan Aldrin）以及瑪莉・海斯（Mary Haise）。三位女士在貴賓觀景臺上看阿波羅八號起飛，並提供三位太空人之妻精神上的支援。

尼爾回到位在艾爾拉哥區的家中，迅速沐浴更衣後便再度開車前往任務管控中心。尼爾總是在任務管控中心待到深夜，隔天又提早回來。戴克・史雷頓看見阿姆斯壯在充滿控制設備的大房間裡，他走向尼爾並提起了非常迫切的話題：尼爾的下一個任務。

當然，沒有人知道阿波羅十一號的具體任務內容。如果阿波羅十一號想要成爲第一次登月任務，阿波羅八號就必須英勇地成功完成繞行月球的使命，而阿波羅九號和阿波羅十號也不能出任何差錯。如果出現問題，G計畫，也就是首次登月，無疑會向後推移至阿波羅十二號，甚至阿波羅十三號任務。倘若甘迺迪總統設定的期限已經逼近，航太總署甚至可能會讓阿波羅十號任務負責進行第一次登月。阿波羅八號完成如此英勇的任務之後，即使提前讓阿波羅十號進行第一次登月過於大膽，也似乎是可能完成的目標。即便如此，史雷頓任命阿姆斯壯擔任阿波羅十一號任務指揮官，依然是吉兆。在和史雷頓短暫會議之後，阿姆斯壯知道自己可能將負責指揮人類歷史上的第一次登月嘗試。

阿波羅計畫經過非比尋常的任務內容變更之後，才確定成了我們所熟知的順序。在史雷頓於一九六七年四月首次向阿波羅計畫太空人揭露的原定計畫內容表中，並沒有繞月飛行任務。一九六八年十月，舒拉、艾斯利和康寧翰駕駛阿波羅七號完成首次的載人任務，也就是C任務之後，原定的D任務是測試指揮服務艙和登月艙在地球軌道進行對接。但格魯曼公司製造的登月艙尚未準備就緒，不能飛行。爲了保持太空計畫持續運作，航太總署內部少數願意冒險的成員，特別是喬治・洛，提議進行激進的權宜辦法。既然登月艙尚未準備就緒，何不拓展飛行進度，讓指揮服務艙繞行月球飛行。

這個想法非常大膽，一開始，華盛頓當局的航太總署官員強烈反對。然而，一九六八年十月，阿波羅七號任務取得毫無瑕疵的成功之後，航太總署便已下定決心要讓指揮服務艙繞行月球飛行。事實上，蘇聯在一九六八年十月將探測器五號（Zond 5）送往太空進行月球探測飛行，準備在同年十一月送出探測器六號完成相同類型的任務時，便讓美國政府擺脫猶豫不決的態度。探測器的大小足以容納一位蘇聯太空人，自從史普尼克衛星之後，美國人的內心早有一個想法，認爲蘇聯願意不惜一切代價，只爲了在太空競賽中勝過美國。在航太總署內部，繞行月球飛行的想法幾乎獲得一致同意。阿姆斯壯支持阿波羅八號任務的內容激進轉向，其他太空人也幾乎全數贊同，但是，阿姆斯壯堅持必須先修復土星五號火箭的問題。

一九六八年十二月二十三日，阿波羅八號的電視轉播結束，待相關事務安頓下來後，阿姆斯壯和史雷頓走進任務管控中心後方的房間。他們即將進行一場歷史性的對話。

「戴克說明他對阿波羅十一號的想法，詢問我對於讓麥克・柯林斯和伯茲・艾德林擔任主要隊員的感受如何。我們稍微討論此事，而對此我沒有任何疑問。戴克說，伯茲不是一位容易共事的隊員，我則說：『好吧，我和伯茲共事的過去幾個月，一切都很順利。』我知道戴克的言下之意。他又說，他希望吉姆・洛維爾可以參與阿波羅十一號，雖然會打亂太空人的任命順序，但如果我認爲這種安排符合我的需求，他願意這麼做。我很樂意和洛維爾共事。吉姆是個穩定可靠的夥伴。我對他很有信心。雖然這種任命安排與過去非常不同，但戴克提出這個選項，可以讓吉姆・洛維爾和麥克・柯林斯擔任我的組員。」

直到隔天，阿姆斯壯才將自己的決定告訴戴克。那個時候，吉姆・洛維爾擔任阿波羅八號的組員，駕駛指揮艙，正在繞行月球軌道飛行。洛維爾永遠不知道，如果阿姆斯壯改變自己的答案，他便會成爲阿波羅十一號的成員。「吉姆已經擔任過雙子星十二號任務的指揮官。」尼爾主張：「我認爲，他也值得擔任阿波羅其中一次任務的指揮官。如果我將洛維爾拉出指揮官行列，讓他加入我的任務是不對的，所以他最後成了阿波羅十三號任務的指揮官。時至今日，他依然不知道此事。我不曾將自己和史雷頓的對話內容告訴任何人。就我所知，伯茲也不曉得。」如果阿姆斯壯當初決定讓洛維爾加入阿波羅十一號，艾德林可能就會被推至之後的團隊，或許就是命運坎坷的阿波羅十三號。

尼爾給予史雷頓答覆時，他的態度顯示，他對於和伯茲一起工作毫無問題，而且洛維爾值得擔任計畫指揮官。

或許，有人會想要知道佛瑞德・海斯對此發展的感受——畢竟，尼爾在阿波羅八號任務擔任後備指揮官時，海斯是駕駛登月艙的後備組員。「戴克認爲佛瑞德尚未準備好擔任主要成員。」阿姆斯壯回憶道：「我們稍微討論了任務內容，戴克表示，阿波羅十一號可能是登月艙的實際登月嘗試——可能而已——雖然以當時的情況而言，我認爲還有些遙遠。」如果海斯加入尼爾指揮的阿波羅十一號任務，艾德林仍能保有原本指揮艙駕駛員的職位。但關鍵因素在於史雷頓希望讓柯林斯回到太空人的輪值崗位。柯林斯先前因接受脖子手術而多次缺席任務。除了共同擔任阿波羅八號任務的後備組員之外，阿姆斯壯與艾德或海斯都沒有太多的互動，也不曾擔任同一次計畫的組員。尼爾加入雙子星十一號任務時，洛維爾和艾德林正忙於雙子星十二號任務，因此尼爾和伯茲經常在甘迺迪角見到彼此。佛瑞德・海斯出現的頻率較低，部分原因是海斯同時也負責登月艙的工作。因此，尼爾知道佛瑞德相當熟悉登月艙。海斯最後成爲阿波羅十一號後備組員中的登月艙駕駛員。另外兩位後備組員是吉姆．洛維爾，他原本是阿波羅八號的組員，這次負責擔任阿波羅十一號的後備指揮官，以及比爾．安德斯，擔任阿波羅十一號的後備指揮艙駕駛員。法蘭克．博爾曼當時已經退休。

阿姆斯壯對於麥克．柯林斯和伯茲．艾德林能與他一起加入阿波羅十一號任務感到非常滿意。

當年的聖誕夜非比尋常，不只是阿姆斯壯，所有坐在電視機前的觀眾，全都緊盯著阿波羅八號從月球軌道回傳的直播畫面。人們餘生都會記得那個畫面。

當天晚上電視直播時，博爾曼、洛維爾和安德斯輪流朗讀聖經創世紀的前十節，而電視前的觀眾看著月球表面那如夢似幻的畫面，他們居高臨下，彷彿上帝的視角。阿波羅八號的太空人將輕量級的電視攝影機轉回故鄉星球，讓觀眾看見美麗細緻的漸圓地球在月球表面上方壯闊「升起」。太空人用充滿希望的訊息替這次的聖誕祈禱畫上句點：「聖誕節快樂，願上帝祝福所有人，所有待在這美好地球的人。」幾個小時後，地球時間的聖誕節清晨，阿波羅八號啓動服務推進系統，也就是指揮和服務艙的主要火箭引擎，加速離開月球軌道。太空飛行器繞過月球的背面時，因返家而極爲愉快的洛維爾便說了：「請各位記得，世上眞的有聖誕老人。」

阿波羅八號在十二月二十七日早上安全濺落海面，起飛之後，一共歷經六天又三個小時的飛行、兩次地球軌道繞行，以及十次月球軌道繞行，是一次眞正極具歷史意義的飛行任務。博爾曼、洛維爾和安德斯不只是成爲前三位突破地球重力影響的人類，他們的旅程也證明太空人可以離開故鄉星球，旅行將近二十五萬英里，抵達地球最近的鄰居。阿波羅八號任務更證明他們能夠在沒有視線以及無法和地球通訊的情況下，完成航道校正行動，太空飛行器也得以從遙遠的距離外提供追蹤資訊，並在成功繞行月球之後，重返地球。

一九六八年是美國極爲痛苦的一年，但不代表一九六七年的情況比較好。美國人民的痛楚始於一九六八年一月，北韓俘虜美國環境研究艦普韋布羅號（USS *Pueblo*），宣稱美國船艦從事間諜活動，並且侵犯北韓領土。越共發動新春攻勢。三月，全球發現美國軍隊在越南美萊村（Mỹ Lai）進行大屠殺。同年，總統林登・詹森宣布自己不會爭取連任。隨後的九個星期之內，馬丁・路德・金恩博士遇刺身亡，參議員羅伯・甘迺迪（Robert F. Kennedy）也遇刺身亡。八月，民主黨在芝加哥舉行全國代表大會時，芝加哥市長理察・戴利（Richard J. Daley）旗下的警察部門和憤怒的示威群眾發生衝突。在國際上，以色列和約旦出現國界爭議。北愛爾蘭的新教徒和天主教徒點燃暴力的火焰，造成所謂的「北愛爾蘭問題」。巴黎的示威活動讓政府瀕臨垮臺。蘇聯坦克進入捷克斯洛伐克。在諸多動盪之中，將數十億美金用於月球旅行，許多人相信這是個錯誤的優先決策。當時流行用語的開頭是「如果我們可以前往月球，爲什麼不能」，隨後接上各式各樣的目標，例如「終結不義」、「消滅貧窮」、「治療癌症」、「廢除戰爭」以及「清理環境」。

即使甚囂塵上、批評四起，民眾對於太空計畫的支持日漸減少，太空人依然是公眾崇拜的人物。

一九六九年一月四日，史雷頓將伯茲・艾德林和麥克・柯林斯請進辦公室，阿姆斯壯已經在裡面等候。史雷頓告知另外兩人，他們即將被任命成為阿波羅十一號的主要成員。戴克說這是「合理的安排，而且阿波羅十一號可能是第一次的登月嘗試任務。」戴克隨後補充，他希望隊員以登陸月球作為前提進行飛行準備，如此一來，倘若阿波羅十一號確實將登陸月球，他們也已經準備就緒。

五天之後，一月九日，航太總署對大眾宣布阿波羅十一號任務的成員。在宣布之前，現場舉行阿波羅八號隊員的頒獎儀式，由總統詹森在白宮頒發榮耀勳章，現場來賓包括眾議院議員、總統內閣成員、最高法院法官，以及各國外交使節團，全都起立鼓掌。阿姆斯壯、柯林斯和艾德林並未親臨現場，而報章媒體將這個時刻描述為「登月團隊的提名時刻」。隔天，三人出席在休士頓的阿波羅十一號任務媒體簡報會議。後來，麥克・柯林斯描述自己、阿姆斯壯和艾德林之間的關係就像「友好的陌生人」，這是一種非常特別的描述，無論是從組員看待彼此的角度來說，或是對這次的計畫而言。

柯林斯是三人之中性格最輕鬆且無憂無慮的成員。他的父親是詹姆斯・柯林斯將軍，曾經在菲律賓和潘興（Pershing）將軍並肩作戰，在一戰中贏得銀星獎章殊榮。他的兄弟詹姆斯二世則是二戰時期的戰地砲兵營指揮官，後來成了陸軍准將。麥克是軍人家庭出身的小孩，經常與家人旅居美國各州。儘管如此，麥克依然備受其他孩子和老師的歡迎。他擁有領導天分、與他人相處和睦、思考清晰，並且善於表達自我。他在一九五二年畢業於西點軍校，與艾德・懷特是同班同學。法蘭克・博爾曼大柯林斯兩屆，伯茲・艾德林晚柯林斯一年畢業。一九五六年加入美國空軍，柯林斯中尉隸屬派駐法國的 F-86s 戰鬥機中隊。一九五七年，柯林斯和一位來自波士頓的年輕女子派翠西亞（Patricia）結婚。還待在歐洲部隊的時候，柯林斯申請了艾德華空軍基地的測試飛行學校。直到一九六一年，測試飛行員訓練學校才接受柯林斯的申請。此時，學校的名稱已經改爲美國空軍航太研究飛行員學校（USAF Aerospace Research Pilot School; ARPS）並且開始設計美國軍隊的測試飛行員進行太空飛行的訓練課程。柯林斯是第三班的成員，同時期包括查理・巴賽特，也就是在一九六六的意外事故中和艾略特・希同時喪命的太空人，以及喬・英格爾（Joe Engle）。英格爾最後成爲唯一一位曾經駕駛兩種不同翼形載具進入太空的飛行員，包括 X-15 和航天飛機。航太研究飛行員學校的畢業生中，總計二十六人因駕駛雙子星、阿波羅，或者航天飛機而獲得太空之翼。一九六三年航太總署提名第三批太空人時，柯林斯名列其中，他的專長是壓力衣以及艙外活動。一九六五年十二月雙子星七號起飛，柯林斯是吉姆・洛維爾的後備成員。麥克第一次的太空飛行經驗是一九六六年七月的雙子星十號任務，是一次非常刺激的任務，當時成功與艾琴娜目標飛船完成太空對接，柯林斯則完成了一次太空漫步並取得一塊微隕石，而這是雙子星八號的戴夫・史考特未能如願的目標。麥克第一次的阿波羅計畫任命是在阿波羅的第二次飛行中擔任華特・康寧翰的後備隊員。發射基地火災之後人事全面改組，柯林斯成了日後阿波羅八號的指揮艙駕駛員。但柯林斯要動脊椎骨的骨刺移除手術，於是吉姆・洛維爾取代了他原本的位置。柯林斯的復原速度非常快，能夠與阿姆斯壯和艾德林共同參加阿波羅十一號任務。

在八年之間，柯林斯從無法進入飛行訓練學校的戰鬥機飛行員，到成爲人類第一次登陸月球的指揮艙駕駛員。阿姆斯壯喜歡柯林斯，因爲他很有幽默感且喜歡開玩笑，同時心思細膩、善於表達以及博學。阿波羅十一號任務結束許久以後，麥克曾經如此評論：「雖然不是太空飛行成功或達成快樂結局的必要條件，但親密的友誼對我來說可能更爲『自然』。縱使我自認是獨來獨往的人，但我們隊員之間的關係傾向於單單交換任務必要資訊，而非交流想法或者情感，這依然讓我覺得有些怪異。」

小艾德溫・「伯茲」・尤金・艾德林（Edwin "Buzz" Eugene Aldrin Jr.）出生於一九三〇年一月三十日，地點在紐澤西的葛倫瑞奇（Glen Ridge）。他是家中第三個孩子，也是唯一一位男孩。他的父親金・艾德林（Gene Aldrin）在一戰中擔任陸軍空戰部隊的飛行員。金・艾德林接受過高等教育，他在加入美軍之前已取得了麻省理工學院的科學博士學位。一九二八年，金・艾德林離開軍隊，成了股票經紀人，並且在經濟大蕭條之前安然退場。

金・艾德林在菲律賓服役時遇見妻子瑪莉安（Marion），她是軍隊牧師的女兒。伯茲在一九七三年出版自傳作品《重返地球》（*Return to Earth*），這本書以伯茲自白在阿波羅十一號月球任務後的數年之間他如何對抗酗酒和憂鬱症而聞名，除此之外，書中也呈現了那典型的故事，關於他在成長過程中只是一位拼命尋求強大父親認可的小男孩。金・艾德林擔任了紐澤西標準石油公司的經理，並將家人安置在紐澤西的蒙特克萊（Montclair），自己則鮮少回家。一九三八年金・艾德林離開標準石油公司，成為一位獨立飛行顧問，他的專業同僚包括查爾斯・林白、霍華・休斯㊵以及吉米・杜立德㊶。

艾德林家中有如此多的航空話題，伯茲自然而然地對飛行產生了興趣。美國參加二戰時，伯茲十一歲。老艾德林重返美軍成了上校，在南太平洋服役，不久後轉派歐洲研究反潛艇戰爭。戰爭結束之後，老艾德林在俄亥俄州萊特空軍基地（Wright Field）的全天候飛行中心（All Weather Flying Center）擔任主管。伯茲完成飛行學校訓練後進入西點軍校，以第三名成績畢業；但他的父親只想知道第一名和第二名是誰。伯茲加入第五十一戰鬥機聯隊參與韓戰。他穿上飛行裝、駕駛 F-86 攔截者，在一九五一年聖誕節隔天抵達首爾。同日，日本海的寒風吹拂時速將近一百英里，待在艾塞克斯號的尼爾進行第三輪的北韓戰鬥飛行。一九五三年停火協議終於完成協商時，艾德林已經執行了六十六次任務，其中三次正面遭遇蘇聯的米格戰鬥機。

回到美國後，艾德林前往內華達州尼利斯空軍基地報到，擔任砲擊指導人員。

一九五四年艾德林結婚。隔年，他申請進入阿拉巴馬州的中隊長士官學校（Squadron Officer School）獲准，開始爲期三個月的訓練任務。完成士官訓練之後，艾德林夫婦搬到克羅拉多泉市。伯茲擔任唐・齊馬曼（Don Z. Zimmerman）將軍的幕僚，齊馬曼是新成立的美國空軍學院的副校長。一九五六年八月伯茲加入派駐在德國比特堡（Bitburg）的第三十六空軍聯隊，住在當地三年。伯茲駕駛美國空軍編制中最複雜的戰鬥機 F-100，並且練習以核彈攻擊鐵幕之後的目標。此時，艾德林夫婦已經育有三名孩子。他在比特堡和艾德・懷特結爲好友。一九五八年懷特完成比特堡的派駐任務之後，返回美國密西根大學完成航空學學位。艾德林開始將目光放到艾德華空軍基地的美國空軍實驗飛行學校，但他和懷特一樣想要先接受更好的教育。艾德林請空軍送他進入麻省理工學院，他在三年內便完成了科學博士學位。一九六二年春天艾德林開始撰寫博士論文，同時申請成爲第二批太空人，艾德・懷特和尼爾・阿姆斯壯雀屏中選，而艾德林則未獲青睞。等到航太總署宣布即將遴選第三批太空人時，伯茲接獲空軍命令必須參與美國國防部的雙子星太空飛行器實驗。不過伯茲最後仍然進了休士頓的航太總署。通過心理和生理的重重檢驗之後，小艾德

㊵霍華・休斯（Howard Hughes, 1905-1976），美國商業大亨、飛行員和電影製作人，他的故事相當傳奇，也多次成爲書籍或電影主題，例如二〇〇四年的《神鬼玩家》。

㊶吉米・杜立德（Jimmy Doolittle, 1896-1993），全名是詹姆斯・杜立德（James Doolittle），曾在二戰中率隊空襲日本東京，此處作戰也被命名爲「杜立德空襲」。

溫・艾德林少將成爲一九六三年十月十七日向外界公布的十四位太空人其中之一，與麥克・柯林斯同期加入航太總署。一開始，艾德林的主要訓練內容是參與任務規劃，後來成爲載人太空中心太空交會和重返地球小組的成員。

身爲一位太空人，艾德林展現出一種令人難以理解的特質，混合了雄心壯志和天眞浪漫，善於權謀又坦率待人。因爲不確定戴克・史雷頓的用人方式，伯茲決定當面詢問。但這個策略失敗，艾德林被指派擔任以賽爾南爲首的雙子星十號任務的後備組員。在既有的用人習俗下，代表艾德林無法參與隨後兩次的計畫，而是擔任雙子星十三號任務的主要隊員。但是雙子星十二號任務結束之後整個計畫便告終，根本沒有雙子星十三號任務。

一九六六年二月，雙子星九號任務原本的組員艾略特・希和查理・巴賽特身亡，順序安排因而改變。吉姆・洛維爾和伯茲的職位從雙子星十號任務的後備組員變爲雙子星九號任務的後備組員。所有的任命指派都有了變動，洛維爾和伯茲塡補雙子星計畫最後一次任務主要成員位置的空缺。艾德林夫婦在拿騷灣住家的後院與查理和金尼・巴賽特家的後院相連。兩個家庭的成員和小孩都成了好友。有一天，金尼・巴賽特將伯茲拉到一旁，向他保證「查理一直都認爲你應該成爲太空計畫的主力，我知道他在天上一定很高興。」伯茲完成雙子星計畫最成功的一次飛行任務，包括極爲重要的五小時艙外活動。

阿姆斯壯、艾德林和洛維爾被指派擔任阿波羅九號任務的後備組員時，阿姆斯壯與他們並不熟悉，九號任務的主要成員是法蘭克・博爾曼、麥克・柯林斯以及比爾・安德斯。

最終，在航太總署決定讓阿波羅八號成為繞月飛行任務之後，原定的阿波羅九號任務成為後來的阿波羅八號，而預定第一次使用登月艙飛行的阿波羅八號任務則變成阿波羅九號任務。麥克・柯林斯的脖子手術使組員安排有了變動。洛維爾取代柯林斯在阿波羅八號任務的位置，佛瑞德・海斯則接替洛維爾，並與阿姆斯壯及艾德林一起擔任後備組員。在艾德林眼中，這樣的變動未來自然會是他和阿姆斯壯一起擔任任務的主要成員，這任務很可能是阿波羅十一號。但史雷頓向阿姆斯壯提了由洛維爾取代艾德林的選項。

史雷頓原來讓艾德林和阿姆斯壯擔任阿波羅九號任務（後來的阿波羅八號任務）後備組員的可能原因是他感覺其他指揮官無法和尼爾一樣順利與艾德林共事。戴克認為艾德林的個性與其他太空人會發生摩擦。「在那個時候，我不確定自己是否認為伯茲確實有些古怪。」阿姆斯壯回憶道：「伯茲和我都曾在韓戰時飛過，我很確定他的飛行技巧非常傑出。他相當聰明。他的想法很有創意，而且很願意提出建議。我認為他是一位良好的共事對象。那時候我對他沒有任何疑慮。」身為首席技術人員的甘特・溫特在最後調整階段必須確認太空人的座艙，他親眼看見阿波羅計畫所有太空人實際行動的狀態，而他認為阿波羅十一號任務的組員「沒有任何凝聚力。一般而言，在航太總署提名任務成員之後，他們會如膠似漆地聚在一起。看到其中一位成員，就能看見另外兩個。但阿波羅十一號任務的這三個人並非如此！午餐休息時間，他們各自解散。這三個男人之間似乎沒有太多同志情誼。我總是說他們三個人是第一組最不像團隊的團隊。」

Chapter 20

第一步

一九六九年一月九日，休士頓舉行記者招待會向媒體介紹阿波羅十一號任務的太空人，其中一位記者提出的第一個問題直指核心：「在三位當中，哪一位紳士將成為第一位踏上月球表面的人？」戴克・史雷頓替太空人回答：「我們還沒有真正討論過這個問題。我們已經完成許多次模擬，太空人登陸月球的順序將取決於三位隊員更進一步的模擬結果。」

尼爾・阿姆斯壯人生的關鍵問題也因此浮現，事後依然引人議論，從一九六九年迄今仍舊爭論不休：航太總署如何決定登月艙中的兩位太空人誰應該踏出登陸月球的第一步？

一九六九年的前幾個月，艾德林毫無疑問地相信自己會是登陸月球表面的第一位太空人。正如伯茲的解釋：「在太空計畫的簡短歷史中，飛行任務的指揮官總是坐在太空飛行器內，他的夥伴負責艙外移動。因此，我認為自己會比尼爾更早離開登月艙並踏上月球表面。」全美大都市的主要報紙刊登巨幅頭條報導，標題是「艾德林即將成為登月第一人」。幾個星期之後，阿波羅九號任務期間，航太總署載人太空飛行計畫的副行政長官喬治・穆勒（George E. Mueller）博士告訴一群人，其中也包括數位記者，艾德林就是第一位踏出阿波羅十一號的太空人。

伯茲原本也非常有自信，直到阿波羅九號濺落至地球的幾天之後傳聞四起。艾德林從載人太空中心的祕密消息來源人物聽聞高層已經決定讓阿姆斯壯比艾德林更早踏出阿波羅十一號。一開始，這個消息只是讓他覺得不解。然而，當艾德林聽聞航太總署希望尼爾成爲登月第一人，因爲尼爾是平民身分，而不是服役中的美國軍人時，伯茲變得憤怒莫名。

隨後幾天，沮喪的艾德林仔細思考局勢，只能和妻子商量。伯茲認爲「這個話題太過敏感，即使最細微的手段都會引發軒然大波」，所以他決定採取最直接的手段，直接和尼爾面對面。

倘若艾德林以爲阿姆斯壯會提出果決的答覆，那眞是令人悲傷的誤解。「一如往常，只要尼爾願意，他永遠可以如此神祕難懂。」伯茲回憶道：「很顯然他也認爲誰能夠率先踏上月球表面非常重要，但我認爲到了這個時刻，我們已經熟悉且欣賞彼此，能夠坦承地探討這個話題。」在一九七三年出版的自傳《重返地球》當中，艾德林寫道：「尼爾支吾其詞了將近一分鐘左右，隨後展露一種連我也不知道他擁有的冷靜特質，他說，這個決定將會創造歷史性的結果，他不想排除自己成爲登月第一人的可能性。」但是，艾德林宣稱，自傳的共同作者過分跨大地描述這場對話。「我可以理解，尼爾確實不會提供決然的回答，特別是因爲這根本不是他能夠作主的。首先，他提到這個決定的歷史意義，他說的話非常有道理，我也充分理解。同時，我也相當清楚，尼爾不想繼續討論這個話題。他絕對沒有表示『對，我認爲你說的沒錯，我會請他們盡快決定。』在我們的對話之間，不曾出現這種氛圍。」

艾德林縱然想要克制自己日漸嚴重的不滿，卻依然徒勞無功。「在這段期間，我努力地不要對尼爾發怒。」但一如往常，讓伯茲最痛苦的依然是他的父親。和父親通電話時，伯茲曾經暗示，航太總署最後的決定很有可能支持讓尼爾率先走出登月艙。老艾德林「勃然大怒」告訴兒子「必須盡快處理」。根據伯茲的說法「雖然相當費力，但我終於說服父親不要插手介入此事。」但是，金．艾德林並未信守承諾，他致電給幾位非常有影響力的朋友，他們和航太總署及國防部都有內部往來。

彷彿想要搶先父親的腳步，伯茲聯絡他少數幾位太空人同袍，特別是艾倫．賓和金．賽爾南，因爲伯茲認爲他們與自己的處境相同，能夠感同身受。賓和賽爾南分別是阿波羅十號任務和阿波羅十二號任務的登月艙駕駛員。但是，艾德林的冒險序曲並未創造正面積極的回應，這種私人對話的手法，反而讓太空人團隊普遍認爲伯茲想在幕後遊說成爲登月的第一人。根據金．賽爾南的回憶，艾德林爲了想要成爲第一位在月球漫步的人類，已經「陷入瘋狂」。「有一天，他走進我在載人太空中心的辦公室，就像一隻憤怒的鸛，他拿著許多圖表、圖片和統計數據爭論他認爲理所當然的決策——也就是他，登月艙駕駛員，應該率先踏出阿波羅十一號的階梯，而不是尼爾．阿姆斯壯。但是我和尼爾共用一間辦公室，尼爾當天正在接受訓練，我覺得艾德林的說法非常荒謬而且具攻擊性。自從伯茲知道阿波羅十一號任務將進行人類歷史上首次登月嘗試之後，他就特別努力想要偷偷摸摸地奪走這歷史性的成就，每一次其他太空人同袍都對他怒目以對並且喃喃地咒罵。我完全不能明白，為什麼尼爾可以忍受那麼久且並未下令停止伯茲讓自己看起來像是傻瓜。」

阿波羅十一號任務的隊員麥克・柯林斯也回想起類似的經驗。「有一次，伯茲試探性地走向我，他想要討論這種情況對他非常不公平。」柯林斯回憶道：「但我很快就拒絕他了。我要處理的問題已經很多了，根本不想介入此事。雖然伯茲不曾長篇大論地坦承討論，但我想他的不滿來自尼爾即將成為第一位踏上月球表面的人。」艾德林則堅持，太空人同袍誤解他的動機。「我不是真的想要成為第一人。」伯茲堅持：「但我知道我們必須做出決定。」

由於載人太空中心內部已經出現許多不友善的討論，關於艾德林私下的遊說活動，史雷頓決定結束這場爭執。戴克走進伯茲的辦公室並表示尼爾很有可能就是登陸月球的第一人。至少，史雷頓給的理由讓伯茲欣然接受這種按照輩分的安排。「尼爾是第二批太空人的成員，比我早一批。」艾德林回憶道：「因此讓他先踏上月球才是正確的決策，正如哥倫布和歷史上其他探險隊的指揮官一樣。如果不讓尼爾踏出第一步，讓指揮官坐在裡面，看著資淺的同袍走上月球、揚起塵土、撿起月球採集樣本、說出著名的句子等等，這次任務便會遭到各界批評，是不正確的作法。」

根據艾德林的說法，他能夠接受史雷頓希望尼爾成為登月的第一人；讓艾德林不滿的一直都是其他人不明白他的心意。「無論我能不能踏上月球的第一步都只是個人問題，不重要。從科技的觀點而言，偉大的成就正是人類首次登月，而我們當中的其中一人會完成這個成就。」伯茲完全理解「無論誰踏出眞正的第一步都會享受更龐大的喝采和注目。」根據他本人的說法，即使登月的第一人是尼爾，伯茲也不在意，因爲他從來就不是爲了追求喝采。他眞正不滿之處在於「一再拖延決定，直到這個話題變成八卦、猜忌，並且導致見面時的尷尬氣氛。」所有的朋友和家人都覺得不自在，記者也持續追問艾德林：「誰會是第一個登陸月球的太空人？」阿姆斯壯擁有一種與世無爭的靜謐特質，他能夠輕易處理這種模稜兩可和不確定的氛圍，但艾德林無法。

伯茲覺得自己被迫做出最後一次的澄清。「我終究還是前往了阿波羅計畫主任喬治・洛的辦公室，去解釋我自己聽聞的情況。我說，我理解他們必須愼重考慮，並且強調，無論他們的決定是什麼，我都樂於接受。對於我個人而言，那不是重要的問題，但對於阿波羅十一號的團隊氣氛和訓練而言，他們應該趁早決定。」洛向艾德林保證，他們一定會迅速做出決定。

四月十四日，載人太空中心舉行記者會，喬治・洛指出：「我們的計畫是讓阿姆斯壯先生成爲第一位踏上月球的人……幾分鐘之後，艾德林上校會跟著阿姆斯壯先生走下階梯。」就此以後，艾德林認爲航太總署最後只是按照登月艙的內部設計構造，以及兩位太空人在登月艙裡實際座位的位置決定他們離開的順序——從工程的角度而言，這種安排非常合理，也最能夠滿足艾德林的情緒。根據伯茲的說法，他曾經和尼爾討論此事，一起「猜測」航太總署的上司如何完成決定。「我們的結論相信」，艾德林解釋道：「誰能夠第一個踏上月球表面的決策，取決於月球表面的任務地點，以及登月艙內部的座位。除非情況有所改變，身爲登月艙駕駛員，我將坐在右手邊，這是駕駛員的固定位置，尼爾坐在左手邊，靠近艙門。恣意改變離開順序非常不切實際，而且我必須和尼爾交換位置，這只會更加複雜。就我個人所知，這就是他們最終決定的主因。」航太總署宣布決定之後，艾德林立刻宣稱自己非常同意。麥克・柯林斯的想法與艾德林相左。「顯而易見地，伯茲的態度立刻變得憂鬱，而且開始反省自己。」其他幾位航太總署的官員也記得伯茲非常失望，包括甘迺迪角發射基地準備工作的負責人甘特・溫特也說：「伯茲的內心一直認爲自己會是第一位離開登月艙並在月球土地上留下歷史足跡的人。他也因此疏離許多人，包括登月計畫的管理階層和太空人同袍，他持續爭辯自己的想法。任務的指揮官尼爾則是持續不懈地努力工作、想要專注完成任務。」

尼爾總是堅持自己不曾與伯茲討論誰將踏出第一步的任何細節，即使是在航太總署宣布「第一步」決策之前的數個星期，他從未和任何人提過此事，即使是珍妮特也沒有。事實上，尼爾對於「第一步」決策的觀點，在許多重要的環節都不同於艾德林的描述。首先，尼爾認爲自己對第一步決策的關心程度從來不如艾德林的想像。至於艾德林（或者自傳共同作者）對於該次對話的描述，「我已經不記得具體的對話內容。」阿姆斯壯堅持：「我記得在某個時間點——我不知道是不是艾德林所說的那個時間——他詢問我的想法，我的回答是：『我不打算介入。我只關心模擬訓練，其他人會決定。』事實上，我不認爲第一步眞的很重要。我永遠都覺得驚訝，爲什麼社會大眾如此在意踏上月球表面，更別提誰踏出第一步。在我心中，最重要的目標就是讓四隻鋁製的機腳安全降落在月球表面，而且我們必須安全地待在飛行器之中。我們在太空飛行器裡讓十英尺高的鋁製機腳站立在月球表面，或者讓我們鞋底的一小寸合成橡膠或塑膠接觸月球表面，這對我來說根本毫無差別。」

「在雙子星計畫中。」尼爾講述：「副駕駛一直都是艙外活動人員，主要是因爲指揮官的工作非常繁複，不可能讓指揮官負責所有工作，根本無法準備。副駕駛可以應用的時間更多，也更符合工作分配的邏輯。我們剛開始進行阿波羅計畫月球表面活動的地面模擬時，就是想要用這種方法，可能是因爲雙子星計畫的經驗，所以我們如法炮製。伯茲可能就是因此認爲，既然雙子星計畫的工作分配如此，阿波羅計畫的工作分配應該也是，而踏上月球表面就是他的職責。他可能認爲這是他重要的使命。但是隨著愈來愈多的地面模擬訓練完成，每個人都愈來愈清楚讓指揮官率先離開登月艙更簡單，也更安全。最後，地面模擬訓練的結果顯示由右側駕駛員艾德林先離開登月艙的技術無法順利進行。根據尼爾的說法：「我想大多數的人都認爲讓登月艙駕駛員在指揮官座位附近走動並且率先離開艙門的風險很大，但可以用其他方式避免。」負責進行地面模擬的關鍵人物，特別是載人太空中心的工程師喬治・法蘭克林（George Franklin）以及雷蒙・傑帝卡（Raymond Zedekar）提出一個結論，他們認爲指揮官先離開登月艙的風險較低，任務規劃師決定放棄雙子星計畫的流程並重新制定新流程。「這就是我們的決定。」阿姆斯壯解釋道：「在隨後的阿波羅任務飛行中，哪一位太空人先離開登月艙沒有象徵意義或歷史意義，而是全部採用相同的流程，讓指揮官先踏出登月艙。」

事實上，登月艙艙門設計和登月艙內部構造等等技術問題，並非載人太空計畫主導者考慮誰應該率先踏上月球表面的主要因素。技術問題不是決策的唯一因素，正如阿波羅十二號任務的登月艙駕駛員艾倫・賓清楚表示：「如果你是伯茲或者我，你可以這麼做。穿上厚重的艙外活動背包裝備之前，你站在登月艙內部，可以隨意移動。伯茲從右方走向左方，在左方換上自己的裝備，尼爾從左方移動到右方，在伯茲原本的位置換上裝備。隨後，他們可以交換艙外活動背包；伯茲從左方架子取下尼爾的背包，交給尼爾；尼爾將伯茲的背包交給他，只需要說一句：『我想出艙，換位置吧』很簡單，微不足道的小事。無論航太總署當時的說法爲何，伯茲可以輕而易舉地率先離開登月艙。重點在於穿上艙外活動背包的地點。」賓的說法認爲，航太總署用太空艙門設計和內部構造等技術問題作爲理由是想要徹底終止「第一步」的爭議——並且平息艾德林的不滿。「就我看來，他們用技術問題作爲理由，只是因爲不想直接告訴伯茲或者任何人『我們就是希望尼爾踏出第一步。』聽著，航太總署很熟悉伯茲和尼爾。史雷頓可能在稍早的某個時間早就和尼爾接觸，告訴他：『對了，我們挑選你擔任這次任務的指揮官，希望你踏出登月的第一步。』如果眞的有這場對話，尼爾也不會告訴任何人，但戴克可以輕而易舉告訴尼爾：『我不希望別人知道我們討論過此事，但我想要你成爲登月的第一人，我也不希望再提起這件事。』我了解戴克，我也了解尼爾，就我所知，他們不願意也不曾討論這個問題。」

除了艾爾・賓的詮釋觀點之外，航太總署支持阿姆斯壯還有另外一個政治因素。一九六九年三月的某段時間，阿波羅九號任務的成功帶來喜悅的氣氛時，飛行人員行動主管戴克・史雷頓、載人太空中心主管鮑伯・吉爾魯斯、阿波羅計畫管理人喬治・洛（他曾經在一九六六年時和阿姆斯壯一起參加南美洲親善之旅），以及飛行行動主管克里斯・克拉夫特曾一同開了一次非正式的會議。克拉夫特回憶那次會議的梗概：「大概是在阿波羅九號任務期間，喬治・洛和我出現了共同的想法，我們認爲按照現在的發展情況，艾德林可能會在阿波羅十一號任務期間率先離開登月艙，因爲他是登月艙駕駛員，他和科學家進行所有的登月訓練，也研究登月使用的實驗背包，伯茲非常清楚細節。我們發現這個情況之後，立刻召開一場會議，專門探討此事。在那段期間，處理這種類型的情況，通常是我們四個人齊聚一堂——吉爾魯斯、史雷頓、洛和我。聽著，我們非常清楚第一個登陸月球的人會成下一個林白。他將成爲永恆的傳奇，每個人都會記得他就是踏出月球第一步的人類。我們希望誰可以成爲這個傳奇？登月第一人必定是一位傳奇，一位美國英雄，他的地位將會超越「幸運」林白，超越任何一位軍人、政治人物或者發明家。那個人應該是尼爾・阿姆斯壯。尼爾就是尼爾。冷靜、沉默，擁有絕對的自信。我們四個人都知道他就是林白那種類型的人。尼爾沒有過於膨脹的自我意識。他從來不會在內心深處想著『嘿！我要成爲第一個踏上月球的人了！』尼爾不曾有這種想法。尼爾最多只是表達自己希望成爲月球上第一位測試駕駛員或者第一群飛向月球的太空人。如果你告訴他：「你往後的人生都會成爲地球上最出名的人。」他大概會說：「那我不想成爲踏上月球的第一人。」另外一方面，艾德林渴望這個榮耀，也不害怕別人知道。尼爾不曾發表意見。他的個性不追求眾人目光。沉默、語氣柔緩，充滿英雄氣質。他是我們唯一的選擇。」

「我們的想法一致。我們都同意『改變現有規則，不再讓登月艙駕駛員成爲踏出第一步的人選。』鮑伯・吉爾魯斯將我們的決策傳達給航太總署的喬治・穆勒以及山姆・菲利浦斯（Sam Philips），戴克負責通知太空人團隊。在會議中，我們要求戴克通知太空人，他並未反對，而且遵照辦理。我確定他用非常得體的方式處理。」

「伯茲・艾德林被這個消息擊垮了，但他堅忍地承受。尼爾・阿姆斯壯也接納自己的使命，沒有狂賀欣喜，也沒有絲毫驚訝。他是阿波羅十一號任務的指揮官，或許，我們早就應該規定，永遠都是指揮官踏出登月的第一步。伯茲可能認爲自己的艙外活動訓練更良好，比尼爾更適合從事月球表面的探索活動——坦白說，伯茲或許是對的。到最後，尼爾依然讓伯茲負責許多月球表面的工作。他希望伯茲順利完成，也知道伯茲的艙外活動能力比他更好。但是月球表面的探索能力與我們決定誰應該踏出登月第一步毫無關係。」

在這次會議中，史雷頓、吉爾魯斯、洛或克拉夫特不曾提到登月艙內部結構或者艙門設計。正如克拉夫特的說法「我們從未想到這個議題的工程設計層面，那只是偶然的幸運藉口。」史雷頓特別希望用工程技術的詞彙解釋他們的決定。「那就是戴克的風格。」克拉夫特解釋道：「他不想成爲別人心中阻止伯茲並且讓尼爾跨出第一步的人。」

事實上，四名參與一九六九年三月那場會議的人都不喜歡坦率探討當天的眞相。舉例而言，一九七二年九月，喬治・洛在自己的辦公室和艾德林見面之後的備忘錄中寫道：「艾德林詢問我，關於誰能夠成爲登月第一人的決策，究竟來自休士頓的航太總署、華盛頓的航太總署總部或者是外部單位要求航太總署遵守。我告訴他，那是鮑伯・吉爾魯斯根據戴克・史雷頓的建議所做下的決定。」很顯然洛對這個故事的觀點，無法吻合克里斯・克拉夫特二〇〇一年出版自傳作品《飛行：我在任務管控中心的生活》（*Flight: My Life in Mission Control*）。

艾德林當然難以釋懷，甚至直到一九七二年依然對此心煩意亂，他因此詢問喬治・洛當年究竟如何決定誰踏出「第一步」。這只能代表一件事：一九六九年，航太總署希望全世界和伯茲相信這個決策歸因於技術，但伯茲無法完全信服。

直到克里斯・克拉夫特出版自傳之前，伯茲從來不知道吉爾魯斯、史雷頓、洛和克拉夫特曾經舉行過這次會議，阿姆斯壯也不曉得。即使與工程技術無關的決策原因已經曝光，尼爾依然相信，登月艙內部構造設計的工程技術考量才是決定誰應該踏出登月第一步的主要原因。「我只相信一個事實，六次登陸月球都用同樣的方法就是非常好的證據，證明那才是最妥善的方法，否則航太總署就會做出改變。倘若那是錯誤的方法，我無法想像其他的任務指揮官，特別是艾爾・雪帕（阿波羅十四號任務指揮官）會同意進行。我知道其他太空人的個性，倘若原本的方法有問題，而且有更好的方法，他們就會採用或者嘗試。我自己的感受也是如此。」

Chapter 21 月球辯證

伯茲・艾德林對於誰應該踏出登月第一步的擔憂，無助於提升阿波羅十一號隊員的工作關係；然而，他的不愉快也不曾傷害隊員練習進行歷史任務的訓練，因爲阿姆斯壯內斂堅毅的性格不可能允許發生這種情況。倘若阿波羅十一號的指揮官是法蘭克・博爾曼或艾倫・雪帕等強勢之人，艾德林的情況很有可能會嚴重破壞任務的進行。

「尼爾可能覺得自己不適合處理與飛行任務無關的問題。」麥克・柯林斯解釋道：「我不曾聽見尼爾批評伯茲。就我所見，他們的工作關係永遠非常彬彬有禮，尼爾也不會批評伯茲。但是，只有上帝才知道尼爾對伯茲的眞實想法。」

首次登月任務的訓練過程強度非常高，受到挑戰的人不只是阿波羅十一號任務的團員，也包括航太總署團隊全體成員的耐心和善意。必須準備就緒的，不只是太空人，還有任務管控中心、追蹤網絡、團員可能會帶回月球上的各種「臭蟲」（疾病），也要準備隔離設施，更別提土星五號火箭、一〇七號指揮艙，以及五號登月艙。阿姆斯壯、柯林斯和艾德林一天訓練十四個小時，一個星期六天，持續六個月，星期日也要訓練八個小時。

從一九六九年一月十五日開始，直到一九六九年七月十五日，也就是起飛的前一天，阿波羅十一號任務的團員一共進行三千五百二十一個小時的訓練，等同每個星期一百二十六個小時，每個成員平均四十二個小時，特別專注於訓練計畫和體能訓練。除此之外，每個星期還有額外二十個小時熟悉任務計畫和過程、和同僚討論、前往訓練設施以及其他常態工作。阿姆斯壯和艾德林的工作時間登記數字分別爲一千二百九十八小時和一千二百九十七小時，柯林斯的訓練時間則少了三百七十小時左右。柯林斯的訓練時間半數都在指揮服務艙內模擬，他獨自訓練，並未和阿姆斯壯與艾德林一起工作。他們將近三分之一的訓練時間都用於登月艙模擬器的擁擠空間。

阿波羅十一號任務最重要的目標就是完成月球登陸。月球表面活動的訓練量不到太空人總訓練時間的百分之十四，其中包括讓阿姆斯壯和艾德林蒐集月球表面的地質樣本，架設所有預定使用的月球表面實驗器材，以及學習如何使用艙外行動組件（Extravehicular Mobile Unit; EMU）。艙外行動組件是相當重要的設備，包括太空人在月球表面工作期間的所有防護衣和隨身工具。在艙外行動組件訓練期間，太空人「仔細檢查」所有的構成零件。

「我們一直練習月球表面工作直到我們有合理的信心，能夠完成月球表面計畫。」阿姆斯壯主張：「從〇分到十分，如果下降和登陸月球表面的難度是九分，我認爲月球表面工作的難度只有兩分，但不代表月球表面活動沒有風險，因爲確實有風險。首先，我們必須完全仰賴壓力衣，月球的熱能環境也是重要的問題——我們會不會發生過熱的問題，因爲月球表面的溫度可能高於華式兩百度。我們在低壓艙進行月球表面模擬，加上熱度模擬，模擬結果非常良好。所以我們很有信心，月球表面工作應該會相當順利。唯一的擔憂就是無法模擬的未知狀況，因爲我們根本不知道會遇到哪些意外。到最後，我們終於證明，即使無法符合月球的重力環境，地面模擬的結果依然很順利。」

自從一九六二年選出新九人之後，「我們已經體驗了好幾年的地質學基礎課程。航太總署有非常好的指導者，他們熟知天體地質學和月球學，也就是對於月球的天體研究學問。我們前往夏威夷和冰島，專注研究噴出岩。航太總署假設月球環境主要由板塊改變所形成，或者火山和板塊岩漿流動造成的殘留物質，諸如此類。我很想偷偷將地球的石灰岩帶入阿波羅十一號，假裝那就是月球的樣本，一定會讓很多人生氣！但我們並未惡作劇。」

阿波羅十一號任務的另外一個現實考量，就是阿姆斯壯和艾德林無法長時間待在月球表面。「主要是因爲我們不知道太空衣的冷卻系統供水能夠維持多久的時間。」阿姆斯壯解釋道：「也不清楚我們的身體能不能在月球保持和在地球時的新陳代謝速率完全相同。事實證明，我們能夠比預定時間待得更久。回到太空飛行器之後，我們排出太空衣的水箱殘水，想確定剩餘水量，而這讓我們得到非常有用的數據，能夠計算離開太空艙的時間。」

雖然尼爾喜歡地質學，他卻認爲地質學的核心理念有些令人疑惑。「地質學家有一個很神奇的理論，他們稱爲『最小驚訝原則』（theory of least astonishment）。這個理論認爲，如果你發現石塊形成的過程，你可能會提出各種理論、創造各種可能的場景，解釋岩石如何形成。然而，你必須選擇最不令人驚訝的理論，藉此作爲進一步分析的基礎。我認爲這個理論非常耐人尋味，我在工程領域中不曾體驗過這種邏輯方法。」但是，就是因爲阿姆斯壯系統縝密的工程學方法，才會讓綽號傑克、哈佛畢業的地質學專家以及日後的阿波羅十七號登月艙駕駛員哈里森・史密特（Harrison Schmitt）讚揚尼爾的月球石塊蒐集樣本「超越任何人在月球上的蒐集成果」，並認爲尼爾的地質學能力厥功甚偉。而史密特也曾經負責訓練尼爾和伯茲蒐集月球岩石。

阿波羅任務的所有訓練都很重要，但成功最重要的關鍵，在於飛行模擬器。主要的模擬器有兩臺，其中一臺是由北美航空公司打造的指揮艙模擬器，以及登月艙的設計者格魯曼公司所製造的登月艙模擬器。柯林斯絕大多數的訓練時間都用於指揮艙模擬器，阿姆斯壯和艾德林則是待在登月艙模擬器。指揮服務艙模擬器所有的控制開關和儀器掛接在任務管控中心後方房間的電腦以及任務管控中心的控制臺——模擬器的綽號是「大型火車殘骸」，因爲模擬器由各種不同形狀的盒子與零件所構成——採用完全互動式的動態反應。太空人使用模擬器進行「飛行」時，可以看見窗外展示地球、天空、月球和星辰的景觀。「整體而言，模擬器運作良好。」尼爾回憶時說道。雖然，模擬確實無法完美呈現眞實場景，但模擬器「效果很好，讓我們建立必要的信心」。

在阿波羅十一號任務訓練期間，阿姆斯壯一共在指揮服務艙模擬器中訓練一百六十四個小時，只有指揮艙駕駛員柯林斯的三分之一。考慮尼爾在這次任務的主要責任，這是非常自然的結果，他使用相當可觀的時間專注訓練登月，三百八十三小時使用登月艙模擬器，三十四小時駕駛登月訓練載具和登月研究載具，總計是四百一十七小時的登月模擬訓練時間。阿姆斯壯在模擬器的訓練時間爲五百八十一小時，總時間超過七十二天——超過十個星期——一天使用八小時。相較於尼爾，艾德林使用指揮艙模擬器的時間多了十八個小時，使用登月艙的時間超過二十八個小時。但是，伯茲和尼爾不同，在六個月長的準備訓練時期中，伯茲並未駕駛登月訓練載具或者登月研究載具。「你希望讓模擬器可以精準表現現實情況，但機器永遠無法趨近現實，不能像眞正的機器一樣輕易駕馭。在職業生涯中不曾參與模擬器開發的人，通常都想要『獲勝』。他們希望時時刻刻拿出完美操作，避免模擬器發生任何問題。我的方法完全相反。我刻意導致模擬器出現問題，如此一來就能夠仔細調查、從中學習。我很確定某些同仁知道我的方法。」尼爾和伯茲駕駛登月艙模擬器發生惡名昭彰的艱困意外之後，確實更多人知道尼爾的方法了。

麥克・柯林斯曾敘述此事。「尼爾和伯茲駕駛登月艙模擬器，正在練習降落時突然發生意外，休士頓立刻下令他們停止模擬訓練。不知道爲什麼，尼爾可能是質疑航太總署的建議，或者刻意緩慢進行。無論如何，電腦模擬結果顯示，登月艙重新提升高度之前，已經低於月球表面。用白話解釋，尼爾導致登月艙墜毀，機器損毀，他和伯茲也喪命了。」

「那天晚上，伯茲在隊員住處憤怒抱怨，讓我無法準時就寢。我無法判斷他究竟是擔心尼爾在實際飛行任務中重蹈覆轍，危急他的安全，或者他認爲在任務管控中心的多位專家面前失誤，所以非常難堪。無論如何，伯茲的音量很大，威士忌喝完之後，他抱怨的音量愈來愈大，內容也更具體。尼爾突然出現了，穿著睡衣，頂著一頭凌亂的頭髮，看起來冰冷不悅。尼爾參與這場爭執。基於禮貌，我找藉口離開，內心感激自己終於可以就寢，我不希望介入因爲技術操作或者個性不和導致的隊員衝突。」

「尼爾和伯茲談到深夜。但是，隔天早上的早餐時間，他們看起來絲毫沒有受到影響，相當平靜，沒有困窘或憤怒，我猜想他們進行了一場良性且坦承的交流，正如他們在國務院的說法。這也是我們訓練過程中唯一一次的衝突。」

對於當天深夜的交流事件，艾德林的看法則稍有不同。「我們三個經常很晚才在隊員住處吃晚餐。晚餐過後，麥克和我坐在一起小酌聊天，尼爾已經睡了。麥克說了：『今天過得如何？你們在模擬器的情況還好嗎？』我說：『任務管控中心要求我們放棄時，我們失去控制。』現在，我已經不確定自己當時說話的音量。但是，我認爲我們之間的對話，就只是我和麥克之間的對話內容，不需要將這種感受傳給尼爾。因爲這不符合我和尼爾之間的關係。一般而言，我從來不批評尼爾執行任務的方法，但麥克想要知道模擬訓練的情況，所以我將事發經過告訴他。尼爾從臥室出來時，我和麥克非常驚訝。他說：『你們太大聲了，我想睡覺。』」尼爾並未用任何文字替自己在模擬訓練的行爲辯護，也沒有解釋自己爲什麼選擇不放棄任務。「那不是尼爾的風格。」艾德林解釋道。

在艾德林的描述中，尼爾走出臥室，請他們安靜時，艾德林正要告訴柯林斯：「我認為，我們正在玩一場遊戲，我們應該嘗試各種選項才能贏得遊戲，如果模擬情況不順利，我們必須盡早嘗試才能得到良好的結果。如果我們在眞正的飛行任務中遇到相同問題，也能夠提出良好的解決方法。」艾德林告訴柯林斯，在所有意外情況中，最重要的原則就是不要墜機。「我認爲，在負責管理模擬機的人眼中，想要分析模擬系統或者其他問題，並不是妥善的遊戲方法。如果他們判定我們失誤，認爲我們已經失去登月艙的控制力，倘若這是眞正的飛行任務，尼爾還會堅持嘗試登陸月球嗎？我不確定。同樣的道理，如果某個原因導致指揮艙故障，主要導航系統故障，或者登月雷達故障，爲什麼還要繼續？我們無法第一次就順利登陸月球，我們必須放棄任務，回到地球。很顯然我和尼爾對於模擬結果的反應不同。尼爾確實有自己的理由。他和負責管理模擬器的人員才知道究竟可以得到何種成果。至於我，我只是支持模擬訓練，幾乎是以旁觀者的身分。麥克問我模擬情況，這就是我對事發經過的想法。」

此次模擬故事的特定版本曾流傳多年，據說艾德林曾經要求阿姆斯壯放棄任務，但尼爾解釋道：「我不記得伯茲曾經要求我放棄——不曾如此——我不記得。但我確實記得模擬任務期間的下降軌跡，我們能夠取得的任務資訊也嚴重損毀，我認爲這是測試任務管控中心的好機會。『好的，各位同仁，看看你們有什麼方法吧。』我知道自己可以隨時放棄任務——可能也會成功——但任務會失敗，這次模擬也會結束。這是測驗任務管控中心的好時機。伯茲認爲這是不好的成績。他認爲這次失敗會讓他的能力受到質疑，質疑我和他的能力，甚至質疑阿波羅十一號任務團隊的能力。我完全沒有這種想法。我和伯茲之間的觀念完全不同，當天稍晚，他讓我知道他的擔憂。」

至於當天深夜阿姆斯壯和艾德林之間的具體交談內容，「我已經不記得細節了，但我記得伯茲表達了自己的不悅。他看待模擬的觀點和我不同。他不喜歡在實際模擬中發生墜毀事件，我認爲那是所有人學習的好機會，不只是任務組員，也包括管控中心的工作人員。我們都是一起努力的夥伴。」

有趣的是，「阿姆斯壯不願放棄模擬任務」的故事就像尼爾在一九六二年四月駕駛X-15的飛行任務，當時他的飛機往上漂浮，最後驚險地降落在帕薩迪納。在兩個事件中，尼爾都想經由辯證式的實驗法提升自己的技術學習知識。「如果們無法提出解決方法，或者地面管控小組也不能找到解決方法，對我來說，這就是一個訊號，我必須更妥善理解該階段的飛行軌跡。」事實上，由於尼爾在任務管控中心的觀察之下進行模擬任務時發生模擬墜毀意外，所以他「繪製高度和下降速度的關係圖表，並且標示特定區塊，如果機器的高度和下降速度進入有問題的區間，我就能夠立刻察覺。倘若當時我按照其他人的建議立刻放棄任務，可能就不會思考這個問題，或者製作這張圖表。」同時，該次「拙劣」的飛行模擬也讓飛行主管和工作人員重評估他們分析月球飛行的方法。「我相信他們改善了自己理解月球飛行的途徑，也可以知道哪些情況會造成危險。」阿姆斯壯主張：「因此，那次的模擬飛行成果很有價值。我確實有些失望，因爲我們先前並未察覺相關問題，但我們可以在過程中學習。這是我曾經接觸過最龐大的模擬訓練內容——也應該如此。登陸月球是更巨大的計畫，內容更廣闊，更多人參與，勝過於我們所有人過去的經驗。」

經歷四個月的訓練之後，阿波羅十號的隊員飛向月球。他們在一九六九年五月十八日起飛，隊員是三位雙子星的太空交會老將——指揮官湯姆・史達福德、指揮艙駕駛員約翰・楊，以及登月艙駕駛員金・賽爾南——爲期八天的任務非常成功，全副武裝演練月球登陸。阿波羅十號完成一系列太空飛行任務的第一次，包括指揮服務艙和登月艙第一次在地球月球之間和月球環境之中進行飛行操作、指揮服務艙和登月艙第一次跨越月球之間進行對接，登月艙第一次在月球軌道中完成解除對接，登月艙首次在月球軌道進行發動，以及第一次在月球軌道中完成載人登月艙和指揮服務艙對接。阿波羅十號任務唯一沒有完成的目標就是登陸月球，雖然其登月艙——綽號史努比——再回到月球軌道，與綽號「查理・布朗」的指揮艙完成再度對接之前，與阿波羅十一號任務預定的登陸地點只有五萬英尺的距離。

阿波羅十號任務在數個層面替阿波羅十一號任務做好準備。首先，正如阿姆斯壯的解釋，「登月艙的操作特性還有幾處需要釐清，例如登月艙的反應和登月艙的引擎運作。我們希望知道登月艙的實際飛行狀況和登月模擬機以及登月訓練載具之間的相似與差異處。」月球環境本身也有幾處重點，特別是「重力異常區」（mascons）對於飛行航道的可能影響。重力異常區位於肉眼可見的月球表面下方，通常是在月球海區域，因爲月球內部的岩石密度比表面周圍環區的岩石更高。一九六六年至一九六七年間，一共進行五次無人月球軌道太空飛行器計畫，遙測數據顯示，月球的引力並不一致。重力異常區很有可能導致攝動，讓太空飛行器繞行月球的軌道路徑稍微下降。阿波羅十號任務記錄質量集中對阿波羅十一號準確路徑的影響。

「阿波羅十號任務拍攝了非常精美的照片，伯茲和我也有了很大的信心，我們一定有能力辨識自己的飛行路徑以及路上的重要路標。我們在七月起飛時，內心早已記住下降路徑中的所有重要路標，同樣重要的是，我們也熟悉前往啓動下降引擎地點之前的所有路標。這些路標就像雙重確定一樣重要，能夠知道我們的位置，事實上，也可以準確抵達我們預定的地理位置——並且竭盡所能地符合預定的任務飛行計畫執行時間。」

最後，阿波羅十號任務的成功，代表阿波羅十一號絕對會是第一次的登月任務。唯一的不確定因素是起飛日期。阿波羅十號任務結束之後數個星期，戴克・史雷頓詢問阿姆斯壯是否已經準備就緒。阿姆斯壯回答：「好吧，戴克，如果我們還能再訓練一個月會更好，但坦白說，我知道我們不見得可以獲得另外一個月的時間。我想，我們可以在七月的任務時間準備完成。」一九六九年六月十一日，航太總署宣布阿波羅十一號的太空人已經獲得同意，準備嘗試登月。他們的起飛日期安排在七月十六日，而歷史性的登月則是在七月二十日的星期日下午。

阿姆斯壯、柯林斯和艾德林用勤奮認眞、專業而且非常有活力的態度，完成爲期六個月的訓練表中的所有項目，也讓航太總署對他們懷抱極高的信心。但是，阿波羅十一號任務充滿各種未知情況、不確定性，以及尚未察覺的風險——有些屬於技術領域，另外一些則是人爲操作。如果遭遇危機，太空人應該如何表現？對於擔任指揮官的尼爾・阿姆斯壯，航太總署決定承受可以接受的風險，爲了完成登月，阿姆斯壯可能要突破自己的極限，挑戰自己的運氣，甚至過度發揮自己的能力。

航太總署建立了一套「任務規則」，作爲預防檢查的系統。預防檢查的觀念很早就來自於水星計畫航太總署太空任務團隊中的資深工程師。他們認爲應該正式記錄所有重要的想法、對於水星計畫太空艙的觀察、對於水星計畫發射火箭的想法、對於飛行控制系統的想法，以及所有可能的飛行狀況。正如克里斯・克拉夫特所說：「我們記下大量的可能情況以及處理方法，我們將所有的內容印刷成小冊，將這個小冊稱爲任務規則。」爲了準備進行阿波羅十一號任務，任務規劃師、飛行指引人員、模擬專家、工程師以及太空人團隊花費數個月的時間，反覆討論、爭論、檢閱、重新草擬並且制定首次登陸月球的任務規則。直到一九六九年五月十六日，阿波羅十一號起飛的兩個月之前，任務規則手冊才推出第一版。隨著模擬訓練持續進行，任務規則也因應需求進行修正。起飛的五天前，長達三百三十頁的第三版任務規則（或者說C版任務規則）正式完成，但持續進行修改。發射當天，任務規則的飛行章節增加七項改變。阿波羅十一號隊員不知道的其中一條最後修正規則主張：如果登月艙的機上電腦發生特定的計畫警告，太空人不必放棄登月。

手冊中包括漫長的「飛行操作規則」，涵蓋任務處理行動的整體原則，如何在不同的任務階段處理風險，以及精簡管理方法，也包括發射、飛行軌跡和導航、通訊、引擎加速、對接、艙外活動、電子系統，以及航空醫學緊急狀況。規則手冊涵蓋所有已知的問題和意外。手冊中的所有章節都有摘要版的「繼續／不繼續」規則（或「停留／不停留」情況，讓太空人藉此決定登陸月球表面之後，是否應該停留或者立刻放棄任務）。飛行主管在最後的檢查系統中使用上述術語，確保控制人員有信心進行下一階段的任務內容。

另外一個關鍵的規則——在阿姆斯壯和艾德林降落至月球表面期間成爲嚴重的緊急狀況——主張，如果登月艙內部的警示燈亮起，顯示燃料存量低下，太空人只有一分鐘決定繼續進行登月或者放棄任務。

航太總署爲了阿波羅十一號以及後續的阿波羅任務制定了如此多的規則，必須使用數字代碼整理。沒有任何人能夠記住所有的任務規則，那就像嘗試背誦整本字典。在太空飛行期間，控制人員必須確保規則手冊就在自己的身邊。

由於規則眾多，也有明確的彈性空間和讓步空間。但是，除非完成所有任務規則的需求，飛行主管才會滿意並做出重要的任務行動決策。特定的任務規則可以詮釋爲太空人擁有最終決策權，但航太總署的管理階層不希望鼓勵太空人進行任務時進行現場獨立決策。

根據任務管控中心的其中一位飛行主管金・克蘭茲所說：「伯茲是經常參與任務規則討

論的太空人成員，他展現自己對於眾多主題的知識。伯茲經常贏得組員之間的討論。尼爾更像一位觀察者，而不是討論參與者。但是，如果你看著尼爾的眼睛，你立刻就會知道他才是指揮官，他的腦中已經有完整的想法。我不認爲他曾經提高音量。他節省精力，用於需要之處。他傾聽我們的討論，如果發生爭論，他和艾德林會在模擬器中測試我們的想法，經由查理・杜克（Charlie Duke）向控制人員轉達他們的反應意見（杜克也是一位太空人，在登月期間擔任阿波羅十一號任務的太空艙通訊員）。麥克・柯林斯的策略不同。他直接和「壕溝團隊」（The Trench）和系統人員溝通（「壕溝團隊」是任務管控中心的飛行動力團隊暱稱，由飛行動力官員〔Flight Dynamics Officer；FIDO〕領導）。

阿姆斯壯可以大致接受克蘭茲的描述：「伯茲確實比較健談，非常願意參與對話，我可能更爲保留自己的想法。我想這就是我們的個性。」

幾乎所有的任務規則都明文書寫，而且正式獲得全員同意，只有少數例外。阿波羅十一號最重要的非明文規則都與登陸月球表面有關。

「爲了取得全體同意登月的非明文規則，」克蘭茲回憶道：「我通常在模擬訓練之前，與尼爾、伯茲、麥克和查理・杜克進行最後的策略會議。我在會議當中描述登月策略，我們只有兩個連續的月球軌道可以嘗試登陸。如果第一次的軌道出現問題，我們必須延緩至第二個軌道。倘若第二個軌道依然有問題，我們就得立刻開始下降至月球的行動，爭取五分鐘的解決時間。假設依然沒有答案，就要放棄登月，開始進行太空交會，取回登月艙之後棄投，再回到地球。如果五分鐘之後才出現其他問題，我們會嘗試登陸月球，短暫停留之後，儘速離開月球表面。即使我們只能接觸月球表面，我們依然會嘗試登月，因爲必須在兩個小時之後，等到指揮服務艙經過登月艙上方的月球軌道，才有適當的太空交會條件。」

「我知道阿姆斯壯非常寡言。」克蘭茲繼續說道：「但我以爲他會對登月任務規則發表意見，但他沒有。那個時候，他很沉默，你必須用花些時間，才能適應他的沉默。我們討論任務規則時，尼爾通常只會點頭微笑。我相信他的內心已經決定自己的登月規則，我想知道他的規則是什麼。我的直覺猜想，只要有絲毫機率可以登月，他就會接受所有風險努力嘗試。我相信自己和尼爾的想法一致，因爲我的規則類似。只要有任何機會，我願意讓隊員繼續登月。」

阿姆斯壯回憶道：「我非常尊重任務規則，以及任務規則的制定方法……我也願意承認，如果任務進行順利，但違反某個規則，要求我們必須如此這般，我願意使用自己的現場指揮權力，駁回任務規則，只要我認爲那是最安全的方法。畢竟，我們不是非常理解終止任務——沒有人曾經完成『終止』。你必須卸載引擎，啓動引擎分離裝置，並且在飛行過程中啓動其他引擎。在非常接近月球表面的情況下，我沒有信心可以順利完成上述所有動作。金所說的規則確實有用，但我必須說，只要有任何登月的良好機會，我都會繼續進行任務。」

克里斯・克拉夫特和克蘭茲一樣緊張，他非常困擾，不知道阿姆斯壯爲了追求登陸月球，願意做出何種程度的規則否決。「任務起飛前的最後一個月，我們請尼爾到任務管控中心，一起仔細探討下降至月球表面、登陸月球、月球表面活動以及起飛離開等等規則。」克拉夫特解釋道：「任務規則讓太空人擁有最後的決策權，但我們不鼓勵太空人這麼做。現在，我希望確保所有人都明白彼此的想法。我們仔細討論最細緻的細節——下降引擎的表現、我們已知的電腦問題、月球表面的地標，甚至討論我們認為在登月過程中最不可能發生的狀況。」

「我們特別關心電腦和登月雷達。我們將在最後一刻將更新資料送到登月艙的電腦，包括飛行軌跡、引擎表現效能，以及月球位置。直到老鷹號登月艙距離月球表面只有一萬英尺之前，它的高度計算依然基於地球雷達，但導航系統可能會產生數百英尺或數千英尺的偏差，就在這個時候，登月艙自己的登陸雷達應該要開始運轉以提供準確的讀數。」

「這個話題引起激烈的討論。尼爾擔心過度熱心的飛行控制人員將因此要求阿波羅十一號終止任務，放棄良好的登月機會，但他的判斷基礎是錯誤的電腦資訊。『屆時，我的位置比休士頓的工作人員更好，我更明白現場的情況。』尼爾一再重申。」

「我不會接受任何人承擔不必要的風險。」克拉夫特反駁阿姆斯壯。「所以我們才會制定任務規則。」

克拉夫特爭執登月雷達的特定問題，並且強烈主張，如果登月雷達發生故障，就必須立刻終止任務。「我不信任太空人在滿是坑洞的月球表面上方評估高度的能力，即使是阿姆斯壯此種經歷百般考驗的太空人也一樣。月球是一個陌生的地形，沒有人知道參照點地標的確實大小。」最後，克拉夫特和阿姆斯壯彼此同意。「他們會遵守成文的任務規則。」克拉夫特回憶道：「但我可以從尼爾蹙眉的神情明白，他不相信任務規則。我開始思忖，等到他抵達月球軌道之後，會不會駁斥任務規則，在沒有雷達系統的情況下，依然嘗試登陸月球。」

「起飛的幾天之前，我遇見尼爾，我們再度討論相同的話題。」克拉夫特描述道：「我問尼爾：『我們是否遺漏了任何細節？』『不，克里斯，我們已經準備好了。除了起飛倒數之外，我們已經完成所有準備。』他是對的。如果我們遺漏任何重點，就代表我們根本不知道那件事情是重點。我們已經來到最後一刻了，有那麼一瞬間，我的雙腿發抖。」

因爲克拉夫特依然害怕隊員會爲了嘗試登月而承擔不必要的風險。航太總署署長湯馬斯・佩恩（Thomas Paine）甚至也主動介入。起飛前的一個星期，他和阿姆斯壯交談並且直指重點。根據尼爾的說法，佩恩告訴他：「如果我們沒有機會順利登月，回到地球之後，他會給我們第二次機會，下一次任務繼續讓我們嘗試。那個時候，我相信他的說法。」但眞相是，佩恩對隨後的所有阿波羅任務太空人都說了一樣的話。這是佩恩鼓勵太空人不要愚蠢冒險的方法，他希望太空人不要認爲這是他們唯一的機會。如果阿波羅十一號任務最後終止了，尼爾已經準備好要讓航太總署署長履行自己的承諾。

六月二十六日，阿波羅十一號隊員進入甘迺迪角的太空人宿舍。二十七日的午夜鐘響之後，他們開始進入爲期一星期的倒數訓練。模擬起飛安排在七月三日的早上九點三十二分，與眞正起飛的時間相同。訓練開始之前，三位太空人接受爲期兩個星期的嚴格生理隔離，飛行任務完成之後，還要忍受三個星期的隔離。隔離的目的是爲了避免太空人接觸任何帶有感染性的有機體。太空人的首席醫師查爾斯・貝瑞在模擬倒數之前替太空人進行最後一次的徹底健康檢查。

七月五日，阿波羅十一號的隊員從佛羅里達回到休士頓參加媒體日活動。第一個活動是記者招待會，隨後則是接受通訊社以及雜誌特派作家的採訪，以及三家電視有限網爲了當天夜間新聞的採訪。媒體日結束之前，三位太空人必須經歷長達十四個小時的採訪，回答數百名國際報導者和記者提出的問題。阿姆斯壯、柯林斯和艾德林抵達早上的記者招待室時，依然帶著防毒面罩。他們知道自己看起來很愚蠢，上臺時不免咧嘴大笑。尼爾、麥克和伯茲一起坐在用三面塑膠板製作的防護空間之中。爲了避免記者將傳染病原體散播至太空人的呼吸空間，塑膠防護空間後方安裝了風扇，將空氣從太空人的後方吹至記者席。三位太空人安全走進衛生隔離空間之後才脫下防毒面罩，坐在舒適的椅子上，前方的桌子用航太總署宛如肉球的知名標誌和阿波羅十一號任務的老鷹標誌作爲裝飾。老鷹也是美國的象徵，老鷹降落至月球表面，鷹爪抓著象徵和平的橄欖枝。現場的氣氛確實很詭異。眾人齊聚一堂討論月球旅行依然過於夢幻。太空人們當然有些緊張。

身爲任務指揮官的阿姆斯壯率先開口。《生活》雜誌的特派作家諾曼・麥勒（Norman

Mailer）坐在觀眾席，他發現尼爾「非常不自在」。他可能不了解阿姆斯壯在正式對話中經常停頓，尋找適當的詞彙用語。

「我們今天來這裡，稍微談談即將出發的飛行任務，阿波羅十一號，也希望這次任務可以完成阿波羅國家計畫的最高目標，而我們今天能夠討論本次嘗試登月，必須歸功於前面四次的阿波羅指揮艙飛行任務以及數次無人飛行任務的成功。對於本次飛行任務，過去的飛行任務居功厥偉。所有的飛行任務都要承擔數個新目標和挑戰，我們只剩下極少的目標——也就是最後的登陸月球表面——需要完成。我們非常感謝載人太空中心同仁的付出，以及讓過去飛行任務成功完成的全國同袍，我們今天才可以坐在這兒，和各位討論阿波羅十一號任務。我會請麥克先向各位介紹，在本次飛行計畫中，指揮艙將進行何種不同的活動。」

尼爾的發言非常簡短，一如往常。柯林斯的發言較久，強調在阿波羅十一號任務中，他獨自待在指揮艙的時間將比過去所有的指揮艙駕駛員更久，而他們也會首次讓靜止停留在月球表面的登月艙以及「急速繞行月球」的指揮服務艙進行太空交會。艾德林雖然最後登場，他的發言內容卻不是最短。伯茲完整描繪下降並且登陸月球表面的過程，這是阿波羅十一號任務的關鍵特色。由於登陸月球是新的目標，他用了比較久的時間方能妥善描述。

阿波羅十一號任務的成員一共回答三十七個問題。阿姆斯壯回答其中二十七個。九位新聞工作者指名請尼爾回答他們的問題。尼爾兩度請伯茲代為回答記者指名要尼爾回應的問題；在另外兩個問題中，在尼爾回答完畢之後，伯茲主動補充。和艾德林一樣，柯林斯回答了三個直接請他回答的問題。少數幾個問題則請三位太空人共同回答。這是阿波羅計畫中常見的記者招待會情況。他們最想直接聆聽指揮官的想法，因為他將是第一位踏上月球的太空人。

在記者招待會期間，阿姆斯壯也首次公開阿波羅十一號任務指揮艙和登月艙的綽號。「沒錯，我們通常都會使用暱稱，而不是各位在模擬任務期間聽到的正式名稱。登月艙的綽號是老鷹號，而指揮艙的綽號是哥倫比亞號……哥倫比亞㊷是美國的象徵，哥倫比亞矗立在美國首都，正如各位所知，這也是儒勒・凡爾納㊸在一百年前的小說中作品登陸月球的太空飛行器的名稱。」

現場的媒體很自然地想知道阿姆斯壯在踏出月球的第一步之後想要說什麼。一位記者提出這個問題。但是，即使是阿姆斯壯的私交，或者載人太空計畫中的主管，都無法讓尼爾透露他會在月球表面發表何種歷史性的文字。在某個時刻，航太總署的內部壓力甚至讓航太總署的公共關係辦公室主任朱利安・契爾（Julian Scheer）寫了一張簡短的內部備忘，詢問同仁一件事：西班牙的斐迪南國王或伊莉莎白皇后是否曾經質問克里斯多福・哥倫布，他發現新大陸之後想要說什麼？面對記者詢問他是否已經決定自己會在月球表面發表的第一句話時，阿姆斯壯的回答非常簡單：「不，我還沒有決定。」雖然很難相信，但這就是事實。「在我中心，這次飛行任務最重要的關鍵就是登陸月球。」後來，阿姆斯壯解釋道：「如果我想表達任何重要的主張，也會是登陸月球成功、引擎關閉之後才會有的想法。我確實思考過登陸基地的名字。我也想過自己會在登陸之後說什麼，我明白歷史將會記住那句話，但即使如此，我依然不曾用太多力氣思考此事。因爲，將統計數字擺在一旁，而我的直覺是，即使我們有百分之九十的機會安全返回地球，我們成功登陸月球的機率只有百分之五十。」

事實上，尼爾已經將自己和艾德林位於月球靜海的登陸地點命名爲靜海基地。他私下將此事告知查理・杜克，因爲杜克會在登月期間擔任太空艙通訊官，他不希望自己登陸時使用靜海基地一詞時，別人發現杜克不知道這個詞彙的意義。直到老鷹號登月之前，除了杜克之外，沒有人知道尼爾即將說出「靜海基地」。

政府高層組成的委員會已經決定，阿姆斯壯和艾德林將在月球表面留下三個物品，象徵人類抵達月球。第一個物品是固定在登月艙機腳的徽章。登月艙將會放下機腳和階梯，讓太空人攀爬而下。徽章描繪地球的兩面半球，並且銘刻以下文字：「**來自地球的人類曾經踏上月球，西元後一九六九年七月，我們代表全人類帶來和平。**」第二個物品則是一個小型的矽製碟形膠片，直徑小於一・五英寸，以電磁方式儲存圖片，內容則是各國政府領袖的

㊷哥倫比亞（Columbia）來自發現美洲新大陸（新世界）的哥倫布，也是美國早期的其中一個名稱，在獨立戰爭之前，居住在美洲的人經常以「哥倫比亞」稱呼美國，哥倫比亞的名稱性質近似「山姆」大叔，但哥倫比亞爲女性化的擬人形象。在二十世紀之後已經較少使用。

㊸儒勒・凡爾納（Jules Verne, 1828-1905），有科幻小說之父的美號，知名作品爲《海底兩萬里》，而阿姆斯壯在這段文字中提到的作品則是《從地球到月球》，原著出版於一八六五年。一八七〇年，凡爾納推出新作《環繞月球》。

善意信件。第三項物品是美國國旗。「有些人認為我們應該放上聯合國國旗。」多年以後，阿姆斯壯解釋道：「另外一些人則主張我們應該放上各個國家的眾多國旗。最後，美國眾議院認為，這是美國的太空計畫，應該放上美國國旗，不是為了宣稱月球是美國領土，而是我們應該讓世人知道，我們到了月球，並放上美國國旗。」

現場的記者非常努力——但徒勞無功——想要讓阿姆斯壯慎重思考登陸月球的歷史意義。「在你眼中，登陸月球，對於你身為人類，對於你的國家，對於全人類，有何重要的收穫？」「你認為月球最後會不會成為人類文明的一部分？就像南極海，南極海曾經也是人類文明無法企及的版圖。」

「首先，請容我重申各位過去早已聽過的言論，但或許能夠解答各位的問題。」阿姆斯壯回答：「這次飛行任務的目標，只有將人類送到月球、成功登陸，並且回到地球。這才是飛行任務的目標。我們還有其他次要目標，也包括各位稍早提出的問題，我們非常希望能夠以廣闊的深度，完成這些目標。但是，我們的主要目標就是展現能力，證明人類確實能夠登陸月球。至於人類在未來的數個世紀要如何利用相關資訊，只有歷史才能知道答案。我希望人類擁有足夠的智慧，善用早期飛行得到的資訊，創造最大的可能益處，依據過去十年的經驗，我也認為我們確實可以期待良好的結果。」

現場的新聞記者也無法刺激阿姆斯壯，關於本次飛行任務承擔的重力環境風險，他依然提出不帶情感的工程回答。「根據您個人的想法，阿波羅十一號飛行任務最危險的環節爲何？」「正如所有的飛行任務，我們最擔心的就是過去不曾完成的種種一切，也就是嶄新的挑戰。我確實希望我們可以在最初的聲明中，就讓各位媒體朋友明白，至少，知道這次飛行任務要面對何種嶄新的情況。當然，我們也會擔心其他的情況，以及只有一種方法、沒有其他方法可以處理的情況。例如，您搭乘大型客機越過大西洋，只能寄望飛機機翼永遠不會脫離機身；如果機翼脫落，您就無法平安完成這次旅途，希望各位能夠明白。我們在最近幾次的飛行任務中曾經遇到這種情況。在早期的月球飛行中，服務艙的火箭引擎必須順利運轉，才能讓我們從月球回到地球，沒有其他備用方案。同樣的道理，在這次的飛行任務中，我們也有幾個類似的情況。登月艙的引擎必須能夠加速運轉，讓我們離開月球表面，回到月球軌道，而服務艙的引擎當然也要加速運轉，我們才能回到地球。隨著太空飛行的距離愈來愈遠，也會有更多單一引擎系統必須順利運轉。順帶一提，我們對於這些引擎系統非常有信心。」

「如果發生極爲不可能的情況，也就是登月艙無法離開月球表面，你們有何應對計畫？」「好吧。」尼爾簡潔地回答：「這是一個非常令人不悅的思考議題，直到現在，我們依然選擇不考慮這個情況。我們不認爲這個情況很有可能發生。但確實可能發生，但目前爲止，我們沒有任何應對方法。」

記者：「如果登月艙的引擎無法重新啓動，麥克・柯林斯必須回到地球之前，最長的等待時間多久？也就是你可以用來處理登月艙，或者修復任何故障的時間。」尼爾：「我不知道確切的數字，可能只有幾天時間。」

阿姆斯壯用這種看似毫無熱情的答案，回答記者提出太空飛行任務當中的人爲技術議題，以及登月的歷史和生命存在問題，激怒諾曼・麥勒如剃刀尖銳的敏感傲慢洞察力。麥勒曾經榮獲普立茲獎殊榮，他的代表作品是《裸者和死者》（*The Naked and the Dead*）以及《夜幕下的大軍》（*The Armies of the Night*），而麥勒與其他記者一樣，希望阿姆斯壯給出更多回應。於是，麥勒將阿姆斯壯描述爲「終究願意給出答案的獵犬，其快樂程度猶如口中的食物遭到掠奪」；阿姆斯壯「用複雜的性格回答問題，結合謙遜以及技術人員的傲慢，結合辯解以及緊閉金口的優越感」；阿姆斯壯「擁有一種狡猾的隱私，不願讓任何人察覺他的想法」；阿姆斯壯就像一隻被困住的動物，正在尋找方法「逃離這個房間，因爲他和一群想要生吞活剝他內心感受的人困在此地，他也受限於職責，必須回答自己早已聽聞數百次的問題」；同時，阿姆斯壯也是一位「專業人士」，早已「學習如何用實際的方法，採用必要的文字，對抗現場的記者」，永遠都在斟酌能夠「保護自己」的文字和句型。

麥勒因爲阿姆斯壯流露「非比尋常的孤高」而非常有興趣，他認爲這種幾近神祕的特質讓阿姆斯壯相當與眾不同（一九七〇年，麥勒在探討阿波羅十一號任務的書籍作品《月球之火》〔*Of a Fire on the Moon*〕中稱呼自己是寶瓶，代表寶瓶時代充滿希望的精神）。「他是新聞採訪室中一位相當可觀的人物。」麥勒如此描述阿姆斯壯：「既是人，也是一種精神，我們難以分辨阿姆斯壯是高溫熱流的精神象徵，還是在官僚系統中崛起的中性精神象徵……在他身上，我確實看見細微的衝突——彷彿觀看凌亂的落葉，有些葉子來自秋季，有些則是早春。」在所有的太空人中，阿姆斯壯似乎「最趨近於聖人」。麥勒認爲，阿姆斯壯身爲演說者的能力「極爲顢頇」。但是，阿姆斯壯卻在麥勒心中留下非常深刻的印象。「他的體內確實蘊藏太空人的知識。」麥勒發現：「然而，如果阿姆斯壯只是一位獲獎的資淺行政官員，他可能會展現某種引人注目的特質……事實上，倘若阿姆斯壯只是發表枯燥無趣小演說的銷售業務人員，就會成爲更非比尋常的人物，因爲我們可能會被迫思考，他究竟如何贏得這個工作，他如何賣出任何商品，事實上，我們甚至會懷疑他早上如何離開自己的床。在阿姆斯壯周圍溫和孤高的空氣中，藏著一種特別的純眞，或者潛在的邪惡。假如阿姆斯壯是挨家挨戶推銷雜誌的年輕男孩，某戶人家的祖母可能會警告孫子，絕對不能讓阿姆斯壯進入家中，而另外一戶人家則說：『這個男孩未來必有一番作爲。』」

在專爲雜誌作家舉行的媒體專訪中，麥勒進到美國國家廣播公司採訪太空人的攝影棚現場，並繼續頑固地解開阿姆斯壯的眞面目之謎。新聞記者持續追問阿波羅十一號任務成員，希望他們揭露自己的個人感受和情緒時，麥勒觀察並且傾聽阿姆斯壯更深邃地使用工程師的斗篷作爲防衛，彷彿是「一位閃亮的科技騎士」。阿姆斯壯用「溫和誠實的聲音」回答記者的提問，記者想知道直覺在阿姆斯壯飛行時的地位。阿姆斯壯回答，直覺「從來不是我的強項」。麥勒強調，阿姆斯壯如同一位邏輯實證學者，主張解決任何問題的最好方法，永遠都是「妥善理解，謹愼出擊」。

阿姆斯壯已經精通「電腦程式」使用的語言詞彙。尼爾不說「我們」，而是說「團隊集體的努力」；他不說「其他選擇」，而是說「次要目標」；他不說「竭盡所能」，而是「獲得最大的可能益處」；他也不說「開啓」和「關閉」，而是「啓用」和「停用」。麥勒拒絕接受尼爾用工程學士學位建構的僞裝，他在尼爾說的白話英文找到證據，發現「阿姆斯壯經常使用與電腦語言無關的自然英語詞彙」，而阿姆斯壯本人代表「年老世代的最後一群成員，或者年輕世代的第一群成員」。

媒體將尼爾身爲阿波羅十一號任務指揮官的重要旅程，與克里斯多福‧哥倫布在一四九二年的冒險相提並論時，尼爾主張「即使不是我，也沒關係」，就像回應麥勒內心的拒絕承認，「因爲還有其他更重要的迴響和理念」。阿姆斯壯主要的關心就是「順利完成自己的職責」，能夠完成太空任務的人選超過十名，在休士頓、甘迺迪角、以及航太總署的其他中心，還有數百名同仁支持他，而美國各地的相關產業公司還有數萬名員工，才能讓阿波羅計畫發光發熱，追求目標。「這是他們的成功，不是我們的成功。」尼爾謙卑地回應媒體提問。

阿姆斯壯不是一位平凡的英雄，麥勒終於明白。「如果他們堅持將阿姆斯壯打造爲一位英雄。」這位作家如是寫道：「他將成爲只有他自己就能明確定義的獨特英雄。」

從柯林斯到艾德林，記者終於可以得到少數關於家庭和個人背景的說明（伯茲提到他將家族飾品帶往月球）。但阿姆斯壯並未提出任何相關敘述。「尼爾，你會帶任何個人紀念品到月球嗎？」

「如果可以選擇，我希望能夠攜帶更多燃料。」

「你會保存月球上的物品作爲紀念嗎？」

「迄今爲止，我沒有任何相關計畫。」尼爾再度提出僵硬的回應。

「完成如此偉大的成就之後，你是否擔心自己會失去個人生活？」

「我認爲，即使在這種成就之中，我依然可以保有個人生活。」

尼爾提出太空計畫創造的經濟益處之後，一位作家突然提出另一個問題：「所以，我們前往月球的理由就是經濟嗎，只是爲了逃脫經濟停滯發展的昂貴黑洞？關於人類登陸月球，你沒有任何哲學性的思考嗎？」「我認爲，我們前往月球。」阿姆斯壯試探地回答：「因爲人類的天性就是面對挑戰。這是人類靈魂深處的本質。我們必須面對這些挑戰，正如鮭魚逆流而上。」

阿姆斯壯的靈魂深處對於登陸月球，或者發生在他生命的種種一切，究竟有何感受——他對父親的感覺、他的宗教信仰、慕菲過世的影響——他幾乎沒有任何評論，或者其他言語描述。這不是阿姆斯壯的作風。或許，阿姆斯壯用超乎尋常的愼重，限制自己的感情表達，是因爲他在童年時期發展的迴避策略所產生的深刻影響。又或者，正如第一任妻子珍妮特所不願意承認的，阿姆斯壯的作風起源於來自俄亥俄州鄉村地區樸素家庭的社會自卑情節。

在成爲第一位登月之人的前夕，阿姆斯壯並未探討，或者不願定義自己的種種一切，也讓其他人開始在任務開始前的數日尋找蛛絲馬跡，甚至是絕望地尋找，想要解釋阿姆斯壯，並且定義阿姆斯壯。所有無法契合於阿姆斯壯的人性生命關懷，其他人卻強迫認爲阿姆斯壯必定符合。在人類踏足於另外一個星體的偉大冒險開始之前，阿姆斯壯已經成爲一位宛如古代神諭的人物，也像睿智的先知、神祕的媒介，講述幸與不幸，提供眾神的指引，應答所有的祈禱。

直到建構阿姆斯壯的神話之前，諾曼・麥勒充滿創意的心靈無法平靜。即使麥勒不曾與尼爾面對面，從未直接和尼爾交談，甚至不曾提出自己內心的問題，都沒有關係。麥勒也坐在神諭阿姆斯壯之前，因爲阿姆斯壯是「最神聖的太空人」，阿姆斯壯「與其他人類毫不相同」，阿姆斯壯「顯然能夠用其他人類無法觸及的方式與宇宙交流。」只有麥勒，偉大的寶瓶，才能解祕阿姆斯壯。

正如麥勒，我們所有人都是自己內心登月故事的作者。

七月五日將近尾聲時，麥勒坐在美國國家廣播公司電視網記者法蘭克・麥基（Frank McGee）採訪尼爾的房間，繼續施展魔法，製造自己的阿姆斯壯。在這次採訪中，麥基引述《生活》雜誌作家朵蒂・韓柏琳描述的故事，阿姆斯壯童年時曾經反覆出現一個夢境，在夢境中，他在天空盤旋看著地面。韓柏林的報導出刊時，麥勒曾經讀過，但不認爲她的報導有何重要之處，直到尼爾在記者會當天提出各種工程師式的回答之後，阿姆斯壯證實自己童年時期確實有此夢境。這個夢境之美深深吸引了麥勒。「這個夢境的美麗之處，在於它證實自己的預言性質，很美，因爲夢境非常深邃，而且充滿神祕，很美，因爲這個夢適合一位即將登陸月球的人。」麥勒相信這是一種靈光乍現，他能夠藉此建構「太空人心理學」，詮釋太空世紀。「因此，我們可以對於這個夢境提出新的理論，過去所有解釋夜之訪客的理論都不完整，除非過去的理論可以解釋阿姆斯壯在夢境中的升空和呼吸，並且忽略月球的重要性。」

麥勒爲之「陶醉」，阿姆斯壯明明是一位不會異想天開的人，他是小男孩時，竟然出現飛行的夢境，「因爲這個夢境讓阿姆斯壯的性格變得更爲戲劇，可能出現極爲詭異的極端」。一方面，阿姆斯壯，工程師太空人的濫觴，有意識地遵守「習俗」、「務實」、「技術」，以及「努力付出」，阿姆斯壯象徵「鄉村中產階級的核心」。另一方面，阿姆斯壯和其他太空人在太空的作爲「超越了人類想像力的冒險」。他們的動力和雄心壯志，必定有一種潛意識的要素。

正是在矛盾的結合之中，難以理解的意識和潛意識融合之中，我們在現代科技時代看見「一種嶄新的人類心理建構」。阿姆斯壯的個人特質超越了其他所有太空人，來自「充滿磁性的能量核心，也稱爲美國主義、新教徒主義，以及盎格魯白人主義」。阿姆斯壯就是沉默大眾的蘭斯洛特，「盎格魯白人從人類歷史中崛起，將我們帶往星辰。」別介意麥勒幾乎不曉得阿姆斯壯的家庭背景、個人歷史、婚姻生活、宗教信仰、社交，或者眞正的心理狀態。寶瓶先生的目標不是理解阿姆斯壯，而是參透人類在二十世紀的是非對錯，因爲這個世紀尋求「用前所未有的方式主宰自然」、「造成前所未有的死亡、荒蕪和污染」，也用「前所未有的方式對抗戰爭、貧窮和天災」，也是「人類必須將自己的生命觀帶往星辰的世紀」。

麥勒對阿姆斯壯的觀察必然有其無法否認的聰穎之處。但是，麥勒根本不在乎阿姆斯壯這個人，他只在意阿姆斯壯作爲一種容器，讓這位作家可以傾注自己的心智能量和文思深度。麥勒在書中〈太空人心理學〉一章撰述的內容確實扣人心弦，而且充滿社會批判之洞見，然而，作爲歷史、傳記，或者眞正的心理學，麥勒的文字之光早已超越了一切。

阿姆斯壯的偶像神話方興未艾。記者招待會結束之後十五天，他將踏上月球。他不再只是一個人類，不再只是我們當中的一個人，他將成爲第一人。

Part Six

月行者

Moonwalker

凡是能夠帶回印地安財富的人，印地安的財富早已在他心中。

——華盛頓特區，聯合車站正門銘文

上級指示：率先搶救月球帶回的石頭，太空人很多，但我們只有一袋石頭。

——華麥克・麥羅伊 (Mike Mallory)，一九六九年七月二十四日，太平洋搶救阿波羅十一號任務太空人的美國海軍蛙人部隊成員

Chapter 22
出航

對阿姆斯壯、柯林斯和艾德林而言，進入太空的起點是起飛前的三個半小時，地點是太空人宿舍，就在清晨六點過後，技術人員將太空人的頭盔固定至頸環，讓他們準備就緒。從那個時候開始，第一次登月的任務成員再也無法呼吸外部的空氣，只聽得見經由電子儀器傳入壓力衣的人聲。他們只能透過頭盔上的透明鑲板看見這個世界，他們無法聞嗅、感受、品嚐任何事物，只有現代科技在壓力衣保護繭中製造的感官。

阿姆斯壯比他的隊友更適應這種孤立。在艾德華空軍基地擔任測試飛行員時，他早已習慣限制感官的飛行壓力衣。相較於駕駛 F-104 或者操控進入太空邊境時穿著的分壓壓力衣和頭部配件，阿波羅太空衣更寬闊，更容易施展手腳。

即便如此，阿波羅十一號任務的成員於清晨六點二十七分離開載人太空中心大樓，穿著防護用黃色高筒橡膠鞋，邁步進入附設空調的運輸小貨車，行駛八英里前往三十九號 A 發射基地時，他們身體的所有組織都已經明白，他們已經離開自然生命的慣常空間，轉換至完完全全的人造領域之中，而這個人造空間將在外太空中維持他們的生命。

任務即將開始，尼爾、麥克和伯茲對於土星火箭擁有著極大的信心，然而，沒有人可以保證任何火箭的表現。「土星火箭的性能當然非常優越。」阿姆斯壯主張：「但它不完美。」土星五號迅速問世。土星五號能夠如此不尋常地快速開發，原因是航太總署研發部門在喬治・穆勒博士的領導之下，採用「全數上陣」的開發策略。穆勒加快土星五號火箭的開發，從一開始就讓三節火箭直接準備就緒並直接上陣測試，而不是循序漸進地一次開發一節，直到三節都準備就緒，才讓三節火箭共同進行測試。

如果沒有「全數上陣」策略，航太總署就沒有辦法趕上甘迺迪設下的期限。即使如此，「全數上陣」依然不是確保火箭開發健全最穩當的方法，特別是因爲土星五號火箭採用如此巨大複雜的創新機制——可以創造高達七百六十萬磅的推力。

等到任務隊員坐進龐大的動力火箭等待起飛時，他們已經不再擔憂火箭的危險。除此之外，數百種與火箭、太空飛行器和發射設施相連的子系統總有機率在最後一刻出現問題，導致起飛強迫取消。

當天早上，第一位進入哥倫比亞號的太空人不是阿姆斯壯、柯林斯或艾德林，而是佛瑞德・海斯，阿姆斯壯的後備登月艙駕駛員。海斯的綽號是「佛瑞德」，他在大約九十分鐘之前進入太空飛行器，爲了完成長達四百一十七個步驟的最後檢查清單，確保所有的開關都在正確的位置。清晨六點五十四分，海斯向其他負責「最後檢查」的隊員豎起大拇指，確認太空飛行器的狀態良好。阿姆斯壯搭乘電梯，往上攀升三百二十英尺，前往正在等待他們的太空飛行器，他抓著頭上的艙外扶手，將自己的身體晃入艙門。進入之前，發射基地的主管甘特・溫特送給尼爾一個小禮物，是半月形的月球徽章，由溫特親手用泡綿製作，再貼上金屬薄片。溫特告訴阿姆斯壯：「這是通往月球的鑰匙。」尼爾微笑，請溫特好好留著這個禮物，等他從月球回來。作爲回禮，尼爾也將藏在自己手錶錶帶下面的小卡片送給溫特，那是「太空計程車」的搭乘票券，寫著「能夠順利往返兩個星球」。

在指揮艙內，阿姆斯壯坐在遙遠左側的指揮官位置。五分鐘之後，技術人員完成尼爾座位的線路和管線安裝，指揮艙駕駛員柯林斯也爬入右側的座位，登月艙駕駛員艾德林隨後進入中間座位（艾德林之所以排在中間位置，是因爲他在阿波羅八號任務中已經接受過中間位置的起飛訓練，柯林斯因爲脖子骨刺手術而短暫缺席，與其讓伯茲重新接受起飛座位訓練，航太總署決定讓他留在中央位置，訓練麥克坐在右側位置起飛）。

尼爾的左手邊設置任務終止拉桿，可以觸動連結至指揮艙的固體火箭逃脫塔，讓阿波羅十一號逃離危險。在雙子星計畫中，太空飛行器配置彈跳座椅，而不是逃脫塔，但雙子星計畫是採用泰坦火箭，泰坦火箭使用自燃燃料，不會和土星火箭產生相同的爆炸情況，因爲土星火箭的燃料是煤油、氫和氧氣。倘若土星火箭爆炸，彈跳座椅沒有辦法讓太空人逃至足夠遙遠的地方。土星火箭的上升段特別契合尼爾的背景知識，因爲阿波羅十一號可以從駕駛艙控制加速火箭。「你無法從太空飛行器直接操控早期的土星火箭。舉例而言，如果阿波羅九號的土星火箭發生慣性系統錯誤，麥克迪維、史考特和施威卡特可能就會被拋到大西洋，甚至非洲，也有嚴重的身體傷害風險。阿波羅十一號在指揮艙的設備中加入替代指引導航系統，我們可以切換至替代系統，從太空飛行器操控火箭。」如果自動駕駛失敗，駕駛員也可以手動操控啟動火箭，進入地球軌道。

阿波羅十一號發射進入軌道的過程是不連續的分離階段，每個階段都採用不同的終止任務技術。阿姆斯壯解釋道：「我們必須專注進入每個階段，如果下個階段發生問題，就要準備進行妥當的反應。」在點火發射期間，用阿姆斯壯的話來說，最重要的提示是「觀看海拔高度指示器、遵守電腦顯示的飛行效能數值，並聆聽無線電的指示，確定目前的發射階段或者即將進入的階段。」

等到甘迺迪角附近的車水馬龍終於開出一道裂縫時，阿波羅十一號已經環繞世界一圈半，準備前往月球。在俄亥俄州老家的前門草坪前，尼爾的父母接受一小群媒體的採訪。「阿姆斯壯先生，您對阿波羅十一號起飛的想法如何？」以及「阿姆斯壯太太，當您看見火箭消失在天際，內心有何感受？」薇歐拉驚呼：「我的感謝之情早已超越文字足以形容！」正如往常，薇歐拉將自己的宗教信仰投射至兒子身上，她主張：「尼爾相信上帝就在天上，陪伴那三位孩子。我如此相信，尼爾也是。」史帝夫則強調：「這是最快樂的時光。阿波羅十一號起飛時，我們全都離不開電視機前。」薇歐拉的母親，八十二歲的卡洛琳・柯斯彼得，在電視機鏡頭前說：「我覺得很危險。我告訴尼爾要小心周圍環境，如果情況不好，不要走進太空飛行器。他說他會聽話。」

直到人群離開之前，珍妮特・阿姆斯壯和她的兒子都坐在巴納納河（Banana River）的遊艇上，聆聽航太總署通訊器傳出太空飛行器的尖銳噪音。雖然起飛很順利，讓珍妮特鬆了一口氣，她依然婉拒在遊艇上開香檳，她希望等到三位太空人順利回家之後再慶祝。回家之前，珍妮特短暫接受記者採訪。「一開始，我們看不到火箭。」瑞克害羞地向記者說：「我有些擔心。忽然之間，我們看見火箭，火箭很漂亮。」珍妮特告訴媒體：「眼前的景緻非常驚人，我很興奮。」雖然她主要的心情依然是因爲阿姆斯壯安全起飛而鬆了一口氣。「船到橋頭自然直」才是她當時眞正的想法。前一天晚上，珍妮特幾乎沒有睡覺。當天下午稍晚，她回到休士頓家中之後，媒體已經在院子等待。「我沒有任何歷史性的感受。」她簡短地說，將兒子帶回家中。阿波羅十一號隊員的警戒才剛開始。兩天半之後，太空人進入月球軌道，再過一天，尼爾與伯茲開始下降至月球表面，還要再等四天，他們才會回到地球。

依然有許多地方可能出問題。

休士頓當地時間十點五十八分，阿波羅十一號起飛之後兩個小時又二十六分鐘，任務管控中心同意阿波羅十一號進行月球軌道轉移射入（translunar injection；TLI）——離開地球軌道，進入深太空。太空人啓動土星五號第三節火箭，也是指揮服務艙唯一剩下的火箭。這次的加速持續五分鐘又三十秒左右，讓阿波羅十一號的時速超過二萬四千二百英里，逃出地球軌道的掌控。

雖然阿姆斯壯說起飛的旅程很「美麗」，但私底下，他確實希望過程可以更爲順利。「一開始，土星五號火箭發出巨大的噪音，特別是因爲我們的海拔高度很低，因爲我們還可以聽見地面傳來七百五十萬磅力道的回音。大約三十秒之後，我們飛出回音噪音區，音量大幅下降。在起初的三十秒，很難聽見無線電的任何訊息。除此之外，土星火箭的第一節也比泰坦火箭更顛簸，三軸似乎同時震動。」第一節火箭的燃料用盡之後，飛行過程變得平順，而且更安靜，太空人無法感受任何震動，甚至聽不見引擎運轉。事實證明，土星五號火箭的第二節和第三節比泰坦火箭的任何一節都更優秀。麥克・柯林斯後來如此描述土星五號早期攀升階段的顛簸：「就像一位緊張的新手，在狹窄的巷子，駕駛一臺狂野的汽車，間歇來回轉動方向盤。」土星五號火箭的上節火箭啓動之後，變成「一位溫和的巨人」，爬出大氣層的過程「如同玻璃般平順，最寧靜安逸的火箭旅行」。

火箭發射的前三分鐘，太空人無法從窗外看見任何事物，直到太空飛行器抵達海拔六十英里高。在這個海拔高度，阿波羅十一號隊員棄投並未使用的逃脫火箭，卸下指揮艙外的防護殼。起飛之後三分鐘，阿波羅十一號進行俯衝調整，繼續往上飛行，雖然不是直線上升，但窗外也沒有任何景觀，只剩下柯林斯所說的「一小塊藍天，色彩逐漸黯淡，變成黑玉般深邃的太空。」

起飛之後十二分鐘，土星五號火箭的單一第三節引擎將太空飛行器的速度推至每小時一萬七千五百英里，阿波羅十一號進入地球軌道。阿波羅十一號的三人組現在有一圈半的地球軌道飛行時間，可以在重新啓動第三節引擎之前，確定所有設施妥善運作，以用於脫離地球重力場。

根據阿姆斯壯的說法，「進行一圈半的地球軌道飛行，有兩個目標。首先，讓我們獲得少許的發射彈性空間，其次，讓我們有機會在離開地球軌道、進入跨月球軌道之前，檢查太空飛行器的所有主要系統——指揮艙，不是登月艙。因此，系統檢查其實才是我們留在地球軌道的主要原因，太空飛行器的隊員和地面的工作人員也要一起負擔檢查責任。地面工作人員可以看見系統運作的更多細節，一圈半的軌道飛行也讓他們得到足夠的檢查時間。如果太空飛行器發生問題，我們還有時間可以思考是否應該放棄目標，終止任務。」

一開始，隊員只有短暫片刻能夠欣賞下方壯闊的地球景緻。起飛之後的一個小時又十九分鐘，他們迎接第一次日出拍攝的相片，後來也激起民眾搶購哈蘇相機的熱潮。日出之後十五秒，柯林斯發現相機在艙尾板附近飄浮。

從他們各自在雙子星計畫中的飛行任務之後，阿姆斯壯、柯林斯和艾德林再度體驗無重力環境的奇妙。在這個狀態下，人體內耳的液體會自由潑灑。相較於雙子星太空飛行器，阿波羅太空飛行器的環境更容易引起暈眩，因爲阿波羅太空艙的空間更寬敞。阿波羅十一號之後的任務規劃師告訴隊員，盡可能緩慢謹慎移動，避免頭部過度前後搖擺，直到他們適應無重力環境。阿姆斯壯非常注意可能的問題。起飛之後的一個小時十七分鐘，他詢問麥克和伯茲：「無重力環境的感覺如何？兩位是否出現頭部不適或者任何情況？」麥克回答：「不，我只是覺得頭腳顛倒了。」

根據尼爾的說法：「我們很幸運，在阿波羅十一號任務期間沒有任何隊員出現身體不適。有些太空人雖然身體強壯，最後卻都出現太空不適症狀。那個時候，沒有人知道具體的原因。他們嘗試理解各種可能了。」尼爾成長以後，已經克服童年經常暈眩的症狀，雖然他進行特技飛行時確實也會產生噁心感。然而，令人好奇的是，太空暈眩不適症與地球上的暈眩不適沒有直接的關聯。

太空船抵達地球軌道的兩個小時又十五分鐘左右，任務管控中心相信他們已經可以離開地球軌道，同意阿波羅十一號進行月球軌道轉移射入。爲了在啓動引擎的點火加速階段保護太空人的安全，飛行程序規定他們必須重新配戴頭盔和手套；背後的想法是，如果土星五號火箭第三節，也就是 S-IVB 發生爆炸，太空人可以待在密封的壓力衣中。「這個想法的問題在於，」柯林斯解釋：「如果爆炸的規模足以破壞太空船，也會造成多個系統故障，我們不可能全身而退。但規定就是規定，我們坐在位置上，穿上頭盔和手套，準備加速前往另外一個星球。」

阿波羅十一號繞行第二圈地球軌道至一半時，已經抵達月球軌道轉移射入點，此時，預先載入的啓動程序最後一次點燃土星五號火箭第三節，讓阿波羅十一號提升至脫離軌道的速度。月球軌道移轉射入加速過程低於六分鐘。在點火啓動之時，太空飛行器經過太平洋，下方九十英里處則是KC-135空中加油機部隊，機上安裝大量電子裝備——將太空飛行器傳送的電子資料轉至休士頓。資料內容包括土星五號火箭的運作良好，以每秒六英里的速度離開地球軌道——比來福槍的子彈還快。

在太空旅程之初，柯林斯比阿姆斯壯和艾德林更爲忙碌。身爲指揮艙駕駛員，麥克的職責就是在尼爾和伯茲的協助之下，將哥倫比亞號與S-IVB火箭分離，並且讓指揮服務艙轉向。麥克隨後就要操作指揮服務艙與登月艙老鷹號進行太空對接。老鷹號——擁有細長的機腳、推進器、角度非常詭異的天線，以及極度脆弱的壓力機體外殼——爲了成功度過發射階段，緊密地放在S-IVB火箭上方的箱容器之中。這是阿波羅十一號飛行任務的關鍵階段。「如果分離和對接失敗，」艾德林曾經解釋道：「我們要重返地球。哥倫比亞號和老鷹號可能發生太空碰撞，導致我們的駕駛艙瓦解。所以，麥克負責讓老鷹號脫離土星五號火箭第三節時，我們依然穿著太空衣。」

艾德林和阿姆斯壯都不擔心這次的太空行動。「麥克順利完成。」尼爾回憶道：「等我們從月球表面離開之後，他也要和登月艙進行類似的對接行動。阿波羅九號任務和阿波羅十號任務都完成了同樣的行動，所以我非常有信心。」

分離機動非常完美。爆炸螺栓打開大型箱容器的上蓋，讓火箭上方的登月艙得以脫出。柯林斯操控火箭推進器，移動指揮服務艙，將登月艙的距離控制在一百英尺左右。他將太空飛行器轉向，輕柔緩慢移動，成功完成頭對頭對接。哥倫比亞號與老鷹號已經相連。等到時機正確，尼爾和伯茲就可以經由內部通道和艙門位置進入登月艙。爲了完成分離機動，必須在軌道上升點釋放登月艙，而指揮服務艙和登月艙對接之後，也要立刻離開 S-IVB 火箭，剩下的唯一步驟就是彈射 S-IVB。阿波羅十一號將指令送到 S-IVB 之後，火箭放出剩餘燃料，造成反推動力，讓火箭飄向漫長的日心軌道，遠離阿波羅十一號的飛行軌道。

當時是北美中部地區與休士頓當地的下午一點四十三分，阿波羅十一號起飛之後只經過五小時又十一分鐘，以秒速一萬二千九百一十四英尺的速度飛行，距離地球將近二萬二千海里。

完成火箭分離、對接以及月球軌道移轉射入之後，太空人脫下壓力衣，換上更爲舒適的兩件式白色鐵氟龍纖維連身衣。在無重力環境中，有些事情確實比重力環境更輕鬆，但三個男人想要脫下太空衣——活動空間等同一臺小型旅行車——並非其中之一。脫下太空衣、將僵硬沉重的衣物折疊放入儲藏袋，再將裝滿衣物的儲藏袋收入太空飛行器的臥榻之下，都是非常費力的工作，用艾德林的話來說，讓他們「相當困惑，我們想要用一般的邏輯控制飄浮在空中的衣物和配件。」柯林斯將這段過程比喻爲「三隻白鯨擠在小池塘，即使我們已經盡力緩慢移動，依然不慎撞擊至操作儀表板……每一次，我們想要倚著太空飛行器推動自己的身體，都會反彈至自己不想要的方向，我們必須用力重新調整位置。」

終於脫下太空衣之後，隊員愉快地移除私處上的小工具。爲了處理太空人可能在脫下太空衣之前需要小便或排便，在穿上太空衣之前，私處也安裝了排泄用的工具。艾德林清楚地解釋細節：「我們的背後塗抹了特製的軟膏，穿上美其名爲排泄物容器的工具。」這種特殊製作的尿布工具能讓糞便的氣味降至最低，軟膏則預防太空人的背部不會因爲特殊工具而產生過多擦傷。小便則是經由宛如保險套的設備，連結至尿袋，外型就像固定至大腿臀部附近的比基尼。爲了避免尿液外洩，橡膠製作的保險套外型排尿工具必須緊密包覆生殖器，太空人排尿時其實非常不舒適，他們私下也會開這個玩笑。清理完畢，換上連身衣和乾淨的內衣褲之後，使用洗手間變得更簡單了。排泄物會儲藏至特殊容器，尿液則是排出太空飛行器之外。

太空人安全無恙地前往月球，第一次有了輕鬆的感受。正如柯林斯的解釋，他們其實沒有辦法事先準備接受跨越地球和月球之間宛如迷離暮光區域的嶄新航行體驗：「不像地球軌道的雲霄飛車航行，我們正要進入一個動作緩慢的領域，時間和距離的意義大過於速度。想要感受快速航行，你必定會看見某些事物飛掠，例如高速公路旁的電線桿，或者飛機穿過眼前的道路。在太空中，物體的距離非常遙遠，不會模糊或飛掠，只有太空交會和登陸才有這種感覺，但即使如此，我們接近目標時的速度也會非常、非常地緩慢。如果我無法看著窗外景緻感受速度，我依然可以判斷出距離，正如地球變得愈來愈小，最後終於可以完整看見球體。」

「地球變成太空船」的宇宙景緻，深刻感動所有航向月球的太空人。「你離開地平線，看見緩慢變化的環繞景緻，地球變成巨大的弧線，愈來愈大，最後終於看見完整的球體。」阿姆斯壯如此描述：「根據飛行載具當時的海拔高度，你可能無法時時刻刻都看見這個景緻。但是，我們確實都看見地球變成了球體，非常驚人的感受，離開地球，發現自己在合理的情況下，可能要等到一陣子之後才會回到地球。我們必須下定決心，追求卓越，才能回家。」

看著「完整的地球」，阿姆斯壯著迷於自己的地理知識。阿波羅十一號起飛之後的三小時又五十分鐘，阿姆斯壯說：「你可能會很有興趣想要知道，在我們左手邊的窗戶，我看見完整的北美洲大陸、阿拉斯加，以及北極圈，下方則是猶加敦半島，也就是南美洲大陸的北方一隅，其他地區已經超過窗戶的視線範圍。」

爲了避免燃料箱壓力增加，可能引發太空飛行器的某側過熱，而另外一側卻因爲溫度過低而產生冷凍現象，阿波羅十一號開始旋轉，讓機身盡可能平均接受太陽輻射照射。「我們就像烤箱中的雞。」柯林斯解釋道：「如果我們停留在某個位置過久，就會發生各種不好的情況。」在視覺上，烤箱式旋轉創造相當驚人的環繞景緻效果，太陽、月球和地球每兩分鐘就會輪番出現在太空飛行器的窗外。太空人使用簡單的觀景工具，名稱是單眼望遠鏡，也就是只有一個鏡片的望遠鏡。他們輪流將單眼望遠鏡當作放大鏡，近距離觀看故鄉星球的種種特色。

從此以後，我們就有了太空飛行的其中一個傳說：從太空中，只能看見地球上的兩個人造物體，中國的萬里長城和美國蒙大拿州的佩克堡大水壩（Fort Peck Dam）。「我挑戰這種說法。」尼爾主張，在跨越地球和月球的太空航道中：「我們可以看見地球上的各個大陸，我們也看見格陵蘭。格陵蘭相當顯眼，就像圖書館裡的地球儀，一座白靄的島嶼。我們看不見南極洲，因爲雲朵遮蔽南極洲。但我不相信這種說法，至少我並未親眼看見地球上的任何人造物體。」

無論使用肉眼或者單眼望遠鏡，尼爾都無法阻止自己思忖地球竟是如此脆弱。「我不知道爲什麼自己會有這種感覺，但地球非常渺小。地球很鮮艷，你可以看見海洋和氣層，以及些許——非常稀薄的——大氣層圍繞著地球，相較於其他星體，它們更巨大，更令人敬畏，彷彿地球根本無法阻擋星際攻擊。」伯茲和麥克的想法相似，而伯茲認爲地球的政治和文化如此分歧，非常瘋狂。「從太空觀看地球，地球流露一股良善的特質。從理智上而言，我當然可以明白地球會有戰爭，但從情感上，根本無法理解人類爲何戰爭。我反覆思忖，人類經常爲了領土或國界爭議而掀起戰爭，但從太空看著地球，根本看不見人類設置的虛構國界。」

隨後，太空人要準備用餐了。他們需要飲用足夠的水，以及每天平均攝取一千七百至兩千五百大卡。在完整的一餐之前——預定時間是第一天的下午，就在完成 S-IVB 彈射以及脫下太空壓力衣之後——阿波羅十一號的隊員已經服用裝在軟管中的三明治。點心儲藏櫃中放著花生方塊餅、焦糖糖果、培根片以及乾燥水果。

這也是美國月球太空飛行史上第一次，飲料清單不只有果汁和水，還有足夠的咖啡供應。果汁也不再是菓珍牌（Tang），還有兩個六英尺長的連結軟管，可以提供冷水和熱水。

軟管末端安裝槍管與按鈕。如果太空人想要飲用冷水，將槍管放在嘴中，按下按鈕，就會噴出一口冷水。倘若太空人要準備食物，將熱水槍管放入塑膠袋，使用三次按鈕，噴出三次熱水。太空人用手揉捏補足水分的食物至可食用狀態之後，用管子吸入主菜。不幸的是，原本設計於排出水中氫氣的裝置並未妥善運作。太空人攝入過多氣體，身體膨脹，而且胃部脹氣。艾德林曾經開過一個玩笑，由於氫氣過多，「我們可以乾脆關閉姿態控制推進器，用自己的身體完成太空飛行器的工作。」

餐點雖然清淡，但相當開胃。第一天的午餐是熱水混合肉汁火雞和綜合配料，以湯匙用餐。「溼調理包」則是以原狀食用，內容物是火腿和馬鈴薯。有時候，隊員的餐點內容一樣——例如第二天的熱狗、蘋果醬、巧克力布丁，以及柑橘果汁。其他時候，他們服用特製餐點。尼爾的最愛是肉醬義大利麵、焗烤馬鈴薯、鳳梨水果方塊蛋糕，以及葡萄潘趣酒。

起飛之後十一個小時，隊員已經進入第一次的睡眠時間。事實上，在北美中部時間晚間七點五十二分，預定睡眠時間的兩個小時之前，休士頓已經和疲倦的太空人說晚安並且結束通訊。太空人的急迫的睡意來得更早。起飛之後的兩個小時，就在準備進行月球軌道移轉射入之前，尼爾已經對著隊友打了呵欠。「天啊，我快睡著了。」柯林斯則回答：「我也是，我想休息一下。」隨後的九個小時，直到睡眠時間之前，他們都在對抗間歇的睡意。

尼爾和伯茲睡在輕盈的網狀吊床，就像睡袋，從左右兩側的長椅下方拉出，並藉由長椅進行固定——中間的長椅保持下摺，收納隊員的太空壓力衣。「藉此避免我們的手臂懸浮在空中或者不愼啓動任何開關。」尼爾解釋道。負責守夜的隊員——第一天晚上是柯林斯——並未睡在吊床，而是懸浮在左方躺椅之上，他用安全帶固定身體，避免飄走，耳朵則配戴小型耳機，以免休士頓需要進行「夜間」對話。「那是一種詭異但愉快的感受，在全身上下沒有任何一處體驗壓力的情況下睡覺。」柯林斯回憶道：「就像被蜘蛛網輕柔地固定——懸浮在半空中，緩慢地飄向月球。」伯茲也體驗過這種感覺，但尼爾沒有，因爲尼爾一直都睡在吊床上。

由於起飛和月球軌道移轉射入讓太空人的腎上腺素升高，他們第一個晚上只睡了五個半小時。任務管控中心綠隊的太空艙通訊官布魯斯・麥克康德勒斯（Bruce McCandless）在北美中部時間早上七點四十八分要叫醒太空人時，三位太空人早已清醒。太空人完成「清醒之後的檢查清單」，更新飛行計畫的內容時，麥克康德勒斯向他們匯報地球的晨間新聞概要，主要都是全球對於阿波羅十一號起飛的熱情回應。

第一個新聞的主題是蘇聯月球十五探測器的飛行狀況。根據任務管控中心向太空人報告的新聞內容，蘇聯的自動太空飛行器已經抵達月球並且開始繞行。爲了偷走美國搶先登陸月球的風采，俄羅斯人的最後一搏就是在七月十三日發射一臺小型的無人太空飛行器，比阿波羅十一號提前三天起飛，目標不只是登陸月球，還要挖起月球土壤樣本，還要比阿波羅十一號更早回到地球。美國報紙的評論相信，俄羅斯人刻意想要使用「神祕的月球探測機」奪走美國人的鋒頭，並且（不精確地）推測俄羅斯人可能也會在技術上干擾美國人的太空飛行。負責處理太空事務的美國官員擔心，蘇聯月球十五號探測器的行動和通訊，事實上，可能會干擾阿波羅十一號——多年來，俄羅斯人偶爾會使用航太總署的無線電頻率。

載人太空中心的克里斯・克拉夫特致電阿波羅八號指揮官法蘭克・博爾曼上校，他剛結束九天的蘇聯之旅，也是第一位造訪該國的美國太空人。「最好的方法就是直接詢問俄羅斯人。」博爾曼如此告訴克拉夫特。於是，在尼克森總統的同意之下，經由莫斯科和華盛頓之間的加密熱線——自從一九六二年的古巴導彈危機之後，美國和蘇聯兩大強權為了避免引發核彈浩劫，建立這隻加密熱線——博爾曼捎訊息給蘇聯科學院院長恩提斯拉夫・克爾帝許（Mstislav V. Keldysh），詢問俄羅斯人月球探測器的準確軌道方位。俄羅斯人向博爾曼保證，月球十五號的軌道絕對不會與阿波羅十一號的飛行軌道交錯。

事實上，月球十五號絕對不會干擾阿波羅計畫，而蘇聯的任務也以悲劇告終。七月二十一日，月球十五號墜毀在月球，就在阿波羅十一號成功登月的隔天。

直到多年之後，另一個消息才獲得證實。一九六九年七月三日，月球十五號發射的九天前，哈薩克共和國的拜科努爾太空發射場（Baikonur Cosmodrome）發生火箭史上威力最強大的爆炸事件。當天，蘇聯正在測試自製的月球火箭，編號名稱是 N-1 的巨型火箭推進器。如果 N-1 無人測試發射成功，蘇聯就要準備暗中進行載人登月計畫。發射之後數秒鐘，N-1 火箭墜落至發射基地之後爆炸——某些評估認為，爆炸威力等同於二百五十公噸的 TNT 炸彈。無論如何，沒有人因此喪命，直到一九六九年十一月，蘇聯測試火箭發生意外的消息才浮現在西方媒體。當時，美國的情報機構因爲間諜衛星拍攝的照片而確認了此消息。N-1爆炸災難宣告蘇聯登月計畫的結束。直到一九九一年八月，蘇聯瓦解之後，當時參與蘇聯登月計畫的人員才承認該計畫的存在，更別提N-1的災難。

阿波羅十一號任務第二天最主要的飛行行動發生在北美中部時間上午十點十七分，進行三秒鐘的引擎加速，重新修正阿波羅十一號的航道，並且測試指揮服務艙的引擎，這引擎是太空飛行器進入和離開月球軌道的必要工具。在略爲修正中期航道的過程中，阿姆斯壯和他的夥伴已經離開地球十萬八千五百九十四英里——超過前往月球里程的五分之二——每秒移動速度只有五千〇五十七英尺。此時，阿波羅十一號依然受到地球重力的影響，速度逐漸下降，直到距離月球不到四萬英里——等到那個時候，太空飛行器已經從最高時速二萬五千英里下降至時速兩千英里。隨後，月球重力影響增加，太空飛行器會逐漸加速。

太空人在中期飛行航道大多數的工作都是各種小型的準備任務，爲了讓指揮服務艙可以保持妥善運作，例如清洗燃料電池、替電池充電、傾倒廢水、更換二氧化碳桶、準備食物，以及消毒飲用水等等。柯林斯負責處理大多數的雜務，讓阿姆斯壯和艾德林可以專注檢查即將到來的登月任務細節——重新確定各種檢查項目並且演練登月流程。「前往月球的飛行計畫中確實有些空檔。」艾德林回憶道：「在那段期間，我們沒有預定完成的目標。但是，我不記得自己曾經有過任何空閒時間。所有物品都要妥善儲藏、收納，或者用魔鬼氈固定在鑲板上。我們每個人都有小型的布袋，可以儲存各式各樣常用工具物品，例如筆和太陽眼鏡，而我放了計算尺。我們其中一人，或者兩人，經常在地板周圍四處爬行，尋找遺失的物品，像是太陽眼鏡、單眼望遠鏡、底片或者牙刷。」

在休息期間，他們聆聽音樂放鬆。他們用一臺小型的攜帶式錄音機播放卡帶音樂。錄音機的主要功能是記錄隊員的評論和觀察。尼爾和麥克事先要求工作人員錄製特定曲目，大多是能夠放鬆傾聽的歌曲。尼爾特別要求兩個曲目，其中之一是德佛扎克（Antonin Dvorak）在一八九五年推出的〈新世界交響曲〉。尼爾就讀普渡大學，擔任交響樂團成員時，曾經表演過這個曲子，除此之外，他也認爲〈新世界交響曲〉（*New World Symphony*）很適合月球旅行。第二個曲子則是山繆・霍夫曼博士（Dr. Samuel Hoffman）作曲的〈來自月球的音樂〉（*Music Out of the Moon*），特色是採用特雷門（theremin）作爲主要樂器，這是一種非常特別的樂器裝置，音樂家控制雙手與兩根天線金屬棒之間的距離，藉此創造各種電子聲響。

第二天飛行的重點是阿波羅十一號首次的現場實況轉播，預定開始時間是北美東部日光節約時間的晚間七點三十分。事實上，這是阿波羅十一號任務的第三次電視訊號傳遞；前兩次的目標是檢查攝影機的功能、太空飛行器內外部拍攝品質，以及加州金石追蹤站傳遞和接受訊號的強弱能力。如此一來，全球數百萬人在星期四晚上打開電視機之前，航太總署就能事先修復所有的系統問題。

第一個出現在各戶人家電視機螢幕上的模糊畫面是從阿波羅十一號回望故鄉星球時

所拍攝的，影像中阿姆斯壯描述他看到「地球比半個再多一些」。用樸素但充滿驚喜的文字，尼爾指出地球海洋「明確無比的蔚藍」、「太平洋上方的主要雲朵形成一片白靄」，「小麥色的土地」，以及「美國和加拿大西北岸的綿延綠意」。他也表示，從他們目前的距離——大約是十三萬九千海里——觀看地球，其顏色的深邃不如阿波羅十一號還在地球軌道或者五萬英里的距離。在這三十六分鐘的電視現場實況中，太空人表演了一場秀。艾德林在無重力環境中伏地挺身，尼爾甚至表演倒立。主廚柯林斯演繹如何在秒速四千四百英尺的環境中燉煮雞肉。這場電視實況轉播的結尾是尼爾充滿情感地說：「隨著我們向後平移拉開觀看地球的距離，阿波羅十一號結束通訊。」隨後的三個小時，隊員開始整理環境，並且徒勞無功地參與望遠鏡實驗，他們看不見美國德州艾爾帕索（El Paso）麥克唐納觀察站發出的藍綠色雷射光。直到晚間十一點三十分，隊員才就寢，由艾德林負責睡在懸浮的守望位置。這次的睡眠預定時間較長，原定時間爲十個小時。飛行任務的醫學資料顯示，「隊員徹夜好眠」——他們睡得很好，事實上，任務管控中心甚至讓他們多睡一個小時，才叫醒他們，請他們處理各種雜務，例如電池充電、傾倒廢水，檢查燃料和氧氣庫存。

在最早的飛行計畫中，艾德林和阿姆斯壯必須等到第三天中期，在阿波羅十一號抵達月球軌道之後，才會進入老鷹號進行第一次的檢查，但艾德林成功說服任務規劃師，讓他們提前一天進入登月艙，確定登月艙沒有在起飛和長期飛行期間遭受任何損害。這次短暫的登月艙檢查行程在北美中部時間下午四點過後不久開始，也是航太總署認爲太空史上最清晰的畫面傳遞開始之後的二十分鐘。柯林斯打開登月艙艙門，阿姆斯壯鑽入三十英寸寬的通道，飄浮進入登月艙的頂部，艾德林緊跟在後。尼爾和伯茲都認爲進入老鷹號時的下—上—上—下的旅途是月球旅行當中最詭異的感官體驗之一，他們從指揮艙的地板爬向天花板之後，發現自己以頭部朝前，並且下降至與指揮艙接合的登月艙天花板。

雖然尼爾是第一位觀看老鷹號內部的太空人，但身爲登月艙駕駛員的伯茲開始準備負責在四十五個小時之後的登月艙和哥倫比亞號的分離操作。伯茲和尼爾隨身攜帶電影攝影鏡頭和電視攝影鏡頭，並將登月艙內部的畫面傳回地球。任務管控中心早已知道這次的畫面傳送，但全美的電視公司都非常驚訝，因爲他們以爲阿波羅十一號下一次的資料傳送會是在北美東部時間的晚上七點三十分，與前一天晚上的時間相同。哥倫比亞廣播公司電視網急忙安排必要的連線技術，讓克朗凱和助理主持人華利・舒拉在下午五點五十分開始新聞直播。第一組畫面——現場播送至美國、日本、西歐和南美洲多數地區——是艾德林從登月艙取出裝備。隨後，伯茲讓各國電視機前的觀眾觀看他和尼爾將在月球使用的太空衣和生命維持系統（portable life support system；PLSS）。

後來所有阿波羅十一號飛行旅途的傳說，都必然包含隊員看見不明飛行物體。根據傳說故事，太空人看見某些無法辨認的物體，有人說是神祕的光線，也有人說是外星太空船隊伍。正如所有華麗的傳說，阿波羅十一號的故事有一個核心事實。阿波羅十一號隊員第一次疑似看見幽浮的傳聞，早在第一天加速進行月球軌道移轉射入時就出現了。根據傳聞，太空人在五號窗外看見不明閃光。太空人並未向地面人員報告自己看見詭異光線，即使如此，正如艾德林的回憶，他們看見這些光線「至少兩次或三次」，而且不只是在飛向太空的過程中。閃光光線現象過於異常，航太總署決定讓下一次任務的太空人得知此事。阿波羅十二號起飛時，隊員也看見光線了。事實上，他們回到地球時回報：「你知道嗎？我們閉著眼睛也能看見那些光線。」事後證明，那些光線是在太空極度黑暗的環境中，發生在人類眼球內部的現象。人體的視覺有一種與心理相連的特殊機制——他必須希望看見閃光光線，否則就不會看見那種光線。自此之後，專家提出解釋，某些太空人擁有特定的感官機制，即使阿波羅十一號的飛行位置低於范艾倫（Van Allen）輻射帶的近太空時，也會看見閃光光線。

第二次的「目睹」發生在第三天晚間——第一次進入登月艙當天——大約是在九點之後。很顯然艾德林是第一位看見不明飛行物體的太空人。「我發現自己茫然地望著哥倫比亞號的窗外，看見某個看起來非比尋常的物體。它比任何星體更光亮，而且不符合星體光線的位置。那個物體也相對移動至星體附近。我將它的位置告訴麥克和尼爾，我們三人都非常好奇。在單眼望遠鏡的協助之下，我們推測，無論那個物體是什麼，距離阿波羅十一號只有一百英里左右。我們使用六分儀觀察，發現那個物體偶爾會呈現圓柱體，但調整六分儀的視覺焦點之後，它又會變成某種發光的L型。它的外型是一條直線，某些地方稍微凸起，側邊還有延伸物體。它確實有特定的外型——我們三人都同意——但無法準確得知它的形體。」

阿波羅十一號的隊員極爲苦惱。「我們到底該如何是好？」艾德林回憶道：「我們非常確定絕對不會和地面工作人員談起此事，因爲這只會引起眾人的好奇，倘若消息外洩，一定會有人要求航太總署取消任務，因爲外星人跟著阿波羅十一號！我們沒有坦承而是默不作聲，是因爲我們相當謹慎。我們不希望讓所有幽浮狂熱人士找到興風作浪的藉口，多年來，已經有太多瘋狂的傳說，認爲太空人確實看到詭異的太空事物。」起初，隊員猜測他們看見的可能是兩天前彈射棄置的土星 S-IVB 的碎片。但是，尼爾用無線電和休士頓討論時，休士頓的答案是 S-IVB 與阿波羅十一號的距離大約是六千海里。

太空人竭盡所能地想要找到答案。那個不明物體的距離絕對少於六千海里，不可能是 S-IVB，很有可能是登月艙發射時的四片鑲板。當登月艙和指揮艙面對面進行對接時，鑲板往四面八方飄散。任務管控中心最後認爲，那個物體是土星火箭登月艙的配適器鑲板，從 S-IVB 身上脫落之後轉動方向，才會靠近阿波羅十一號，而陽光照射至鑲板上的反光非常接近太空人看見的閃光。

第三天晚上，阿波羅十一號的太空人只能間歇休息——白天的時候，他們已經知道第四天的情況會和前幾天不同。阿波羅十一號將會停止宛如烤肉架的旋轉運動，也不會自動進入月球軌道。如果太空飛行器無法充分減速，就會以巨大的弧線繞過月球，然後回到地球鄰近區域。北美中部時間早上七點三十二分，任務管控中心喚醒太空人，向他們宣布地球上的晨間新聞。「首先，我們無法否認這個事實，各位太空人已經完全攻佔地球所有的新聞版面。」布魯斯・麥克康德勒斯接替輪班擔任太空艙通訊官。「即使俄羅斯的《眞理報》頭條都是你們的任務，他們還說尼爾是「太空船上的沙皇」。我想他們可能弄錯我們的任務內容了。」

太陽現在完全進入月球後方，日冕在月球邊緣閃耀光芒。阿波羅十一號和月球之間的距離只有一萬兩千四百八十六英里，月球現在是一個巨大的漆黑物體，塡滿了阿波羅十一號的窗外視野。地球反照的光芒如此耀眼，從後方照亮月球表面，宛如三維空間。柯林斯後來如此寫道：「我內心湧起的第一個念頭，就是地球和月球之間的鮮明對比。一個人必須近距離觀看月球之後，才能眞心領略地球之美。我相信，地理學家認爲月球是驚人美麗之地，但這個單調的巨大岩石星，這顆在我窗外枯萎、被陽光烤焦的桃形星球，絕對無法與它繞行的寶玉相提並論。啊，地球，青綠的山谷，迷霧的瀑布，我希望快點完成任務，離開月球。」

登陸月球過程的關鍵步驟就是非常精準的引擎點火，也稱爲 LOI-1，即基礎月球軌道進入。這次加速必須啓動服務艙的推進引擎（The Service propulsion system；SPS），時間控制在六分鐘之內，讓阿波羅十一號減速至特定速度，再由月球重力將太空飛行器拉入軌道之中。正如麥克・柯林斯所說：「我們需要減速兩千英里，從時速五千英里減少至時速三千英里，方法就是啓動服務艙的推進系統，使用六分鐘。我們非常謹愼，小心翼翼注意所有檢查標準。」機上的電腦和航太總署的任務管控中心提供許多協助，但太空人必須親自完成正確操作。「如果電腦的一個顯示位數錯了，而且是最糟糕的位數顯示錯誤，阿波羅十一號就會轉頭，讓我們航向太陽。」

月球軌道進入似乎非常成功，但直到阿波羅十一號離開月球的背面之前，任務管控中心都無法確定。二十三分鐘之後，休士頓終於能夠再度與他們溝通。

「我們無法確定阿波羅十一號是否安然無恙。」華特・克朗凱在哥倫比亞廣播公司電視網的現場實況新聞報導中表示：「因爲阿波羅十一號現在進入月球後方，首次與地球失去聯繫。八分鐘之前，他們啓動服務艙的大型推動引擎，準備進入月球軌道。我們將在隨後的十五分鐘之後知道結果。到了那個時候，他們會離開月球背面，並重新與地球聯繫，太空人就能報告情況。我們希望他們成功進入環月軌道，這個歷史任務剩餘的目標也能與前三天一樣順利進行。」

任務管控中心內部有若干人零散地交談，但不多，大多數的工作人員屛息等待重新「獲得太空訊號」(acquisition of signal; AOS)。克朗凱在電視上強調戲劇效果，他說：「全世界都安靜等待阿波羅十一號成功進入月球軌道。」全世界的焦慮終於結束了，休士頓聽見太空飛行器微弱模糊的訊號，就在他們準確預期的時間。

尼爾立刻向休士頓提出引擎點火的狀況報告。提出一連串的引擎點火時間和殘留燃料數字之後❶，休士頓要求「請你重述所有的數字」，尼爾驚呼：「一切都很——完美！」

在阿波羅十一號開始繞行月球、重新與休士頓通訊的二十分鐘之前，太空人因為準確地進入目標軌道而興奮無比：

任務時間三天三小時五十八分十秒，阿姆斯壯：「真是一次漂亮的引擎點火。」

任務時間三天三小時五十八分十二秒，柯林斯：「他媽的，我想我們成功了。」❷

任務時間三天三小時五十八分三十七秒，阿姆斯壯：「好了，我們現在還要完成其他目標……」

任務時間三天三小時五十八分四十八秒，艾德林：「好，一起來吧。」

任務時間三天三小時五十九分〇八秒，柯林斯：「好吧，我不知道我們是不是完成目標需要的六十海里了，但至少我們沒有撞到媽媽㊹。」

❶使用阿波羅的服務艙推進系統火箭進行計時點火可能會產生後續的加速（或減速），倘若引擎關閉的時機不精準。因此，知道點火時的速度和剩餘燃料非常重要，才能進行校正。校正的方法不是再度啟動主要引擎——只會造成更多問題——而是短暫啟動（太空人則說「搔癢」）太空飛行器的小型控制推進器。

❷這段對話紀錄，以及後續兩段對話紀錄取自太空飛行器的機上記錄器，當時並未傳回地球。如果太空人知道自己的對話會傳回地球，他們就會非常謹慎，不會使用較為粗俗的語言。

任務時間三天三小時五十九分十一秒，艾德林：「快看！快看！一百六十九・九（海里）以及六十・九（海里）㊺。」

任務時間三天三小時五十九分十五秒，柯林斯：「太好了、太好了、太好了、太好了！你想寫下來嗎？一百七十海里／六十海里，太傑出了！」

任務時間三天三小時五十九分二十八秒，艾德林：「我們只差了十分之一海里左右。」

任務時間三天三小時五十九分三十六秒，柯林斯：「哈囉，月球！」

穿過月球充滿岩石的背面，這是地球從來不曾目睹的一面，也是因爲四十六億年的隕石轟炸而充滿密集的坑洞，艾德林和柯林斯興奮地指出一個又一個驚人的景象，而阿姆斯壯更爲內斂地表達他內心眞摯的激昂：

任務時間三天四小時五分三十二秒，艾德林：「天啊，讓我拿回攝影機，這裡有一個大得驚人的坑洞。我真希望我可以用另外一個鏡頭，天啊，那真是一個巨大美麗的坑洞。尼爾，你要不要看看那個傢伙？」

任務時間三天四小時五分四十三秒，阿姆斯壯：「好的，我看見他了……你想要用另外一個鏡頭嗎？」

任務時間三天四小時六分七秒，柯林斯：「你不想拍攝地球從月球地平線出現的模樣嗎，九分鐘之後就會出現了。」

任務時間三天四小時六分十一秒，艾德林：「好，先讓我拍攝這裡的照片。」

任務時間三天四小時六分十五秒，柯林斯：「好，不要錯過一開始的畫面……」

任務時間三天四小時六分二十七秒，阿姆斯壯：「你要拍攝很多張照片。」

任務時間三天四小時六分三十秒，艾德林：「是的，沒錯。」

任務時間三天四小時六分三十三秒，柯林斯：「我猜會有很多地球升起的照片。」

任務時間三天四小時六分三十七秒，阿姆斯壯：「沒錯，各位朋友，看看那個……巨大的環形山，就在那裡……天啊！真是驚人的景緻！」

任務時間三天四小時八分四十八秒，柯林斯：「太美了，看看我們後方，看起來真的是一個巨大的環形山，看看周圍的山脈，我的天啊，真是巨大的怪物！」

任務時間三天四小時九分五十八秒，阿姆斯壯：「看看那個巨大的——」

任務時間三天四小時十分一秒，柯林斯：「沒錯，底下有一個巨大的環形山，你們不會相信的，那是目前最大的環形山。天啊，太大了，太巨大了！甚至超過窗戶的視線

㊹柯林斯在此處用「媽媽」一詞形容月球背面巨大的環形山脈。
㊺一百七十海里是阿波羅十一號預定的月球軌道繞行長度，六十海里則是阿波羅十一號預定與月球表面保持的高度。

範圍。你們想看看嗎？這是你人生看過最大的環形山吧，尼爾？天啊，看看山脈中央的最高點！很大吧？」

任務時間三天四小時十一分一秒，艾德林：「沒錯，那裡也有一個巨大的媽媽。」

任務時間三天四小時十一分七秒，柯林斯：「好了，伯茲，不要再說它們是巨大的媽媽了，讓它們擁有科學名字吧……天啊，他媽的，如果是一位地理學家能夠親眼目睹這些景緻，肯定為之瘋狂。」

到了月球軌道之後，阿波羅十一號的隊員想要解決前兩次繞月飛行引發的非正式爭論。阿波羅八號的隊員認爲月球表面是灰色的，但阿波羅十號的成員認爲月球表面多半是棕色。尼爾、麥克和伯茲一有機會就決定要解決這個爭論。「我認爲月球的顏色確實是巴黎的灰泥㊻。」尚未進入月球軌道之前，柯林斯已經提出自己的想法。「好吧，我必須投阿波羅十號任務的隊員一票。」進入月球軌道之後，艾德林也表達他的意見。「我覺得是棕色。」阿姆斯壯則說。「但是，太陽進入另外一個角度之後，我第一次看著月球，月球表面非常灰。」伯茲繼續表示自己的想法，而他的隊友同意，雖然他們在數次繞行月球軌道飛行時，對於月球表面顏色發表各自的長篇大論。最後，沒有人可以提供滿意的答案。光線造成月球表面呈現不同顏色，幾乎每個小時都會改變，日出和黃昏時是深灰色，中午時則是玫瑰般的棕色。

休士頓時間上午十一點五十五分，阿姆斯壯第一次有機會調查自己前往登月基地的路徑。「阿波羅十一號正在第一次觀看前往登月基地的路徑。」阿姆斯壯回報：「這一次，我們將經過塔倫休斯環形山（Taruntius crater），阿波羅八號與阿波羅十號帶回來的影像和地圖很有幫助，讓我們知道應該事先觀察何處。現場的模樣與影像非常接近，但就像現場觀賞美式足球比賽和觀看電視轉播的差別。沒有任何事物可以比擬親身抵達此地。」休士頓的回應則是：「我們同意，我們也希望可以親眼目睹。」

阿波羅十一號從月球軌道進行第一次電視現場直播的時間是北美東部時間下午三點五十六分。由於當時是七月的星期六下午，許多美國觀眾觀賞美國國家廣播公司的《每周精選棒球》（*Game of the Week*），由巴爾的摩金鶯出戰波士頓紅襪之後，立刻轉臺觀看阿波羅十一號直播。由於北美東部時間當天下午五點四十四分預定進行月球軌道繞行引擎點火，太空人其實沒有心情在電視上表演；事實上，倘若他們可以決定，他們甚至完全不希望進行電視轉播。

這次的電視轉播長度爲三十五分鐘。一開始，鏡頭聚焦在太空飛行器的側窗，隨後拍攝艙門窗戶，而阿波羅十一號在月球表面上方從西往東前進將近一百英里，太空人爲全

㊻洛維爾在阿波羅八號任務期間繞行月球時曾說：月球的本質是灰色的，如同巴黎灰泥。巴黎灰泥（plaster of paris）又稱熟石膏或灰泥。

世界電視機前的觀眾導覽，觀賞月球的可見區域。一路上，太空人也提到，尼爾和伯茲將在二十四小時之內進入登月艙。尼爾也指出PDI點（Powered Descent Initiation），也就是「動力下降起始點」，隨後，柯林斯與艾德林輪流介紹老鷹號前往登陸地點的所有重要路標：瑪林山脈的兩座高峰，由洛維爾在阿波羅八號任務期間以自己妻子的名字所命名；巨大的馬斯基林隕石坑（Maskelyne Crater）；登月艙開始下降的二十秒之後，就會立刻通過的布特山（Boothill）和杜克島（Duke Island）；沙漠響尾蛇（Sidewinder）和響尾蛇（Diamondback）細溝，因爲它們蜿蜒的模樣就像沙漠中的響尾蛇；月球裂縫（The Gashes）；最後的山脊（the Last Ridge）；最後就會抵達靜海基地，在轉播的當時，基地幾乎已經不受黑暗籠罩了。

這也是太空人第一次親眼窺見登月基地，因爲前幾次繞月軌道飛行中，基地地點都藏在黑暗之中，阿波羅十一號超過了「明暗界線」，太空人從光明區域進入黑暗區域。這一次，登月基地受到地球光線照耀，勉強進入視線範圍。

地球上的所有觀眾以及太空飛行器中的隊員都和尼爾一樣緊張地近距離觀察登月基地。舉例來說，柯林斯是其中一個，他特別不喜歡眼前的畫面，但並未說出口。「登月基地就位在靜海下方，太陽光線與登月基地交錯形成陰暗的視線角度。在這種情況下，月球表面的隕石坑和環形山形成漫長的鋸齒狀陰影，對我而言，那個區域看起來非常可怕。我看不見任何可以停放小型沙灘車的地方，更別提讓登月艙順利降落。」

穿過明暗界線之後，阿波羅十一號隊員將電視機鏡頭轉回窗戶，在轉播結束之前，讓所有觀眾最後一次觀看登月基地。「月球緩慢沉入地球西方。」柯林斯說：「阿波羅十一號也要祝福您的一天順利。」

一個小時又十三分鐘之後，阿波羅十一號於當天下午第一次點火啓動服務艙推進引擎，這一次的精準度要求比第一次點火啓動更嚴格。「即使啓動時間只是超過兩秒鐘。」艾德林解釋：「我們都會進入錯誤的路徑，撞擊月球的另一側。」所有參與人員都聚精會神，太空人和任務管控中心合作，一同進行系統化的星辰位置檢查、慣性平臺調整，並使用機上電腦計算導航路徑。柯林斯使用碼錶確保點火啓動時間準確維持十七秒，不能多，也不能少。點火啓動過程非常完美。阿波羅十一號的軌道下降，從軌道長度一六八・八海里、高度六一・三海里，縮小爲軌道長度六六・一海里和高度五四・四海里，接近完美的橢圓軌道。即使是任務指揮官，也因爲這種精準操作而展露興奮之情：

任務時間三天八小時十三分四十七秒，阿姆斯壯：「六六・一和五四・四——沒有人可以超越你們的表現。」

任務時間三天八小時十三分五十二秒，柯林斯：「你說的沒錯。」

任務時間三天八小時十四分〇秒，艾德林：「我們現在更接近橢圓了？」

任務時間三天八小時十四分五秒，柯林斯：「這已經是我們能夠完成最完美的橢圓了。」

隨著阿波羅十一號已經穩固在月球軌道中飛行，登月艙也要開始準備進行指定任務了。啓動引擎、完成漫長的通訊檢查清單項目以及預先設定按鈕功能，尼爾和伯茲原定的任務時間爲三小時，但感謝艾德林在前一天進入登月艙的事先準備工作，他們最後使用了三十分鐘。休士頓時間晚間八點三十分，老鷹號已經準備就緒。兩名登月太空人亦是如此，他們回到哥倫比亞號，準備在太空飛行器內部度過第四個夜晚，也是第一個在月球軌道度過的夜晚。指揮官和登月艙駕駛員謹慎整理隔天早上需要的所有裝備和衣物。隨後，他們拉上窗簾，不只是爲了遮蔽陽光直射，還有月光——月光比我們在地球看見的更爲明亮——準備進入就寢位置。伯茲知道尼爾在第一次嘗試登月前的喜好，他很放鬆，而尼爾也是。柯林斯關閉艙內燈光，替當天做了總結：「我想今天非常順利，倘若明天和後天都和今天一樣，我們一定會沒事的。」

午夜過後三分鐘，在任務管控中心値勤的公共關係官員告訴現場媒體：「阿波羅十一號的隊員現在已經進入休息期間。」艾德林記得自己當晚睡睡醒醒，尼爾則記得自己睡得很熟，只是時間很短。休士頓在早上六點叫醒太空人。當天晨中，艾德林和阿姆斯壯進入登月艙，準備讓老鷹號和哥倫比亞號進行分離，並開始登陸月球。

Chapter 23
登月

阿波羅十一號任務最關鍵的轉捩點——當然，也是尼爾・阿姆斯壯生命故事最重要的轉捩點——駕駛登月艙登陸月球。

對於美國人、歐洲人、非洲人以及特定地區的亞洲人而言，人類歷史上第一次登陸月球的日子是一個星期天。在所有的登陸月球事件中，只有阿波羅十一號是在安息日登陸月球。當天早上，薇歐拉・阿姆斯壯於五點三十分清醒，甚至比她的兒子更早，她穿上浴袍，走出屋外，趁著記者還沒登門採訪前替植物澆水。隨後，她爲了早上七點三十分的教堂禮拜梳妝打扮，她希望自己回家時，能有充裕的時間，觀賞電視轉播她兒子從登月艙離開指揮艙的過程。

全球各地的民眾虔誠地替阿波羅十一號禱告。尼克森總統的白宮將星期日禮拜獻給阿波羅十一號，太空人法蘭克・博爾曼再次朗讀聖經〈創世紀〉。綽號「鮑伯」的海德曼（H. R. "Bob" Haldeman）是白宮的幕僚長，在阿波羅十一號任務起飛之前的幾天，他安排尼克森的資深文膽威廉・沙費爾（William Safire）草擬各種聲明，以備任務期間發生重大不幸事件。其中一份聲明假設太空人成功登陸月球，但無法離開。沙費爾建議總統，倘若真有不幸，在正式發表聲明之前，「應該將聲明內容傳眞給所有即將失去丈夫的太空人遺孀。」

北美東部時間早上十點五分，華特・克朗凱用五分鐘報導阿波羅十一號任務的進度之後，哥倫比亞廣播公司電視網進行一次專題報導，探討阿波羅十一號的宗教意義。綽號「哥倫比亞之聲」的記者查爾斯・庫瑞特（Charles Kuralt）在十一點加入節目，開始電視臺命名的《人類登陸月球：阿波羅十一號的史詩之旅》（*Man on the Moon: The Epic Journey of Apollo 11*）即時專題報導。節目展示過往阿波羅任務所拍攝的戲劇化照片，並加上旁白，庫瑞特同樣用〈創世紀〉作爲阿波羅任務的精神主題，也以現代科學的洞見闡明登月的宇宙意義。庫瑞特的錄音片段結束之後，克朗凱——帶著十本寫滿阿波羅十一號和太空任務的筆記本——稱呼即將進行的登月是「一大步」（**a giant step**）。當然，他不知道，不到十二個小時，全球廣大的群眾即將聽見並且永遠記住登月的第一人使用類似的字詞。

哥倫比亞廣播公司電視臺於早上十一點開始報導時，阿姆斯壯和艾德林待在老鷹號內部的時間還不到三十分鐘。當天早上，太空人因爲即將到來的任務而緊張萬分，甚至難以從事日常工作。伯茲回憶道：「三個男人待在太空一起行動，無可避免地絕對必須合作。到了那個時候，我們已經建立共同生活的各種步調和方法，但在這個特別的早晨，我們非常興奮，以至於一切都脫離常軌。」例如，三人原本設計的用餐步驟，第一個人取出食物袋，第二個人運送食物袋，第三個人負責使用水槍將食物液化，也稍微失去方寸。穿上太空衣之前裝上新的排泄物收集袋、導尿管以及收納袋也變得非常不愉快。三位太空人輪流在指揮服務艙中的導航艙位換衣服時，焦慮顯得更爲嚴重，這個空間只能容納一人換裝，另外一位必須協助扣上釦子和拉鍊。柯林斯也必須穿上太空壓力衣，以免解除對接的過程發生意外。

穿上太空飛行的裝備總是非常謹慎，但沒有任何一次能夠比擬登月當天早上。尼爾和伯茲必須穿上太空壓力衣長達三十個小時。他們第一個謹慎塞入的衣物是水冷式連身內衣褲。水冷式連身內衣褲的外型就像長袖衛生衣褲，網狀的衣物包含數百個透明的塑膠管。到了月球之後，冷卻用水會從太空人的背包開始經由管線循環，但隨著任務進行，緊身的水冷式連身內衣褲只會增加太空人待在太空的不舒適感受。艾德林只穿著水冷式連身內衣褲就進入登月艙，他希望初步檢查登月艙是否良好。半小時之後，穿好太空壓力衣的阿姆斯壯爬進登月艙。尼爾進入登月艙，伯茲回到指揮服務艙的導航艙位完成著裝便立刻回到登月艙。伯茲和尼爾關閉登月艙的艙門，麥克關閉指揮服務艙的艙門。

尼爾和伯茲在老鷹號內部先啓動數個系統電源，隨後打開宛如蜘蛛腳的登月機具。登月艙成功在北美東部時間下午之前張開登月機具。由於登月艙還要完成數次通訊和裝備檢查，必須等到一個小時又四十六分鐘之後，登月艙才能完成準備，並且啓動哥倫比亞號的引擎，進行分離。柯林斯和艾德林多半使用無線電進行溝通。

「沙皇在登月艙的情況如何？」麥克在指揮艙詢問。「他很安靜。」

「我正在專心準備——以及用力敲打。」尼爾回答，「敲打」指他正在使用登月艙的主要電腦進行輸入。「你們這兩隻小貓在月球表面放輕鬆。」啓動放出登月艙的開關之前，柯林斯說：「如果我聽見你們兩個人氣喘吁吁，我也會開始抱怨。」

任務時間四天四小時十分四十四秒，柯林斯：「我們只剩下一分鐘就要進行任務，你們準備好了嗎？」

任務時間四天四小時十分四十八秒，阿姆斯壯：「是，我想我們準備好了……就等你了，麥克。」

任務時間四天四小時十一分五十一秒，柯林斯：「倒數十五秒……好了，出發吧，美人！」

任務時間四天四小時十二分十秒，艾德林：「分離操作看起來非常良好。」

任務時間四天四小時十二分十秒，柯林斯：「我也認為很好。」

柯林斯的鼻子壓在窗戶上，他正在觀察阿姆斯壯和艾德林駕駛的登月艙緩慢飄走，並且等候尼爾回報兩艘太空飛行器分離之後的相對運動數字。在麥克用肉眼近距離觀察登月艙的外觀之前，不讓登月艙飄得太遠是個好主意；因爲要確保四隻登月機腳確實向下延伸並且保持完整非常重要。爲了協助麥克觀察，尼爾轉動機身，讓登月艙宛如跳著芭蕾舞的腳尖旋轉。阿波羅十一號發射前的幾個月，麥克曾經特別造訪格魯曼公司位於長島的工廠，只爲了親眼觀察登月艙機腳完全延伸的模樣。特別重要的是，柯林斯必須近距離觀察六英尺長的觸地感應器從登月艙的左側、右側，以及後方腳座完全延伸的樣子。他還需要確定前方機腳的腳座，也就是唯一沒有安裝感應器的機腳，是否處於正確的位置。前方機腳附帶向下的階梯，讓太空人能夠下降至月球表面。一開始，前方機腳原來是有感應器的，但阿姆斯壯和艾德林指出感應器可能會讓他們失足跌倒之後就移除了。

任務時間四天四小時十二分五十九秒，阿姆斯壯：「好的，登月艙已經靜止。麥克，你可以移動至你喜歡的位置，然後停止指揮艙……登月艙開始偏擺……在模擬器中的視野肯定更好。」

任務時間四天四小時十三分三十八秒，柯林斯：「好了，指揮艙剛剛翻滾，我會立刻停止。」

任務時間四天四小時十四分二十二秒，阿姆斯壯：「麥克，我可以開始俯仰嗎？或者你覺得登月艙還不夠遠？」

任務時間四天四小時十四分三十一秒，柯林斯：「尼爾，我希望你可以等待幾秒鐘。」

任務時間四天四小時十四分三十四秒，阿姆斯壯：「好的，我會等到你準備就緒，等你可以完全停止指揮艙。」

任務時間四天四小時十四分三十九秒，柯林斯：「好，我還在處理。」

任務時間四天四小時十五分二十六秒，柯林斯：「好了，現在狀況很好。」

任務時間四天四小時十五分三十秒，阿姆斯壯：「沒問題。」

任務時間四天四小時十六分三十四秒，柯林斯：「就像模擬的情況，登月艙正在往旁邊飄浮，高度稍微下降。」

任務時間四天四小時十六分三十九秒，阿姆斯壯：「好的。」

任務時間四天四小時十七分六秒，柯林斯：「登月機具看起來很好，我已經看見三隻機腳了。」

任務時間四天四小時十七分十一秒，阿姆斯壯：「MESA 還沒放下，對吧？」

任務時間四天四小時十七分十四秒，柯林斯：「請你再說一次。」

任務時間四天四小時十七秒十五秒，阿姆斯壯：「MESA 還在上方嗎？」（MESA 是太空艙設備集中儲存箱〔The Modular Equipment Storage Assembly〕的縮寫，折疊收在登月艙前方無感應器的機腳。太空艙設備儲藏組存放了一臺電視攝影機、蒐集月球岩石的盒子，以及數個工具。登陸月球之後，阿姆斯壯會拉開D型拉環，太空艙設備集中儲存箱就會懸掛在伸手可及的位置。阿姆斯壯這句話的用意是擔憂太空艙設備集中儲存箱可能會在登月艙和指揮艙分離的過程中提前下降）。

任務時間四天四小時十七分十九秒，柯林斯：「是的。」

任務時間四天四小時十七分二十秒，阿姆斯壯：「太好了。」

任務時間四天四小時十七分四十九秒，柯林斯：「現在登月艙的情況看起來很好。老鷹現在有了翅膀。」

任務時間四天四小時十七分五十九秒，阿姆斯壯：「收到，老鷹號已經解除對接。」

老鷹號是一隻鳥，但不像任何曾經翱翔的鳥，這玩笑讓柯林斯忍不住取笑登月艙的外型：「老鷹號，我認爲你們是一臺外型良好的飛行載具，雖然你們正在上下顛倒飛行。」「上下顛倒飛行是你。」尼爾也對柯林斯開玩笑。

登月艙現在的飛行高度低於月球表面六十三海里，尼爾和伯茲站直身體。沒有座位，艙內可使用的空間變大了。太空人的腳上太空人的腳上綁著錨定至艙內甲板的魔鬼氈約束帶，腰帶則連結至彈簧繩索和滑輪工具。如果需要更進一步固定自己的身體，尼爾和伯茲可以抓住太空艙內的把手和扶手。太空人筆直站立，這讓他們擁有完美的制高點可以觀察登月區域，但也代表登月艙的三角形窗戶的視野變得更小。

老鷹號開始下降登月前，尼爾和伯茲必須將飛行軌道降低至五萬英尺的高度區域。相對於月球表面，太空人現在的飛行姿勢是以腳部在上，臉部朝下，他們啓動登月艙的下降引擎，也是任務中初次啓動。進入下降軌道（Descent Orbit Insertion）的時間爲北美東部時間凌晨三點八分，也是登月艙離開哥倫比亞號之後的五十六分鐘。登月艙開始進入下降軌道時，指揮艙和登月艙都位於月球背面，無法和地球通訊。這次引擎點火啓動維持二十八・五秒，讓老鷹號下降至正確的繞行軌道，等到老鷹號繞回月球正面之後，就會在登月基地的前方。登月艙在下降過程中，尼爾和伯茲檢查接近率，確認如果主要導航系統故障或發生重大錯誤，他們可以藉由登月艙的任務中止導航系統回到哥倫比亞號。老鷹號現在的位置遠比哥倫比亞號更低，繞行軌道的速度也變得更快。登月艙的軌道飛行速度現在比哥倫比亞號快了一分鐘。由於哥倫比亞號的軌道更高，軌道角度也和地球對齊，哥倫比亞號的載波訊號可以更快抵達休士頓，大約比老鷹號快了三分鐘。但休士頓收到訊號之後，向哥倫比亞號和老鷹號發出語音回應的時間都不到一分鐘。

任務時間四天六小時十五分二秒，太空艙通訊官：「哥倫比亞號，這裡是休士頓（查理・杜克是這個時段的太空艙通訊官）。我們正在等候，通話完畢【長停頓】。哥倫比亞號，這裡是休士頓，通話完畢。」

任務時間四天六小時十五分四十一秒，柯林斯：「休士頓，這裡是哥倫比亞號，音量很大且清晰。我的聲音如何？」

任務時間四天六小時十五分四十三秒，太空艙通訊官：「收到，Five-by，麥克（在通訊速記名詞中，five-by-five意思是音量大且清晰）。進入下降軌道的情況如何？通話完畢。」

任務時間四天六小時十五分四十九秒，柯林斯：「聽著，寶貝，一切都非常平順，真是太美了。」

任務時間四天六小時十五分五十二秒，太空艙通訊官：「太好了，我們已經替老鷹號做好準備。」

任務時間四天六小時十五分五十七秒，柯林斯：「好的，他們要出發了。」

一分半鐘之後，艾德林回報登月艙進入下降軌道非常順利，讓老鷹號幾乎完美準確進入事先決定的近月點（perilune）。老鷹號可以點火啓動最後一次的動力下降。如果一切順利，不到三十分鐘之內，登月艙就會降落至月球表面。

在啓動最後一次的動力下降之前，阿姆斯壯和艾德林必須檢查登月艙的機上指引和導航系統。登月艙安裝兩個相互獨立的系統。第一個系統是「主要導航、指引和控制系統」（Primary Navigation, Guidance, and Control System；PNGS或pings）。這個系統有一部小型的數位電腦，位於太空人前方的操控儀表板中央，負責處理太空飛行器內建慣性平臺的資料——這個慣性平臺位於迴轉儀的固定位置，感應太空飛行器的移動，避免慣性平臺傾斜至任何方向。主要導航、指引和控制系統針對遠方群星的位置進行精準調校，在數位儀表板上顯示黃綠色的數字，顯示登月艙的位置。

第二個系統則是「任務中止指引系統」（Abort Guidance System；AGS）。除了慣性平臺的導航系統，太空飛行器也將機身用作任務中止指引系統的測量單位，並且使用安裝於機身的加速儀顯示飛行資料。主要導航、指引和控制系統以及任務中止指引系統都整合至登月艙的加速系統，評估太空飛行器的速度，一般而言，主要導航、指引和控制系統可以創造更準確的資料。在理想的情況中，兩個系統採用的數學計算方式——都是計算隨著時間經過的角度變化資料——對於太空飛行器的位置以及前往的方向，應該都會得到相同的答案，但測量結果總是無可避免地出現錯誤。倘若多個小型錯誤累積，登月艙路線和位置的電腦計算結果就會出現巨大的錯誤。

下降軌道完成之後，抵達動力下降起始點之前，尼爾和伯茲來回檢查兩個系統的計算結果。為了避免主要導航、指引和控制系統啟動錯誤的路徑，他們必須讓兩個系統算出相近的結果。主要導航、指引和控制系統的主要錯誤原因是平臺偏移，這是所有慣性平臺系統常見的問題，必須藉由電腦輔助的天體導航系統進行平臺調整，才能修正錯誤，隨後再使用與迴轉儀相連的引擎和工具進行機械校正。

在太空飛行任務期間，阿波羅十一號進行數次的平臺校對，但平臺校對需要時間，而且太空飛行器必須保持相對靜止。在進入下降軌道之前，只剩下半圈的軌道飛行，尼爾和伯茲忙於從事其他工作，只能粗略檢查前幾次校正調整的準確度。「我們的檢查方法，」阿姆斯壯解釋道：「就是讓太空飛行器進入正確的姿態，使六分儀可以直接觀察太陽。如果我們的瞄準線對著太陽中央，就能確定慣性平臺並未產生偏移。如果瞄準線產生八分之一或四分之一的偏移，校正結果還是可行。」尼爾在動力下降起始點開始之前進行太陽檢查，雖然上一次的校正是幾個小時之前，但他依然滿意慣性平臺的校正調整結果只有不到一度的偏移。「我按照三十分鐘至四十五分鐘之後的模擬推算，也就是大約的登月時間，我認爲調整結果可以接受。」

平臺偏移不是登月艙導航唯一令人擔心的問題。在下降期間，主要導航、指引和控制系統以及任務中止指引系統這兩個系統都必須保持運作，如果太空人無法保持兩個系統的所有狀況順利，就會發生問題。雖然只有主要導航、指引和控制系統可以協助太空人成功降落至月球表面，但任務中止指引系統必須準備就緒，使其隨時能夠進行返回指揮艙的緊急導航；在著陸前最後幾秒鐘，如果主要導航、指引和控制系統故障，任務中止指引系統也能隨時取代。根據阿姆斯壯的說法：「我們不能仰賴任務中止指引系統登陸月球，除非已經非常靠近表面，因爲任務中止指引系統無法導航登月軌跡。」但是，兩個系統都要保持啓動運作，因爲隊員可能要因應情況立刻從主要導航、指引和控制系統切換至任務中止指引系統。尼爾解釋：「兩個系統都是獨立運作，我們只能選擇其中一個系統控制太空飛行器。我們也要比較兩個系統計算後的資訊。」

另外一個主要的擔憂則是燃料供應。準確判斷登月艙應該在何時開始動力下降至關重要：如果尼爾和伯茲太早開始下降，老鷹號就會在進入安全登月位置之前用完燃料。正確的海拔距離，尼爾曾說：「必須在正負四千英尺的安全範圍中。」

計算正確的高度幾乎就像科學和藝術的結合。標準高度表無法讓太空人知道自己抵達近月點，因爲高度表依據大氣壓力的變化決定高度位置，而月球沒有大氣壓力。登月艙確實有一個雷達高度表，但從駕駛艙的角度觀察，高度表的指針會往下方和前方擺動。因爲，在初期下降階段，登月艙的垂直軸呈現水平角度——代表駕駛員的臉部朝下——雷達指針往上指，無法提供可用的登月資料。從登月艙下方突出的月球山脈猜測評估正確的動力下降起始點是不可能的，尼爾和伯茲雖然可以在月球星體邊緣大致推測群山高度，但無法在下降過程中準確判斷。

阿姆斯壯和載人太空中心工程師佛洛伊德·班尼特（Floyd Bennett）一起規劃的動力下降起始點判斷技術相對簡單，直接使用肉眼觀察月球表面，加上阿姆斯壯所說的「穀倉數學」（barnyard math）。「我們使用的方程式是$v=r\Omega$。」尼爾解釋道：「r是我們想要知道正確高度，Ω是登月艙的角速率，ν則是登月艙的移動速度。根據地球的追蹤雷達，以及我們自己的導航系統，我們非常清楚登月艙的移動速度，因此，想要知道正確的高度，只需要知道角速率。登月任務開始之後，我們可以藉著觀看地面的特定目標點，計算登月艙的角速率。」在下降的初期階段，登月艙的窗戶朝下（登月艙呈現頭下腳上），阿姆斯壯可以輕鬆觀察沿路的主要路標地點。正面朝下的飛行姿態也有助於解決高度計算。尼爾座位旁的登月艙雙層窗戶上有一條標記水平記號的垂直輔助線。登月艙的正面朝下飛行時，尼爾使用碼錶，配合窗戶的輔助線，計算登月艙從A點移動至B點的秒速，就能計算太空飛行器的角速率。尼爾也有一張表格，用於在軌道不同地點飛行時，比較繞圈速度的期望值。視覺觀察結果和期望值之間的差異，讓他可以評估登月艙的近月點高度，以及登月艙抵達近月點的時間。

任務時間四天六小時二十六分二十九秒，阿姆斯壯：「我們的雷達計算結果認為五萬英尺是近月點，視覺觀察結果的穩定近月點則是五萬三千英尺。」

一分半鐘之後，休士頓通知老鷹號：「你們可以進行動力下降。」任務管控中心確認通行之前，已經檢查所有的壓力、溫度和數值。即使少數功能並未完美運作，任務規則也允許動力下降繼續進行，但一般而言，飛行任務督導要求在進行動力下降之前，所有功能都要妥善運作。但是，地面控制人員無法完全得知的，就是登月艙的高度。「穀倉數學是我自己想出來的方法，也只有我自己如此計算，我不確定其他太空人是否曾經用過這種方法。」

柯林斯將航太總署「同意進行動力下降」的訊息轉交隊友，因為老鷹號依然無法與休士頓通訊。隨後，即使老鷹號已經回到月球的正面，通訊功能卻出乎意料地無法恢復正常。「登月艙頂端安裝了一個小型的碟狀天線，品質良好的天線。」阿姆斯壯強調：「天線依然能夠運作，但必須距離地球很近，才能獲得訊號。我們也有全向天線，一支刀狀天線，看起來就像一個人拿著行動電話。全向天線的定位不準確，功率也不足。讓碟狀天線直接對著地球很重要，但如果登月艙保持水平狀態下降，其實難以做到。倘若我們保持俯衝角度，則很容易失去訊號。」

尼爾和伯茲用了將近五分鐘才完成動力下降的最後準備。「我們必須讓電腦執行正確的程式。」尼爾解釋：「確保所有的開關、斷路器和其他事物都已經準備就緒，確保系統順利運作，讓引擎足以進行動力下降。」伯茲專注觀察導航電腦的讀數，而尼爾確保一切順利，從引擎效能到高度控制都符合預期。老鷹號開始下降時，尼爾和伯茲雙人組啓動安裝在伯茲右手邊窗戶上的十六釐米攝影機：機身向前、面朝月球表面，鏡頭拍下歷史性下降的所有足跡。

回到地球，緊張程度逐漸增強，電視新聞臺報導太空人正在準備進行動力下降，並且倒數計時登陸月球表面。在哥倫比亞廣播公司電視網新聞臺的現場報導中，克朗凱告訴華利・舒拉：「一分鐘之後，他們就要點火啓動引擎，十三分鐘之後，他們將登陸月球。如果他們決定重來一遍，我不知道自己能不能承受這種緊張。」在沃帕科內塔，薇歐拉・阿姆斯壯抓著沙發抱枕，觀看克朗凱的報導。

北美東部時間下午四點五分，老鷹號開始動力下降。尼爾和伯茲都被安全帶和作爲震動吸收緩衝工具的繩索固定在座椅上，感受不到任何動作，他們只能迅速觀看電腦螢幕，確定引擎確實點火啓動。在前二十六秒鐘——或者說「進入下降階段時間」——兩位太空人讓引擎保持百分之十的最大動力輸出。溫和的動力讓指引電腦有足夠的時間偵測登月艙進入正確的地理位置，如此才能進行全動力輸出。「基本上，爲了追求最有效率的燃料應用，你會希望保持高度動力輸出。」阿姆斯壯強調：「但是，如果出現問題，並且全速前進過久，就會難以和目標地點保持同步。因此，我們採取特殊的加速策略——在A點加速引擎運轉至B點，保持相對的最大輸出效率。」

引擎的輸出力量提昇，太空人也能夠開始感覺到相關的動態。雖然登月艙以每秒三十英尺的速度下降，但登月艙的動作相當平靜，安靜的飯店電梯震動程度甚至比登月艙更激烈。登月艙下降時，阿姆斯壯觀察電腦儀器顯示安全的讀數，艾德林則是確保主要導航、指引和控制系統以及任務中止指引系統兩個系統的數字保持正確關係。他們事先計算相關數值，寫在一疊紙卡片上，伯茲將卡片放於他和尼爾之間。

伯茲自己承認，登月艙下降的過程中，他喋喋不休地說話，就像「一隻喜鵲」。伯茲持續唸出電腦顯示的數字，然而登月前的幾分鐘，尼爾非常沉默。

如果尼爾當初成功說服工作人員，他和伯茲當時說的任何一句話就都不會被艙外世界聽見。在訓練的後期，阿姆斯壯曾經詢問是否可以讓登月艙內部在登月前最後幾分鐘的對話內容不被無線電聽見，爲了讓太空人保持專注。任務管控中心迅速反駁尼爾的想法，因爲他們希望聽見太空人的對話內容，飛行任務主管群也希望地面控制臺前的工作人員能夠知道所有資訊。他們相信，即使登月的最後一秒鐘出現緊急問題，地面團隊當中的其中一位專家必定可以提供協助。「我想和外界溝通的時候。」尼爾曾說：「一般而言，我會使用按鍵發話。」而這代表他必須按著發話按鈕才能進行溝通。「我們也有音量感應模式，我想伯茲在動力下降過程中就是使用音量感應模式。」

動力下降開始的前幾分鐘，引擎朝前方飛行，老鷹號的窗戶朝著下方地面，尼爾觀察月球表面的各個地標，確認老鷹號的路線和飛行時間正確。下降之後三分鐘，他發現老鷹號比預定時間提前數秒鐘通過馬斯基林隕石坑。

任務時間四天六小時三十六分三秒，阿姆斯壯：「好的，我們提前通過三分鐘時的預定路標點。」

任務時間四天六小時三十六分十一秒，艾德林：「下降速度看起來很好，姿態——也很正確。」

任務時間四天六小時三十六分十六秒，阿姆斯壯：「我們的位置檢查顯示下降飛行距離有些過長。」

尼爾和伯茲都無法確認為何會提前通過環形山。他們推測動力下降的時間必定稍微延遲了。「在引擎點火啓動的倒數三分鐘和倒數一分鐘之前，我們的下降範圍位置似乎非常良好。」尼爾在阿波羅十一號飛行任務結束之後的匯報中提到。尼爾和伯茲的眼前貼著一張圖表，尼爾事先標記動力下降的預定地點，但動力下降實際執行時，現場的情況過於忙亂，他無法謹慎留意起始位置。「當時，我並未準確抓住引擎點火啓動位置，因爲我正在觀察引擎效能。但啓動位置應該非常合理，是正確的範圍。我們難以判斷登月艙的橫向位置，因爲我們必須維持偏擺位置，才能保持通訊暢通。但是，引擎點火啓動之後，窗戶上的下降範圍標記顯示，登月艙的下降範圍過深。」從圖表上的一個標記地點到另外一個標記地點，代表二到三秒的下降範圍移動，每秒鐘大約等同一英里的距離。「引擎加速的時間非常準確，而不是延誤，這個事實代表電腦可能無法準確判斷登月艙的下降範圍位置。倘若當初電腦知道登月艙的準確位置，就會延後加速並降低速度。登月艙行經路標的視野很好。在以臉部朝下的動力下降過程中，我們沒有任何困難就可以得知自己的位置。」❸

直到任務結束之後，航太總署才分析動力下降啓動中出現的短暫延誤問題：分析結果認爲，起因是登月艙移動時造成的細微干擾——用工程詞彙來說，就是 *delta-v*，方向和速度變化的增加——發生在登月艙和指揮服務艙分離的當下。很有可能是因爲登月艙和指揮服

❸阿姆斯壯論及追蹤路標時，總是表現得宛如他和艾德林同心協力，事實並非如此。「我很感謝他說『我們』。」艾德林如此評論：「但尼爾自己完成追蹤，因爲我並未觀察窗外。但我當時並不在乎窗外。如果電腦沒有顯示，我就無法知道登月艙的位置。」這段文字引用自“The First Lunar Landing”, Apollo Lunar Surface Journal, ed Eric M. Jones, p.13。

務艙之間的通道殘留壓力，讓老鷹號登月艙產生細微的額外「動力」，在八十分鐘左右（以及繞行軌道一次）之後，導致速度位置錯誤，讓老鷹號與預定地點之間產生可測量的距離。在阿波羅十一號任務之前，航太總署並未考慮通道間壓力未完全排洩的問題，直到任務結束之後他們才開始仔細處理。在隨後所有的阿波羅任務之中，任務管控中心都會兩次檢查，確認通道壓力狀態後，才會同意登月艙進行太空分離。

從地形上而言，阿姆斯壯沒有時間擔心動力下降路徑讓登月艙的距離過長。「當時，我們不確定登月艙的下降距離是否過長，因爲我們根本不知道窗戶上的標記是否準確。無論如何，相較於我們必須準確降落的位置，那根本不是大問題。反正月球上也不會有檢驗委員會等候我們抵達。」

阿姆斯壯開始將登月艙轉爲正面朝上、腳部朝下時，才第一次指出老鷹號可能會飛過登月地點。將登月艙轉動爲如此不尋常的姿勢（藉由比預定時間更爲費時的偏擺操作），是爲了讓登月艙的雷達天線可以往下指著月球。「我們必須盡快讓登月雷達開始運作，因爲地球上的工作人不知道我們和月球表面之間的距離，直到雷達運作之前，我們也不想太靠近月球表面。如果我們發現登月艙的所在位置和預定位置出現極大的差距，可能就要進行相當狂暴的操作，讓登月艙回到正確的下降軌跡，我們希望避免這種情況。所以我們必須翻滾登月艙，讓登月機具能夠接近月球表面。登月艙使用的都卜勒雷達（Doppler Radar），採用三種零件，能夠偵測登月艙的速度和高度，相當獨特的儀器。」事實證明，幸好登月雷達運作順利，因爲登月雷達顯示的高度是三萬三千五百英尺，主要導航、指引和控制系統計算的結果多出二千九百英尺，因爲主要導航、指引和控制系統的程式以月球表面的平均高度進行計算，而不是測量任何位置的實際高度。完成登月艙的翻滾之後，兩位太空人隊員看見故鄉星球出現在眼前，呈現極爲罕見的美麗和安全感。「地球就在我們前方的窗戶外。」伯茲告訴尼爾。尼爾的反應是「果眞如此。」

獲得準確的高度讀數之後，尼爾立刻準備設定機上電腦，讓登月艙進行俯仰操作，恢復幾乎筆直的姿態。完成俯仰操作之後，尼爾就能清楚看見下方的地標，宛如沿路的路標指示牌，太空人稱呼下降路徑是「美國一號高速公路」，也是前往靜海基地的道路。

就在這個時刻——任務時間四天六小時三十八分二十一秒——黃色警示燈響起，也是登月艙內部第一次出現數臺電腦同時發出警告。尼爾的聲音只流露最細微的緊張，他按下通訊按鈕，告訴休士頓：「登月艙出現程式警告。」三秒鐘之後，他補充說道：「一二〇二號錯誤。」「請讓我們知道一二〇二號程式警告的意思。」尼爾迅速詢問，他不知道一二〇二號數十種警示代表的意義。

任務管控中心只用了十五秒就給出回應。「我們了解情況……關於這次警報，我們認爲任務可以繼續進行。」電腦問題並不嚴重。老鷹號可以繼續下降。

「我們已經走到這一步，我們想要登陸月球。」尼爾主張：「我們不希望終止任務。我們將注意力集中在完成登陸月球的必要工作。」

一二〇二警報的起因是機上電腦因爲登月雷達資料超載所引發的系統錯誤。幸運的是，二十六歲的史帝夫・貝爾斯（Steve Bales）——飛行督導金・克蘭茲率領的白隊登月艙導航系統和電腦軟體系統首席專家——迅速判斷登月任務不會受到資訊超載影響，因爲只要電腦必須進行更重要的計算，程式就會自動忽略登月雷達資料。

隨後的四分鐘之內，一二〇二警示燈響起兩次。老鷹號現在距離月球表面只剩下三千英尺。一二〇二警示燈第三次響起之後，情況變得更嚴重，新的警示燈響起——一二〇一。

任務時間四天六小時四十二分十五秒，艾德林：「程式警示——一二〇一。」

任務時間四天六小時四十二分二十二秒，阿姆斯壯：「一二〇一！【停頓】好，兩千和五十（意指登月艙距離月球表面兩千英尺，以每秒五十英尺的速度下降，比過去的下降速度更為緩慢）。」

任務管控中心立刻判斷一二〇一警報也不是嚴重的問題。

任務時間四天六小時四十二分二十五秒，太空艙通訊官：「收到，一二〇一警報，我們同意繼續任務。警報類型與一二〇二相同。我們同意繼續任務。」

大量在全球各國收看阿波羅十一號登月報導的觀眾完全不知道警報數字的意義。聽完阿波羅十一號隊員對警報的描述之後，克朗凱在哥倫比亞廣播公司電視網新聞臺上告訴觀眾：「那些是太空通訊代號，只是爲了方便太空人和航太總署明確傳遞訊息。」舒拉並未糾正克朗凱。我們只能想像如果轉播人員知道阿波羅十一號警報代碼有何意義，現場報導將會掀起何種社會轟動。

對阿姆斯壯而言，系統警報只會分散注意力並危害登月任務順利完成，因爲他必須將視線移開地標。「我們的速度與高度都很好，我當時的信心來自於導航系統運作順利。除了電腦發出警報，就像在說『嘿！我有問題！』之外，登月過程沒有任何異常。一切順利運作，似乎也符合計算結果。」

「只要順利進行，我傾向於繼續完成任務。過去從來沒有任何一次任務在這種情況下終止，況且，登月艙的高度已經非常低，如果就此終止任務，我們也會承受相當風險。除非我已經毫無選擇，否則我不想終止任務——在這個階段，我確實還有其他選擇。因此，我認爲最好的決定就是繼續進行任務。但我依然專心聆聽地球工作人員的指示，因爲我尊重他們提供的資訊，以及資訊能夠創造的協助。如果我們已經如此接近目標，爲什麼要刻意讓自己陷入已知的可能危險情境——也就是終止任務——就因爲太空艙的警示燈響起，警告我們可能出現的一個問題。」

當時，阿姆斯壯完全沒有思考艾德林對警告燈號的擔憂。「我不知道他是否和我一樣有信心，我認爲我們應該繼續登月。」

如果尼爾知道阿波羅十一號發射前幾天，任務管控中心進行的模擬結果，就能夠減少登月艙電腦警示燈號造成的分心。這次「模擬任務」的主導人是理查・柯斯（Richard Koos），載人太空中心的工作人員稱呼他是SimSup，模擬督導長官（simulation supervisor）的縮寫。柯斯身材纖細，帶著金絲細框眼鏡。他的綽號是迪克（Dick）。迪克・柯斯在一九五九年加入太空任務團隊之前，曾經在德州布里堡（Fort Bliss）的陸軍飛彈指揮中心服務。柯斯曾是導航飛彈指引系統的專家，他在水星計畫和雙子星計畫期間成爲休士頓首屈一指的太空任務電腦模擬權威專家。在阿波羅計畫中，柯斯的任務是擬定最難以想像的艱困訓練課程，並且讓飛行任務人員和任務管控中心地面工作人員的合作關係的所有層面都接受烈焰般的考驗。

七月五日下午稍晚時分，阿波羅十一號起飛的前十一天，柯斯告訴技術人員，將「二十六號模擬情況」載入模擬器。這次的模擬訓練不是爲了阿波羅十一號太空人，因爲當天下午進入登月模擬器的是阿波羅十二號的後備組員戴夫・史考特和吉姆・艾爾文（Jim Irwin）。本次模擬的目的是要投給飛行督導金・克蘭茲的白隊一記邪惡的曲球。阿波羅十一號登月期間，白隊會在任務管控中心待命，負責操作電腦儀器，柯斯明白，訓練白隊成員接受高壓任務的唯一方法，就是突襲折磨他們。模擬督導長官臉上流露傻氣的笑容。他告訴團隊成員：「好了，每個人準備就緒。我們從來沒有進行過這種模擬訓練，各位必須完成許多時機準確的操作。這次模擬也要準確符合規則，所以仔細聽我的命令。如果我們失敗，我希望你們身上有很多零錢，因爲下場是要去買啤酒請客！」

進入登月模擬程序三分鐘之後，邪惡的模擬督導長官使出王牌：「好了，各位夥伴，施展你們的絕活，看看他們懂不懂電腦警示的意義。」

克蘭茲團隊太空人收到的第一個警示代號就是一二〇一，也是阿波羅十一號最終面對的警示代號。史帝夫・貝爾斯，登月艙的電腦系統專家，完全不知道一二〇一的意義。貝爾斯連忙翻閱四分之一英寸厚的手冊，裡面記載登月艙電腦軟體的各種縮寫，讀到「一二〇一——執行超載——無空白區域」。貝爾斯知道這句話的意思代表登月艙機上電腦的資料處理超載，但後續影響不明。

金・克蘭茲鮮明地回憶當時任務管控中心決定終止模擬登月的思考過程：「貝爾斯當時並不認爲電腦程式警示違反任務規則。一切似乎仍然順利運作，電腦警示完全不合理。他還在觀察的同時，又出現另外一連串的警示。貝爾斯連忙回頭對著身後的工作團隊大喊，他詢問傑克・賈曼（Jack Garman），他手下的電腦軟體專家。『傑克，登月艙的軟體警示他媽的怎麼一回事？你有發現哪裡出錯嗎？』史帝夫正在讀秒，等待賈曼的回應，同時慶幸模擬器中的太空人並未請求任務管控中心提供解答，但賈曼的回應沒有任何幫助。『一二〇一是緊急警示，電腦因爲某種原因而非常忙碌，沒有時間完成必要的計算工作。』貝爾斯不需要翻閱電腦計算規則，因爲他親自撰寫所有電腦程式的計算規則，但電腦程式警示沒有規則。這些警示究竟從什麼鬼地方出現的？貝爾斯覺得自己全身赤裸、脆弱，並且急速進入未知領域。登月艙的電腦設計在明確限定的範圍之中運作——能力非常有限，如果電腦沒有足夠的時間或能力處理資訊，就會發生不好的結果。」

「史帝夫盯著螢幕和計畫板，絕望地想要找到解決困境的方法。電腦正在告訴他，某些計算無法完成，他想知道到底是什麼問題。登月艙電腦再度出現警示，史帝夫大喊：『傑克，登月艙的動力已經落後了，不管現在到底發生什麼問題，情況不妙。我無法發現任何一個該死的系統問題，但電腦持續重新啓動應用程式並且發出警示。我覺得現在應該終止任務了！』」

幾秒鐘之後，克蘭茲決定終止任務。查理・杜克是當時模擬任務的太空艙通訊官，他也會是阿波羅十一號實際登月的太空艙通訊官。杜克通知模擬器中的史考特和艾爾文立刻終止任務，他們也成功完成終止任務。

模擬訓練完成之後，模擬督導長官在匯報中強烈表達自己的不悅：「你們不應該終止任務，你們應該繼續完成登月。一二〇一電腦警示是電腦內部計算的優先性問題，如果指引系統順利運作、控制噴射引擎成功啓動點火，而太空人的電腦螢幕繼續更新任務數值，所有關鍵的任務工作都會順利完成。」柯斯轉向貝爾斯，用宛如父親的口吻說：「史帝夫，我聽著你和後方幕僚的討論，我以爲你成功了。我以爲你會繼續登月任務，但不知道爲什麼，你的思緒突然偏離正軌，最後決定終止任務。你他媽的讓我很驚訝！」隨後，柯斯點名克蘭茲，並提出最後一點激烈的批評：「你違反最基礎的任務管控原則。決定終止任務之前，必須出現兩個關鍵因素。你只因爲一個關鍵因素就決定終止任務！」

匯報之後，貝爾斯召集工作團隊，想要釐清當時出現的問題。當天晚上稍晚，他打電話到克蘭茲家中表示：「柯斯是對的，金，我他媽的很高興他讓我們進行這次模擬。」

隔天，七月六日，柯斯讓所有工作人員進行額外的四個小時訓練，專注處理登月艙電腦軟體警示問題。他們針對眾多的不同警示情況進行完整的電腦效能核反應時間分析，貝爾斯內心有了一個想法。直到七月十一日，貝爾斯在漫長的終止登月任務原因表單中，加入一條新的規則。新規則的編號是 **5-90 Item 11**，內容爲「如果主要指引系統程式發出以下編號警示，就要停止動力下降——一〇五、二一四、四〇二至四三〇、六〇七、一一〇三、一一〇七、一二〇四、一二〇六、一三〇二、一五〇一，以及一五〇二。」

程式警示一二〇一和一二〇二並未出現在貝爾斯的清單。雖然不太可能，但如果一二〇一或一二〇二在登月過程中眞的出現了，貝爾斯也絕對不會忘記模擬督導長官的教訓。

阿姆斯壯和艾德林在北美東部時間下午四點十分回報登月艙第一次出現程式警示時，貝爾斯和登月艙電腦專家正在後方控制中心處理登月雷達方才傳來的資料。傑克．賈曼花了幾秒鐘才讓貝爾斯注意程式警示。「飛行中心，請待命。」貝爾斯用飛行督導的通訊線路通知克蘭茲。查理．杜克迅速回報系統警示編號爲一二〇二。若有所思的杜克用幾乎難以置信的口吻大聲說：「和模擬訓練時遇到警示編號一樣。」克蘭茲立刻想起這個巧合：「這就是當初讓我們下出錯誤決策的警示編號，我們當時決定終止任務，在最後一次的模擬訓練中最後是模擬督導長官最後贏了。這一次，我們絕對不會驚慌失措。」

任務管控中心知道他們必須處理所有的警示，如果登月艙繼續發出警示，機上電腦可能會暫停運作，可能強迫終止。但是，他們心底都知道，毫無任何疑問，一二〇二與後來的一二〇一警示都不需要終止任務。「我們同意繼續進行任務。」警示第一次傳來時，貝爾斯迅速但清楚地從後方區域告知克蘭茲。「阿姆斯壯的電腦正在處理雷達資料。」一二〇二警示再度響起時，貝爾斯更迅速地回應。「我們繼續進行任務。告訴阿姆斯壯，我們會監控高度資料，我想那就是登月艙發出警示的原因。」新的一二〇一警示響起時，貝爾斯用同樣快的速度回應：「繼續……那是相同類型的警示……我們繼續執行登月任務。」

雖然任務管控中心堅定進行登月任務，但如果阿姆斯壯和艾德林曾經在訓練過程中接受電腦程式警示模擬，必定大有幫助。「我們在模擬過程中確實經歷過電腦程式警示，但不是當時出現在登月艙的類型。」阿姆斯壯說明：「我無法告訴你，我們接受過多少種電腦程式警示模擬訓練，但數量不少——可能有一百個。我沒有辦法完全記得所有的程式警示，我也很高興自己無法記住。」如果記住如此大量的警示內容，可能會讓阿姆斯壯的腦海塞滿不必要的資訊——倘若眾多電腦程式警示的其中之一響起，任務管控中心的工作人員知道應該如何應對，那樣就可以解決問題了。

然而，我們依然會想像，阿波羅十一號的隊員離開休士頓，前往甘迺迪角之後，某個人應該會將模擬訓練的重要結果匯報告知隊員，至少以非正式的方式知會尼爾和伯茲。但是，根據兩位太空人的回憶，當時沒有任何通知。

「尼爾，在任務開始之前，是否有任何人，例如查理・杜克，讓你知道休士頓進行了一次模擬訓練，內容就是登月艙電腦在動力下降的最後幾分鐘發生資訊超載問題？」

「我確實聽聞且有印象，模擬器曾經發生這種系統錯誤。」

「但你是否曾被告知，任務管控中心在當時的模擬訓練中，不必要地決定終止模擬登月，並且事後判斷，如果這種類型的電腦程式警示發生，但沒有其他問題時，不應該終止任務？你記得自己曾經聽聞此事嗎？」

「我不記得。」

「阿波羅十一號任務實際發生該警示時，上述事件是否會影響你的反應？」

「好吧，如果我能事先知道，確實大有幫助。」

艾德林明確表達自己根本不記得曾經聽聞那個最後一刻的模擬結果。「我一無所知，直到阿波羅十一號飛行任務結束的一年或兩年之後，我才聽說那次的模擬結果，也是我第一次知道過去早已有人面對相同的警示問題。」另一方面，伯茲認為尼爾必定在任務開始之前就聽說過了。「我相信其他人已經向尼爾提出匯報，所以尼爾知道任務過程中會發生這種情況。」

「所以，伯茲，在登月過程中，你們兩人聽見電腦程式警示聲，尼爾已經知道這是可能發生的情況，而且過去的模擬早已處理過，但你毫無所知？」

「沒錯，我毫無所知，這不是好現象。我應該事先知道何處可能出錯。我也應該事先知道其他的瑣碎小事，但尼爾確實有一種抗拒溝通的傾向，我不知道如何改變。」

「但是，讓你們兩位都得知模擬結果，才是比較妥當的安排？如果這種電腦程式警示確實發生，你們就能夠按照最符合理性思考的方法應對？」

「我同意，但我直到一年或更久之後，才知道當初的模擬訓練。那個時候已經太晚了，沒有討論的必要了，那就像批評航太總署的訓練方法無法提昇太空人的能力，我當然不希望引發爭議。」

某種程度上，電腦程式警示對阿姆斯壯的主要影響，就是讓他付出超過自己意願的時間和注意力。「我有義務確定自己理解當下發生的事件，並且確保我們並未忽略任何重要問題。因此，電腦警示確實讓我分心，而且佔用時間。電腦警示聲響起，讓我無法集中注意力觀察路徑上的地標。如果我可以用更多時間觀察窗戶外和辨識地標，我可能就會有更好的位置，準確判斷我們的登月地點。」但是，在警示期間，尼爾從未想過自己必須終止任務，因爲他發自本能知道，只要一切都妥善進行，這種電腦程式警示不會造成終止。「在我心中，操作的標準就是飛機的飛行情況和面板顯示的資訊。如果一切順利，就會按照你期待的目標。一臺電腦上的黃色警示燈不會嚇到我。」

登月艙快速下降時，尼爾將注意力轉回月球表面，他沒有看見自己能夠辨認的環形山或坑洞痕跡，在這種情況下，其實不是太大的問題。在連續數個小時的訓練中，尼爾已經研究過不同的月球地圖，他仔細檢閱月球軌道繞行任務拍攝超過數十張的表面照片，謹愼觀察阿波羅十號拍攝的高解析度照片，標記動力下降過程中一個又一個的地標，直到靜海。「當時，我看著窗外，發現自己不曾仔細研究或者記得這些路標，無法確切知道我們的位置，但我非常務實，我不驚訝，也不擔心登月艙會降落至其他地區。無論如何，如果第一次嘗試登月，降落地點就能非常靠近預先設定的目標，也是非常驚人的結果。我沒有過多的期待。從客觀的角度來說，我不會特別在意登月艙實際降落至何處，只要地點妥善且安全。登月地點沒有太大的差別。我甚至認爲，一切就像我們可能將登月艙降落至某人家的後院。」

由於阿姆斯壯將注意力分散至解決電腦程式警示，直到登月艙距離月球表面的高度低於兩千英尺，他才能夠實際不受干擾地觀察窗外。他發現登月艙在剩下一千五百英尺的下降地點並不理想：

任務時間四天六小時四十三分八秒，阿姆斯壯：「這個區域充滿岩石。」

機上電腦將登月艙右傾，前往鄰近一處坑洞的斜坡，大小約爲一座美式足球場。後來，這個坑洞被命名爲「西坑」（West Crater），周圍全是巨大的卵石，其中一些卵石的尺寸足以比擬一臺福斯汽車。

「一開始，我認爲如果登月艙可以剛好停在那個坑洞前方，這會是很好的降落區域，因爲靠近大型坑洞有更高的科學研究價值。但是坑洞斜坡的土壤非常堅硬，我們不應該嘗試降落在該地。」

「隨後，我猜想自己可以避開卵石區域的大型石塊，但我過去從未實際降落登月艙，我不知道我們是否能夠在特定區域之間進行操作和降落。想要準確降落至一個準確狹小的目標可能不是好主意。此外，我們很快就會抵達卵石區域，我很快就明白自己無法倉促找到安全的降落地點。卵石區域不是我希望的降落地區，最好能夠找到更寬闊的開放空間、周圍沒有即刻危險。」

任務時間四天六小時四十三分十秒，艾德林：「距離月球表面六百英尺，下降速度十九英尺，距離五百四十英尺，下降速度三十英尺，下降速度十五英尺……」

任務時間四天六小時四十三分十五秒，阿姆斯壯：「我準備……」

接近五百英尺高度時，阿姆斯壯改爲手動操作登月艙。他做的第一件事就是調整登月艙的姿態至將近零俯仰角度，下降速度也因而減緩。登月艙呈現幾乎筆直的姿態，阿姆斯壯維持向前飛行的速度——介於每秒五十英尺至六十英尺之間——因此，他就像一位直升機飛行員，讓登月艙越過西坑。

阿姆斯壯正在越過西坑，他需要尋找一個良好的降落地點，由於影響月球表面的光線相當特別，地球完全無法模擬，這形成了降落的潛在風險。「那是一個嚴重的問題。」尼爾回憶道：「我們愈靠近月球，月球表面的反射光線愈強烈，無論採取任何飛行角度，我們的視野都會受到大範圍的遮蔽，嚴重影響我們的高度判斷。」

幸運的是，航太總署的任務規劃師已經針對側光問題提出充分的事前思考。他們的結論認爲，爲了最理想的高度判斷，老鷹號必須在月球的「白天」降落，創造可能範圍之內最長的陰影。如果沒有任何陰影，月球看起來像是平坦的平面空間，陰影長度足夠時，月球看起來則是完整的三維空間，而這也讓太空人可以妥善判斷登月艙與月球表面之間的高度，並察覺高度的改變，能夠更容易地辨識山峰、山谷、坑洞、山脊和環狀山脈的特殊外型。登月艙最理想的下降條件是太陽位於月球地平線的十二．五度。在這個時間，阿姆斯壯和艾德林有足夠的區域光線，也有良好的區域高度判斷能力。

在阿姆斯壯可以看見西坑後方的區域時，想要讓登月艙安全登陸，關鍵就在於尼爾純粹而單純的駕駛能力。尼爾曾在登月訓練載具付出大量時間，此時就是眞正的回報，因爲他不能單純仰賴盤旋和垂直下降讓登月艙降落，而是要相對快速地讓登月艙橫向移動一千五百英尺。「在登月艙訓練載具中，我完成過這種類型的操作。關鍵就是使用這種類型的技術橫向掠過地面。如果我擁有更多操作登月艙的經驗，我可能會稍微積極地、快速地飛過西坑。但按照登月艙保持此種姿態的狀況下，試圖進行任何大規模的操作似乎都不太明智。我也沒有在當初那種情況下操作登月艙的足夠經驗，無法明確得知登月艙的反應，也不確定我是否能夠泰然面對。幸運的是，登月艙的飛行情況比我預期的更好。因此，我確定自己可以更爲積極、更俐落地飛過地形惡劣的區域，並進入地形較好的區域，或許還能夠節省一些燃料。」

在一般的飛行中，「長距離降落」不是一個壞主意，特別是已知登陸地點的距離相當遙遠。但是，如果登陸地點是充滿岩石和坑洞的月球表面，長距離降落的不明因素更多，因爲飛行員可以肉眼看見短距離降落地點的危險因素。「如果你不喜歡眼前的情況。」艾德林解釋：「你有四種選擇：往左、往右、短程降落，或者飛過降落地點。對飛行任務傷害最小的選項一定是飛過短距離降落地點，雖然這個選項可能引起其他問題。『如果飛過預定降落目標，我無法確定自己能夠在何處降落。倘若我決定進行短距離降落，至少我知道降落目標地點，因爲我就在降落地點前方，而不是飛過降落地點的上方。』我重新思考之後認爲，往左是錯誤的選擇，往右是錯誤的選擇，讓登月艙下降登陸至短距離目標地點……則是一個壞主意。」阿姆斯壯同意艾德林的想法。「你可能會在前方下降之後發現『天啊，這裡的情況眞糟糕。』」「所以，比較符合情況的選擇就是，」艾德林繼續說：「飛過前方。」「延伸降落距離。」尼爾補充：「我們必須找出另外一個地點，但我們不知道隨著登月艙愈來愈接近月球表面，我們又會失去多少可見範圍。我們希望找到一個良好的登陸地點，同時保持一百五十英尺左右的高度。」

任務時間四天六小時四十三分四十六秒，艾德林：「三百英尺（高度），下降速度為三・五英尺（每秒），前進速度四十七（每秒英尺），準備減速，減少一・五英尺速度，登月艙減速。」

任務時間四天六小時四十三分五十七秒，阿姆斯壯：「好，燃料量如何？」

任務時間四天六小時四十四分〇秒，艾德林：「正在記錄燃料。」

任務時間四天六小時四十四分二秒，阿姆斯壯：「好，現在……看啊，這個區域很好。」

任務時間四天六小時四十四分四秒，艾德林：「那裡有陰影。」

看見登月艙的陰影非常有用，因爲陰影就是判斷登月艙高度的視覺輔助工具。伯茲第一次看見陰影時，估計登月艙距離月球表面的高度是二百六十英尺：「我原本認爲，在二百六十英尺的高度，登月艙陰影的長度必定相當驚人，但事實並非如此。我可以從陰影判斷登月艙的登月機具已經往下延伸，也看得見登月艙的上下兩節構造。如果我可以更早觀看，我確定自己可以在四百英尺的高度，甚至更高，就發現登月艙的陰影。無論如何，高度較低時，陰影是非常有用的工具，當然，你必須親眼觀察窗外。」但尼爾並未觀察窗外。在靠近月球表面的最後階段，阿姆斯壯正在駕駛登月艙往左側飛行，太空飛行器左側艙門的結構讓他無法親眼看見登月艙的陰影。

下降至高度二百英尺至一百六十英尺之間，阿姆斯壯找到自己希望的降落地點，也就是越過西坑和另外一個較爲小型坑洞之後的平地。

任務時間四天六小時四十四分十八秒，艾德林：「前進速度十一英尺，下降情況良好，距離月球表面兩百英尺，以四・五英尺的速度下降中。」

任務時間四天六小時四十四分二十三秒，阿姆斯壯：「降落地點應該就是越過那個坑洞之後。」

任務時間四天六小時四十四分二十五秒，艾德林：「以五・五英尺的速度下降中。」

任務時間四天六小時四十四分二十七秒，阿姆斯壯：「我找到一個好地點。」

任務時間四天六小時四十四分三十一秒，艾德林：「距離月球表面一百六十英尺，以六・五英尺的速度下降中。下降速度五・五英尺，前進速度九英尺。我們情況很好。」

尼爾看見登月艙的下降引擎捲起一陣詭異的月球沙塵；事實上，伯茲看見的登月艙陰影其實是映照在沙塵之上，而不是月球表面。根據尼爾的回憶：「登月艙高度略爲低於一百英尺之後，我們的視野範圍也減少了。我們也開始進入沙塵——而且不是在地球上的普通沙塵。月球表面的沙塵宛如一條厚厚的毛毯，從四面八方包圍登月艙之後又席捲離開。移動的厚重沙塵幾乎完全遮蔽了月球表面，雖然我們還是可以看見最大的幾個石塊。月球沙塵的速度非常快，幾乎是水平移動，毫無起伏，以筆直的射線方式前後移動。」

「登月艙的高度降低之後，視野也變得更糟糕了。」尼爾講述：「我不認爲移動的沙塵嚴重影響視覺判斷高度的準確度，讓我困擾之處在於，我們很難判斷水平和下降範圍速度。一些較大型的岩石突出沙塵之外，我們必須越過沙塵，觀察靜態的岩石，藉此決定登月艙的水平移動速度。我發現這個過程非常困難。我用了比預期更多的時間，嘗試確認水平移動速度。」

「隨後，就在確定降落地點之後，一切的重點就是用相對緩慢的速度，降低登月艙的高度，避免進行任何實質的前後或側方移動。只要登月艙的高度低於五十英尺，即使燃料已經用盡，我們應該也不會有問題了。我認爲登月艙可以承受衝擊，因爲登月機腳內部有安裝可吸收震動的泡綿。我不想從這個高度登陸，但只要低於五十英尺，我很有自信，我們不會有問題。」

事實上，從休士頓的觀點，這個問題非常關鍵——控制平臺前的工作人員因爲登月艙的燃料庫存量而發生明確且扣人心弦的爭執。

登月艙高度爲二百七十英尺，就在伯茲看見登月艙的陰影之前，阿姆斯壯曾經問過：「燃料量如何？」登月艙下降至一百六十英尺時，克蘭茲率領的白隊控制系統工程師鮑伯・卡爾頓（Bob Carlton）在飛行督導使用的通訊線路中提報，登月艙的燃料量已經呈現「低量」，代表登月艙推進引擎燃料箱中的存量已經低於可測量點，就像汽車油箱已經空無一物，但汽車依然能夠奔馳。克蘭茲後來曾說：「我從來不敢想像燃料如此接近用盡，登月艙還能繼續飛行。」

登月艙高度低於一百英尺時，艾德林說他看見「燃料量指示燈」亮起，代表登月艙只剩下百分之五的剩餘燃料。在任務管控中心，燃料量指示燈亮起，他們即將開始九十四秒的倒數計時，倒數計時結束之後就是燃料已經「賓果」。九十四秒的最後一刻，任務管控中心喊出賓果，依照阿姆斯壯目前的下降速度，他只有最後二十秒可以著陸月球。如果尼爾認為自己無法在這段時間成功登陸，他必須立刻終止任務——他只剩下最後一百英尺，他從未想過自己會終止任務。

登月艙距離月球表面七十五英尺時，鮑伯・卡爾頓向克蘭茲報告，阿波羅十一號只剩下最後六十秒就會進入賓果階段。查理・杜克重複卡爾頓的判斷，讓尼爾和伯茲可以聽見。正如克蘭茲的回憶：「阿波羅十一號的隊員沒有回應，他們太忙了。我有一種預感，他們會孤注一擲。從他們開始手動操控登月艙開始，我就有這種感覺：『他們就是完成登月任務的最佳人選。』我的手指交疊，內心祈禱：『但願上帝保佑。』」

根據阿姆斯壯的回憶：「倘若我們的高度是一百英尺，或者更高，我們絕對會終止任務，但如果我們的高度已經低於一百英尺，最安全的行動就是繼續登月任務。我們非常清楚燃料量。我們聽見查理的賓果判斷，太空艙的燃料量指示燈也已經亮起，但我們決定繼續進行。那個時候，我知道燃料非常少，但登月艙的高度低於一百英尺，你不會希望終止任務。」

任務時間四天六小時四十五分七秒，艾德林讀出電腦螢幕的數字：「與月球表面距離六十英尺，下降速度二‧五英尺，前進速度二英尺，二英尺，很好。」阿姆斯壯希望登陸時，登月艙保持前進，確保登月艙不會掉入他並未察覺的坑洞。「在最後登陸的過程中，我喜歡讓登月艙保持低速前進，因爲如果我們筆直下降，就沒有辦法立刻看見登月艙下方的情況。你希望盡可能接近地面，確定該區域的情況良好之後，停止登月艙前進，安穩降落。」

「倒數計時三十秒。」卡爾頓再度發出通知。在任務管控中心，沉默已經淹沒了整個房間。電腦前的所有工作人員以及待在觀察室的所有人，只能緊張地吞口水，他們神經緊繃地等待下一次的訊息究竟是老鷹號成功登月，或者卡爾頓通知他們燃料用盡。

在登月艙的控制儀表板前，尼爾其實並未如此擔憂燃料。「在登月艙模擬機中，我們經常在剩餘時間十五秒之內完成登陸月球——我們總是如此。在我看來，眼前的所有情況都可以處理。如果燃料還能讓我額外飛行一分鐘，確定周圍情況，當然更好。我知道燃料短缺，我知道我們必須讓登月艙降落在月球表面，我知道我們必須讓登月艙與月球表面的高度降至五十英尺以下。但我不擔心燃料。」

任務時間四天六小時四十五分二十六秒，艾德林：「距離月球表面二十英尺，下降速度〇‧五英尺，登月艙目前只有稍微往前飄行，情況良好，好的，接觸月球表面指示燈亮起。」

在登月艙的四隻機腳中，其中三隻安裝了懸掛感應器，只要超過一個感應器觸碰月球表面，接觸月球表面指示燈就會立刻亮起。

尼爾非常專注地讓登月艙安全降落至月球表面，導致他沒有聽見艾德林刻意強調「接觸月球表面指示燈亮起」，也沒有看見藍色的接觸月球表面指示燈已經亮起。他的計畫是接觸指示燈亮起之後，立刻關閉動力下降引擎，但他並未完成。「我聽見伯茲說了指示燈，但他說話的時候，登月艙依然在移動沙塵中，在那個階段，我沒有完全的信心確定我們已經成功登陸月球。指示燈亮起可能只是系統異常或者其他情況，所以我希望更近距離感受確認。我關閉動力下降引擎之前，我們可能已經登陸月球表面了——但兩者之間的差距非常小。唯一的危險在於，倘若登月艙的引擎持續運轉時，鐘型噴嘴過於靠近月球表面，就可能會傷害引擎。但我們沒有察覺到任何爆炸，所以我不擔心。但回首過去，我猜想，當時確實可能發生不好的結果。如果我們登陸在月球岩石上方，而引擎的鐘型噴嘴尚未收起，就不會有好的結果。」

任務時間四天六小時四十五分四十一秒，阿姆斯壯：「關閉動力下降引擎。」

任務時間四天六小時四十五分四十二秒，艾德林：「收到，動力下降引擎已關閉。」

接觸月球表面的過程非常輕柔，太空人甚至無法確認登月艙何時接觸了月球表面。「我沒有感受到登月艙有任何傾斜。」尼爾說：「登月艙就像直升機一樣安穩地降落了。」事實上，如果登陸至較爲堅硬的地面，可能更有用，往後的阿波羅計畫太空人也追求這個目標。「你當然永遠希望登月艙接觸較爲柔軟的地面。」尼爾解釋：「但如果登月艙觸碰到更爲堅硬的地表，讓登月機腳可以緊緊扣住地面、更緊密壓縮機腳中的泡綿，登月艙的底部就能夠更靠近地面，這樣就可以減少我們上下階梯的距離。因此，降落至較爲堅硬的月球表面可能也有益處。」

任務時間四天六小時四十五分五十八秒，阿姆斯壯：「休士頓，這裡是靜海基地，老鷹號已經安全降落。」

艾德林知道尼爾將登陸地點稱爲靜海基地，但尼爾不曾讓艾德林知道，他究竟何時會說靜海基地。查理・杜克也不清楚。尼爾在阿波羅十一號起飛之前，讓查理事先知道靜海基地之名，但查理在登月時刻第一次聽見靜海基地時，這位來自南卡羅萊納州的能言善道的太空人也變得有些支支吾吾：

任務時間四天六小時四十六分六秒，太空艙通訊官：「收到……經……【修正自己的說法】靜海基地。我們確認你已經降落至月球表面。這裡很多人都非常緊張。我們終於鬆了一口氣。謝謝你們。」

任務時間四天六小時四十六分十六秒，艾德林：「謝謝你們。」

任務時間四天六小時四十六分十八秒，太空艙通訊官：「你們的情況看起來很好。」

從回顧的角度而言，老鷹號的燃料存量情況，其實並非任務管控中心當時判斷那樣急迫——或者歷史學家所描述的緊張。根據飛行任務完成之後的分析報告，阿姆斯壯和艾德林登陸月球時，登月艙還有七百七十英磅左右的燃料。在七百七十英磅中，大約有一百英磅無法使用，其餘燃料足夠讓老鷹號進行額外五十秒的盤旋飛行。相較於往後五次的阿波羅任務，阿波羅十一號的剩餘可用燃料量少了五百英磅。

後來，阿姆斯壯曾說：「最重要的是，我們和月球表面的距離夠近，燃料其實無關緊要。即使登月艙燃料用盡，我們也不會失去姿態控制能力。引擎確實會關閉，但從這個距離，我們依然可以安全登陸月球表面。」

一九六九年七月二十日，北美東部時間下午四點十七分三十九秒（格林威治標準時間晚間八點十七分三十九秒），人類終於登陸月球表面。地球上的人類知道阿波羅十一號登月艙安全著陸之後——克朗凱在電視轉播節目上大喊：「天啊！人類登陸月球！」——立刻掀起一陣狂歡熱潮。世界各地的群眾和克朗凱一樣，沉重的情緒終於得到釋放。他們坐在自己的位置上默默無語，或者瘋狂慶賀。他們放聲大笑，淚水滑過臉頰。他們大叫、歡呼、吶喊和慶賀。他們握手，擁抱彼此，舉杯祝詞慶祝。虔誠的信徒祈禱。在世上的某個角落的某些人則說：「好吧，美國人終於成功了。」在美國境內，則是很自然地湧現一股自豪的成就感。即使討厭美國政府的民眾，例如眾多反對越戰者，也認爲登陸月球是非比尋常的成就。

在二十四萬英里之外，阿姆斯壯和艾德林坐在登月艙中，登陸月球之後的純粹時刻，無論他們的內心有何情緒，他們用盡全力壓抑。兩位太空人只是握手致意，拍拍彼此的肩膀。這是定義兩位男人，甚至二十世紀人類歷史的關鍵時刻，但登陸月球的前兩位人類沒有時間享受。

「迄今爲止，一切都好。」是尼爾記得當初自己唯一的反應。他轉身觀看任務清單之後，只對伯茲說了一句：「好了，一起完成任務吧。」

Chapter 24

一小步

太空人登陸月球表面時，薇歐拉・阿姆斯壯與先生和牧師一起祈禱感恩。「如果我告訴你，我可以感受數百萬名祈禱者的力量，你可能不會相信我，我不怪你。但我可以感受到一波又一波的祈禱朝我湧來，上帝無形的力量正在溫柔堅定地支持我。」在尼爾故鄉沃帕科內塔的屋外，登月不久之後，電視記者開始採訪薇歐拉和史帝夫：

薇歐拉：「我害怕月球表面的土壤不安全。我擔心他們可能會陷入地裡。但他們平安，太好了。」

記者：「阿姆斯壯先生，你有什麼感覺？」

史帝夫：「我聽說尼爾將太空飛行器駕駛至另外一個區域時，非常擔心，因爲這代表他們一開始的飛行區域不是計畫中的目標。」

記者：「尼爾的聲音聽起來如何？是否有不一樣的地方？或者您認爲尼爾聽起來依然非常冷靜正常？」

薇歐拉：「我知道尼爾很高興、快樂，而且興奮。他的聲音聽起來和平常一樣。」

史帝夫：「我也有一樣的感覺，那就是平常的尼爾。」

珍妮特・阿姆斯壯待在艾爾拉哥的家中，與兩位兒子在一起。她對尼爾登陸月球的經驗，和公公婆婆的感受截然不同。珍妮特不想觀看電視轉播。她在航太總署配給兩臺吱吱作響的通訊器前來回踱步。她將其中一臺通訊器放在客廳，讓所有客人都可以聽，另外一臺則放在自己的臥室，讓她自己能夠獨自聆聽航太總署的通訊。「阿波羅十一號的飛行期間，我不看電視，但登陸月球的過程、登陸月球的過程，以及他們行走在月球表面的時刻，我確實看了電視轉播，因為我可以聽見他們，我可以看著他們，因為他們在月球上放了攝影機。電視轉播評論人員的各種猜測——如果任務期間出現問題可能導致的戲劇化轉變——我不想聽，那些想法只會讓我失去理智。」珍妮特的家中滿是鄰居和賓客，但並非所有人都受到邀請。珍妮特的姊妹都來了，其中一位甚至帶著自己的丈夫和孩子。《生活》雜誌無所不在的工作人員待在屋內，屋外則是一群記者。尼爾的弟弟迪恩帶著妻子和兒子來了。珍妮特邀請當地的牧師。阿波羅十一號起飛的時候，珍妮特的母親也來休士頓，隨後就回到南加州家中。那一天，人們來來去去，珍妮特在前門放上簽名紙板和原子筆。如果不這麼做，珍妮特根本不知道究竟誰來了。「我的注意力都在飛行任務，那是最重要的事情，今天不是社交場合。」

正如往常，其他的太空人和太空人妻子都來到珍妮特家中，給予阿波羅十一號隊員的家人情感上的支持。珍妮特對本次任務很有想法。她在臥室中放著月球地圖和尼爾給她的其他技術資料。她仔細看著動力下降各個階段的圖片，手中拿著鉛筆，航太總署的廣播通訊確認老鷹號穿過預定路徑上的各個地標時，珍妮特立刻畫線確認。航太總署任命阿波羅十一號的隊員之後，珍妮特便開始學習駕駛飛機，如此一來，尼爾全家人搭乘尼爾和朋友共同購買的比奇公司繁榮號飛機（Beech Bonanza）時，如果發生緊急狀況，珍妮特知道如何讓飛機安全降落。她甚至開始想要更深入理解丈夫的工作，這樣就能夠在媒體和兩位兒子面前更妥善地表達溝通。

「瑞克十二歲，比馬克年長五歲。瑞克有興趣，但馬克年紀太小了，他不記得當時的事情──完全不記得。」那個時候，小男孩總是反覆說：「我爸爸要去月球！他要用三天才會抵達月球。總有一天，我要和爸爸一起到月球。」

珍妮特記得自己「在尼爾離開家準備前往進行阿波羅飛行任務前，曾經告訴尼爾，要他和兒子談談，讓兒子知道他要做什麼。我告訴尼爾，他很有可能不會回家了。我在小男孩面前說這句話。隨後，我說：『我希望由你告訴他們。』我不認為這樣很過分。」

登月當天，家中滿是賓客，小男孩以為那天是一場盛大的派對。珍妮特的姊妹和尼爾的妹妹都在場，她們可以幫忙珍妮特照顧孩子。「我讓客人進到家中。我沒有必要太過擔心小男孩們。他們可以到屋外游泳，其他人會顧著他們。小男孩的朋友也來我們家。我希望讓他們擁有平凡的人生，但那天可能不太平凡。」

阿波羅十一號進行太空旅程的電視轉播時，珍妮特曾經極力呼喚：「馬克，快一點，我們要看爸爸。」尼爾的手臂出現在轉播畫面中，她迅速指著螢幕：「爸爸一定在那兒，爸爸在那裡！」瑞克非常專心，但年幼的馬克已經分心在其他事物上。爲了準備招待登月當天的客人，珍妮特前一天晚上幾乎沒有睡覺。她承受毋庸置疑的壓力，她點起一根又一根的香菸，想要緩和緊張的情緒。登陸月球的那個下午，任務管控中心稍微延誤回報他們獲得哥倫比亞號的訊號時，珍妮特用力敲打咖啡桌。

動力下降開始的時候，阿姆斯壯的家中已經度過漫長的一天。由於登陸月球帶來的恐懼，珍妮特再度需要獨處，她決定獨自回到臥室。比爾・安德斯決定陪伴珍妮特。一九六七年一月那個可怕的夜晚，比爾和珍妮特一起告訴派特・懷特她先生艾德死於阿波羅火災的噩耗，比爾覺得他應該陪伴珍妮特度過登月。瑞克是一位聰明敏感的男孩，他也想要陪伴母親。珍妮特曾經和瑞克一起一步一步觀看航太總署提供的飛行地圖。現在，母子兩人得到安德斯的協助。瑞克坐在靠近通訊器的地板上，珍妮特弓著身體，坐在瑞克身邊。老鷹號進行最後二百五十英尺下降時，珍妮特用雙臂緊緊抱住兒子。

珍妮特記得登月成功的當下，她鬆了一大口氣。其他人進到臥室，擁抱她、親吻她，並且向她祝賀。回到客廳，珍妮特和所有客人一起舉杯慶祝。但他們依然擔憂。「我其實不擔憂登月，如果人類眞的可能登月，我認爲尼爾就能成功。但是，天啊，我不知道登月艙的上升引擎隔天是否能夠成功點火。如果你和我一樣，當天稍晚也在觀看新聞報導，所有人的注意力都是登月。好吧，忘了登月吧！他們明天能夠離開月球嗎!?」

從回顧的角度，登陸月球之後，阿波羅十一號的相關技術有兩個似乎值得擔憂的重點。第一，航太總署沒有任何人可以準確知道老鷹號的登陸地點。「你可能會以為航太總署的雷達很強大，可以更為迅速定位我們的登陸地點。」尼爾強調。太空飛行器在飛行軌跡或軌道中，藉著所有的光學觀察和雷達測量，地面工作人員和隊員都能清楚地知道位置，但是，如果太空飛行器停留在特定地點，所有人都只能反覆得到同樣的單一測量數值。「他們對於登月艙的具體位置非常不安，甚至超過我的猜測。」

在六十英里的上空，駕駛哥倫比亞號的柯林斯已經越過靜海基地，他努力透過六分儀，想要找到登月艙的位置。柯林斯從無線電中聽見所有的過程，理所當然地認為自己也應該分享這個成就。「靜海基地，從上空聽起來，你們的情況絕對很好。」麥克用無線電通知隊友：「你們完成了不可思議的任務。」「謝謝。」尼爾親切地回應：「請你替我們保持上空軌道基地隨時待命的狀態。」「沒問題。」柯林斯回答。麥克的右眼透過接目鏡在登月艙動力下降的過程中，竭盡所能追蹤登月艙的位置，直到登月艙在登月地點前一百一十五英里前變成一個「極為細小的小點」而消失。即使地面工作人員為了讓指揮艙的指引系統電腦能夠準確定位六分儀而替柯林斯設定了讓他輸入在螢幕顯示鍵盤（display-keyboard; DSKY）的追蹤數值，麥克依然因為他看不見登月艙而相當沮喪。

任務時間四天七小時七分鐘十三秒，柯林斯（向休士頓通訊）：「你們知道登月艙登陸的地點是中線偏左或偏右？你們只知道降落地點比原定的位置稍遠嗎？」

任務時間四天七小時七分鐘十九秒，太空艙通訊官（查理・杜克）：「很顯然這就是我們所有的資訊，通話完畢。」

休士頓提供的有限資訊對麥克沒有任何幫助：「除了坑洞之外，我什麼都看不見，人坑洞、小坑洞、圓形的坑洞以及尖銳的坑洞，但登月艙不在那些坑洞之中。六分儀是非常強大的光學工具，能夠讓所有事物放大二十八倍，放大倍率的代價則是視野狹窄，只有一・八度寬（也就是地面〇・六英里的範圍），幾乎就像看著槍管。登月艙可能就在附近，我瘋狂來回移動六分儀尋找登月艙的位置，在我能夠使用的有限時間之中，我只能夠搜尋一平方英里的月球表面面積，但我找錯區域了。」

柯林斯從未找到老鷹號在月球表面的位置，在他所有的觀測操作中都找不到，而麥克比任何人都擔心這個問題。任務管控中心對登月艙準確位置的憂慮並非來自地質學家——他們已經非常高興阿波羅十一號登陸在月球海的任何一個地點。「地質學家只希望我們離開登月艙，取得月球的地質樣本！」正如尼爾的解釋，登月艙的準確位置確實讓管控中心非常困擾：「許多人想要知道我們的降落地點，特別是參與下降指引軌跡控制系統的工作人員。畢竟，在往後的飛行任務中，太空人也要嘗試降落在月球表面的特定地點，我們需要獲取所有的資訊以建立提高操作準確度的方法。然而，不知道登月艙的準確降落位置並未過度影響我們的任務。地面工作人員不認爲這是一個災難。事實就是如此，他們不知道我們的準確地點，如果可以，他們確實希望找到登月艙的位置。」

另外一個和準確登月地點相關的問題，就是究竟有多少個重力異常區域影響老鷹號下降至月球表面的路徑。雖然航太總署已經釐清月球赤道鄰近區域的重力異常區造成何種程度的干擾，在阿波羅十一號任務期間，正如尼爾所說，航太總署「嘗試減少所有不確定因素造成的失誤，增加太空人降落至月球表面特定位置的信心。」

另外一個更關鍵的問題則是尼爾和伯茲是否應該停留在月球表面。太空飛行器的系統一直都有故障的可能，需要迅速啓動老鷹號的上升發射功能。「如果我們遇到問題，顯示留在月球表面並不安全。」尼爾回憶：「我們就必須立刻起飛。」

在電力系統的維持時間範圍中，登月艙有三次早期機會可以起飛進入安全的飛行軌跡，與指揮艙進行太空交會。第一次機會編號爲T-1，時機是登月的兩分鐘之後。T-2則是登月的八分鐘之後，T-3必須等到哥倫比亞號繞行月球軌道，也就是兩個小時之後。如果發生任何絕對的緊急狀況，迫使老鷹號必須在三次機會之外的時間點離開，登月艙的阿姆斯壯和艾德林，以及指揮艙的柯林斯就必須找到某種方法，或者說，任何方法，讓老鷹號和哥倫比亞號能夠找到適當的交會位置。

迅速觀察登月艙的系統情況，一切似乎毫無問題。金・克蘭茲率領的白隊迅速討論「停留在月球表面或立刻離開」的問題，查理・杜克將團隊決策傳達給尼爾和伯茲。

任務時間四天六小時四十七分六秒，太空艙通訊官：「老鷹號，你們可以停留至T-1。」

任務時間四天六小時四十七分十二秒，阿姆斯壯：「收到，了解，我們停留至T-1。」

五分鐘之後，太空飛行器系統完成更多檢驗之後，杜克再度傳遞決策：「你們可以停留至T-2。」太空人將留在月球表面，直到航太總署最後一次討論「停留在月球表面或立刻離開」的問題。

登陸月球之後的前幾分鐘，另外一個主要的技術擔憂問題則是登月艙的燃料管線可能會因爲月球表面白天高溫而壓力過高。「那些燃料管線不是新的問題。」阿姆斯壯記得。在阿波羅十一號發射的最後幾天前，液壓專家曾經和隊員討論，如果燃料箱溫度過高和管線壓力過大時可能發生何種問題。「倘若我們關閉所有流動閥，讓液體燃料留在管線中。」尼爾解釋：「陽光照射的月球表面溫度爲華氏二百度（攝氏九十三度），許多反射熱氣將會從地面傳至登月艙並加熱燃料管線。管線內的液體壓力將因此提高，這樣一來就會產生問題。我們在起飛之前曾經按照最理想的程序討論過這個問題，我們知道登陸月球之後必須提高注意力，而這個問題並非無法處理。我們有好幾種處理的選項，我們也知道地面工作人員會善盡職責，因此，我們其實不會過於擔心。」

正如預期，引擎關閉之後，登月艙動力下降引擎的管線內部壓力立刻急速上升。「登月之後的兩分鐘。」尼爾表示：「我們按照預定計畫排放燃料和氧化劑槽，但管線壓力依然隨後上升，可能是因爲月球表面的高度導致燃料箱的剩餘推進燃料產生汽化。於是我們再度排放燃料。由於傳感器的位置不同，地面工作人員和我們看見的讀數出現差異。我認爲他們觀察的數值來自一個已經被封閉的燃料管線。在我看來，最惡劣的情況就是動力下降引擎的其中一個管線或燃料箱可能破裂了。既然我們已經不會再度使用動力下降引擎，其實不是嚴重的問題，所以我不太擔心。」

但是，休士頓認爲這個情況很危險。如果燃料灑落至炙熱的動力下降引擎將引燃火焰，但在眞空環境中，其實不太可能發生。幸運的是，排放燃料終於減緩壓力上升，問題也迎刃而解。

對阿姆斯壯和艾德林而言，他們當然沒有時間仔細品味登陸月球的喜悅。即使航太總署同意他們停留，甚至在他們有時間第一次仔細觀看月球表面的景緻之前，他們還要全副武裝地演練隔天飛離月球表面的過程。根據尼爾的說法，「演練的目標是完成正常起飛的所有程序，確保一切運作順利，包括調整登月艙平臺，這也是首次嘗試，因爲沒有人曾經在月球表面進行平臺調整。我們用重力資料建立本地的垂直高度參照以及星辰方位並確定方位角度，藉此進行平臺調整和起飛預備。雖然其他工作人員認爲這只是一次模擬，但我們依然檢查所有的系統，彷彿我們即將眞正起飛。」

尼爾檢查太空艙系統時，模擬時間讓任務管控中心得以徹底評估任務進度。「我們的月球表面數據來源有限，如果我們發現問題，就要替任務管控中心的工作人最大化可利用時間，他們才能思考問題、弄清楚我們應該如何處理。因此，我認爲這是一個很好的策略，將模擬起飛視爲第一個必須完成的任務。」

柯林斯第二次繞行月球軌道，阿姆斯壯和伯茲停止模擬起飛倒數，隨後獲得航太總署同意停留至 T-3 階段之後，登月艙的兩名隊員終於鬆了一口氣。待在月球的前兩個小時，艾德林煞費苦心地和地球溝通，爲了調整登月艙的導航系統，以及討論各種測量數據和校正數值，阿姆斯壯則把握第一次機會，描述眼前的艙外世界：

任務時間四天七小時三分五十五秒，阿姆斯壯：「左邊窗外地區是相對平坦的坑洞，裡面還有許多大約五至五十英尺的坑洞，我猜測其中一些山脊較小，高度只有二十或三十英尺，還有確確實實的數千個小型坑洞，只有一到二英尺大小。在我們前方數百英尺之處，我們看見一些尖角坑洞，大小可能是二英尺，邊緣為尖角模樣。我的視線範圍之內還有一座山丘，就在我們前方的地面，難以估計距離，可能介於半英里或一英里。」

任務時間四天七小時四分五十四秒，太空艙通訊官：「收到，靜海基地，我們收到，通話完畢。」

任務時間四天七小時五分二秒，柯林斯：「聽起來比我們昨天在低陽光角度看到的情況更好。那時候看來，登月地點粗糙不平。」

任務時間四天七小時五分十一秒，阿姆斯壯：「確實粗糙不平，麥克，我們飛過預計登月地點時，發現那裡極度粗糙不平、充滿坑洞，以及有大量的岩石——一些岩石、許多岩石的大小可能大於五英尺、十英尺。」

任務時間四天七小時五分三十二秒，柯林斯：「如果有疑慮，就該登陸在更遠的地點。」

尼爾繼續記錄月球的顏色：「我認爲，本地的表面顏色非常接近我們在這個太陽角度時於月球軌道觀察的色彩——太陽角度大約十度。如果你從零相位線觀看月球，月球表面幾乎無色，或者說灰色，非常白，就像粉筆的灰色。太陽和月球呈現九十度角時，月球則是相當程度的深灰色，宛如灰燼。靠近登月地點的某些岩石，因爲火箭引擎的煙塵衝擊而脆裂或擾動，外表呈現淺灰色，但破碎之處則是深邃的灰色，看起來就像鄉村地區的玄武岩。」根據原定飛行計畫，模擬起飛之後是用餐時間，隨後就是正式的四小時休息時間。

艾德林回憶道：「那段時間的名稱是休息時間，但也是一段彈性應用時間，如果我們必須在登月之前額外繞行一次月球軌道，或者因爲任何困難導致登月延遲，就會挪用這段時間。既然我們按照原定計畫登陸月球，也不是非常疲倦，我們選擇省略四小時的休息。而且反正我們也興奮到根本不想睡覺。」

事實上，早在阿波羅十一號發射之前，他們早已完整討論過省略四小時休息時間的策略。「在早期討論如何妥善組織登月之後的行動時，」尼爾回憶：「我們的結論認爲，倘若一切順利，最好的選項就是竭盡所能地盡早離開登月艙，在睡眠時間之前完成月球表面工作。當時，我們認爲安全降落至月球表面的機率——所有登月相關系統都妥善運作的狀況下——依然非常有問題。如果我們將月球表面活動安排在哥倫比亞號完成第一圈月球軌道繞行以及登月艙練習起飛離開月球表面之後——即使是立刻進行——會導致無法即時完成月球表面探索活動，社會大眾和媒體將會嚴格批評我們的決定。這就是世界的現實。所以我們準備略施手段，對外宣布我們即將進入休息時間，實際則是要進行艙外活動。」

「但我們從未仔細規劃如何進行。我們確實和史雷頓、克拉夫特以及少數幾位人士討論過。我記得他們全都認爲這是合理的想法。因此，每個人都同意，如果我們有機會，就要如此行事。我們知道民眾無法預料這種改變，但我們認爲這是兩害相權取其輕。」

一切運作順利，阿姆斯壯在北美東部時間下午五點時廣播通知，他們預定在三個小時之後，也就是晚間八點進行艙外活動，比外界得知的原定時間更早。查理・杜克已經知道阿姆斯壯等人和航太總署高層的事前的安排，也同意阿姆斯壯的決策。

阿姆斯壯和艾德林按照預定時間用餐，但在此之前，艾德林先打開他的個人物品組（Personal Preference Kit；PPK），拿出兩個小袋子，那是休士頓的長老會牧師送給艾德林的物品，其中一個袋子裝著一瓶聖酒，另外一個袋子則是聖餅。艾德林將酒倒入同樣從個人物品組取出的小聖餐杯，準備進行聖餐禮。

任務時間四天九小時二十五分三十八秒，伯茲用無線電進行通訊：「休士頓，這裡是登月艙駕駛員，我希望各位靜默數秒。我邀請所有聆聽的人，無論你是誰，你在何處，都能夠沉思前幾個小時發生的一切，並用你自己的方式表達感謝。」隨後，伯茲關閉麥克風，替自己朗讀寫在小紙條上的約翰福音第十五章第五節㊼，也就是長老教會聖餐儀式的傳統禱詞。

伯茲原本希望向地球的觀眾朗讀聖經禱詞，但史雷頓建議他不要這麼做，伯茲也同意了。阿波羅八號在聖誕夜朗讀聖經創世紀時，就已經引起相當可觀的爭論，這讓美國的太空機構希望避免傳達過度充滿宗教色彩的訊息。美國知名的無神論者麥達琳・莫瑞・歐海爾（Madalyn Murray O'Hair）也因爲博爾曼、洛維爾和安德斯朗讀聖經的行爲，控告美國聯邦政府。等到阿波羅十一號任務期間，歐海爾更進一步抨擊航太總署刻意隱瞞阿姆斯壯是無神論者的「事實」。雖然美國最高法院最後駁回歐海爾的控訴，但航太總署也很合理地想要避免再度捲入這種類型的紛爭。航太總署非常後悔讓媒體聽見艾德林最初的發言。電視轉播主持人克朗凱也向觀眾表達自己的建議：「伯茲・艾德林今天帶著不平凡的隨身物品，而且已經眾所皆知——他在休士頓的教堂牧師讓所有人都知道了。艾德林帶著一小塊聖餐禮的麵包，因此，在晚餐期間，從某個層面而言，他將和他的教會同伴分享聖餐，他會在月球表面吃下聖餐，這是月球上的第一次聖餐儀式。」

尼爾則符合其性格，禮貌地沉默面對伯茲的宗教儀式。「他曾經告訴我，他希望在月球表面略微進行慶祝聖餐禮。」尼爾回憶：「他問我對此是否有疑慮，我說：『我沒有任何問題，你可以進行聖餐禮。』我忙著處理很多事情，我讓他做自己的事情。」

用餐完畢並且稍微整理登月艙的環境之後，太空人將所有的注意力集中在準備艙外活動的裝備。無論他們在登月艙內部的大型模擬環境中練習多少次，眞正的艙外活動裝備的準備依然非常艱難而且花費時間。「模擬艙外活動裝備準備時，」尼爾在任務完成之後的航太總署任務匯報上曾說：「太空艙內的環境很整齊，所有準備使用的物品都擺放就緒，沒有其他物品。但在實際準備時，你會面對許多檢查清單、資料和食物袋，儲存空間放著各式各樣的雜物，例如望遠鏡（單眼望遠鏡）、碼錶以及各式各樣的物品，你認爲自己有必要評估所有物品的擺放位置是否適合艙外活動，以及你是否希望在起飛之前的規劃期間重新改變位置。我們幾乎嚴格遵守艙外活動事前準備的清單，也就是訓練期間進行的方法——按圖索驥地擺放裝備——檢查結果也準確地符合清單。一切都很好，但其他的小物品，你不會特別思考，也不認爲會佔用時間的小物品，最後卻佔用比預期更多的時間。」

㊼伯茲朗讀的約翰福音第十五章第五節內容爲：「我是葡萄樹，你們是枝子；常在我裡面的，我也常在他裡面，這人就多結果子。因爲離了我，你們就不能做什麼。」

伯茲和尼爾用了一個半小時，才能開始進行艙外活動準備程序，再用三個小時完成準備，而原定的需要時間爲兩小時。大多數的時間用於穿上背包、頭盔和手套，以及配置所有艙外活動需要的物品。如此費時的其中一個主要原因是登月艙內部的活動空間有限。艾德林回憶道：「我們就像兩個背著裝滿物品背包的男人，待在童軍小帳篷，想要交換位置。我們也要謹慎移動。相較於在哥倫比亞號，登月艙內部的重量因素更爲重要。因爲登月艙的結構相當纖薄，我們其中一人可以用鉛筆輕易刺穿艙壁。」

尼爾解釋：「太空衣充氣之後，登月艙內部變得相當擁擠。登月艙的駕駛艙已經比雙子星太空飛行器更大，所以比我習慣的空間更寬闊。然而，你必須非常謹慎地緩慢移動。我們很容易碰到其他物品。背包在你背後延伸將近一英尺的長度，且背包也採用堅硬的外殼；如果你迅速移動，背包很有可能會撞擊其他物品。」他們確實撞到了。舉例而言，在操作面板上，控制起飛引擎斷路器的開關被撞斷了，伯茲在起飛之前用一隻粗頭鋼筆插進開關處，順利啓動。

兩位太空人謹慎行動，善用所有事前預估的時間，完成著裝以及其他準備。啓動生命維持系統背包的冷卻單位比預定時間更久，而降低登月艙內部壓力以適應外出環境，則是用了更久的時間。根據尼爾的回憶：「我們必須降低艙內壓力，也希望保護月球表面不要讓來自地球的微生物掉落在上面，所以所有的通風管都有過濾網。我們從未在啓動濾網的情況下進行測試，所以艙內降壓比預定時間更久。」他們已經準備打開艙門，尼爾比計畫中的時間晚了一個小時才踏出月球表面，但依然比最初的表定時間提前五個小時。

打開艙門實際上也是一件費力之事。「比起其他事情，打開艙門更需要耐心。」尼爾解釋：「艙門的尺寸很大——大約五、六百平方英寸左右。所以，我們讓艙內每平方英寸英磅壓力下降至很低的程度之後，必須使用兩百英磅左右的壓力，才能打開艙門。想要用兩百英磅壓力拉動手把並不容易——穿著笨重的壓力衣更是如此。因此，我們必須等待機會，在艙門內部和艙門外的壓力差距非常小的時候才打開，否則艙門就會被壓力毀壞。我們嘗試打開艙門數次，但我們不想因此彎曲或毀壞手把。大多數的時間，都是伯茲負責拉手把，因為艙門就在他的座位旁邊；相較於我用力推艙門，他比較容易拉動艙門。」

艙門終於打開了，尼爾開始以非常小的步伐倒退走。伯茲環顧周圍以協助引導尼爾方向。根據尼爾的回憶：「我必須倒退走才能離開登月艙，我的腳將先踏出艙門。這種移動方法是臉部朝向登月艙內部，再移動到已經打開的艙門，隨後雙膝跪地，往後滑行，讓腳部先出艙門外。然後在這個時候，我才可以轉動背包。由於需要保留大量背部上方的空間給背包，我得將身體趴低，但同時要留意避免損毀身體前方的物品。因此，在這種彆扭的移動方式中，我必須盡可能地謹慎，小心不要造成損毀。」

阿姆斯壯非常專心於上述的離開方法以致他終於抵達登月艙狹小的出口平臺時，忘了拉動在梯子上方且能夠放開太空艙設備集中儲存箱的收緊繩，使其擺盪展開並懸掛在半空中。太空艙設備集中儲存箱的收緊繩同時會啓動電視攝影機，將尼爾爬下階梯、踏上月球表面第一步的畫面傳回地球。休士頓很快就留意到尼爾的疏忽，提醒他拉動繩索，於是尼爾稍微移動回原本的位置，拉動收緊繩。

電視攝影機是黑白鏡頭。「指揮艙確實有一臺彩色攝影機。」尼爾解釋：「但那臺攝影機笨重且巨大，我們擔心登月艙的重量負擔。以重量和電力爲考量原則，我們需要較小型的黑白攝像管電視攝影機。」攝像管攝影機的本質是使用低速電子技術、掃描感光影像的手持管狀攝影機。

「我剛離開登月駕駛艙到出口平臺並且拉下放開太空艙設備集中儲存箱的繩索時，在我的記憶中，伯茲打開斷路器以啓動攝影機。我詢問休士頓是否獲得影像，他們確認，但影像上下顚倒了。聽到這段對話，我可能比任何人都更驚訝，因爲我不預期他們會獲得影像（在過去的飛行前模擬之中，他們不曾獲得任何影像）。」

站在階梯最上方似乎完全不危險。「你在月球的重量很輕，墜落速度非常緩慢，如果你可以抓住任何物品，就能控制自己的身體。所以，我完全不擔心從樓梯上墜落。」

爲了進行艙外活動，布魯斯・麥克康德勒斯接替歐文・賈瑞特（Owen Garriott）擔任太空艙通訊官。

> 任務時間四天十三小時二十二分四十八秒，麥克康德勒斯：「好的，尼爾，我們現在可以看見你正在爬下階梯。」

任務時間四天十三小時二十二分五十九秒，阿姆斯壯：「沒問題，伯茲，我已經檢查踏回階梯的第一步，階梯的支架看起來並未掉落過深，足夠我們回到登月艙。」

任務時間四天十三小時二十三分十秒，麥克康德勒斯：「收到，我們收到。」

任務時間四天十三小時二十三分二十五秒，阿姆斯壯：「想要回到第一階的階梯，必須稍微跳躍。」

任務時間四天十三小時二十三分五十八秒，阿姆斯壯：「我已經抵達階梯底部，登月艙的腳座只陷入月球表面大約一英寸至兩英寸，仔細觀察月球表面，就能發現細緻的紋理，幾乎就像粉末。月球表層非常精細。」

任務時間四天十三小時二十四分十三秒，阿姆斯壯：「我現在將踏出登月艙。」

地球上百萬名坐在電視機前收看轉播的觀眾，將永遠不會忘記阿姆斯壯踏出月球表面第一步的時刻。他們望著從二十五萬英里之外的攝影機傳回的模糊黑白畫面，在尼爾右手抓住階梯、穿著靴子的左腳終於踏上了月球之前，一切彷彿永恆。

歷史性的第一步發生在北美東部時間晚間十點五十六分十五秒，格林威治標準時間凌晨兩點五十六分十五秒。根據美國航太總署發布的正式媒體通知，這一步發生在任務時間四天十三小時二十四分鐘二十秒。

在美國，收看哥倫比亞廣播公司電視臺並且聆聽克朗凱的觀眾比例最高，包括阿姆斯壯位於沃帕科內塔的家鄉以及艾爾拉哥的住家，而克朗凱在轉播生涯中，他終於遇到少數幾次完全無法言語的情況。他拿下眼鏡，擦拭眼中的淚水，宣布：「阿姆斯壯登陸月球了！尼爾・阿姆斯壯，三十八歲的美國人，站在月球的表面！一九六九年，七月二十日。」

讓克朗凱以及其他人同樣驚訝的，則是經由電視現場轉播，全世界能夠共同觀看發生如此遙遠的一切，在過去不曾有任何人類企及之地。「天啊！看看這些影像！」這位電視轉播的老將驚呼：「雖然影像有些陰暗，但他（尼爾）曾說，在登月艙的陰影之下，他已經猜到會有這種陰暗。」

電視轉播的影像讓觀眾徹底地感同身受，彷彿他們和阿姆斯壯一起踏上月球。即便沒有這種感受，登月第一人的第一步依然意義非凡，但確實將截然不同。正如尼爾後來所說：「電視轉播的影像是超現實的，不是因為登月實際上非常超現實，而是因為電視轉播的技術以及影像品質，彷彿就像多張照片重疊的超現實畫面。」雖然過去四十年來，關於人類登月已有許多荒謬的陰謀論，主張登月畫面其實是造假，是在沙漠某處的遙遠電影攝影棚進行拍攝，而阿姆斯壯承認：「我必須說，登月的畫面看起來非常不自然。」「那種超現實感當然不是我們所計畫的。如果我們有能力，我們當然會拍攝更清晰的影像。」「從技術的觀點而言，當時的電視轉播依然非常珍貴。」阿姆斯壯回憶道：「對於航太總署內外的許多人而言。」但是，比起阿姆斯壯踏上月球表面時所說的話，沒有任何影像資訊的價值更珍貴，或者受到更多珍惜與重視。沒有人知道，即使是他的隊員也不清楚，阿姆斯壯究竟想說什麼。伯茲回憶道：「前往月球的旅途中，麥克和我曾經問過尼爾，當他踏上月球之後，他想說什麼。他只說自己還在思考。」

阿姆斯壯一直以來主張，他幾乎沒有花時間思考自己將說的話，直到他確定成功登陸月球之後。

任務時間四天十三小時二十分四十八秒，幾秒鐘之後就是北美東部時間晚上十點五十七分，尼爾終於說出那句永恆的句子：

這是人的一小步，所有人類的一大步。
（That's one small step for man, one giant leap for mankind.）

根據報導，珍妮特在艾爾拉哥的住家望著尼爾爬下階梯時曾說：「我無法相信這一切眞的發生了。」尼爾踏出第一步時，珍妮特則說：「那是一大步！」當尼爾開始在月球表面行走，珍妮特對著電視說：「尼爾，多說一點。」在沃帕科內塔，薇歐拉用力抓緊椅子的扶手，感謝上帝保佑她的兒子並未陷入月球表面的塵土，即使登月艙成功著陸之後，許多人依然心懷如此的恐懼。珍妮特一直告訴現場的朋友，她絕對不知道自己的丈夫踏上月球之後會說什麼。一個小時之前，每個人都開始著急等待尼爾和伯茲開始艙外活動時，珍妮特曾經開玩笑地說：「他們花了很多時間，因爲尼爾正在決定他踏上月球時要說什麼，努力決定！努力決定！努力決定！」

珍妮特的玩笑與事實並不遙遠，正如尼爾的解釋：「登陸月球表面之後，我知道這個時刻已經到了，幸運的是，我還有幾個小時思考。我唯一的想法是我必須說出非常精簡的主張：如果你踏上某個地方，你能說什麼？與步伐有關。在我練習起飛的準備程序期間、準備艙外活動的期間，以及當時飛行計畫時刻的所有活動期間，這種想法持續演變。我不認爲這個時刻特別重要，但很顯然其他人都是如此認爲。即使如此，我也不曾想過自己會提出具備特別啓蒙意義的主張，我說的話只是一個單純的想法。」

還有消失的「一個」（a）——事實上，尼爾原本想要完整地說出：「這是一個人的一小步」，但在倉促之中，忘了說，或者只是沒有說出「一個」。他也許說了「一個」，但全球觀眾都無法聽見，或者不能將「一個」聽爲獨立的字詞。

按照尼爾的回憶，「我已經無法重現當時的句子。許多人用了數百個小時，聆聽我在無線電錄音帶裡說的話，他們知道我總是漏了許多音節。我經常如此。我的發音不是非常準確。或許，當時我的音量過低，所以語音麥克風並未成功收音。我自己聆聽錄音時，也不認爲我說了『一個』。從另一方面來說，我認爲理性的人會明白，我不是刻意提出愚蠢的發言，我當然想要說「一個」，因爲這是唯一讓那句話聽起來合理的方法。所以我希望歷史可以原諒我漏了那個音節，理解我當然想要說「一個」，即使我並未說出口——也很有可能，我確實說了，只是沒有收到音。」

尼爾被問道，他喜歡歷史學家用什麼方式記載他所說的話，他用一種看似開玩笑的方式說：「他們可以將『一個』放在括弧中。」

「至於我在月球表面到底說了什麼，我踏出一小步——這個部分非常簡單，提出與這一小步相提並論的事物，也並非過於草率。」有些人認爲，尼爾的月球發言可能來自於閱讀托爾金（J. R. R. Tolkien）的《哈比人》（*The Hobbit*）（在這本書中，主角比爾博・巴金斯躍過反派人物時曾說：「我不是躍過一個人，而是躍過黑暗。」）。但尼爾直到阿波羅十一號任務完成之後，才仔細閱讀《哈比人》（他的兩位兒子鼓勵他，因爲他們是托爾金的狂熱愛好者，於是尼爾和珍妮特在一九七一年時，將俄亥俄州萊巴嫩的農場命名爲瑞文戴爾〔Rivendell〕，語出托爾金的小說）。另外一個較爲踏實的理論認爲，一位航太總署的高層長官給了尼爾這個想法。這個假設的基礎來自一九六九年四月十九日的備忘錄，由航太總署總部的聯合行政副長官威利斯・夏普利（Willis Shapley）傳給載人太空飛行辦公室的喬治・穆勒博士。在備忘錄內容的前段內容，與會者討論登陸月球時應該向全世界傳遞何種訊息，夏普利寫道：「我們應該用合適的描述，主要強調登陸月球中的『所有人類進步』這層面的意義，並將這段來自地球的句子，留在月球上。」隨著故事繼續發展，穆勒將備忘錄交給戴克・史雷頓，史雷頓與阿姆斯壯分享這些資訊。但是，尼爾堅持自己不記得這份備忘錄，或者自己曾經聽說備忘錄的內容。似乎只是一個好例子，說明其他人也曾經獨自構思類似的發言。

「所以，尼爾，在你心中，你在月球表面發表宣言時，是否有任何特定的脈絡？那句話與其他的文字或個人經驗沒有任何關係嗎？」

「至少我不記得，也不清楚。但是，如果某種想法浮現在腦海中，你永遠無法下意識地清楚理解。那個句子當然不是有意構思的。某個概念初次出現在你的腦海時，就像一個原創的概念。」

踏出登月艙之後的前幾分鐘，尼爾將探索範圍保持在階梯附近。他對月球表面塵土的特殊性質很有興趣。他告訴休士頓：「月球表面是非常精細的粉末，相當鬆散，我可以用腳趾踢動塵土。塵土就像粉末狀的木炭附著在我的靴底和靴子上，且呈現十分精緻的階層。我只有踩下大約一英寸的深度，或者八分之一英寸，但我可以看見靴子留下的腳印，以及腳印上細緻如沙的粒子。」正如預期，尼爾在月球表面的移動不成問題。「月球表面的環境，可能比地面數次模擬的六分之一G力環境更輕鬆。在月球表面四處行走毫無困難。」尼爾繼續觀察登月艙的周圍環境，發現下降引擎並未在任何月球坑洞造成顯著的痕跡。「下降引擎大約在月球表面吹出一平方英尺的乾淨空地，我們的所在地區非常平坦。我可以看見下降引擎排氣導致的空氣射線所留下的痕跡，但範圍非常小。」

尼爾收到任務使用的照片攝影機時相當焦慮，那是一臺七十釐米的哈蘇相機。爲了將相機交給尼爾，位於登月艙內部的伯茲，必須將相機掛在一種特殊裝置上，也就是月球裝備輸送帶（Lunar Equipment Conveyor; LEC）。太空人替月球裝備輸送帶取名爲「布魯克林晾衣繩」（Brooklyn Clothesline），因爲其用途就像紐約公寓建築用來懸掛洗淨衣物的繩索。月球裝備輸送帶的想法並非解決從登月艙將相機和其他裝備送出的問題，而是在艙外活動結束時，將物品帶回登月艙。尼爾解釋：「我們曾經練習在月球表面的最後工作階段，運回所有岩石箱、相機，以及各種需要回到登月艙的設備。這個階段非常困難，難以用純粹的人力將所有周圍物品抬高至正確位置讓站在階梯頂端的太空人收回。我記得是我提出建議，嘗試使用曬衣繩技術，於是我們這麼做，效果似乎很不錯。」

阿姆斯壯從月球裝備輸送帶上解開沉重的相機之後，將相機放在遠端控制單位（Remote Control Unit; RCU），這是尼爾本人的設計想法，位置就在太空衣前方。阿姆斯壯完成安裝相機之後，由於過度專心拍攝了幾張照片而忘了鏟起月球表面土壤後備樣本，而這個工作的優性度較高，他應該率先完成，以免發生意外，他必須立刻回到登月艙。航太總署不希望費盡苦心前往月球之後，無法帶回任何月球塵土研究樣本。休士頓必須數次提醒向來無法催促的尼爾，記得先取回塵土樣本。「相較於拍攝照片，鏟起樣本需要更多作業程序……例如設備以及樣本儲藏箱，我想把握機會迅速拍攝幾張照片——登月艙周圍的全景照片——隨後就會鏟起樣本。」

在任務結束之後的技術匯報，尼爾解釋改變前兩個工作順序的謹慎理由。他說，他一開始站在登月艙的陰影之中，這是拍攝好照片的機會。想要挖掘樣本，他必須裝回月球裝置輸送帶，步行十英尺或更遙遠的距離，前往沒有陰影的區域，所以他決定改變工作順序。他還要取得一個外型近似清理狗屎工具的儀器，儀器的尾端有一個可拆卸的小袋子。鏟起月球表面土壤樣本之後，阿姆斯壯必須將袋子放在左大腿側的繫繩口袋。由於土壤鬆軟，想要挖入最上方的表層不是問題。雖然樣本採集不需要阿姆斯壯挖至深處，但他依然想要掘入表層底下一英寸或更深之處，卻發現下方的土壤相當堅硬。闔上袋子之前，他也確認放入了幾顆小岩石。最後，他將樣本採集儀器的底端插至月球表面四到六英寸深處，進行簡單的月球土壤實驗。

完成樣本採集之後，尼爾用了一些時間觀望月球的地景。「此處有其蒼涼之美。」他回報：「就像美國的高山沙漠。不太一樣，但非常美麗。」他依然想著進行實驗，於是取下土壤樣本採集袋的上方小環，側手一丟，想要知道可以丟至多遠。「你不知道自己可以丟這麼遠嗎？」艾德林從窗戶看著，對尼爾開玩笑。尼爾也笑著回答：「你在月球上眞的可以將東西丟得很遠！」

艙外活動進行十六分鐘之後，輪到艾德林離開登月艙，他內心非常渴望。

尼爾站在階梯的西南側，使用哈蘇相機，拍攝了一系列的卓越照片。而艾德林緩慢離開登月艙門，雙膝跪在出口平臺，愼重爬下階梯，移動至最後一階，跳下登月艙腳座，踏上月球表面。地球的民眾往後看見這些照片將會永生難忘，因爲這是第一份人類登陸月球的照片。伯茲在這方面勝過尼爾，尼爾第一個離開登月艙時，沒有人可以替他拍攝任何照片。事實上，伯茲踏上月球表面之前，踩了最後一階兩次——第一次只是彩排。

任務時間四天十三小時四十一分二十八秒，艾德林：「好的，我現在準備爬上去，半關艙門。【漫長的停頓】我要確定自己在離開時不要關上艙門！」

任務時間四天十三小時四十一分五十三秒，阿姆斯壯：「【笑聲】聽起來是非常好的想法。」

兩位太空人並非眞的擔憂他們會將自己鎖在艙外，如果有需要，艙門可以從外打開。艾德林保持半關的原因顯然是爲了避免登月艙的駕駛艙受到輻射冷卻㊽。

事實上，雖然伯茲和尼爾當時並未想到，但確實有一種可能會將他們鎖於登月艙外：如果登月艙的壓力閥因爲某種原因產生歪斜，導致登月艙內部的壓力再度增加。「我們眞的仔細探索過這個問題嗎？」艾德林曾問：「如果用一個磚頭或相機卡住艙門，避免艙門完全關閉，可能是一個很好的想法。某個人必定仔細思考過此事。艙外確實有一個手把可以拉

㊽由於月球表面乾燥，加上沒有雲層，夜間吸收熱能的速度比散發熱能的速度更慢，產生快速的低溫效應。

開艙門，但考慮到我們打開艙門離開時的困難，如果駕駛艙內部的平方英寸壓力增加了，我們可能永遠無法打開艙門。好吧，我們可以打開，但艙門就會彎曲損壞，再也無法關閉。」

在月球的表面上，就是這個時刻，伯茲將月球的獨特之美稱爲「壯觀的蒼涼」。尼爾和伯茲如此靠近，兩人的頭盔幾乎就要相碰，他戴著手套，拍拍夥伴的肩膀。根據伯茲的自傳，尼爾接著說：「這裡很有趣（fun）？」然而，尼爾後來堅持：「『精緻』（fine）才是我說的字。」尼爾說的是兩位太空人正在檢驗的月球精緻粉末塵土。

隨後，他們各自移動，測驗自己的行動能力。雖然在六分之一G力的環境中，他們實際的行動時間並未用於快速移動，移動距離也不長，但在登月艙之內，他們一直都是在站立、彎腰和傾身，用尼爾的話來說，他們已經非常「熟悉六分之一G力的環境和登月艙內部的感受相同。」但他們還不習慣身體的大幅迅速移動。在地面模擬以及六分之一G力的飛機訓練中，他們練習在月球上的幾種可能步伐。在其中一次的地面模擬中，尼爾還記得：「我們用繩索掛在傾斜飛機的牆上，只能側身移動。」然而，他們眞正感受六分之一G力的飛機環境——使用改裝的KC-135飛機，以拋物線方式飛行——是在每次飛行訓練只有幾秒鐘的練習時間，用於提升他們的移動技術。

在艙外活動期間，艾德林的工作就是測試所有不同的月球移動步伐，包括「大步移動」（loping gait，尼爾的用語），太空人交替腳步，每一次都盡量移動，在踏出下一次的步伐之前盡可能地向前飄動；「跳動邁步」（skipping stride），太空人的其中一隻腳永遠向前

（引導腳），負責移動的腳則會在引導腳接觸地面的之前幾秒在月球表面上進行跳動，隨後兩腳一起蹬離地面，進行下一次的滑行；以及「袋鼠跳」，阿波羅任務的太空人幾乎沒有認眞完成這個動作，只有出於有趣而嘗試，因爲動作非常誇張。

沉重的太空衣加上巨大的袋子，兩位太空人各自在地球的重量高達三百六十英磅；在月球上，由於重力只有六分之一，他們的重量只有六十英磅。既然他們覺得自己的身體輕盈，也就特別謹慎注意所有必須進行的行動，主因是太空人的背包，其重量維持太空人的身體平衡。太空人很快就發現背包讓他們的動作稍微前傾。兩位太空人從各個方向看著地平線時，覺得自己迷失了方向，因爲月球的星體大小比地球更小，這個小行星的地平線彎曲程度遠遠超過太空人的習慣。除此之外，由於太空人在月球的移動能力甚佳，地域的變化程度也非常快速，他們必須時刻保持警戒。「在地球，你只需要擔心前方一、兩步。」伯茲回憶道：「在月球，你要注意前方四、五步。」在大多數的情況下，太空人在艙外活動期間保持訓練階段的謹慎，永遠都會保持「腳踏實地」，其中一隻腳總是穩定地踏在月球表面。

阿姆斯壯確實嘗試從月球表面往上大幅跳動。他發現自己從空中回到月球表面時出現了將近摔落的傾向。「其中一次，我幾乎就要摔落，我知道這個嘗試已經夠了。」他和伯茲拉長電視纜線，讓電視攝影機可以移動至距離登月艙大約五十英尺的位置，而尼爾也因爲電視線而絆倒了。「電視纜線以盤繞狀放在儲藏箱中，我們拉出電視纜線時，纜線在地上形成略有高度的螺旋，由於月球重力低，螺旋的高度不低，很容易就會絆倒，我絆倒了幾次。」太空人無法清楚看見自己雙腳的事實，也讓這個問題更爲嚴重。「因爲太空衣，我們很難看見身體下方；腳部與眼睛之間的距離非常遙遠。」由於這個情況，電視纜線很快就沾滿月球的塵土。

兩位太空人的左手套都縫上了艙外活動的工作清單。雖然尼爾和伯茲經由反覆的模擬訓練早已熟記工作順序，他們依然經常查閱清單，正如所有專業的駕駛員，無論他們何其熟悉工作程序。

太空人的下一個工作（後期才加入的工作內容）則是揭開安裝在登月艙階梯腳架上的紀念徽章。「如果有任何人還不知道紀念徽章上的文字。」任務時間四天十三小時五十二分四十秒，尼爾向全世界說：「我們將替各位閱讀安裝在登月艙前方登月機組的徽章文字。首先，徽章上有兩個半球，分別代表地球的左右半球，底下寫著『來自地球的人類曾經踏上月球，西元後一九六九年七月，我們代表全人類帶來和平。』，太空人團隊的簽名，以及美國總統的簽名。」

另外一個不在工作清單上的項目，但航太總署希望在艙外活動的初期盡快完成，就是在月球插上美國國旗。正如本書稍早的篇幅所言，在月球上豎立美國國旗確實充滿爭議。阿姆斯壯記得：「在起飛之前，曾經有過非常熱烈的討論，決定應該插上何種旗幟，應該是美國國旗或者是聯合國旗幟。」航太總署決定使用美國國旗之後（他們並未徵詢太空人團隊的想法），曾經是鷹級童軍的尼爾確實提供意見，建議應該如何展示美國國旗。「我認爲美國國旗應該向下懸掛，就像在地球上一樣，國旗會下垂，不應該被刻意製作爲完整張開，或者放在任何硬框之中，但這就是他們最後的決定。我很快就明白這已經是非常重大的議題，超過我的職責範圍，我的觀點看法也不重要，我的工作不是擔心此事。其他人會決定，無論他們如何決定，我都同意。」

爲了所有艙外活動工作，尼爾和伯茲都曾接受縝密的訓練，但升旗儀式毫無事前訓練，就像揭開紀念徽章，都是後期增加的工作。事實證明，放上國旗（地點在登月艙前方大約三十英尺）比任何人想像的更爲費力——整件事情幾乎就要淪爲公關危機。

第一個難題是旗竿頂端有一個可伸縮的橫木，功能是讓國旗（寬三英尺、長五英尺）可以在無風的月球環境中完全延伸，保持靜止垂直。阿姆斯壯和艾德林能夠快速將橫木固定在九十度角，但無論他們何其努力，就是無法讓橫木完全延伸。因此，美國國旗並未平坦地完全張開，而是像伯茲所說的「獨特的永恆波浪」。隨後，兩位太空人非常沮喪，他們知道全世界透過他們架設的電視攝影機，看著他們無法將旗竿插入足夠深度的月球表面並且保持向上豎立的狀態。「我們遇到了困難，沒有辦法將旗竿插入月球表面。」尼爾回憶道：「旗竿碰到次表層的硬土。」由於旗竿只進入月球表面土壤六英寸，兩位太空人內心擔憂全球電視機前的觀眾將會看見美國國旗倒落在月球塵土中的可怕情景。

幸運的是，旗竿上雖然掛著詭異蜷曲的國旗，依然屹立不搖。尼爾使用手上的相機拍下艾德林向美國國旗敬禮的珍貴時刻。根據艾德林的說法，他和尼爾正要交換位置，然後尼爾會將相機交給艾德林，於是伯茲也可以拍攝尼爾的照片，然而就在這個時刻，任務管控中心用無線電通知，尼克森總統正在線上，他希望和太空人談話。伯茲回憶道，他們也因此忘了拍照，所以尼爾永遠沒有自己在月球上對美國國旗敬禮的照片。但是，航太總署通訊的文字通訊紀錄明確顯示，直到尼爾拍攝艾德林向美國國旗敬禮的照片之後，尼克森才與他們通話。那張照片的拍攝時間發生在任務時間四天十四小時十分鐘三十三秒的通訊過後不久，而任務管控中心直到任務時間四天十四小時十五分鐘四十七秒，才讓太空人知道尼克森希望與他們交談。在這段將近五分鐘又十四秒的時間，兩位太空人甚至已經分開行動。尼爾沿著插上國旗時的腳步回到登月艙，相機依然在尼爾手中。尼爾在太空艙設備集中儲存箱準備開始蒐集月球岩石樣本。艾德林從登月艙往西移動大約五十英尺，之後才回到太空艙設備集中儲存箱加入尼爾的行列。休士頓接著通知兩位太空人，尼克森總統從橢圓辦公室來電。尼克森的電話接通之後，表達恭喜之意，也表示美國和全世界都爲他們感到驕傲。

尼克森總統的來電確實讓艾德林很驚訝。在自傳中，伯茲提到「在整個飛行任務中，我的心跳速度一直都很低，總統來電之後，我的心跳加速。後來，尼爾說他知道我們登陸月球之後，總統可能會和我們談話，但沒有人告知我。我也不曾思考過此事的可能性。我們的對話非常簡短，對我而言是相當尷尬。我覺得自己有義務提出深刻的發言，但我毫無準備。我只好選擇簡單的逃避方法。尼爾是飛行任務指揮官，所以我讓他負責回應總統。

我找到很方便的藉口，我認爲自己提出的任何想法看起來都只會像是我擅自介入總統和尼爾的對話，所以我決定保持沉默。」

阿姆斯壯後來解釋：「在飛行任務快要開始之前，戴克曾經告訴我，我們或許會接到非常特別的電話。他沒有表明對方一定是總統，只說太空艙通訊官可能會轉接非常特別的來電。戴克只是想要提醒我，某些非比尋常的事情會發生，但並未準確說明內容。我不知道總統會來電，我也不確定戴克很清楚究竟是誰會來電，又曾表達何種想法。」

多年以後，艾德林開始爭論自己並未收到總統可能來電的事前提醒，彷彿尼爾確實獲得指示，知道尼克森會致電給太空人。毫無疑問，兩位男人如此緊密合作，率先踏上並且探索另外一個世界，而他們之間的關係也難以用常人的眼光看待。

請讀者也思考另外一個事實，阿姆斯壯替艾德林拍攝數十張美麗的照片，但伯茲完全沒有替尼爾拍照。尼爾唯一清楚的照片，是他的身影出現在艾德林頭盔護目鏡的倒影中，其他少數的照片則是尼爾站在登月艙的陰影之中，背向鏡頭，或者說只有一部分的身影進到鏡頭中。還有一張照片，如果拍攝當下的曝光程度更好，就能清楚看見尼爾站在太空艙設備集中儲存箱的位置。

後人沒有辦法觀賞登月第一人站在月球表面的照片，也是阿波羅十一號任務的其中一個缺憾。沒有他對美國國旗敬禮的照片，沒有他爬下登月艙階梯的照片，也沒有他踏上月球的照片，更沒有他走向月球的照片。確實，我們有顆粒粗糙、充滿陰影的電視黑白畫面，可以看見阿姆斯壯站在月球上，同樣值得紀念，而十六釐米的電影攝影機也還有些許畫面。但很遺憾，哈蘇相機並未拍攝尼爾・阿姆斯壯的高解析彩色照片，讓我們看見登月第一人在月球上的精緻細節。

爲什麼沒有阿姆斯壯的照片？根據艾德林的說法，他只是單純忘了——除了那一刻，就在他們安插美國國旗，而尼克森總統致電恭賀的時候，打斷了伯茲爲尼爾拍攝照片的機會。

艾德林在自傳中推辭自己爲何沒有替阿姆斯壯拍攝照片。「在月球任務進行的過程中，大多時候，相機都在尼爾手中，『在月球上拍攝的太空人照片，大多數都只有我』（原書強調）。直到我們回到地球，在月球物質回收實驗室（Lunar Receiving Laboratory）時才發現，幾乎沒有尼爾的照片。或許是我的錯，但我們從來沒有在訓練過程中模擬拍照。」

「我們確實沒有花任何時間討論誰負責拍攝什麼樣的照片。」阿姆斯壯和藹地回憶：「我不認爲誰負責拍攝而誰會入鏡有任何差別，只要拍攝高品質的照片就好。」

「我也不認爲伯茲有任何理由應該拍攝我的照片，我從來不覺得他應該拍攝我的照片。我總是認爲，在隊員之中，伯茲最上鏡頭。」

同時，阿姆斯壯也眞正清楚地解釋，在阿波羅十一號任務期間，太空人進行攝影和拍照任務時的細節。「我們一直都有一個計畫，決定何時應該移交相機。他會拍攝一些照片，我也會拍攝一些照片。我認爲，我們當時確實大致按照計畫預定的時間移交了相機。在大多數的時間，都是我使用相機，所以我也有責任拍攝更多照片，而伯茲確實拿到了相機，他也拍攝了照片。一切都符合任務計畫。」

除了尼爾安裝在胸口的哈蘇相機，登月艙還有一部哈蘇相機作爲備用，但他們不曾實際拿出。另外一臺在月球表面使用的照片相機則是阿波羅月球表面近距離拍攝相機（Apollo Lunar Surface Close-up Camera；ALSCC），一部立體相機——這臺相機的常見名稱是古德相機（Gold Camera），因爲康乃爾大學的天文科學家湯馬斯・古德博士（Dr. Thomas Gold）鼎力支持這種相機。古德相機專爲近距離拍攝月球表面設計，且由尼爾全權負責，但伯茲確實使用艙外活動的哈蘇相機拍攝了幾張照片。這代表尼爾得費盡千辛萬苦拆下胸口的相機，並謹愼地交給艾德林。伯茲拍攝了兩張三百六十度的全景照片、遙遠地球的照片，以及登月艙的照片。伯茲也拍攝自己腳印踩在月球塵土的知名照片，但他並未替尼爾拍攝任何有意義的照片。平心而論，伯茲拍攝的所有照片都符合他的任務工作。即使阿波羅十一號的另外一位隊員麥克・柯林斯也在任務完成許久之後，才發現照片分配的問題。「我們回到地球，照片來了——航太總署的照片實驗室沖洗完畢，我很喜歡那些照片，我認爲照片的內容很棒，我不曾想過『照片中的太空人是誰』。直到後來，其他人開始說：『那張照片是伯茲』、『那張照片也是伯茲』，以及『那張照片還是伯茲』，尼爾唯一出現的照片，就是伯茲頭盔的護目鏡倒影。即便如此，我依然認爲那只是因爲技術問題——你明白的，我們有任務計畫，誰在什麼時候負責使用相機，他們應該在任務時間完成哪些目標，還要在月球表面進行實驗，諸如此類。」當時的飛行督導金・克蘭茲只能哀傷地搖頭，提出自己的想法：「我沒有辦法作任何解釋。多年來，我每年必須和將近十萬個人介紹阿波羅十一號任務，參加六十場至七十場的公開活動，但我唯一能夠展示的尼爾照片，就是他在伯茲頭盔護目鏡中的倒影。我很驚訝，我無法接受這種情況。」根據克里斯・克拉夫特與其他阿波羅十一號的任務規劃人員表示：「我們有許多拍攝照片的科學理由，我們也有各種拍攝月球景緻照片的計畫，但我們確實沒有制定任何計畫，我們讓他們就像前往沙灘遊玩一樣拍攝彼此的照片。我不記得我們曾經討論這個問題。」金・賽爾南的觀點相近。「尼爾當然知道那個時刻的重要性，但他不傲慢，他不會說：『伯茲，在這邊幫我拍一張照片。』我能想像尼爾內心的思維是：『好吧，我們沒有時間拍我的照片，我替伯茲拍幾張照片，讓每個人知道我們在月球。』

「至於我，如果我是尼爾，我一定會說：『伯茲，替我拍一張照片——快點。』」

與尼克森總統的對話結束之後，尼爾立刻回到太空艙設備集中儲存箱，準備進行主要的地質調查工作。目前為止，他們唯一蒐集的月球物品只有月球的土壤樣本。阿姆斯壯現在必須進行月球樣本採集，而且分量必須足夠分享給全世界的科學家——還有各種類型的岩石。他必須替全球各地的科學家蒐集足夠的樣本。

大約十四分鐘左右，阿姆斯壯已經蒐集了二十三袋樣本，但使用的時間比預定的更久，因為真空包裝袋難以密封。除此之外，尼爾所在的區域陰影很深，視線不佳。更重要的是，由於月球的重力只有六分之一，他也沒有辦法按照訓練的方式施力。

阿波羅十一號任務一共帶回四十八英磅（二十一．七公斤）的月球岩石和土壤樣本，大多數都是由阿姆斯壯採集。阿波羅計畫的所有任務總計帶回八百四十一．六英鎊（三百八十一．六九公斤）的月球岩石。由於初次登月任務對於相關環境所知不多，阿波羅十一號任務取回的樣本數量爲所有任務中最輕的，這完全是可以理解的。

阿姆斯壯蒐集的岩石大多數是玄武岩：密度很高、深灰色，而且紋理精細的火成岩，主要的成分是富涵鈣質的斜長石、長石與輝石；在地球上，玄武岩是岩漿融化之後最常見的岩石類型。阿波羅十一號任務帶回最古老的玄武岩大約是在三十七億年之前形成的，後來的飛行任務帶回的樣本種類更多，其中包括淺色的火成岩，比阿波羅十一號任務的樣本更古老，分別稱爲「輝長石」（gabbro）以及「斜長岩」（anorthosite）。

阿波羅十一號任務完成之後的數年之間，有些評論家非常失望月球岩石並未解開宇宙之謎，但阿姆斯壯的想法並非如此。「我相信那些月球岩石樣本是堅強的證據，證明表岩屑區域的存在，表岩屑區域就是月球表面鬆散的岩石層。它們也展現月球表面有不同類型的岩石，並且確實擁有火成岩的特色。它們與火成岩或地磁岩有深刻的關聯。許多月球岩石類型也證明月球上還有珍貴的金屬礦物。」一九七五年，阿波羅總計六次登月任務帶回的二千二百個樣本，全都被細分爲三萬五千六百個小樣本。到了二〇一五年，百分之十七的阿波羅任務月球樣本提供給全球研究用途，剩餘的百分之八十三則大多數都存放於德州美國航太總署的詹森太空中心以及聖安東尼奧的布魯克斯空軍基地，只有不到百分之五交給美國的博物館和教育機構，或者作爲美國的善意禮物送給外國。

除了岩石樣本，太空人還有若干實驗必須進行，但進行實驗的時間非常珍貴，因爲阿波羅十一號任務的月球表面活動時間限制爲二小時又四十分鐘。他們一共要進行六個實驗任務，每個任務都是由一位航太總署的科學家所提出，並且經過匿名的同儕審查。

其中最平凡的實驗是月球土壤特質實驗，使用岩蕊樣本（主要由艾德林攜帶）測驗月球土壤的密度、顆粒大小、強度，以及深度壓縮性。在艙外活動快要結束時，伯茲將兩根岩蕊樣本管插入月球表面，而月球的土壤表面顆粒非常堅硬，樣本管只進入土壤大約六英寸。這個實驗的目標不是改善人類的科學知識，而是提供未來設計月球載人載具的工程資料，也就是一九七一年六月下旬阿波羅十五號任務使用的月球車（Lunar Rover）。

太陽風成分實驗（The Solar Wind Composition Experiment）的目標則是捕捉太陽釋放的電子分子流證據。在阿姆斯壯的協助之下，艾德林於艙外活動的初期就用了五分鐘安裝太陽風偵測儀器（一個旗幟狀的纖薄鋁箔紙，高度十一・七英寸〔三十公分〕、寬度五十四・六英寸〔一百四十公分〕），時間就在他和尼爾揭開登月艙機腳上的徽章之後。鋁箔紙暴露在月球表面七十七分鐘，捕捉了氦、氖，以及氬的粒子，也拓展了科學家對太陽系起源、行星大氣，以及太陽風動力運作的知識。

另外五個實驗計畫則屬於「阿波羅計畫早期科學實驗組」（the Early Apollo Scientific

Experiment Package；EASEP）。阿波羅計畫早期科學實驗組的內容包括兩個小型後背包。「被動地震儀實驗」（Passive Seismometer Experiment；PSEP）由艾德林進行，用於分析月球結構和偵測月球地震。月球塵土實驗偵測器則安裝在被動地震儀實驗儀器上，用於監控月球塵土對實驗的影響效果。

艾德林進行地震實驗的同時（任務時間四天十五小時五十三分至任務時間四天十六小時九分五十秒，大約十七分鐘），阿姆斯壯開始組裝雷射測距反射器（LRRR）或稱雷射反射偵測管（LR-Cube）。雷射測距反射器的功能是準確測量地球和月球之間的距離，儀器中包含許多直角稜鏡反射器，而直角稜鏡反射鏡則是一種特殊的鏡子，會將進入稜鏡的光線，反射回光線原本的方向——位於聖荷西加州大學利克天文臺（Lick Observatory）的大型望遠鏡發射雷射光，瞄準靜海基地。雖然雷射光線經過漫長的距離，依然能夠瞄準目標，但從地球移動二十五萬英里之後，雷射訊號已經大幅消散，在直徑二英里的範圍之內，只有一個地方能夠收到訊號。因此，阿姆斯壯必須精準校正雷射測距反射器，才能獲得最好的雷射收訊效果。

尼爾回憶道：「我們必須確保所有的鏡子都朝向地球，而反射器也要安裝在相當穩定的月球表面位置，避免因爲其他原因而產生偏移。我們使用圓形的水平尺進行月球表面的垂直校正——圓形水平尺的功能就像一般的水平尺，只是用於校正的泡泡放在圓形的器具中——只要你可以讓泡泡停留在水平尺的中央，代表儀器的平臺已經呈現水平狀態。隨後，我們還要校正平臺方向，讓所有鏡子都直接朝向地球。」為了完成任務，他使用「陰影棒」——也就是日晷——創造的陰影校正鏡子的方向。但是，在地球上使用圓形水平尺時，凹形泡泡可以保持穩定，月球的重力環境卻導致泡泡持續移動。

神祕的是，泡泡最後終於穩定了。加上阿波羅十四號任務和阿波羅十五號任務進行的測距實驗，地球月球測距實驗成為所有阿波羅任務當中，科學價值最高的其中一次實驗。三次的雷射測距反射器實驗創造許多重要的數值，人類對月球軌道、月球自轉、月球離開地球的速度（目前月球與地球的距離每年增加一・五英寸或三・八公分），以及地球自轉和地軸進動（又稱歲差），都有了更好的理解。科學家也使用阿波羅任務取得的數據，驗證愛因斯坦提出的相對論。

阿姆斯壯回憶航太總署反對使用放在登月艙第一儲藏區的大型S波段天線碟。「我們不必刻意豎立天線，因為登月艙天線的訊號已經非常強了，它足以將電視攝影畫面傳回地球。」從任務效率觀點而言，尼爾很高興他們不需要使用直徑將近八英尺的S波段天線。天線的組裝時間將近二十分鐘，他和伯茲的進度已經落後預定計畫三十分鐘。但從另外一方面而言，「組裝一定很有趣，如果我必須使用天線，並且發現天線確實有用，我一定也會很享受。我在地面上已經組裝了數次，每次看見組裝完成的天線像花一樣綻放，我總是非常愉快。」

根據阿姆斯壯的說法，艙外活動的整體目標構想非常完整。「我們有一個計畫，也必須完成一系列順序安排妥當的工作。依據不同工作的相對重要程度、便利程度，以及實際可行程度，我們依此制定計畫。隨著時間經過，我們也進行多次模擬，並且發展計畫。我們對於艙外活動的工作任務瞭若指掌，即使矇著眼睛也能完成，不會有任何問題。即使情況需要，我也不認為航太總署會要求我不要違反或偏離計畫目標。」

值得一提的計畫改變發生在艙外活動後期，阿姆斯壯決定他要前往登月艙東方六十五碼處去觀察一個大型的環形山坑洞（也就是現在我們知道的「東坑」）。「我前往查看那個環形山坑洞，雖然不是原定計畫的內容，但我們起初也不知道那裡有一個環形山坑洞。我認為親自觀察和拍攝照片是值得從事的額外工作，雖然我必須為此犧牲記錄樣本的時間，但我相信這些資料會讓有興趣研究的人很高興。」阿波羅十一號確實設定了任務基礎指南，但並未特別規定隊員離開登月艙的距離。如果尼爾或伯茲離登月艙太遠，任務管控中心絕對會限制他們。「事實上，我個人確實猶豫是否應該花時間前往該地並且拍攝照片，但我最後相信這很值得，一定有人想知道這些資料證據。」

隨著艙外活動時間慢慢流逝，尼爾加快腳步往返環形山坑洞。根據尼爾在電視螢幕上往返環形山坑洞的實際畫面分析（他採用循環的腳對腳步伐），他的速度大約是每小時兩英里（三・二公里）。尼爾的考察時間總共是三分鐘又十五秒。尼爾在環形山坑洞拍攝的八張照片展示了東坑的數個特色，包括環形山側牆的礦脈外露，尼爾認為地質學家一定會很有興趣。

尼爾前往環形山坑洞時，休士頓通知伯茲，他應該開始準備回到登月艙。尼爾會在大約十分鐘之後爬上登月艙階梯。但是，兩位太空人爬上階梯之前，必須收回岩蕊樣本，而尼爾帶著兩根長鉗子，還要完成最後的岩石樣本蒐集。所有物品都要帶回登月艙階梯，包括相機底片盒、太陽風實驗儀器，以及所有的岩石箱。

正如阿姆斯壯在任務完成後的記者招待會表示：「我們的時間實在太少，沒有辦法完成原定計畫的所有工作任務。我們離開登月艙之前，曾經從伯茲的窗戶向外拍攝卵石床周圍的岩石，尺寸大約是三到四英尺，非常有可能是月球床岩的一部分，如果可以到那裡取得岩石樣本一定很有趣。月球表面上有太多有趣的事情。」

「進入新環境，周圍一切都是嶄新而不同的事物，你很容易更爲謹慎思考『這是什麼？』以及『這重要嗎？』或者『讓我用不同的角度再觀察一次』，你在模擬訓練中從未有這種體驗。在模擬訓練中，你只是撿起岩石，然後將它們放入容器中。」

「因此，我們使用的時間比預定計畫更久，我其實不驚訝。我們也沒有預期會接到總統來電——模擬訓練不曾思考過這個事件。我們還要回應地面單位提出的問題，這也用了少許額外時間。練習月球表面艙外活動任務時，沒有人會提出問題。」

「從我們的觀點而言，我們如果有更多艙外活動，可以仔細觀察，確實是更好。但許多工作人員，因爲他們各自隸屬不同的任務規範，都有自己的需求。他們也花許多時間讓實驗準備就緒。因此，我認爲我們有實質的義務，必須竭盡所能滿足他們的需求，並且以最省時的方式。如果時機正確，我也不介意違反任務規定。」

「我確實記得當時自己想著『天啊，我希望可以留在月球表面更久，因為我想要親眼觀察更多事物，完成更多目標。』雖然不是無法抗拒的衝動，只是我內心的感受，我希望可以留在月球表面更久。但我知道航太總署希望我們回到登月艙。」當時，地球時間已經是北美東部時區的凌晨一點，航太總署通知太空人，請他們爬上階梯。在伯茲進入登月艙之前，阿姆斯壯應該替伯茲清理太空壓力衣，但阿姆斯壯並未如此，因為這個舉動似乎毫無意義。「月球的塵土太細緻，你根本不可能清理。」尼爾解釋。

阿姆斯壯在月球表面上的最後幾個任務是有體能需求並且勞力強度極高的。為了避免感染，製作航太總署岩石樣本保存箱的廠商仔細清潔箱子的鉸鍊，而非塗上潤滑油。想要關上蓋子，尼爾必須施展三十二英磅的力量。努力關上全樣本儲存箱之後，已經發揮「非比尋常的力量」並且「用盡所有的力氣」，才能關上存放記錄樣本的第二個箱子。低重力環境讓這個任務更為艱困，因為儲存箱很容易滑開。為了關閉儲存箱，尼爾將箱子放在太空艙設備集中儲存箱的檯面上，但檯面表層不是非常穩固。他謹慎握住箱子，想要施力使用把手，關閉儲存箱，但這個任務很艱難。完成之後，他還要將岩石箱一個接一個放上月球裝置輸送帶，掛上「布魯克林曬衣繩」，從登月艙底部的廊口，將物品傳至艙門，再藉由伯茲的協助，將箱子取下輸送帶。

休士頓的心跳檢測裝置顯示，在艙外活動快要結束的時候，尼爾的心跳速度提高至每分鐘一百六十下，相當於印地安納波里斯五百汽車大賽（Indianapolis 500）的車手在起跑時的心跳。尼爾爬上登月艙階梯前五分鐘，休士頓提出另外一個要求，請他回報艙外行動組件的燃料箱壓力與氧氣存量，但真正的目的則是讓尼爾休息並緩和心跳速度。❹

由於太空人更關心將所有必要物品帶回登月艙，他們幾乎忘了在月球表面留下一小袋紀念品。艾德林回憶此次差點發生的疏失時曾說：「我們太忙了，我已經爬上一半的階梯之後，尼爾才問我是否記得將我們帶來的紀念品放在月球表面。我完全忘了。如果有時間，我們原本想要進行簡短的儀式，最後幾乎就像臨時想到的事情。我將手伸進肩膀上的口袋並取出紀念品包，然後把它丟在月球表面。」裡頭的物品包括兩枚蘇聯製作的徽章，紀念兩位死去的蘇聯太空人，其一是第一位進入地球軌道的尤里・加加林，他在一九六七年三月駕駛米格十五戰鬥機時發生意外身亡；另外則是佛拉迪米爾・柯馬洛夫（Vladimir

---

❹近年來，一位美國生理學家威廉・羅（William J. Rowe）花了超過二十年時間，研究太空飛行對人類生理機能的影響，特別專注於血管併發症，他發表了一系列的論文探討他所謂的「尼爾・阿姆斯壯症候群」（Neil Armstrong Syndrome）。簡而言之，羅博士主張，根據阿波羅十一號任務的醫學資料，尼爾在月球艙外活動的最後二十分鐘「發生嚴重的呼吸困難」——他在四分鐘之內兩度用言語通知任務管控中心，而尼爾也經歷「嚴重的心跳過速，每分鐘的心跳速度高達一百六十次」（請參考 Rowe, "Neil Armstrong Syndrome", International Journal of Cardiology 209[2016], p.221-222）。究竟什麼原因造成「阿姆斯壯的月球心臟疾病」？（請參考 Rowe 在 Spaceflight, 58[Feb. 2016]. p.56-57）根據這位生理學研究專家的說法，「由於人體在太空中的鄰苯二酚胺（也就是與神經傳送素有關的人體化學物質，例如腎上腺素和多巴胺）含量是仰臥狀態（也就是人體的非運動狀態）的兩倍，因此，太空飛行容易導致鄰苯二酚胺心肌症，一種短暫急性的心臟問題。阿姆斯壯很有可能就是在艙外活動

的後期發生這個狀況。「除了鄰苯二酚胺含量高之外」，羅還強調：「加上太空中的低量鎂離子，兩者形成惡性循環」，能夠迅速造成太空人的心跳過速，引發「氧化壓力」，導致「內皮細胞功能失調」變得更爲嚴重（內皮組織層是平滑纖細的細胞層，與心臟和血管相連），「結果可能非常致命」。羅認爲，這可能就是太空人詹姆斯・艾爾文（James Irwin）在阿波羅十五號任務時間出現的心血管問題，艾爾文的太空衣裝置故障，所以他在三次的月球艙外活動期間都無法攝取水分。在尼爾的例子中，「阿姆斯壯在月球的心跳速度爲每分鐘一百六十次，可能導致氧化壓力；但是，就在濺落於太平洋前大約三十分鐘，阿姆斯壯依然處於微重力環境，他的心跳速度卻突然降至每分鐘六十一次。只有一個理由可以解釋阿姆斯壯的心跳減速：在回到地球的三天飛行時間中，雖然阿姆斯壯處於微重力環境，口渴的感覺降低，但他的身體已經補充快要耗盡的血漿含量，也減少隔膜突出物靠近心室的斜度。」（請參考 Rowe, “Neil Armstrong Syndrome” p.221）。羅博士對「阿姆斯壯症候群」的詳細解釋過於複雜，請理解我無法在此詳細說明，羅博士論文的主要想法就是「太空飛行的主要問題就是脫水，而這容易導致心臟問題。」

其中要再強調，羅博士認爲，從心血管疾病的角度而言，尼爾・阿姆斯壯症候群並非只發生在阿姆斯壯身上；羅博士退休之後住在維吉尼亞州，他相信這是一種常見的人類心血管疾病問題，也會繼續影響太空人在太空中的健康狀態——如果全球暖化的問題無法減緩，未來的地球人類也會承受相似的問題。

羅博士對於人類生理健康在太空中的影響分析和觀點一直充滿高度爭議，如果廣爲流傳，也會引發更多討論，特別是在火星旅行提倡者的推波助瀾之下。羅博士在” Genetic Gift and A Mars Mission”（Spaceflight, 59, Aug, 2017）這篇文章指出，爲了進行漫長的太空飛行任務，「即使不考慮未知的輻射，人類想在長達二十個月的火星飛行旅途中生存，最好的機會就是善用基因優勢。近年，曾有一位肯亞人用兩個小時又二十六秒的時間完成馬拉松。人類想要成功完成火星旅途的最佳機會，就是訓練南非布希曼族（Bushmen）的年輕人，他們可以在卡拉哈里沙漠（Kalahari）中奔跑兩天而不必喝水。在布希曼族二十歲時送往火星，並且於三十歲之前回到地球，因爲在這個年紀，人體的心血管修復機制尚未完成。」

尼爾・阿姆斯壯的心臟問題對他的健康與他的死因有何影響，我們將在本書稍後的篇幅探討。在這個階段，讀者可能暫時只需要知道尼爾在二〇一二年死於心臟繞道手術；除此之外，尼爾也在一九九一年心臟病發之後痊癒。太空人詹姆斯・艾爾文曾經歷三次心臟病發作，第一次是阿波羅十五號任務的兩年之後，當時艾爾文四十三歲，一九八六年第二次心臟病發作，第三次奪走他的生命，時間則是一九九一年。

Komarov），在加加林過世一個月之後，柯馬洛夫駕駛聯盟號宇宙飛船一號（Soyuz 1），任務即將完成時，太空飛行器的降落傘卻無法打開，他因此墜落身亡。小口袋中還有阿波羅一號的徽章，紀念蓋斯・葛利森、艾德・懷特，以及羅傑・查菲。除此之外，裡面還有一個黃金製作的橄欖枝別針，象徵美國登月計畫的和平意義，與阿波羅十一號任務三位太空人送給妻子的別針相同。艾德林將小袋子丟在尼爾的右側。阿姆斯壯用腳將小袋子稍微踩平。

將紀念品小袋子放在月球表面之後，尼爾立刻在北美東部標準時間凌晨一點〇九分（任務時間四天十五小時三十七分二十二秒）爬上登月艙的腳座，雙手握住階梯扶手，雙腿施力，雙手拉動，跳上階梯的第三階。

「我當時使用的跳躍技術是彎曲雙腿膝蓋，盡量將身體靠近登月艙的腳座。我往上跳躍，用扶手控制身體的方向。我藉此登上階梯的第三階，距離月球表面應該有五英尺或六英尺。」

身爲一位工程師，尼爾的行爲非常符合其個人特色，他並非賣弄，而是想要實驗。「我只是非常好奇。如果沒有穿上太空衣，我可以跳很高，但太空衣的重量非常可觀……穿著太空衣，你不會感覺到太空衣的重量，因爲太空衣從內部增壓，所以內部壓力會支撐起太空衣的重量。但是，只要你往上跳，你的身體就要承受太空衣的重量，我們在月球的體重大概是六十二英磅左右。如果你的體重是六十二英磅，要怎麼跳高？倘若你穿著眞正緊貼身體的壓力衣，不受任何限制，應該可以跳得很高。我只是想要知道，如果垂直起跳順

阿波羅十一號任務的土星五號火箭於一九六九年七月十六日早上八點三十二分自佛羅里達州的甘迺迪太空中心起飛。

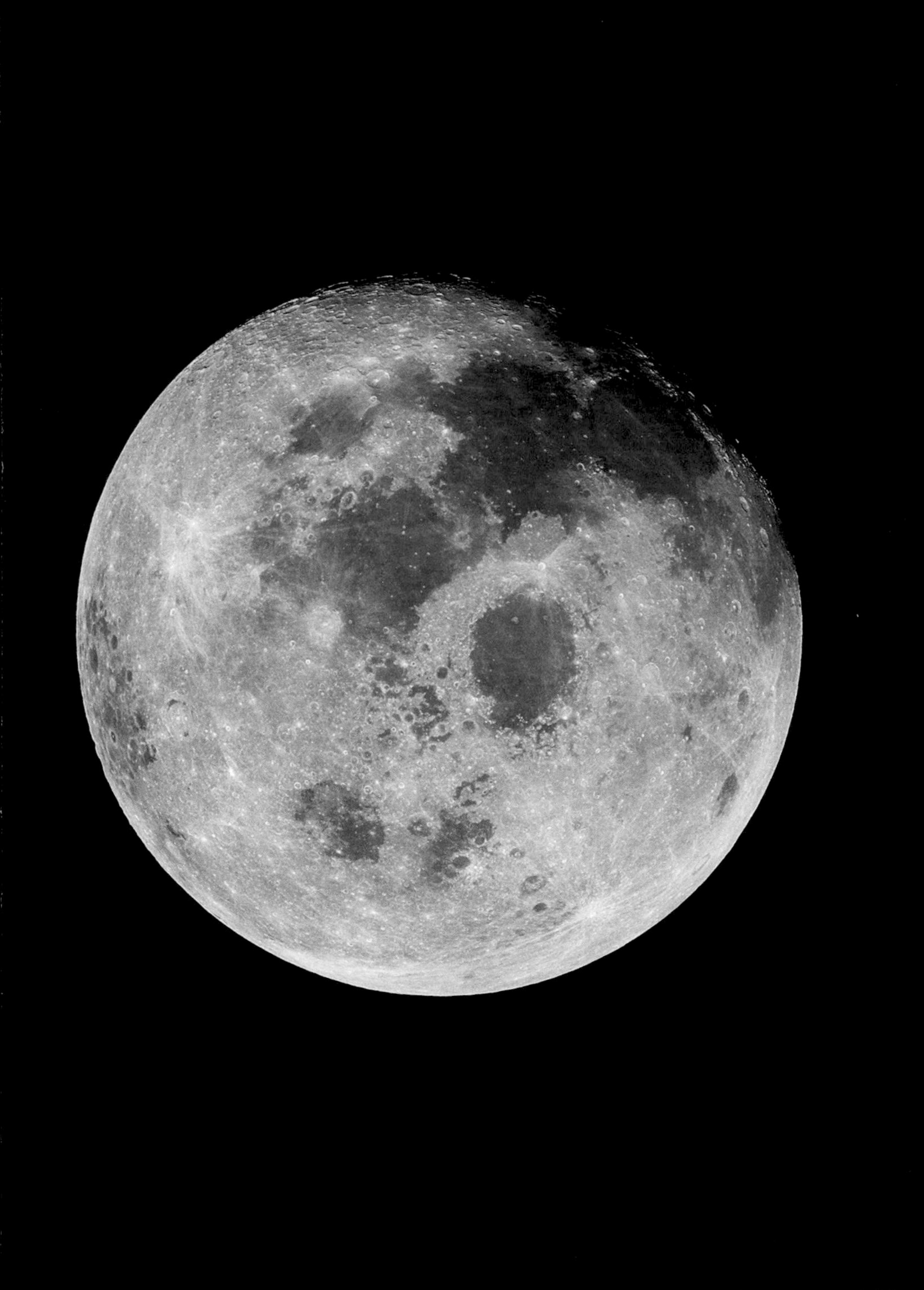

自阿波羅十一號拍攝的滿月。

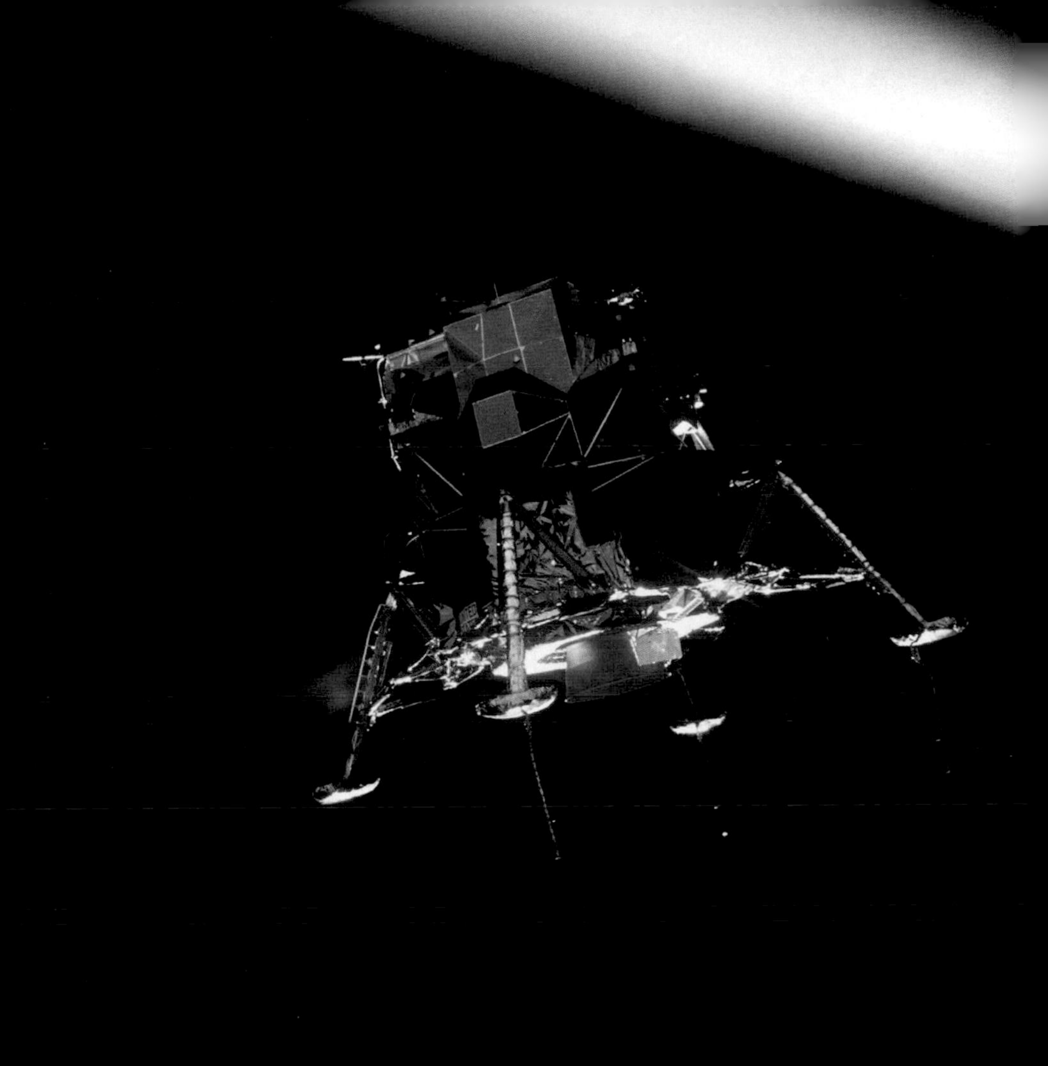

登月艙老鷹號。

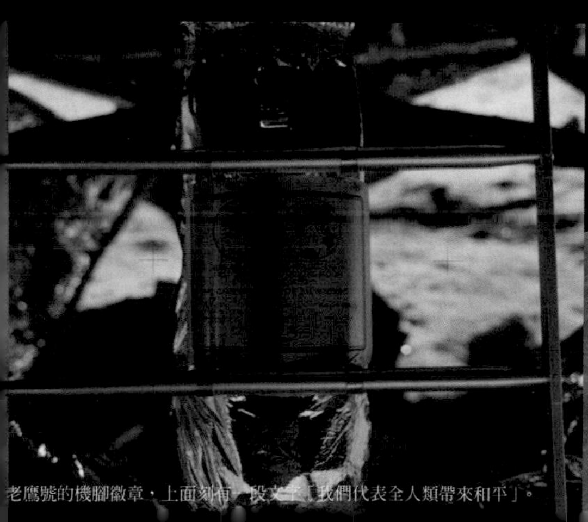

老鷹號的機腳徽章，上面刻有一段文字「我們代表全人類帶來和平」。

地球、月球與登月艙老鷹號。

伯茲・艾德林的腳印，為土壤力學實驗，用以顯示他腳印的深度。

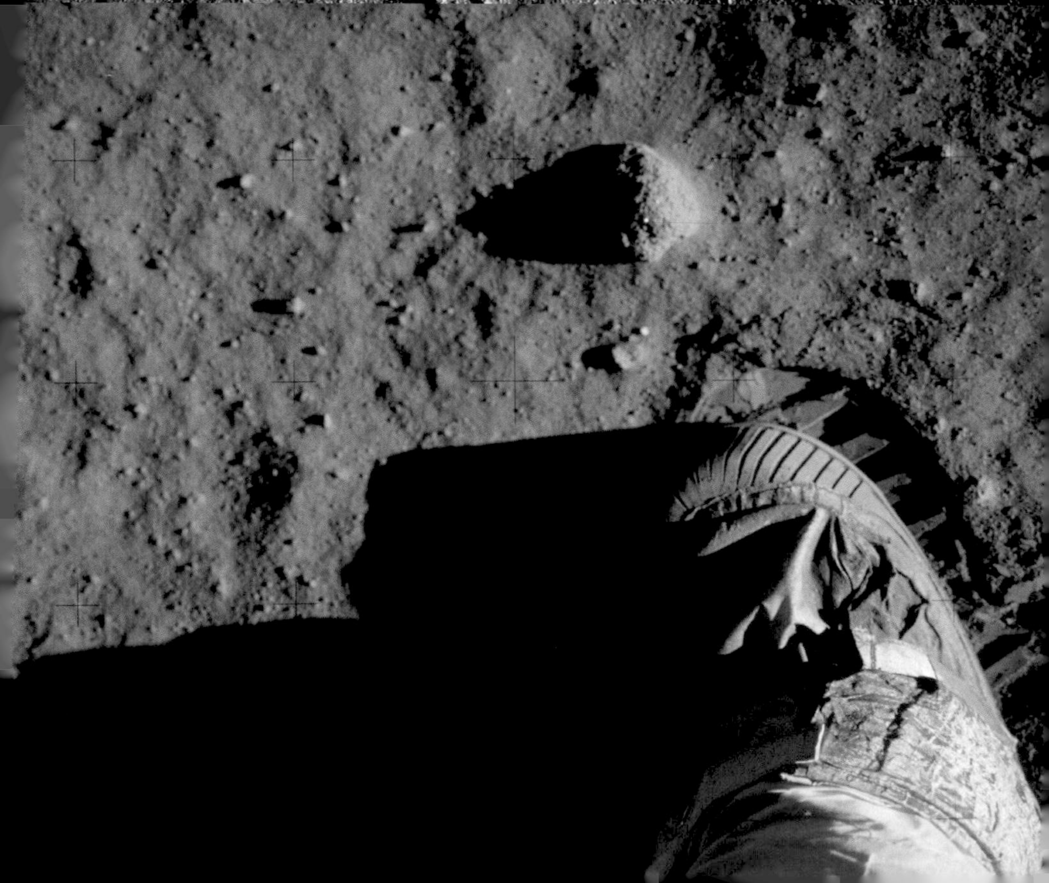

對國旗行禮，國旗看似在風中飄揚，實際上皺摺留在打開的國旗上，且每張照片都有相同的摺痕。

阿姆斯壯使用哈蘇相機拍下自己的影子映照在月球表面的樣子。

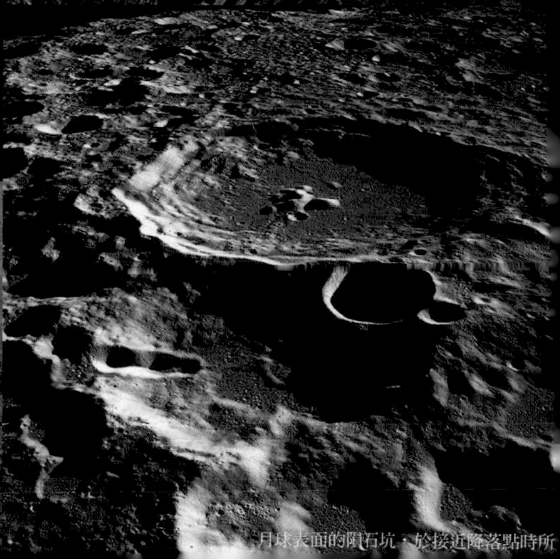

月球表面的隕石坑，於接近降落點時所

太空人艾德林的護目鏡反射了老鷹號及其登月艙，還有攝影者阿姆斯壯。背景則是粗糙的月球表面，地平線往漆黑的太空中延伸。

唯一一張直接拍到尼爾・阿姆斯壯在月球表面的照片。

艾德林背著實驗器材在月球表面走動。

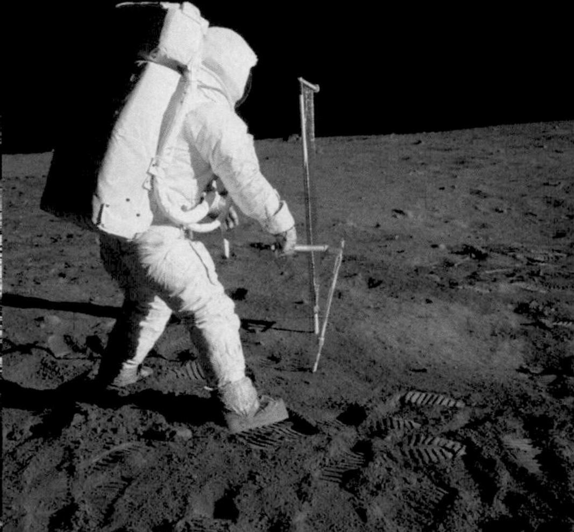

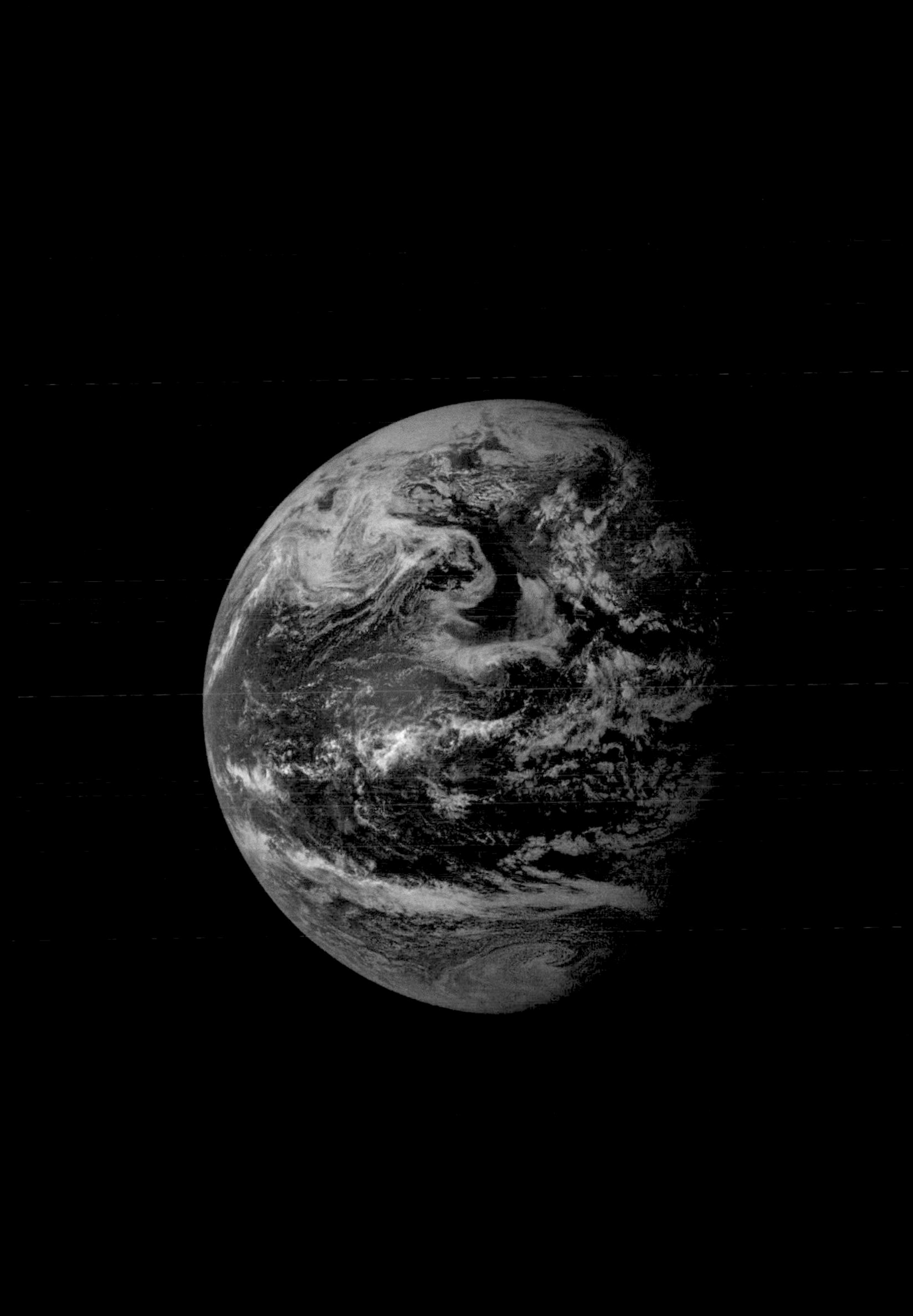

地球從月球地平面升起。

三位登月太空人的官方照，（左起）尼爾・阿姆斯壯（1930-2012）、麥克・柯林斯（1930-2021）、伯茲・艾德林（1930-）。

任務成功後，在登月艙移動時拍到的阿姆斯壯。

三位阿波羅十一號的組員濺落太平洋等候直升機接應。
小筏上的第四位爲美國海軍蛙人部隊成員。

波羅十一號的組員在大黃蜂號航空母艦中隔離檢疫爲期三週，尼克森總統前往關照。

利，我究竟可以跳多高。」

阿姆斯壯跳上階梯的高度，可能已經成爲月球紀錄，因爲後來的阿波羅任務太空人爬上階梯時，通常都是用手掌或手臂攜帶物品。如果尼爾跳躍之後，並未順利踩住階梯——月球塵土通常會讓階梯非常滑——不愼受傷的機率也非常低。由於尼爾的手抓住階梯扶手，他可以輕鬆地讓自己緩慢墜落。除此之外，倘若尼爾眞的跌落，他也能夠順利起身，因爲他在載人太空中心的水箱中已經練習過這些動作了。

事後證明，讓艾德林提前幾分鐘進入確實相對輕鬆，由於生命維持系統非常厚重，他必須拱起背部進入登月艙。艾德林可以獨自進入，他的膝蓋先進入駕駛艙，再從跪姿轉爲直立姿勢。轉動身體之前，他必須確保背後有足夠的空間，避免撞擊到艙內所有的開關和設備。尼爾踏上登月艙腳座之後，只用了一分鐘又二十六秒就準備進入登月艙，艾德林的指引也很有幫助。

任務時間四天十五小時三十八分八秒，艾德林：「低頭，拱起背部，很好，空間很夠，現在稍微拱起背部，抬頭靠著【無法辨識】。稍微往右轉動。低頭。起身調整姿勢。」

阿波羅十一號登月艙艙門開啓至關閉的總時間爲兩個小時三十一分鐘又四十秒，艙門關閉時間爲地球時間的北美東部標準時間凌晨一點十一分。人類首次在月球直接停留的時間，比一場美式足球比賽的時間更短。

在哥倫比亞廣播公司電視臺，艾瑞克・薩瓦里德與華特・克朗凱如此總結這次重大的成就。「人類登上月球，人類踏出了第一步，我們還能說什麼？」克朗凱問道。薩瓦里德回答：「我不知道現在還能說什麼。我們已經見證了某種成就的『誕生』……他們在月球上四處移動，你可以感受到他們的喜悅。我不曾想像自己可以親眼目睹他們在月球跳躍，你呢？我們收到的所有消息只表示，太空人會在月球上謹慎注意自己的舉動，一步一步小心移動，也有人說他們會跌倒。但他們就在月球上，彷彿小孩正在玩跳房子。」

「其實就像幾隻小馬。」克朗凱打斷他。

「但我從未想過聽到他說『美』。他說月球很『美』。我們一直認爲月球非常冰寒、荒涼，而且令人畏懼——他們卻在月球上感受一種奇異之美，而我猜想，他們永遠無法眞正地描述那種美。」

克朗凱：「月球之美可能也無法傳遞給未來的觀察者。第一群登陸月球的先鋒看見了後人無法目睹的景緻。」

薩瓦里德：「對於這群太空人而言，我們永遠都會像是陌生人。事實上，對於他們的妻子和孩子而言，他們可能也會成爲陌生人。他們消失在我們無法跟隨的生命世界。現在，我已經開始思忖他們往後的人生。迄今爲至，月球對他們很好。但是，地球上的人將如何對待這群男人，對待他們往後的人生，相較於任何事情，反而讓我更有不詳的預感。」

在阿波羅十一號任務缺乏的記錄中，包括阿姆斯壯和他的隊員隨身帶往月球的個人物品與紀念品。三位太空人在阿波羅十一號起飛時，都將個人物品組放在太空飛行器上。他們的個人物品組是用貝塔布（Beta Cloth）製作的小袋子，尺寸接近常見的牛皮紙午餐袋，開口有收緊繫繩，表層則是防火的鐵氟龍。

沒有人知道阿波羅十一號太空人攜帶個人物品組的精確總數。每位太空人至少都在指揮艙的下方裝備儲存裝置放置一個個人物品組。每位太空人的指揮艙個人物品組的重量不能超過五英磅。登月艙內部至少儲存了兩個個人物品組，一個屬於尼爾，另外一個則屬於伯茲。登月艙個人物品組——總數可能只有兩個，一位太空人存放一個——重量限制則是半英磅。尼爾、麥克與伯茲都同意承認阿波羅十一號攜帶的所有個人物品「都抵達月球」，無論這些物品是否確實登上月球表面，或者停留在指揮艙。因為柯林斯駕駛的指揮艙都在月球軌道繞行，他們希望藉此保護柯林斯個人物品的象徵價值。

三位太空人都不願意分享他們放在總計六個個人物品組中的物品（太空人各自還有一個常用個人物品組，放置常用的個人物品，例如筆與太陽眼鏡）。我們的所知完全來自太空人多年來的親口說法或文字記載，以及他們願意販售或展示個人物品時，才會透露或承認該物品為當初前往月球的個人物品。但是，就阿姆斯壯的例子而言，我們幾乎毫無資訊，因為尼爾不曾說過他將哪些物品帶往月球——而且他不像伯茲或麥克，尼爾從未拍賣任何與登月任務相關的物品。

所有嘗試找出阿姆斯壯登月個人物品的方法都失敗了。即使在阿波羅十一號任務開始之前，謠言甚囂塵上，但航太總數拒絕透露相關消息。珍妮特・阿姆斯壯承認尼爾替她將某個物品帶往月球，但她同樣不願揭露該物品爲何。航太總署的政策是讓太空人的個人物品保持絕對機密。

航太總署非常謹慎，不願透露太空人攜帶的紀念品，因此，時至今日，我們不清楚阿波羅十一號任務的官方飛行物品組（Official Flight Kit；OFK）。阿波羅十一號任務的官方飛行物品組清單從未公開，也沒有任何人知道相關物品目前的所在地。

阿波羅十一號任務的官方飛行物品組可能並未存放於一個袋子中；官方飛行物品組或許放在指揮艙的物品櫃。航太總署後來於一九七二年公開的文件表示：「官方飛行物品組在每次任務的總重量不可超過五十三・三英磅。」因此，官方飛行物品組的內容物一定比太空人的個人物品更大型。官方飛行物品組就是航太總署官方的任務紀念品，作爲贈禮用途，由太空人或航太總署的領導官員送給貴賓或其他組織。登月艙在月球軌道脫離之前，也沒有任何官方飛行物品進入登月艙。因此，唯一實際登上月球表面的，只有存放在登月艙的太空人個人物品組——但我們不知道其中的內容物。外界的推測如下：

- 四百五十枚由麻州羅賓森公司鑄造的銀製勳章，平均分配給三位太空人，儲藏於個人物品組，但我們不知道究竟多少枚銀製勳章被帶往月球表面。

- 同樣由羅賓斯公司鑄造的黃金勳章，阿波羅十一號太空人一人擁有一個。我們可以假設，三枚勳章都放在登月艙的個人物品組。
- 美國、美國五十個州、哥倫比亞特區以及其他美國領土的小型旗幟（長六英寸、寬四英寸），數量不明。根據航太總署在一九六九年七月三日的記者會表示：「這些旗幟放在登月艙，前往月球之後，再回到地球，太空人不會在月球上展示這些旗幟。」指揮艙內的官方飛行物品組放了許多額外的小型美國國旗，以及兩個完整尺寸的美國國旗（長八英尺、寬五英尺），回到地球之後，兩個國旗將會分別向參議院和眾議院進行展示。在阿波羅十一號任務之前，這些旗幟曾經懸掛在美國首都，任務結束之後，還會再度懸掛於首都。艾德林在個人物品組中負責攜帶小型旗幟，他後來賣掉其中一些旗幟。但我們不清楚這些小型旗幟是否曾經抵達靜海基地，或者只停留在月球軌道。
- 美國郵政署製作的阿波羅十一號紀念信封，信封張貼了十美分的郵票，同樣是為了紀念阿波羅十一號。我們不清楚這個信封放在尼爾的個人物品組或伯茲的個人物品組。他們原本應該在月球表面替信封蓋上月球紀念郵戳，但卻忘了（直到七月二十四日，阿波羅十一號的三位成員待在隔離區時才完成此事，儘管如此，郵戳日期是七月二十日）。阿波羅十一號的隊員也將郵戳章放在指揮艙，可能是柯林斯的個人物品組或官方飛行物品組。爲了載人太空中心集郵社的成員，艾德林在指揮艙的個人物品組中放入一百〇一個集郵封套。另外還有一百一十三個信封，數量可能更多，也被放入指揮艙。三位隊員都在所有的集郵封套簽名。隨後的幾年，艾德林和柯林斯使用了其中幾個集郵信件，在信封的左上角簽名，也賣出了幾個集郵信封。阿姆斯壯不曾使用這些信封。

- 阿波羅十一號任務的隊員攜帶數量不明的「貝塔布」袋子。貝塔布之名來自其製造商歐文斯－康寧纖維玻璃公司（Owens-Corning），地點在羅德島的艾希頓（Ashton），貝塔布的材質是緊密編織的防火玻璃纖維。每位太空人在個人物品組中可能都放了少量的貝塔布袋子，但貝塔布袋子登上月球表面的數量不明。
- 數量不明的阿波羅十一號刺繡徽章。大多數可能都放在官方飛行物品組，但太空人的個人物品組可能也放了若干刺繡徽章，徽章幾乎沒有實際登上月球表面。
- 三個黃金製作的橄欖枝別針，與艾德林在月球表面艙外任務最後一分鐘放在月球表面的黃金橄欖枝別針同款。飛行任務結束之後，隊員將別針作爲禮物，送給自己的妻子。我們可以推測，兩位登月艙太空人各自攜帶送給妻子的別針，尼爾或伯茲其中一人替柯林斯攜帶別針，讓柯林斯可以送給妻子派翠西亞。

- 艾德林的登月艙個人物品組有一小瓶葡萄酒以及小片聖餐餅。
- 艾德林的登月艙個人物品組有妻子和家人的珠寶。

阿姆斯壯不曾透露任何個人物品組內容物的資訊。他原本答應向本書說明，最後則說無法在眾多的文件中找到當初的清單。對於自己帶往月球的物品，阿姆斯壯的說法則是：「我在個人物品組中放入阿波羅十一號的勳章、送給妻子和母親的黃金橄欖枝別針（一人一個別針），也替其他人攜帶了某些物品。」他最願意公開討論，也最爲自豪的，就是將充滿歷史意義的萊特飛行器碎片帶往月球表面。阿姆斯壯與美國空軍代頓基地達成特殊約定，將萊特兄弟在一九〇三年製造的飛機左螺旋槳木頭碎片以及左上翼的一塊棉布纖維（長十三英寸、寬八英寸）放入個人物品組。

阿姆斯壯也將普渡大學時期的兄弟會別針帶往月球，後來捐贈給費・戴爾塔・席達兄弟會位於俄亥俄州牛津的總部。雖然坊間的出版品流傳一個故事，認爲尼爾將珍妮特的阿爾法・凱・歐美嘉姊妹會別針帶往月球，但事實並非如此。

「我沒有替自己攜帶額外的物品。」尼爾堅稱。「至少我已經不記得了。」至於珍妮特，尼爾替她送往月球的只有橄欖枝別針。「他沒有問我想不想送其他的東西到月球。」

或許有些令人驚訝，阿姆斯壯沒有替家人帶任何東西到月球——即使是兩位兒子都沒有，這個事實依然讓珍妮特非常難過。「我以爲他會帶著某些物品到月球，之後可以送給兩位小男孩，但我不記得他送給兒子任何東西。尼爾的心思可以很細膩，但他沒有太多時間仔細思考，至少並未明白表達。」

另外一個尼爾非常深愛，但顯然也忘了帶著紀念品上月球給她的家人，就是他的女兒凱倫。還有什麼事情比一位父親帶著他鍾愛著的死去七年的女兒的照片（倘若她還在世，現在已經十歲了）、她的玩具、衣服的一角、一束頭髮，或者兒童時期的手環到月球，能夠讓人類第一次登陸月球比對「全人類」更有意義？太空人金．賽爾南在阿波羅十七號任務離開月球之前，在塵土上寫下九歲女兒崔西的名字縮寫。伯茲．艾德林帶著小孩的照片登上月球。查理．杜克在月球表面留下家人的照片。

如果尼爾眞的在月球上替慕菲做了一件事，卻從未告訴任何人，甚至是珍妮特也不知道，因爲這是一件極爲私人的事情呢？會不會讓後人更爲尊敬登月第一人？這很有可能讓人類第一次登陸月球的意義提升至另外一個層次。尼爾的妹妹茱恩確實有這種感覺，她對兄長的理解，不超過一般人對尼爾的認識。

「他有沒有帶著凱倫的物品到月球？」茱恩提出了一個根本不需要，也無法回答的問題。

「哦，我希望他帶了。」

或許，人類再度回到靜海基地，而我們相信人類一定會回到靜海基地，我們就能解開這個謎題。

Chapter 25

回到地球

尼爾向來擔心登陸月球的最後一次動力下降。「未知的環境非常險惡。動力下降模式的系統只有在地球測試過，從未接受眞正的月球環境測試。在最後的動力下降階段，我們要擔心非常多的問題。動力下降是最艱困的系統挑戰，也是最艱困的隊員挑戰。我最擔心動力下降，因爲動力下降是最困難的。」

「從零分到十分，行走在月球表面的難度，我認爲只有一分。登陸月球的最後動力下降階段，可能有到十三分的難度。」

讓登月艙重新起飛，回到月球軌道與指揮艙進行太空對接的難度，大概介於動力下降和行走於月球表面。那是非常棘手的飛行任務，雖然技術難度或許只有五分或六分，但對於阿波羅十一號任務的最終結果而言，其重要程度遠遠超過十分。如果起飛和太空對接因爲某些原因失敗了，阿波羅十一號任務截至目前爲止的重要成就，四十萬位才華洋溢的相關工作人員爲了讓阿波羅十一號登陸月球而付出的辛勞，只會淪爲一場悲劇。他們依然完成了人類歷史上的第一次登陸月球，但完成這個成就的太空人無法回到地球。

回到老鷹號，艙門已經關閉，阿姆斯壯和艾德林讓艙內環境重新加壓，脫下生命維持系統，檢查控制面板的讀數，確認登月艙是否安全。他們開始將不必要的裝備放入垃圾袋，再將垃圾袋留在月球表面，減輕登月艙的重量。太空人再度鉤上登月艙的環境控制裝置，他們脫下頭盔和護目鏡，兩名疲倦又飢餓的男人，終於可以進食了。

用餐之前，太空人用完所有的底片。他們取出艙外活動哈蘇相機的底片，準備將相機留在月球表面。他們使用登月艙內的備用哈蘇相機，對準艙門，拍攝月球表面上的美國國旗、電視攝影機架，以及遠方的地球（艙內使用的哈蘇相機所拍攝的照片非常特別，沒有十字瞄準焦點）。伯茲終於替尼爾拍攝了兩張照片，其中一張照片上的指揮官尼爾看起來疲倦但輕鬆，帶著太空人所說的「史努比帽子」，一種有彈力的黑白帽子，左右兩側的耳罩看起來就像漫畫《花生》（*Peanuts*）中的角色史努比。尼爾也替伯茲拍攝五張照片。

他們用餐時，史雷頓愉悅地傳來恭賀。

任務時間十四天十八小時〇分二秒，史雷頓：「我只是想讓你們知道，因為你們已經超過預定時間表一個半小時，我們明天都要放假。我們準備離開你們了。再見。」

任務時間十四天十八小時〇分十三秒，阿姆斯壯：「我完全不怪你們。」

任務時間十四天十八小時〇分十六秒，史雷頓：「各位，今天是非常美好的一天，我非常享受。」

任務時間十四天十八小時〇分二十三秒，阿姆斯壯：「謝謝，雖然你不可能和我們一樣享受。」

任務時間十四天十八小時〇分二十六秒，史雷頓：「收到。」

爲了丟棄不必要的物品，太空人必須再度減少登月艙艙內壓力，重新戴上頭盔，才能打開艙門，就像再度進行艙外活動準備，只是這次的工作時間低於二十分鐘，不必更換裝備管線或穿戴生命維持裝置。

有些人可能會認爲太空人的行爲是污染月球環境，因爲他們將所有垃圾都丟在登月艙外，第一個丟棄的物品是生命維持裝置的冷卻用水儲存塑膠袋。「我們可以穿著壓力衣走到距離足夠的地點，用手套抓住生命維持系統背包，再丟棄至月球表面，但後來的太空人隊員則是用踢的。」尼爾解釋。在電視畫面上，觀眾可以看見兩個背包慢慢塌垮。由於伯茲在艙外活動期間進行月球地震實驗，地球的工作人員也因此可以準確得知兩個背包觸及月球表面的準確時間。尼爾丟掉兩雙沾滿塵土的靴子、裝在口袋中的食物空包裝，以及事先已經取出拍攝過的底片的備用哈蘇相機。尼爾也丟棄他和伯茲換下的氫氧化鋰罐。尼爾也丟棄他和伯茲換下的氫氧化鋰罐。

雖然已經清理雜物，但登月艙的內部駕駛艙還是不太乾淨。兩位太空人在月球表面沾染的塵土量非常驚人。他們回到無重力的環境之後，有些塵土開始飄浮在駕駛艙。由於太空人在空氣中呼吸月球塵土粒子，甚至影響了他們的聲音。尼爾回憶道：「我們發現駕駛艙的空氣出現新的味道，肯定來自累積在我們衣物表面和內裡的月球物質。我還記得自己說那個味道就像潮濕的灰燼。」

回答任務管控中心提出的少數問題之後，尼爾已經開始準備休息。任務管控中心希望尼爾提出更仔細完整的月球地質學觀察時，他回答：「我們希望明天再回答這個問題，好嗎？」

北美中部標準時間七月二十一日凌晨二點五十分，任務管控中心終於結束通話，請太空人好好睡覺休息。柯林斯在上方的哥倫比亞號指揮艙聽見他的隊友已經安全回到登月艙，不久之後就酣然入睡。阿姆斯壯和艾德林已經醒著將近二十二小時。尼爾和伯茲鬆了一口氣。「雖然我們永遠都會懊悔自己其實可以完成更多預定目標，但是我們已經做完相當多的任務了。完成目標總是令人滿足，而那種滿足感已經遠遠超過我們的懊悔。除此之外，我們也在想：『我們終於不再需要惦記或擔心任務清單上的數百項工作內容。』」

這是他們第一次，也是唯一一次在登月艙過夜，登月艙的過夜體驗並不令人愉快。根據尼爾的說法：「登月艙的地板空間只能容納一個人——而且不能完全伸展身體，只能用介於嬰兒姿勢和伸展姿勢之間的方式。伯茲睡在那個位置。另外一個休息的地點是引擎蓋，大約二・五英尺的圓形桌面。爲了支撐我的腿部，我們使用腰部繫繩製作臨時用的吊帶，將吊帶連結至懸掛在上空的管線結構。結構很穩定，所以我的雙腿放在吊帶上，將身體中央躺在引擎蓋上，雙腿懸掛在半空中。引擎蓋後面還有一個平坦的架子，於是我將頭部放在上面。我們只能手工製作臨時的休息地點，其實非常不舒適。」

阿姆斯壯和艾德林都沒有睡好。除了睡姿不良，他們還要戴著頭盔與手套，藉此保護自己，不要吸入他們帶入登月艙中的月球塵土。溫度也是一個問題。雖然登月艙外的溫度高達華氏兩百度（攝氏九十三度），但登月艙內相當寒冷，只有華氏六十一度（攝氏十六度）。「我們拉上窗簾，讓登月艙內部的環境變得相對黑暗。」阿姆斯壯解釋道：「於是駕駛艙中的溫度變得相當寒冷。」駕駛控制臺的光線擾亂他們的睡眠，以及水箱泵的巨大噪音。他們預定的睡眠時間是七個小時，但尼爾可能只有在最後兩個小時才能安穩休息。阿波羅十一號的任務指揮官輾轉難眠時，他也思考著自己承諾明天回答的月球地質學問題。他並未過度擔心缺乏休息會影響隔天駕駛登月艙回到指揮艙。「眞正痛苦的問題是我別無選擇，我們已經制定時間表，我必須起飛，我一定要成功起飛。」睡眠問題並非阿波羅任務第一次出現的難題。「如果只是一個晚上的缺乏睡眠，大多數的人都能克服睡眠不足——事實上，我們要面對數個晚上的睡眠問題。」他告訴自己：「我在指揮艙內通常可以放鬆休息。麥克說過：『這個階段的飛行任務很輕鬆。其他太空人都順利完成，沒有任何問題。所以你應該好好休息，保存體力以面對你需要保持專注的時候。』我在內心一直記得他的建議。」

羅納德．「羅恩」．伊凡斯（Ronald "Ron" Evans）是當天晚上在航太總署輪班的駕駛艙通訊官，他在北美中部標準時間早上九點三十二分叫醒太空人。登月艙在月球表面停留總計二十一個小時之後，就要準備起飛離開，預定時間是下午過後。

中間大多數的時間，都用來檢查起飛前的準備事項、記錄星辰位置、建立起飛的正確導航狀態、輸入電腦程式碼，以及追蹤指揮艙，藉此最後一次確認登月艙的準確降落位置。清單上唯一重要的改變則是休士頓希望登月艙在起飛期間關閉交會雷達。太空艙通訊官伊凡斯告訴兩位隊員：「我們認爲，這樣可以預防電腦再度出現動力下降期間的資訊超載警告。」

地球的科學專家也非常焦慮地等待尼爾和伯茲提供他們在月球表面觀察的更多資訊。尼爾已經準備好了。「這次經驗讓我非常振奮，也很光榮，我樂於向他們分享，我知道他們十分想要知道月球的情況。對於那些科學家而言，登陸月球是令人振奮的一天，他們付出多年努力，研究我們在月球可能發現什麼。他們現在終於有機會一探究竟，這是非常重要的事情。」

阿姆斯壯當天早上提出非常深刻清晰的觀察，讓所有人印象深刻。「我不記得當初自己寫了筆記，我的記憶依然鮮明，想要複述我的親眼所見不難。」

「休士頓，這裡是靜海基地，我們準備回答昨天晚上的月球地質學問題。」

「我們降落在一個相對平坦的環形山坑洞平原上，這是第二個蔓延……【修正自己的說法】圓形的環形山坑洞。大多數的環形山坑洞周圍都有隆起的坑緣，無論其大小，但並非所有的環形山坑洞都是如此。少數較爲小型的環形山坑洞沒有明顯可見的坑緣。這個區域的地面基質是非常精細的沙塵或泥沙。我個人認爲，地球上最接近月球表面基質的，就是粉狀石墨。這個區域充滿各種不同形體、大小，以及紋理的岩石——有圓形的，也有角形的——岩石的硬度不一。正如我先前所說，我曾經看見淡色的玄武岩以及帶泡的玄武岩。大多數岩石沒有任何晶體，有些則是帶有小型的白色斑晶，帶有晶體的岩石比例可能低於百分之五。」

「我們所在的區域都是卵石，大小可達二英尺，少數卵石更大。有些卵石就在月球表面，還有一些卵石則是部分暴露，另外一些則是幾乎全部藏起來。我們在月球表面移動時——特別是使用杓子採集樣本時——也發現藏在月球表面下的卵石，位置大約是表面基質下方數英寸。」

「我猜想，這個卵石區域可能與我們最後一次進行動力下降時越過的環形山坑洞有關係，那個坑洞非常寬闊、外型尖銳，坑緣巨大。昨天，我曾說那個環形山坑洞的大小接近一個美式足球場，現在我必須承認，想要準確估計環形山坑洞的大小其實有難度。但我們飛過那個環形山坑洞時，它的大小足以完全佔據登月艙觀測窗的所有視線範圍。那個環形山坑洞的坑緣非常巨大，鄰近的岩石也比我們目前所在區域更大，其中一些岩石可能是十英尺大小，或者更大。環形山坑洞的岩石分布非常密集，岩石分布的面積甚至超過坑緣，大概是環形山坑洞直徑的兩倍。岩石分布慢慢地消失，直到登月艙降落的區域。岩石區域似乎用不規則的方式成排消失。除此之外，在登月艙降落的區域和環形山坑洞之間，還有一些小徑，幾乎無法發現小徑中有任何堅硬岩石的跡象，報告完畢。」

隨著月球起飛慢慢接近倒數計時階段，尼爾的心境就像一位典型的測試飛行員：務實且頑固。「登月艙的登月引擎採用單一引擎室。登月艙使用一般的燃料箱、推進燃料以及氧化器。我們可以用各種方法調整閥門線路——控制推進燃料進入引擎的狀況。其實，我們也有其他選擇。我曾經提議登月艙安裝一個巨大的手動閥門，讓我們可以打開推進燃料的所有閥門，而不是用電子線路控制所有閥門。但是，燃料管理的專家部門認爲，我的想法不符合航太總署的思考標準。因此，我其實不熟悉登月艙現在使用的電子線路。但這不是問題，如果我們啓動引擎，引擎並未點火，我們也還有時間。我們有很多時間思考問題，找出其他方法。飛行員眞正擔心的是，沒有時間，也沒有其他選項。」

「起飛的軌跡很單純。我們使用主要導航、指引和控制系統。如果主要導航、指引和控制系統故障，我們還能使用任務中止指引系統進入安全軌道——至少能夠在我們預期的最後安全時間之內。休士頓可以幫什麼忙？如果主要導航、指引和控制系統可能出問題時，相較於我們，他們在地球可以完成更多問題分析。我們在月球上的地點很好。我們處於東側，往西側移動。因此，在起飛上升階段，我們會穿過月球的中央地區，地球雷達的數據傳輸情況應該非常好。他們或許可以告訴我們，何時應該切換至任務中止指引系統。但除此之外，他們其實不能做什麼。他們也要注意其他環節，例如系統問題、電池、環境系統以及各種細節。我很確定，倘若他們發現事有蹊蹺，想要知道如何解決，我們就要找出方法。但起飛上升軌跡本身非常直線單純。在太空交會期間，我們一直都在計算不同的軌跡改變，以及需要的加速動力。地球上的工作人員使用不同的資訊來源，也在計算同樣的數據。」

任務時間五天四小時四分五十一秒，伊凡斯宣布阿姆斯壯等人可以開始起飛。「收到。」艾德林回答。「我們是跑道上的第一臺出發的飛機。」大約十七分鐘之後，北美中部時間中午十二點三十七分，登月艙唯一一臺（也沒有備用機）引擎準備第一次啓動。除了登陸月球之外，這是阿波羅十一號任務中最令人緊張的時刻——請容我更正：在美國載人太空計畫歷史中。

在哥倫比亞廣播公司電視臺，克朗凱對舒拉說：「自從水星計畫初期之後，我們不曾有過這種緊張時刻。」尼爾的母親和妻子也有相同的恐懼。

任務時間五天四小時二十一分五十四秒，艾德林：「九、八、七、六、五，脫離登月艙下節與引擎臂，準備起飛，前進。」

任務時間五天四小時二十二分，登月艙起飛。

任務時間五天四小時二十二分七秒，艾德林：「我看見陰影了，真美。」

伯茲在自傳中鮮明描述這次起飛。「登月艙的起飛上節脫離笨重的下降下節以及纖薄的機腳，上節的起飛引擎排出一道漂亮的絕緣粒子。」

任務時間五天四小時二十二分九秒，艾德林：「上升速度每秒二十六英尺、三十六英尺，現在進行仰起。」

任務時間五天四小時二十二分十四秒，阿姆斯壯：「進行仰起。」

我們再度引用伯茲的自傳：「那時候已經沒有時間觀光了。我很專注觀察電腦，尼爾則在研究高度指示器，但我還是能抬頭看著美國國旗。起飛之後幾秒鐘，登月艙以四十五度進行仰起，雖然我們預期起飛過程可能非常險峻，甚至有些驚人，但登月艙內部的固定繩子吸收許多震動，加速過程相當順利，我們幾乎沒有感受不適。」

任務時間五天四小時二十二分十五秒，艾德林：「起飛平順，耦合相當平衡。我們起飛了，很順利。我們的底下是一座環形山坑洞。」

任務時間五天四小時二十三分四秒，伊凡斯：「起飛經過時間一分鐘，你們的情況很好。」

任務時間五天四小時二十三分十秒，艾德林：「收到。【停頓】這次起飛相當安靜，只有些許顛簸，並未出現太多加速不適。」

任務時間五天四小時二十三分三十一秒，伊凡斯：「收到，非常好。」

任務時間五天四小時二十三分三十七秒，艾德林：「水平移動速度每秒七百英尺，垂直移動速度每秒一百五十英尺，太棒了。目前高度九千英尺。任務中止指引系統以及主要導航、指引和控制系統之間的數值誤差只有每秒一英尺。」

任務時間五天四小時二十三分五十九秒，伊凡斯：「老鷹號，這裡是休士頓，你們起飛經過時間兩分鐘，目前情況很好。」

任務時間五天四小時二十四分六秒，艾德林：「水平移動速度到了每秒一千英尺，垂直移動速度一百七十英尺，很棒，高度一萬四千英尺，任務中止指引系統以及主要導航、指引和控制系統之間的數值誤差依然只有一英尺。」

克朗凱驚呼：「天啊！他們的用詞……『太棒了』……『平順』……『相當安靜』。阿姆斯壯和艾德林在月球表面停留將近二十四個小時之後，準備回到月球軌道，與麥克・柯林斯進行太空交會。」這個時候，尼爾的母親並非唯一一位眼眶帶淚的電視觀眾。

在過去的六個月，麥克・柯林斯內心的「祕密恐懼」一直都是他可能要讓隊友留在月球表面，自己駕駛指揮艙，孤獨地回到地球。「哥倫比亞號沒有登月機組。如果他們不能從月球表面起飛，或者起飛之後又因故墜落，我沒有辦法幫忙。」如果上述悲劇的其中之一發生了，麥克可以回家，但他的終生都將成爲眾矢之的。「如果我也不能回家，可能會更好。」有時候，他甚至會有這種想法。

登月艙的起飛節（ascent stage；即起飛至軌道與指揮艙會合的部分）必須加速大約超過七分鐘，才能抵達足夠的高度以及進入月球軌道的速度。柯林斯在指揮艙內謹慎觀察登月艙的情況。他比任何人都更清楚「太空交會日」的危險。當天早上，他清醒之後，「已經有非常多的任務讓我極度繁忙，包括大約八百五十次的鍵盤輸入，「我有八百五十次的失敗機會。」如果老鷹號上一切順利，柯林斯只需要擔任「堅強牢固太空基地的操作人員，讓他們進入哥倫比亞號的穩定軌道繞圈飛行，但如果……如果……如果老鷹號百密一疏，我就要從被動轉爲主動。」登月艙起飛之後，麥克就像「一位緊張的新娘」。他已經有十七年的飛行經驗，在雙子星十號任務中繞行地球四十四圈，在等待登月艙回到指揮艙之前他滿身汗，而在此之前「從未在任何一次飛行任務中緊張流汗」。

隨著老鷹號慢慢上升至指揮艙，柯林斯知道「只要稍有差錯，阿姆斯壯等人就會身亡。他們需要七分鐘才能進入月球軌道，我屏息以待。」身爲雙子星計畫的老將，柯林斯「非常了解太空交會瞬息萬變的可怕結果，如果旋轉儀傾斜、電腦發生問題，或者飛行員發生失誤——啊，我最不擔心的就是飛行員。如果尼爾和伯茲的登月艙顳頏移動至偏移的軌道，我有足夠的燃料與勇氣能夠接住他們嗎？」在指揮艙中，柯林斯的身邊放了一本筆記本，倘若登月艙無法順利與指揮艙完成交太空交會，筆記本上寫了十八種攔截登月艙的方法。

在老鷹號的駕駛座，尼爾不只利用阿波羅計畫的訓練，也憑借他在雙子星計畫中航向太空交會合適地點的經驗。從必要的飛行技術以及加速控制而言，駕駛老鷹號前往與哥倫比亞號交會地點，其實就像尼爾在雙子星八號的任務內容：相同的相對位置策略和技術，相同的速度控制：「這也是我們在這個情況中還能保有自信的其中一個主要理由。」

登月艙的起飛上升完全不同於下降登陸。在動力下降的大多數時間，老鷹號的駕駛艙朝向上方，所以隊員根本看不見月球表面。現在，他們面對著月球表面。「沒錯，我們現在可以近距離看著月球表面，因爲登月艙的正面朝下，我們能夠近距離觀察月球表面的事物。起飛上升還有另外一個特色，與飛行任務的其他階段都完全不同；姿態控制火箭原本的功能是調整登月艙的正確姿態。一般而言——將推桿往上推——就會讓登月艙前方的火箭朝上，後方的火箭朝下，用意都是讓登月艙可以往上移動。但在上升階段，啓動朝上火箭，都會讓登月艙的速度下降，妨礙主要引擎運作。因此，我們在上升階段關閉朝上火箭。爲了讓登月艙往上仰，我們只能使用一半的火箭——也就是朝下火箭。由於登月艙的重心位置不在中央，朝下火箭啓動之後，就會提高登月艙的位置。因爲登月艙重心已經偏離了，我們會關閉朝下火箭，否則會被推到其他位置。隨後，我們再度啓動朝下火箭。在起飛上升的軌跡中，登月艙就像一張搖椅，前後擺動。」

「這種上升駕駛和雙子星計畫不同。我們曾經試著在登月艙模擬器體驗這種感受，但模擬器是靜態物體，你沒有辦法感受前後擺動。這種經驗相當特別。我不記得阿波羅九號任務或十號任務先前的隊員曾經和我說明，倘若他們有，我也忽略了。」

正如尼爾在飛行時的典型反應，他非常寡言。駕駛登月艙朝向西方，沿著當初下降時嘗試辨識的地標，尼爾說：「我們即將通過美國一號月球國道。」另外一個反應則是：「這場旅途的景緻相當驚人。」

休士頓時間七月二十一號下午一點，一位航太總署的公關官員報告老鷹號已經抵達月球軌道，這個軌道的遠月點（apolune）是四十七・二海里，而近月點則是九・一海里。軌道位於哥倫比亞號下方，老鷹號還需要將近三個小時，才能與哥倫比亞號進行太空對接。尼爾、伯茲，以及麥克將會忙於處理漫長且縝密的太空交會程序、導航行動，以及後備用品檢查。「三個小時聽起來可能很長。」伯茲強調：「但我們太忙了，根本沒有留意時間。」麥克則回憶自己的雙手忙於處理完整的太空交會程序，那些程序就像筆記本上所說的「祕法，宛如黑魔法的技術」。

老鷹號必須進行三次的獨立行動，才能跟上哥倫比亞號。第一次行動發生在北美中部時間下午一點五十三分，地點是月球背面。阿姆斯壯啓動登月艙的反應控制系統（reaction control system；RCS），讓太空飛行器移動至更高的軌道，與上方指揮艙的距離只剩下十五英里。一個小時之後，登月艙進行第二次啓動點火，更靠近目標位置，也逐漸減少登月艙和指揮服務艙之間的高度差距。

柯林斯回憶登月艙慢慢完成剩餘旅途時曾說：「登月艙的位置在指揮艙下方十五英里，後方四十英里左右。他們正在用非常安全的速度接近我，每秒一百二十英尺。他們用雷達確認我的位置，我靠著六分儀確定他們的位置。到了非常準確的位置之後，指揮艙就在登月艙上方時，大約是水平二十七度角，他們就會開始行動，加速朝向指揮艙。『我們正在點火加速。』尼爾告訴我，我恭喜他們。『太好了！』登月艙和指揮艙的飛行路徑已經交會，我們的飛行軌道預定在稍後越過月球軌道一百三十度（換句話說，稍微超過下一圈軌道飛行的三分之一）。我剛剛才『穿過月球背後的群山』，等到地球再度進入我的眼簾，指揮艙應該就會停在登月艙旁邊。我們飛入月球背面的陽光時，登月艙從六分儀上的閃爍小點，變成肉眼可見的大蟲，在指揮艙下方，越過金黃色與黑色交錯的環形山坑洞區域。」

如此接近，又如此遙遠，「友好的陌生人」在無線電上用開玩笑的口吻討論太空對接。

任務時間五天七小時二十二分十一秒，柯林斯：「好的，我發現你們已經沒有登月機具了。」

任務時間五天七小時二十二分十五秒，阿姆斯壯：「太好了……你不會弄不清楚要從登月艙的哪一端進行對接吧？」

登月艙與指揮艙的距離愈來愈近，即使尼爾和伯茲之間的對話也更輕鬆了。

任務時間五天二十五分三十一秒，阿姆斯壯：「雷達上的兩個亮點，其中一個一定是麥克。」

任務時間五天七小時二十五分三十六秒，艾德林：「選擇最近的那個亮點。」

任務時間五天七小時二十五分四十四秒，阿姆斯壯：「好主意。」

伯茲第一次清楚看見哥倫比亞號了。

任務時間五天七小時三十二分二十五秒，艾德林：「好的，麥克，我現在可以看見你的指揮艙了。」

任務時間五天七小時三十二分四十二秒，阿姆斯壯：「沒錯……我看見指揮艙的高頻天線，指揮艙的追蹤燈光……現在能夠看見整艘指揮艙了。我看見指揮艙朝向我們，現在稍微轉彎了，很好。」

任務時間五天七小時三十三分四十九秒，柯林斯：「你們開始點火加速了嗎？」

任務時間五天七小時三十三分五十秒，阿姆斯壯：「我們正在點火加速。」

「他們剩下的任務，」柯林斯回憶道：「就是慢慢減速，按照接近率估計表的計畫，調整至正確的接近率，靠近指揮艙……他們調整接近率的同時，還要準確停留至原先計畫的接近路徑，不能有任何左右上下的偏移……登月艙和指揮艙的距離非常接近，六分儀已經沒有實際用處。我關閉指揮艙下方的裝備區，移動至左側位置，轉動指揮艙，開始面對登月艙。」

從太空對接瞄準窗口望出去，麥克看見登月艙沉著穩定地向指揮艙移動，他非常驚喜，尼爾和伯茲將登月艙帶回來了。

任務時間五天七小時四十三分四十三秒，柯林斯：「我的速度是〇‧七英里，你們在我電腦上的速度是每秒三十一英尺，情況看起來很好……」

任務時間五天七小時四十四分十五秒，艾德林：「太好了，太好了，我們的狀況很好，我們正要減速……」

任務時間五天七小時四十六分十三秒，阿姆斯壯：「好的，我們準備用每秒十一英尺的速度接近指揮艙。」

任務時間五天七小時四十六分四十三秒，柯林斯：「很好……」

登月艙在柯林斯的窗戶中看起來愈來愈大，他難以掩飾心中的狂喜。「六個月之前，我接獲任命參加這次太空任務，這是我第一次覺得快要成功了。」但是，在老鷹號內部，任務指揮官和登月艙駕駛員依然緊張地思考他們應該做什麼——以及還有可能發生的錯誤。

任務時間五天七小時四十七分五秒，艾德林：「希望登月艙進行仰起之後不會失誤下墜。」

任務時間五天七小時四十七分十六秒，阿姆斯壯：「我們還要進行一次俯衝以及一次偏擺……情況很好……好的，如果我現在俯衝，就會立刻看見太陽。」

任務時間五天七小時五十分九秒，艾德林：「我希望你知道如何翻滾。」

任務時間五天七小時五十分十一秒，阿姆斯壯：「我確實知道。」

任務時間五天七小時五十分二十三秒，艾德林：「你希望登月艙的窗戶靠近指揮艙的右側窗戶，所以你不能往右翻滾，對嗎？」

任務時間五天七小時五十分三十二秒，阿姆斯壯：「沒錯。」

任務時間五天七小時五十分三十四秒，艾德林：「唯一的問題，就是要讓兩個窗戶貼近，登月艙就要進行九十度的翻滾，對嗎？你……你可以……」

任務時間五天七小時五十分五十八秒，阿姆斯壯：「如果我翻滾一百二十度，登月艙就會朝向左側。」

任務時間五天七小時五十一分六秒，艾德林：「九十度……嗯……六十度呢？」

任務時間五天七小時五十一分二十一秒，阿姆斯壯：「好吧，我可以現在開始翻滾……」

任務時間五天七小時五十一分二十四秒，艾德林：「沒錯，如果你往上翻滾六十度……」

任務時間五天七小時五十一分二十九秒，阿姆斯壯：「等到登月艙完成仰起，我就會看見指揮艙左側的窗戶。」

任務時間五天七小時五十一分三十二秒，艾德林：「我不這麼認為，如果你現在進行，你會……」

從技術的角度而言，登月艙和指揮艙的距離只剩下五十英尺，太空交會已經結束了。尼爾轉動登月艙，老鷹號的鉤索直接對著哥倫比亞號的對接口。柯林斯看見地球升起的美麗景緻，再也無法壓抑內心的情緒。

任務時間五天七小時五十一分三十六秒，柯林斯：「我已經看見地球升起！真的很美！」

就在這個關鍵的時刻，休士頓打斷他們，想要了解目前的情況。

任務時間五天七小時五十二分〇秒，伊凡斯：「老鷹號和哥倫比亞號，這裡是休士頓，請待命。」

任務時間五天七小時五十二分五秒，阿姆斯壯：「收到，我們保持軌道飛行。」

尼爾簡潔的答案和尖銳的語調，清楚表達他幾乎無法忍受休士頓突然打斷他們。

任務時間五天七小時五十二分二十四秒，艾德林：「仰起……稍微穿過右側……你現在可以看得更清楚了……指揮艙的底部……慢慢調整登月艙的位置。」

任務時間五天七小時五十二分四十五秒，柯林斯：「很好。」

任務時間五天七小時五十三分八秒，阿姆斯壯：「好的，我要開始讓登月艙進入右側姿態……」

任務時間五天七小時五十三分十八秒，艾德林：「沒問題。」

任務時間五天七小時五十三分二十一秒，阿姆斯壯：「這次翻滾距離有點遠，我不知道多遠……但……我們出現鎖定！」

雖然老鷹號和哥倫比亞號的位置校正看起來很良好，但兩臺太空載具靠近時，可能會產生一個潛在的惡劣現象：環架鎖定（gimbal lock）。簡單地說，登月艙導航系統慣性平臺的三軸平衡環與阿波羅十一號太空飛行器本身的三軸平衡環意外形成直線，而且暫時無法移動，導致登月艙平臺失去穩定性，並且點火發動登月艙上的姿態推進器。阿姆斯壯如此回憶事發經過。「太空對接技術就是讓登月艙在指揮艙附近保持穩定，移動到特定位置，讓指揮艙可以繼續完成對接。麥克能夠駕駛指揮艙進行實際的對接任務。從某個角度而言，阿波羅十一號的對接技術，和雙子星與艾琴娜目標飛船的對接技術很相似，因爲麥克在指揮艙的位置就像雙子星任務指揮官的位置。他可以從窗戶和太空對接十字儀觀察登月艙，對接十字儀是一種設備，協助麥克確定登月艙和指揮艙的位置校正結果。我們則是抬頭觀察，因爲對接艙門位於登月艙的上方，我們抬頭觀察登月艙上方的小型平面窗戶。」

「為了調整登月艙至最佳姿態，讓麥克可以輕鬆完成太空對接，我觀察上方窗戶，根據指揮艙的位置，修正登月艙的姿態。不幸的是，我忽略姿態顯示儀，儀器可以讓我知道登月艙已經接近環架鎖定階段。仰望上方窗戶飛行時，我讓登月艙直接進入環架鎖定了。」

「環架鎖定並不是最糟糕的結果，因為我們當時已經完成登月艙的飛行任務。我們不需要繼續待在登月艙，我們會拋棄登月艙。還有其他方法可以穩定導航系統，我們大致上也位於正確的位置，麥克可以順利完成太空對接。」

「你不會刻意追求這個結果，但我們當時並未因為環架鎖定而感受任何實質運動或震動。」

或許是因為柯林斯才是從指揮艙實際進行太空對接的飛行員，也很有可能麥克已經孤獨地等待太久，等著完成最關鍵的最後操作，他對環架鎖定的反應非常激烈。登月艙和指揮艙之間用閂連結之後，麥克啓動一個開關，打開氮氣瓶，讓兩個太空載具結合。他啓動開關之後，立刻感受到他後來形容的「人生最大的驚訝」：「小小的登月艙並未順服，我發現指揮艙連結至一隻野生好動的動物，牠似乎想要逃走。」具體地說，登月艙偏擺至指揮艙右側，導致大約十五度的錯位。麥克用右手操作，讓指揮艙開始擺動，他沒有任何方法阻止登月艙和指揮艙的自動連結反應，因為這個反應的設計目的是為了讓登月艙可以穩定連結至指揮艙。「我只能期望登月艙不會受到任何損傷，如果這次的連結失敗，我可以釋放登月艙，重新嘗試。」

麥克與操作桿搏鬥，兩艘太空載具竄動，回到正確的校正位置。太空對接終於完成了。

稍後，尼爾和伯茲重新回到指揮艙時，麥克想要解釋當時的情況：「剛剛的情況很奇怪。你們知道嗎，我並未感受指揮艙發生任何震動異狀，我以為一切都很順利。我正要開始連結時就發生異狀了。」阿姆斯壯則向麥克提出自己的解釋：「異狀發生在我增加X軸的輸出動力，很顯然三軸平衡環並未平衡，可能是因為某種原因，我不慎導致登月艙的姿態錯誤，於是姿態控制系統開始點火啓動。」麥克宣稱：「我那時候手忙腳亂了好幾秒鐘。」

當時是北美中部時間下午四點三十八分。阿姆斯壯和艾德林用了超過一個小時，關閉剩餘的登月艙系統，捕捉並且儲藏飄浮在空中的各個物品，讓老鷹號準備進行最後一次的物品棄投。

下午五點二十分，柯林斯從指揮艙打開艙門，全身依然沾滿月球塵土的尼爾與伯茲爬上爬下，終於回到哥倫比亞號的駕駛艙。「第一位回來的隊員是伯茲，臉上一張大大的笑容。」柯林斯回憶道：「我抓住他的頭，左右手各自按住他的兩側太陽穴，我原本想親吻他的額頭，就像一位家長找到迷途的孩子；但我忽然覺得羞赧，三思過後，決定握住他和尼爾的手。我們稍微聊天作樂，笑著討論這次任務很成功，隨後就恢復正常工作，尼爾與伯茲正要替登月艙準備最後一次的旅程。」

克朗凱在哥倫比亞廣播公司電視臺用以下段落結束歷史性的三十二個小時：

經過一個又一個漫長的世紀等待，人類終於探訪了月球。兩位名字字首押韻的美國人，阿姆斯壯和艾德林在月球上度過將近一個完整的地球日。他們在月球表面撿拾並且蒐集樣本，他們在月球表面進行實驗，他們將月球表面的樣本帶回家。

在月球上的太空人的上方，阿波羅任務團隊的第三位成員麥克・柯林斯，就像衛星一樣盤旋在月球軌道之中。他的任務苦樂參半，他要負責在指揮艙中指引守望月球表面的太空人，而指揮艙的動力與導航系統是他們回家的唯一方法……

隨著這次飛行任務，人類終於開始離開地球。隨著這次飛行任務，人類也開始面對新的挑戰。登陸月球創造了一個新的挑戰，我們必須決定人類是否將多個世紀以來的地球的朋友轉變為敵人，我們想要入侵、征服，並且剝奪月球，或許有朝一日，再度將月球視為荒涼的星體。又或者，我們將會善用月球，或許將月球視為通往繁星的中繼站。阿波羅十一號還有一段漫長的旅程——人類也一樣。

電視史上最漫長的現場直播就此結束了。

回到月球軌道之後，柯林斯協助隊友將裝備、底片，以及岩石樣本放回母艦。❺完成之後，他們開始清理哥倫比亞號中的月球塵土。在微生物專家的指揮之下，他們從儲藏室拿出一臺小型的吸塵器。「吸塵器根本無法順利清理月球塵土。」伯茲主張：「我們用手拍打彼此反而更能清理，但這麼做無法完成目標。」關閉艙門前，尼爾和伯茲整理登月艙的物品。想要

❺阿姆斯壯在二〇一二年八月去世，兩年半之後，二〇一五年一月，尼爾的遺孀卡洛・阿姆斯壯（Carol Armstrong）通知美國國家航空和太空博物館（the National Air and Space Museum；NASM）的管理人員，她在尼爾的其中一個衣櫥後方發現「一個白色的布袋子，裡面裝著各式各樣分類整齊的小型物品，看起來就像太空飛行器上的物品。」事後發現，這個袋子就是「麥克迪維袋」（McDivitt Purse），以阿波羅九號任務的指揮官吉姆・麥克迪維命名，他想出在阿波羅太空飛行器上安裝這個袋子。在尼爾的袋子中，他們找到尼爾的腰部繫繩、工具燈與燈架、工具網、緊急板手、尼爾登月艙座位窗戶的照準器，以及一部十六釐米的數據採集影片攝影機（Data Acquisition film camera；DAC），這部攝影機儲存的內容已經成爲經典影像，也就是登月艙登月的最後階段，以及尼爾走出階梯，踏出月球「一小步」的瞬間。國家航空和太空博物館的歷史學家艾倫・奈德爾（Allan Needell）博士認爲，雖然袋子中的所有物品都與阿姆斯壯有關，因此非常重要，但十六釐米數據採集影片攝影機的影像內容，使其成爲極度重要的資產。我們不知道尼爾爲什麼自己保存這個袋子，也不清楚尼爾是否記得自己留著這個袋子。正如太空紀念文物專家羅伯・波爾曼（Robert Pearlman）的解釋：「坦白說，這個袋子並非阿姆斯壯從月球私藏至自己家中。他們回到月球軌道之後，這個袋子與其中的物品都從老鷹號移動至哥倫比亞號。在物品更換儲存艙的過程中，尼爾曾經向麥克・柯林斯提到這個袋子；尼爾的具體說法是「袋子裡面放著我們想帶回地球的垃圾，登月艙的零件與其他雜物。」柯林斯隨後也通知任務管控中心，務必記得註記這個袋子也會回到地球，同時提到袋子的重量。波爾曼的評估推論如下（請參考 Neil Armstrong's purse: First moonwalker had hidden bag of Apollo 11 artifacts, collectSpace.com, February 6, 2015, 文章的中文名稱可以翻譯爲〈尼爾・阿姆斯壯的袋子：第一位月行者藏了阿波羅十一號的文物袋〉）。「我們不清楚爲什麼這個袋子會在任務結束之後成爲阿姆斯壯的所有物，但太空人確實經常保留駕駛艙的小型廢棄物品作爲紀念品。二〇一二年九月，阿姆斯壯死後一個月，美國總統巴拉克・歐巴馬簽署了一項法案，確認水星計畫、雙子星計畫，以及阿波羅計畫的太空人是任務紀念品的法律擁有人。」目前，這個袋子與其中的物品都是阿姆斯壯的財產，並且延長借給史密森尼學會（Smithsonian）；其中兩件文物，數據攝影機以及腰部繫帶也送往國家航空和太空博物館，成爲「太空飛行器之外：月球艙外活動五十周年紀念展覽」的展覽品。除了尼爾的麥克維特袋之外，阿姆斯壯的家人也將尼爾大量個人物品與紀念品捐贈給史密森尼學會。

和登月艙道別很難。老鷹號絕對完成了所有人的期待，甚至超乎期待。

北美中部時間晚間六點四十二分，他們即將送登月艙上路。在往後的阿波羅月球任務中，登月艙使用完畢之後，都會用於撞擊月球表面，藉此測量地震，但老鷹號在宇宙中飄浮多年，才墜落至月球表面。伯茲和尼爾都很慶幸讓柯林斯負責按下釋放登月艙的開關。工作完成之後，柯林斯在用餐時間向隊友提出一個又一個問題。「在月球表面起飛的感覺如何？……月球上的岩石看起來都一樣嗎？還是不同？太好了、太好了，我很高興聽到你們這麼說……你們很幸運，幾乎什麼都看見了。」

休士頓時間七月二十一日星期一晚間十一點十分，任務管控中心同意哥倫比亞號進行地球移轉軌道射入（Trans-Earth Injection；TEI）。柯林斯後來說地球移轉軌道射入是「讓我們離開月球，我們不想永遠成為月球衛星」行動。這次行動必須讓服務艙的推進器啓動點火二分半鐘，將速度提升至每小時六千一百八十八英里，也就是脫離月球軌道的必須速度，讓太空人可以回到地球。如果地球移轉軌道射入失敗，就會像尼爾所說的：「我們將在太空進行漫長孤獨的旅程。」

地球移轉軌道射入發生在月球背面，他們無法與地球通訊。除了重返地球之外，這是剩下唯一值得緊張的工作，而這個工作的複雜程度就像阿波羅十一號任務本身，太空人必須確保他們離開月球軌道時，哥倫比亞號朝向正確的方向。他們用幽默緩和緊張的氣氛。

任務時間五天十五小時十四分十二秒，柯林斯：「我看見地平線了，我們肯定朝向正確方位。【大笑】」

任務時間五天十五小時十四分二十六秒，阿姆斯壯：「請記得雙子星計畫的陰影。」

任務時間五天十五小時十四分二十九秒，柯林斯：「最重要的是，我們要保持前進【繼續大笑】。你唯一可能犯下的嚴重錯誤，就是無法繼續前進。」

任務時間五天十五小時十四分五十秒，艾德林：「雙子星計畫減速火箭的失敗陰影。你確定我們【大笑】……不，仔細看看，引擎朝向這個方向，引擎排放氣體朝向另外一個方向，哥倫比亞號應該是朝向正確的方位。」㊾

任務時間五天十五小時十五分三秒，柯林斯：「沒錯，地平線看起來很好。」

事實上，確實有微乎其微的機率，可能導致太空人讓哥倫比亞號進入錯誤的方向。「我不會說機率是零。」阿姆斯壯承認：「眞的可能發生——特別是環境非常黑暗，沒有任何外部參照點，只能仰賴儀器。哥倫比亞號的姿態可能出錯嗎？我認爲可能。任務管控中心總是

㊾在這個階段，即使阿姆斯壯等人的軸線正確，也有可能產生一百八十度的方位校正錯誤，導致哥倫比亞號往後退，而不是往前進，造成哥倫比亞號的時速降低一千英里，讓他們被迫留在月球軌道，甚至留在月球遠方，永遠無法與休士頓繼續通訊。

非常擔憂此事，因爲我們進入月球的背面遠端時，他們沒有辦法接收任何數據資料。」

半個小時之後，太空飛行器從月球背面探出頭，休士頓想要知道情況如何：

任務時間五天十五小時三十五分十四秒，杜克：「哈囉，阿波羅十一號，情況如何？通話完畢。」

任務時間五天十五小時三十五分二十二秒，柯林斯：「準備打開月球物質回收實驗室吧，查理。」

任務時間五天十五小時三十五分二十五秒，杜克：「收到，我們會迎接你們回家，實驗室的準備充足……哥倫比亞號的系統看起來很好，我們會隨時通知你們。」

任務時間五天十五小時三十六分二十七秒，阿姆斯壯：「嗨，查理男孩，我們這裡很好。引擎加速啟動很棒，相當完美。」

柯林斯回憶道，當時，三位太空人輪流使用相機，分別觀察月球和地球。「從這裡觀察月球，月球在陽光中變成金棕相間的球體。眼前的景緻讓人樂觀喜悅，從窗戶看著月球慢慢變小，而小小的地球逐漸變大，也是很美好的景色。」從這個距離觀察地球和月球很棒，但知道他們可以回家了，也讓這個景緻變得「無法忘懷」。

回到家鄉的旅程還有兩天半，他們只需要從事日常工作。三人重新聚首之後的第一個晚上，是整趟旅途最能夠安穩沉睡的夜晚，他們睡了八個半小時左右，一直到休士頓時間七月二十二日星期二的中午。他們清醒不久之後，太空飛行器已經進入一個特殊地點，地球的引力取代月球引力，開始將太空人帶回家鄉——這個地點距離月球三萬八千八百海里，距離地球則是十七萬四千海里。午間過後，他們進行回程唯一一次路線校正，稍微調整飛行路線，符合回到地球的最佳航道。次日下午中旬，哥倫比亞號已經抵達回程的中間點，距離濺落地點只剩下十萬一千海里。阿波羅十一號的隊員非常放鬆，而且平靜無事，於是他們開始進行一場小型的惡作劇，使用無線電對著休士頓播放他們攜帶的錄音帶，錄音帶的內容則是狗群吠叫與柴油火車頭加速的聲響。

關於他們回到地球的旅途，地球上所有人記憶最深刻的，則是在晚間黃金時段的兩次彩色畫面電視轉播。在阿波羅十一號最後一次的電視轉播中，每位太空人用更為廣闊的視野，解釋登陸月球對他的意義是什麼。北美東部時間晚間七點〇三分，阿姆斯壯開始這次轉播：

> 晚安，我是阿波羅十一號任務的指揮官。一百年前，儒勒・凡爾納寫了一本關於月球旅行的書。他筆下的太空船名為哥倫比亞號，從佛羅里達起飛之後，完成月球旅行，降落至太平洋海域。因此，身為現代哥倫比亞號的船員，完成與地球的太空交會，明天

同樣降落至太平洋海域，我們認為很適合向各位分享自己的想法。首先是麥克・柯林斯。珍妮特和她的兒子、派特・柯林斯和小孩，以及艾德林的其中一位孩子，都在任務管控中心的觀賞室收看這次轉播。

麥克・柯林斯說：

收到。對各位而言，我們前往月球的旅程，看起來可能非常單純或簡單。我向各位保證事情並非如此。將我們帶往太空軌道的土星五號火箭是一個構造極為複雜的機器，而土星五號火箭的所有零件都要完美運作。我頭上的電腦擁有三萬八千個詞彙，每個詞彙都是精挑細選，對於我們，對於阿波羅十一號的所有隊員，發揮了最大的價值。我現在握於手中的開關，光是在指揮艙中，就能控制超過三百個應對零件……我們向來很有信心，認為所有設備都能成功運轉、妥善發揮功能，我們也很有信心，相信所有設備會在剩餘的旅途保持良好運作。這一切之所以可能，全都是因為一群人付出的血淚汗水。首先是在工廠安裝零件的美國工人。其次，在組裝期間以及組裝完成之後，眾多團隊進行各種測試工作。最後則是載人太空中心的工作人員……阿波羅十一號任務就像潛水艇的潛望鏡。各位只能看見我們三位太空人，但在水面之下是數千名辛苦付出的朋友，對於那些朋友，我想說一聲，非常感謝你們。

伯茲這次上鏡頭時，以精神探索爲主題，發表了自己的想法，他也將在往後提出許多同樣風格的論點：

> 各位觀眾朋友，晚安，我想和各位稍微探討阿波羅十一號飛行任務的少數象徵意義。在過去的兩、三天，我們在這艘太空飛行器上討論了飛行任務，我們的結論相信，這次飛行任務的意義遠遠超過三個男人航向月球；超過政府和產業團隊的努力；甚至超過一個國家民族的努力。我們認為，這次的任務象徵所有人類探索未知而且永不滿足的好奇心。那一天，尼爾率先踏上月球表面的宣言：「這是一個人的一小步，卻是所有人類的一大步。」我相信那句話完美總結了上述的感受。我們接受前往月球的挑戰，而接受這個挑戰是命中註定的結果。我們用相對容易的方式實現這個任務，也證明人類接受挑戰的時機正確。今天，我認為人類已經完全能夠接受探索空間的重要使命……我個人思考過去數日發生的事件，聖經詩篇的其中一句話，浮現在我的心中：「當我想起天堂，

㊿此處語出聖經詩篇第八章第三節至第四節，原文爲：When I consider thy heavens, the work of thy fingers, the moon and the stars, which thou hast ordained; What is man, that thou art mindful of him? 作者此處將 work 誤植爲 word；本段譯文爲譯者按照現代中文所僭譯，聖經和合本的中文翻譯爲：「觀看你指頭所造的天，並你所陳設的月亮星宿，便說：人算什麼，你竟顧念他」僅供讀者參考。

你指頭所創造的一切，你所命定的月與星辰，人類又是什麼，你竟顧念著人類？」㊿最沉默寡言的人、任務指揮官阿姆斯壯用清晰而強烈的訊息，結束這次電視轉播。即使是在公共大眾面前，他的思緒依然充滿反思：

> 這次飛行任務的責任，首重於歷史層面以及過往曾經奉獻於這項努力的科學巨人；其次，美國人民，他們藉由自己的意志，展現他們希望登陸月球的決心；最後則是四屆美國政府與國會，他們執行了人民的意志；還有製造太空飛行器的機構與工業團隊，包括土星火箭、哥倫比亞號、老鷹號，以及艙外行動組，而艙外活動組在月球表面期間，就像我們身上的小型太空飛行器。我們還要特別感謝建造太空飛行器的美國人，他們完成建構、設計、測試，並且將自己的心血和所有能力投入太空飛行器之中。今天晚上，我們希望向這些人獻上特別的謝意。正在聆聽和觀賞這次轉播的朋友，願上帝保佑你。阿波羅十一號在此向各位道晚安。

對於當天晚上在家中客廳觀看電視轉播的民眾而言，這個仲夏之夜，是驕傲的時刻。在哥倫比亞廣播公司電視臺，克朗凱正要總結這次轉播，他認為阿波羅十一號隊員最後的發言是「來自三位太空人的溫暖感激宣言，他們完成了無與倫比的使命——前往月球，行走在月球表面。」現在，阿波羅十一號任務的成功，完完全全取決於他們能否順利重返地球、濺落至海域，並且安全返家。

但是，在地球，無法預期的潛伏危險等待阿波羅十一號。險惡的風暴正在太平洋盤旋，幾位思緒敏捷的氣象學者認爲，風暴將通過阿波羅十一號的濺落地點。航太總署也因此決定改變濺落地點。美國時間七月二十四日星期四早晨，負責援救太空人的主要船艦是一九四三年製造的大黃蜂號航空母艦（USS *Hornet*），當時尼克森總統也在艦上，他們接獲指示，將航空母艦航向西北大約二百五十英里處較爲平靜的海域。哥倫比亞號也修改回程航線。除此之外，其他環節保持原樣。

休士頓時間七月二十四日上午十一點三十五分，阿波羅十一號開始穿過地球大氣層。太空飛行器在澳洲西北方上空大約四十萬英尺處接觸地球空氣。坐在控制臺前的柯林斯用鮮明的圖像細節說明他們如何重返地球：「我們預計以低於地平線六度半的角度，每秒速度是三萬六千一百九十四英尺，每小時將近兩萬五千英里的速度，抵達進入道（entry corridor）。我們瞄準的地點就在夏威夷西南方八英里。指揮艙已經發射，這座忠誠的倉庫依然還有一半的氧氣含量。我們立刻轉向，讓隔熱盾可以在前領導。我們開始緩慢減速，前方的光線變化就像可觀的燈光秀。我們在原生質殼套的正中央，於天空畫出彗星的尾巴，構成的材質則是離子化的粒子以及隔熱盾的構成物質。太空的絕對深黑已經消失，取而代之的是微弱的光線通道：淡紫色、亮藍綠色，還有些許的紫羅蘭色，圍繞著正中央的橘黃色。」他們的下降速度很快，感覺卻像置身在停滯的動畫，三位太空人看見的第一個地球景緻，是一群美麗巨大的層積雲。隨後，阿波羅十一號三個巨大的降落傘打開了，「就像橘白相間的美麗花朵綻放，代表我們可以安心了。」很快的，太空人認出下方寬闊的海域。任務時間八天三小時九分四十五秒，由跨軍種單位組成的援救團隊「空中老大」（Air Boss）用無線電回報，他們已經可以看見太空人的座艙正在下降。此時，太平洋西南方海域正要迎向破曉。

八分三十秒之後，北美中部時間上午十一點五十一分，太空飛行器彷彿一塊磚頭落入海面，讓三位太空人大叫一聲。阿姆斯壯用無線電通知空中老大：「我們都平安無事。我們已經完成檢查清單，正在等待蛙人部隊。」空中老大確認阿波羅十一號在目標地點準確降落，地點是檀香山西南方九百四十海里，強斯頓島南方二百三十英里。大黃蜂號航空母艦就在十三英里之外。海軍直升機也在這個區域。阿姆斯壯和隊員在重返地球之前各自吃了一棵抗暈眩藥物，最後發現他們應該要吃兩顆，因為海浪的力道很強，而且指揮艙以頭下腳上的方式在海面浮沈。麥克也因此欠尼爾一瓶啤酒，因為尼爾打賭登月艙一定會上下顛倒。技術上而言，這種姿勢稱為「二號穩定」姿勢——指揮艙的駕駛艙落在水中，而太空人用繩索懸掛在半空中。阿姆斯壯回憶道：「用繩索懸掛在半空中，上下顛倒觀看水中景緻是相當不尋常的經驗。萬物看起來都截然不同，因為地球的事物都奠基於重力，而我們已經失去重力太久了。突然之間，你發現自己找到重力，但眼前的世界不符合過去的經驗。一切都像放在錯誤的位置。」

阿波羅十一號的隊員迅速啓動幫浦，三個小型氣囊充氣，改變太空飛行器的浮力重心，讓指揮艙回到正確的位置。飄浮引擎用了將近十分鐘，才讓氣囊完全充氣。等待三名海軍蛙人期間，太空人坐著，保持沉默，讓自己不要暈船，特別是艾德林。「上下顚倒降落是一回事。」伯茲後來強調：「但如果我們在電視攝影機鏡頭前爬出太空飛行器時，吐出肚子中的食物，那又是一回事。」三名援救蛙人戴上橘色的游泳圈，打開太空飛行器的艙門。當時是北美中部時間中午十二點二十分，夏威夷時間早上六點二十分。太空人以爲自己已經在海水裡待了一輩子，實際上，時間只經過二十九分鐘。援救蛙人將「生物隔離裝」（Biological Isolation Garment；BIG）扔進指揮艙。生物隔離裝的顏色是灰綠色，以橡膠製成，用拉鍊封閉，帶有連身頭盔，目的就是讓地球不要受到「月球細菌」的污染。太空人在擁擠的指揮艙勉強穿上生物隔離裝。八天以來，第一次面對地球重力，他們頭暈目眩，雙腳雙腿腫脹，幾乎無法站立，還要對抗十八節的風速。

穿上生物隔離裝之後，太空人開始慢慢離開指揮艙艙門；身爲任務指揮官，尼爾是最後一位步出艙門的太空人。蛙人在太空人身上噴灑預防性消毒劑，目的同樣是清除月球微生物，隨後各自護送太空人搭乘在旁浮沉的救生艇。進入小艇之後，蛙人提供擦拭布與化學清潔劑，讓太空人可以繼續清理身體。太空人完成清潔，蛙人將布料綁在一起，丟入海水。生物隔離裝應該與太空人的身體服貼，但幾分鐘之內，海洋水氣就沁入衣物縫隙之中。在這段期間，太空人並未說話，主要是因爲生物隔離裝的頭部裝備與面具，導致幾乎沒有人可以聽見他們說話，以及太空人的頭上還有四臺直升機的螺旋槳正在旋轉作響。

他們坐在小艇上，等待十五分鐘，直到其中一臺直升機接獲指示，緩慢下降，接走太空人。大黃蜂號航空母艦就在視線範圍之內，距離不到四分之一英里。另外幾臺直升機上安裝了攝影機，援救過程的每一刻都在全球各地進行現場直播。載人太空中心的飛行醫師威廉・「比爾」・卡本提爾（William "Bill" R. Carpentier）在直升機中等候太空人。太空人進入直升機時，對著醫師比出大拇指手勢。

北美中部時間中午十二點五十七分，直升機降落在大黃蜂號航空母艦的飛行甲板。銅管樂隊奏樂歡迎他們。水手在甲板上歡呼。尼克森總統臉上的笑容燦爛，雙手放在圍欄上。他站在艦橋，身旁是國務卿威廉・「比爾」・羅傑斯（William "Bill" P. Rogers）以及航太總署署長湯馬斯・佩恩博士。佩恩陪伴尼克森總統進行爲期十二天的世界參訪之旅，其中一站就是越南。太空人其實看不見現場的熱鬧喧嘩。他們依然穿著生物隔離裝，坐在直升機之中，搭乘航空母艦的巨型電梯，前往停機棚。他們走下直升機，穿過歡呼的水手和貴賓人群，踏上剛漆好的步道，前往行動隔離設施——三十五英尺長的改裝家庭拖車——他們必須待在此處，直到七月二十七日移動至休士頓的月球物質回收實驗室。

尼爾如此回憶降落在航空母艦之後雙腳站起的感受。「我們的感覺很好，沒有任何暈船問題。」他們也有辦法立刻進入隔離拖車、坐在躺椅上，並接受卡本提爾醫師的微生物採樣以及初步醫學檢查。

與總統通話之前，太空人的時間只足夠讓他們迅速沖澡。「我們當時必須參加尼克森總統舉行的慶祝儀式。」尼爾回想：「我們梳洗完畢才能開始慶祝。」北美中部時間下午兩點，美國國歌演奏完畢之後，尼克森總統非常快樂，腳步就像喜悅的舞蹈，在拖車之外使用對講機，向太空人談話。三位太空人雖然疲倦，但內心充滿喜悅與振奮，各自坐在拖車內部後方的對外窗前。尼爾在總統的左側，伯茲在總統的右側，而麥克在正中央。尼克森代表全球民眾，歡迎三位太空人回到地球。總統也表示，自己在前一天已經分別致電三位太空人的妻子，表達恭賀之意。他也邀請太空人與他們的妻子參加於洛杉磯舉辦的國宴。總統最後的結論將阿波羅十一號的八天任務稱爲「自從創世紀以來，世界歷史最偉大的一星期」。尼克森的發言最後引發爭議，讓基督徒相當不滿。尼爾認爲尼克森的發言只是誇大的修辭：「那是人心激昂的時間。很多時候，如果你的心情很興奮，確實很容易略爲誇大。」

珍妮特在自家前院的草坪，感謝所有協助阿波羅十一號任務順利成功的朋友。「我們感激你們付出的一切——你們的祈禱、你們的思想，以及你們所做的一切。如果有人問我如何描述這次飛行任務，我只能說，那已經超乎這個世界。」尼爾的父母也在沃帕科內塔的老家慶祝。

大黃蜂號航空母艦航向檀香山時，太空人還不能完全放鬆休息，因爲他們必須接受更多任務完成之後的醫學檢查。尼爾的其中一隻耳朵分泌液體，原因是重返地球大氣層的壓力，這個症狀隔天就痊癒了。醫師團隊很有興趣想知道在零重力環境生活八天會對太空人的身體造成何種影響，而太空人依然待在孤立的環境，無法看見地球的日夜變化，感覺就像任務還沒結束。醫學檢驗結束之後，太空人就在隔離拖車的小客廳隨興暢飲雞尾酒。尼爾喝了蘇格蘭威士忌。晚餐也送來了，烤牛排與烤馬鈴薯。那天晚上，太空人終於可以躺在柔軟的床墊和眞正的枕頭上，他們睡了將近九個小時。太空人的睡眠時間經過規劃，目的是讓他們恢復正常的睡眠作息，但很快地，他們的睡眠作息就因爲從夏威夷用六個小時往東前往休士頓而打亂了。

隔天清晨，他們享受一頓豐盛的早餐之後，還有許多工作要做。哥倫比亞號已經被帶回航空母艦，必須取出重要的岩石樣本箱與其他珍貴的月球寶藏。尼爾、伯茲，以及麥克經由塑膠製成的特殊通道，走向灰白的太空飛行器。哥倫比亞號因爲重返地球大氣層的熱度而傷痕累累，在修復工程師的協助之下，太空人從指揮艙取出岩石樣本箱，放入特製的無菌箱。幾個小時之後，無菌箱送上飛機，回到休士頓。

那天下午，航空母艦上還有一次慶祝儀式。艦長向三位太空人送上致意的禮物：徽章、題字馬克杯，以及帽子。阿姆斯壯繼續擔任團隊的發言人，就像他在所有公開活動的角色。拖車中的某位太空人無心說了一句：「公關活動開始了。」在往後的數個星期，他們也常常將這句話掛在嘴邊。

阿波羅十一號隊員待在大黃蜂號航空母艦的兩個晚上，尼爾在海軍的經驗讓他非常適應。尼爾與麥克一起遊玩杜松子酒魯米⑤¹馬拉松遊戲打發時間，伯茲則是讀書或者獨自玩接龍。他們也開始替航太總署和白宮貴賓在照片上簽名。

太空人在七月二十六日星期六早上抵達珍珠港時，現場非常熱鬧喧嘩。尼爾第一次航向珍珠港是在十八年前，以實習軍官身分搭乘艾塞克斯號。群眾歡呼，樂團演奏，旗幟在空中飛舞。大黃蜂號航空母艦的旗竿上掛了一根掃把，象徵任務已經順利完成。尼爾回憶道：「我們在拖車裡也有很好的視野，可以看見所有的慶祝儀式。」太平洋司令小約翰・席尼・麥坎（John Sidney McCain Jr.）上將，他的兒子以後將成為美國參議員⑤²，站在拖車的後車窗，歡迎太空人回到珍珠港，而尼克森總統也登上大黃蜂號。太空人只在珍珠港稍微停留片刻，就被移轉至飛機，準備飛往休士頓。他們的拖車被吊上平板卡車，以十英里的時速開往鄰近的希卡姆空軍基地（Hickam Field）。民眾在道路兩旁歡迎他們。抵達希卡姆空軍基地之後，行動隔離設施被吊起，放入C-141舉星者運輸機（Starlifter transport）廣闊的機腹。飛往休士頓的漫長旅途，代表他們還要用更多時間待在行動隔離設施。根據尼爾的說法：「待在這個設施，其實與任務的其他時間一樣，我們都被限制在非常狹小的環境——但

⑤¹杜松子酒魯米（gin rummy）是一種兩人紙牌社交遊戲。

⑤²麥坎的兒子就是與歐巴馬角逐總統大位的約翰・麥坎參議員。

與我們先前待的地方相比，這裡已經比較大了。我有更多空間。我們有熱食。我們可以喝雞尾酒。我們時時刻刻都有空閒時間，可以書寫或討論各種想法。」

他們在午夜抵達休士頓的艾靈頓空軍基地，立刻被搬上另外一臺平板卡車。珍珠港和希卡姆空軍基地的搬運過程非常順利，但在艾靈頓空軍基地直到第四次才順利放上平板卡車。比爾・卡本提爾醫師和太空人一起站在拖車後方窗戶，他妙語如珠地說：「他們可以讓太空人安全地往返月球，卻無法讓太空人順利離開飛機。」

太空人和醫師安然坐在拖車後方，平板卡車將拖車開往一條柏油道路，七千名群眾和一群攝影機正在等候太空人。休士頓市長和載人太空中心的主管鮑伯・吉爾魯斯一起歡迎太空人。「每個人都聚在這兒等候我們。」阿姆斯壯回憶道，人群當中，也包括阿波羅十一號隊員的妻子和孩子。太空人使用特殊的電話裝置與摯愛的親人說話。尼爾已經不記得當時自己說什麼，也忘記家人說了什麼，只記得「我們很高興你平安回家」。

直到凌晨一點三十分，平板卡車終於離開艾靈頓空軍基地，緩緩開往航太總署一號道路，前往載人太空中心。無論何時，街道上都有狂歡民眾。太空人在凌晨二點三十分左右抵達月球物質回收實驗室，他們將在此隔離二十一天。月球物質回收實驗室使用非常特別的空調系統，所有的空氣都會經過數道過濾機制和幫浦之後，才會排放至外界。

月球物質回收實驗室非常安全、安穩，而且安靜。三位隊員有自己的私人寢室，共同的廚房與餐廳，以及大型的起居室和休閒中心，除了電視，投影機也會播放近期的好萊塢電影。月球物質回收實驗室的工作人員包括兩名廚師、一位航太總署的公共關係官員、另外一位研究專家博士，以及一位清潔工。實驗室的空間足以容納所有人，不會讓太空人覺得擁擠。航太總署也同意安排一位記者進入實驗室，他的名字是約翰・麥可雷許（John Macleish），他發表一系列的新聞稿。尼爾在月球物質回收實驗室第一次用電話與母親等等家人聯繫。

麥克和伯茲最後終於覺得待在月球物質回收實驗室的時間非常無聊，但尼爾沒有這種感覺；他相當喜歡自己可以逃避周圍的喧嘩。「我們眞的需要時間準備所有的匯報，以及向所有單位的工作同仁討論任務結果。阿波羅計畫後續的任務成員都很有興趣，想要針對他們自己的任務，提出各種問題——例如，在合理的範圍之內，他們可以做什麼，而我們能否提出建議，讓他們提升自己的飛行表現。在大多數的情況，我們的討論內容都圍繞各種目標在月球表面的可行性，因爲這個議題將會實際影響任務規劃。因此，對於我們三人而言，時間非常寶貴，對於所有人來說，也是如此。」

待在月球物質回收實驗室的日子，也讓他們有時間瀏覽一疊又一疊在載人太空心中沖洗製作完成的任務照片。「他們一次只提供一些照片。」尼爾回憶道：「他們沖洗一捲底片，完成之後，就會將照片送來。我們瀏覽照片時，其他飛行任務的成員也會提出他們的問題，我們則要提出答案。照片協助他們提出問題，也幫助我們提出答案。」有些匯報需要太空人撰寫漫長的飛行報告，探討自己在任務中的獨特責任；其他匯報則讓太空人在類似電視節目製作攝影棚的房間中錄影，太空人坐在桌子前，提出問題的同仁則坐在透明玻璃牆後。阿波羅十一號任務也用最細緻的方式進行文件紀錄，最後的成果是以單行行距撰寫的報告書，厚達五百二十七頁。

八月五日，月球物質回收實驗室的主管給了尼爾一個驚喜：三十九歲的生日蛋糕。

隔離期間的最後幾天，由於三位太空人都是美國聯邦政府的員工，他們必須填寫月球飛行計畫的支出報告。報告內容已經填寫完畢，他們只需要簽名同意，表格上面記載：「從德州休士頓出發，前往佛羅里達州甘迺迪角、月球、太平洋海域、夏威夷，最後回到德州休士頓。」他們最後的工作補償金額是三十三・三一美元。

在隔離期間，三位太空人之間只有一次氣氛緊張的情況。當時是艾德林在匯報期間，鉅細靡遺地講解三位太空人在外太空旅程中看見的神祕閃光現象。伯茲發現尼爾非常不悅便立刻結束討論。

雖然他們忙於進行匯報，但日復一日的隔絕生活，也讓阿姆斯壯和他的隊友有充足的時間思考太空計畫的未來；有一天，戴克甚至指示他們考慮是否還願意回到飛行任務崗位。尼爾認爲這個時機還太早，無法做出結論，但他目前希望自己還能繼續飛行。

三位男人也在思考光鮮亮麗的知名度和宣傳活動會如何影響他們的私人和職業領域，以及家人的生活。正如阿波羅十一號重返地球之前，吉姆・洛維爾曾經告訴隊員：「後備組員還在待命，我只想提醒你們，海上援救完成之後，才是阿波羅十一號任務最困難的環節。」

阿姆斯壯理解洛維爾的言下之意，多年以後，阿姆斯壯曾說：「我們不天眞，但我們也不可能知道大眾會有何種程度的強烈興趣。當然，我們也清楚民眾的反應一定會超越過去所有飛行行動。事後發展也眞是如此。」

八月十日星期日晚間九點，三位太空人的隔離結束了。到了那個時候，即便尼爾也開始希望隔離結束。他們已經生活在物理隔絕的環境超過一個月了。航太總署的工作車在月球物質回收實驗室之外等候，準備將三位太空人各自送回家。阿波羅十一號任務的三位隊員就此道別，但很快就會重逢。

當天晚上，三位太空人返家的短暫旅程，預示了往後多年的太空人命運。每臺穿過航太總署大門的汽車，背後總有不同的電視攝影團隊，跟拍車上的知名太空人乘客。記者和攝影師也在他們家門等候。

尼爾從來都不想要這種生活，當時更是如此。航太總署的專車開入阿姆斯壯家的車道之後，尼爾立刻奔向前門。珍妮特已經在門口等候，尼爾入門之後，立刻關上大門。

阿姆斯壯在「月之暗面」的生活於焉開始。

Chapter 26

為了全人類

在哥倫比亞號回到地球之後的幾個月，阿姆斯壯和兩位隊友被問及無數次相同的問題，希望他們表達自己對於登陸月球的想法，以及登陸月球對於歷史以及全人類的意義。從各方面來說，在舞臺核心的尼爾，表現得非常傑出。時至今日，尼爾的第一任妻子珍妮特，她曾經陪伴尼爾進行阿波羅十一號任務之後所有的親善旅行，而她也自豪地表示，尼爾「對於公開發言一直都不是很自在……但他依然願意開口，而且做得非常好。」

隔離結束之後，尼爾在家停留一整天，藉此躲避記者。出於善意，行為得體的媒體決定直到星期三之前都不會採訪三位太空人。雖然一般民眾和八卦狗仔繼續監視太空人的私人住家。一整車的攝影記者跟蹤艾德林與他的妻子外出購買新西裝，參加阿波羅十一號任務從美國太西洋沿岸至太平洋沿岸的一日慶祝旅程。即使艾德林改道躲入艾靈頓空軍基地，記者依然緊追不捨。尼爾在星期一時待在家中，花時間處理個人信件、與家人探視朋友，並看著珍妮特和兒子做好準備一起參加橫跨美國的旅程。隔天，尼爾已經回到載人太空中心的辦公室，一包又一包的郵件正在等待他親自處理，數個星期以來，累積了將近五萬封信件。當天下午，阿波羅十一號任務第一次的任務結束記者會就在載人太空中心的活動廳舉行。現場記者提出的問題都著重在電腦程式警報、登月下降期間的燃料量，以及登月時的其他問題，但問題的重心最後都會轉向尼爾個人的獨特經驗。在月球時，他是否曾經「因爲周圍的種種一切而出神入迷」，尼爾帶著微笑回答：「大概有兩個半小時的時間，我都是如此。」記者詢問月球表面艙外活動剛開始的困難時，尼爾則說：「我們的問題就像一位五歲的男孩走入糖果店，太多美好的糖果，太多我們想要完成的工作。」記者繼續詢問尼爾對於在一天之內必須走訪紐約、芝加哥與洛杉磯三座城市的想法，他緩緩搖頭，承認「這是我們最沒有應對能力的任務」。

隔天清晨五點，八月十三日星期三，阿姆斯壯一家四口、柯林斯一家五口，以及艾德林一家五口，一起登上尼克森總統派至休士頓的空軍二號運輸機。麥克和尼爾在搭機飛行期間準備自己的講稿內容（伯茲對於即席演講非常不安，並因此提前數天就開始準備）。空軍二號抵達紐約拉瓜地亞機場（LaGuardia Airport）時，紐約市長約翰・林賽（John Lindsay）與妻子共同迎接貴賓，用直升機將貴賓送至華爾街附近的港口，讓太空人可以看見消防艇組成的致敬船隊。敞篷車隊在港口等候，三位太空人走入第一臺車，第二臺車爲安全人員，太空人的妻子進入第三臺車，第四臺是安全車，第五臺車爲太空人的孩子，最後還有一臺安全車。伯茲回憶道：「他們建議我們不要將手伸出車外與群眾握手致意，因爲我們可能會被拉出車外，安全人員無法順利援救。」

二戰結束時的慶祝或林白在一九二七年創下飛行壯舉的遊行場面，都無法與紐約這次迎接太空人的熱鬧場面相提並論。太空人的車隊穿過金融區的摩天大樓，沿著百老匯街和公園大道前進時，周圍群眾拋出的慶祝紙帶就像暴風雪，席捲車隊的行經路線，也創下紐約曼哈頓島慶祝儀式最多人出席的紀錄，估計爲四百萬人。

「我這輩子從沒見過這麼多人。」珍妮特回憶時驚呼，她還記得「民眾歡呼揮手，從大樓、從天上丟下彩色的歡呼碎紙。」

「他們也丟出 IBM 製的打孔卡。」尼爾補充：「有時候，他們甚至從八十七樓的高度丟出整疊打孔卡，如果打孔卡整疊並未在空中解體，就會像磚頭一樣從天而降。我們的車子被打出好幾個凹洞。」

英俊的紐約市長林賽在市政廳將紐約市鑰送給三位太空人，而他們也各自提出簡短的演說。隨後，太空人前往聯合國，他們與聯合國祕書長吳丹（U Thant）握手致意。阿波羅十一號的隊員收到一本紀念郵冊，裡面是聯合國會員國的郵票。尼爾是唯一一位在聯合國發表演說的太空人。

即使紐約的民眾再怎麼瘋狂，芝加哥的民眾都更爲瘋狂。加長型的敞篷禮車車隊擠進人芝加哥甫竣工的新市民中心時，艾德林回憶道：「我們全身都是彩色慶祝碎紙和彩帶而且汗流浹背，碎紙和彩帶黏全部在我們身上。現場群眾的歡呼聲震耳欲聾，我們的下巴因爲過度微笑而覺得疼痛。」在市長理察・戴利執政的市政廳完成公開儀式之後——

戴利是一位行事風格相當「直接」的市長，他如此指揮太空人的照片拍攝：「喂，你過來這裡。」——太空人驚訝地發現，他們前往歐海爾國際機場之前，居然先到了葛蘭特公園（Grant Park）向一萬五千名青少年發表演說。

「造訪這些城市，讓我們非常興奮，你可以感受到民眾因爲太空人的成就而非常快樂，那種喜悅的心情瀰漫在空氣之中。」珍妮特回憶道。尼爾解釋：「這可能是我們第一次看見如此多的民眾聚集……現場民眾人數眞的很多。那一天，我們進行一個又一個公開活動以及大型遊行，終點站是尼克森在比佛利山舉行的國宴。」

空軍二號抵達洛杉磯國際機場時，洛杉磯市長山姆・尤蒂就在現場迎接他們。隨後，直升機將阿姆斯壯一行人送往美麗奢華的世界廣場飯店。太空人的孩子不會參加需要穿戴領帶的燕尾服晚宴，而是在飯店享受漢堡、薯條，以及麥芽巧克力飲料，觀看彩色電視機轉播國宴。

尼克森總統和第一夫人派翠西亞（Patricia）帶著他們已經長大的兩位女兒朱莉（Julie）和崔西亞（Tricia），一起在總統套房招待三位太空人和他們的妻子之後，才一起加入國宴。當天晚宴的貴賓包括前總統艾森豪遺孀瑪米（Mamie Eisenhower）；火箭開發先鋒羅伯・戈達特（Robert Goddard）遺孀伊絲爾（Esther Goddard）；首席大法官華倫・伯格（Warren E. Burger）賢伉儷；前任副總統休伯特・漢弗萊（Hubert H. Humphrey）賢伉儷，他們也是少數幾位受到邀請的民主黨員；亞利桑那州參議員、一九六四年共和黨總統提名人貝利・高華德（Barry Goldwater）；現任副總統斯皮羅・阿格紐（Spiro T. Agnew）賢伉儷。政府的達官貴人都來到這間優雅的圓頂宴會廳，包括航太總署與其他太空計畫的官員，現場出席的內閣成員人數，甚至超過某些時候的內閣會議參與人數，四十四位州長都出席參加（包括加州州長雷根），參謀長聯席會議成員，八十三個國家的外交使節團成員，以及美國國會領袖群。吉米・杜立德、華納・馮・布朗以及威利・梅瑟施密特（Willy Messerschmitt）代表美國和國際航太領域的前輩。一九五五年，尼爾開始在政府部門服務時，杜立德領導美國國家航空諮詢委員會。好萊塢和演藝圈出席的藝人爲魯迪・瓦雷（Rudy Vallee）、金・奧崔（Gene Autry）、吉米・史都華（Jimmy Stewart）、鮑伯・霍普（Bob Hope）、瑞德・斯克雷頓（Red Skelton）、羅莎琳・羅素（Rosalind Russell）、亞特・林克雷特（Art Linkletter），以及其他諸位藝人。福音教派牧師葛理翰（Billy Graham）也在現場。霍華・休斯與查爾斯・林白都收到邀請，但兩位飛行員都不願放下自己奉行的與世隔絕生活。諷刺的是，雖然美國太空計畫始於美國前總統約翰・甘迺迪的啓發，但甘迺迪家族沒有任何成員出席這場國宴。七月十八日，阿波羅十一號進入月球軌道時，麻州參議員艾德華・「泰德」・甘迺迪（Edward "Ted" Kennedy）參加一場派對之後，不甚在瑪莎葡萄園島（Martha's Vineyard）附近的查帕奎迪克島（Chappaquiddick Island）失足墜落橋下，這場意外導致二十八歲的選戰工作人員瑪莉・蕎・柯佩奇尼（Mary Jo Kopechne）身亡。

甘迺迪家族與世隔絕，但爭取和平與反貧窮的抗議人士並非如此，他們在飯店外舉行一場井然有序的抗議行動，一群黑色禮車——閃閃發亮的凱迪拉克、克萊斯勒「帝國」、賓利「歐陸」，以及勞斯萊斯——停在停車場。抗議人士相信，阿波羅十一號的榮耀只是短暫的，或者是幻影，甚至是一閃而逝的虛榮。越戰年代的美國人依然非常憤怒，這群納稅人不願意替尼克森和他的一千四百四十位賓客支付四萬三千美元以上的國宴帳單。總統本人親自決定菜色，甚至使用「月光」甜點——一種凹狀的球形冰淇淋，上面插著小小的美國國旗。

晚宴過後，身爲美國政府國家航空與太空議會主席的副總統阿格紐，將象徵美國至高公民榮譽的自由動章送給三位太空人，感謝他們參與「一場獨特且非常重要的冒險。只要人類繼續沉思想望、夢想，並且尋找這個星球與繁星之間的眞理，就會永遠記得太空人肩負任務時的勇敢。」飛行任務控制專家史帝夫·貝爾斯在當天晚宴表示自己「在老鷹號登陸靜海之前，就決定在電腦警示訊號故障的情況下，繼續進行登月任務」，也獲得他的自由動章。雖然貝爾斯的說法不符事實，但他所獲得的榮耀是一個重要的象徵，四十萬名爲阿波羅計畫付出的工作人員都與有榮焉。

阿姆斯壯向與會來賓致詞時，從各種層面而言，他都非常情緒化。「尼爾·阿姆斯壯忍住眼淚，思考應該用何種字詞讓美國知道，阿波羅十一號的太空人對於祖國，以及祖國賜予他們何種榮耀的感受。」合眾國際社（UPI）的報導開場如此寫道。《時代》雜誌的文章則說：「因爲眞情自然，尼爾·阿姆斯壯在洛杉磯向尼克森總統發表的演說是如此具有說服力，登月第一人的聲音總是淡然，此時也因爲情緒而顫抖。」

「我們很榮幸能夠在月球留下由總統先生授予的徽章，上面寫著『爲了全人類』。或許，在第三個千禧年，一位倔強的陌生人，將會在靜海基地看見那個徽章上的文字。我們將讓歷史見證，在這個時代，我們讓這個壯舉成爲了事實。今天早上在紐約，一個在空中驕傲飛舞但字跡潦草的標語讓我非常驚訝，標語寫著：『藉由你們，我們也親手接觸了月球。』今天，能夠親手接觸全美人民是我們的殊榮。我猜想，在所有的歡呼慶賀之中，最溫暖眞誠的，莫過於美國人民臉上的微笑。我們認爲，也希望，美國人民和我們一樣相信這是新時代的開端——在這個時代的開端，人類終於理解周圍的宇宙，在這個時代的開端，人類終於理解自己。」

在聽眾當中，對尼爾最驕傲的，莫過於他的家人。「我的父母也是國宴的貴賓。」尼爾回憶道：「我的祖母、弟弟，與妹妹，還有弟弟妹妹的家人。我沒有時間和他們打招呼，但他們都在那兒。那場國宴讓所有家人都印象深刻。」

星期六，大約二十五萬名群眾聚集在休士頓（一九六九年時，這座城市的人口只有一百二十萬）——休士頓已經成爲美國的太空城——他們拋下彩帶、彩色碎紙，以及相當多的「月球證書」，也就是一百美元和一千美元的仿造品，讓街道上的廢棄垃圾厚達二、三英尺。最後的高潮是在休士頓巨蛋體育館舉行的德州烤肉派對，現場採取邀請制，參加人數高達五萬五千人。看臺上的海報寫著「你們歷經漫長的旅程，寶貝，歡迎回家」以及「我們以你們爲傲」。法蘭克・辛納區（Frank Sinatra）擔任現場典禮主持人，歌手狄昂・華維克（Dionne Warwick），諧星比爾・達納（Bill Dana，他的知名角色是荷西・希門尼斯〔José Jiménez〕）以及富勒普・威爾森（Flip Wilson）是現場表演嘉賓，他們全是一九六九年的大明星。

遊行前日，尼爾、麥克和伯茲一起參加國家廣播公司電視臺《面對媒體》（*Meet the Press*）節目錄影，該節目將在星期日上午播出，而他們也會在星期日早上加入哥倫比亞廣播公司電視臺的《面對國家》（*Face the Nation*）節目。談到美國太空計畫的太空人未來時，尼爾說，未來數十年的發展令人更爲振奮。「在未來十年，我們能夠達成的成就將超乎預期。如果我們的判斷正確，我認爲，未來十年，我們將展望其他星球。」尼爾推測未來數個月，尼克森總統將下令組成太空任務小組，由副總統阿格紐領導，他甚至補充說道，他認爲人類或許可以登陸火星，也許是在建立中介登陸點的情況下。美聯社的霍華・班乃迪克（Howard Benedict）詢問尼爾認爲人類可否在太空生存數個月以上，他回答：「我認爲人類可以在太空旅行最多兩年，如果有更大型的太空飛行器，我們還能帶著自己的家人。」節目結束時，哥倫比亞廣播公司電視臺的記者大衛・修馬契（David Schoumacher）詢問三位太空人他們是否願意回到太空，倘若是，又會在何時。柯林斯宣布阿波羅十一號是他個人最後一次的飛行任務，艾德林希望參加未來的阿波羅任務，尼爾則說：「我願意參與他們認爲我最適合的崗位。」

回到休士頓，尼爾開始尋找為期一星期的度假地點。科羅拉多州的州長約翰・勒夫（John Love）推薦「沉睡的印地安農場」（Sleeping Indian Ranch），此處的地主是哈利・康柏斯（Harry Combs），飛機經銷商康柏斯・蓋茲・丹佛有限公司（Combs Gates Denver Inc.）的老闆，他和勒夫州長一起參加阿波羅十一號的起飛。尼爾、珍妮特，以及兩位男孩決定待在這原始的農場，享受熊、麋，以及鹿的陪伴。

待在科羅拉多的山區，享受一個星期的完全放鬆和新鮮空氣之後，尼爾和珍妮特的身心都重新獲得能量，就為了才能面對隨後到來的瘋狂行程。起點是一九六九年九月六日星期六的沃帕科內塔，阿姆斯壯的故鄉。超過五百名警員投入維安工作。加油站的汽油用罄。當地一座電影院徹夜免費開放座位，讓旅客可以休息。鮑伯・霍普擔任遊行大禮官，來到此處的群眾人數是沃帕科內塔當地七千位居民的十倍。尼爾母校普渡大學的遊行樂隊負責演奏音樂。這座小鎮幾乎完完全全覆蓋在紅、白、藍相間的旗幟布料之中。遊行隊伍行經的道路都以小鎮居民深愛的家鄉小子重新命名——「起飛小巷」、「阿波羅車道」、「老鷹號大道」——藉此應對傳統的「尼爾・阿姆斯壯道路」，就在老阿姆斯壯夫妻住家的前方。在市中心的遊行總部，小查爾斯・布雷丁（Charles Brading Jr.），尼爾青少年時期打工地點的雇主之子，迎接各位訪客（以及三百五十位申請採訪的記者），回到「靜海基地」。「歡迎尼爾・阿姆斯壯回家貴賓委員會」的主席是佛瑞德・費雪（Fred Fisher）是尼爾的童年好友。俄亥俄州州長詹姆斯・羅迪斯宣布——但並未徵求尼爾的意見——俄亥俄州州立大學計畫在沃帕科內塔建立尼爾・阿姆斯壯博物館。

尼爾用快樂的心情看待這一切，也心滿意足地重複他在一九六六年回到家鄉時的說法：「今天，我很榮幸可以站在各位面前，認為自己是各位當中的一分子。」為了讓絕大多數都是俄亥俄人的聽眾感到開心，他補充說，雖然新聞報導指出，他和伯茲沒有在月球發現任何「有機」生命，「但我想你們非常清楚，月球表面上有一個俄亥俄人。」

尼爾與珍妮特從沃帕科內塔搭乘飛機前往華盛頓，兩位兒子交給尼爾的父母照顧。九月九日星期一，尼爾與珍妮特參加美國郵政總局正式發行登月紀念郵票的揭幕，這十美分郵票是尼爾和伯茲於七月二十二日搭乘哥倫比亞號回到地球時所蓋上郵戳印記的。隨後，他們前往蕭漢姆飯店（Shoreham Hotel）的阿波羅十一號濺落派對。下個星期，阿姆斯壯夫妻回到華盛頓，接受美國國會對太空人的表揚。中午時分，共和黨和民主黨共同組成的代表團隊迅速將太空人領向眾議院議長講臺旁的坐席。現場宏亮漫長的鼓掌結束之後，阿姆斯壯率先走向麥克風向國會議員致詞，他說太空冒險始於國會在一九五八年通過的太空法案。尼爾向國會議員介紹伯茲和麥克。伯茲和麥克的致詞結束之後，尼爾再度回到講臺，重申他們的月球旅途是一場為了全人類的和平任務。他在結語表示：

「我們在阿波羅十一號攜帶了兩面美國國旗，它們曾在首都的空中飛揚，一面國旗在參議院，另外一面國旗在眾議院。我們很榮幸可以在此處歸還國旗，因爲這些殿堂象徵人類最高的目標——服務同袍。」

「我們僅代表阿波羅計畫的全體工作人員，讓我們能夠有這個殊榮，和你們一起奉獻——爲了全人類。」

現場響起如雷掌聲，美國參議院似乎展現強烈的支持，並將通過未來太空計畫法案。但事後的發展並非如此。三位太空人的演講結束之後，立刻進行拍照。拍照完成，太空人的妻子和諸位眾議員的家人等候太空人講述阿波羅十一號的故事。艾德林回憶道：「沒有人曾經和我們說過，我們還要在國會進行簡報。當下的喜悅緩和了我的情緒，而麥克和尼爾非常憤怒，但情有可原。」伯茲則說「我們對航太總署總部表達相當嚴重的不滿」因爲他們讓我們在國會進行超過兩個小時的演講。

隔天，太空人前往美國國務院進行匯報，也是阿波羅十一號的隊員第一次得知他們即將在四十五天之內造訪至少二十三個國家的旅程細節。空軍二號帶著太空人前往外國時，將會由「支援團隊」負責後勤工作，其中包括太空相關機關的六名公共關係人員、一位白宮代表、兩位美國新聞署的男性工作人員、兩位祕書、一位醫師、一位行李搬運人員，兩位二十四小時保安人員、一位照片攝影師，以及四位《美國之聲》（*Voice of America*）的工作人員。

太空人認爲，他們自己的目標是「向全世界的民眾表現善意，並且強調阿波羅十一號的成就是爲了全人類」，比起美國國務院和航太總署想要「造訪關係緊張的美國大使館，在當地贏得社會支持」更重要。太空人在匯報中堅持他們會「照顧美國的美國人」。這次的旅途稱爲「一大步」，希望「向全世界的民眾強調美國願意分享太空知識」。這場旅程的起點是九月二十九日的休士頓，太空人前往墨西哥、波哥大、布宜諾斯艾利斯、里約熱內盧、大加納利群島、馬德里、巴黎、阿姆斯特丹、布魯塞爾、奧斯陸、科隆、柏林、倫敦、羅馬、貝爾格萊德、安卡拉、金沙薩（剛果共和國）、德黑蘭、孟買、達卡、曼谷、達爾文（澳洲城市）、雪梨、關島、首爾、東京、檀香山，最後回到休士頓。尼爾並未像三年前的喬治·洛在拉丁美洲親善之旅一樣寫日記，但他用錄音帶記錄成旅行日誌。

十月八日，法國巴黎，尼爾在旅行日誌提到：「法國航空俱樂部的代表人送給我們黃金徽章，在此之前，收到黃金徽章榮耀的美國人只有萊特兄弟與查爾斯·林白，太空飛行任務的其他成員都不曾收到黃金徽章。我的回應則是強調，黃金徽章也是查爾斯·林白非常喜歡的收藏品。」

珍妮特非常享受這次「美好的旅程」，造訪比利時和荷蘭的回憶特別鮮明，因爲她在一天之內見到兩位國王和兩位皇后。「眞的非常驚人。我們與第一個國家的國王皇后吃中餐，隨後與第二個國家的國王皇后吃晚餐。我們被告誡，絕對不可以背對國王或皇后。好吧，麥克·柯林斯在比利時曾經遇到一個狀況，國王在他前方，皇后在他後方，麥克就在兩人中間，他必須在宮殿中側身移動二十五至三十個階梯。他非常善於應對。後來，我們都拿這件事情開玩笑。」據說，柯林斯在回到飯店途中曾說：「我弄斷該死的腳踝了！」

十月十二日，阿姆斯壯的旅行日誌記載，他們在德國參加「典型的記者招待會」，人數則接近科隆和波昂的記者會，「大約超過一千人」。隔天，他們抵達柏林，現場「群眾人數非常多，估計有二十萬至三十萬，我推測可能接近一百萬人。我們走上樓梯，前往巨大的接待臺。」十月十四日，柏林，阿姆斯壯的旅行日記記載：「我們取消兩場預定的電視節目，一場在英國國家廣播公司新聞頻道（BBC），另外一場則是獨立電視網（independent network），我們只在電視上舉行記者招待會，原因是氣溫嚴寒和喉嚨發炎。我們只能在視線模糊、喉嚨發炎的情況下，向各位記者報告阿波羅十一號任務。」到了波哥大，卡本提爾醫師替伯茲開立抗焦慮藥物。在挪威的一晚，伯茲的情緒過於沮喪，整個晚上留在房間裡，所有人都外出用餐，包括他的妻子。伯茲寫道，那天晚上是他在旅程當中唯一一次過度飲酒，但當地的問題就是「到處都有酒」，「飯店的所有房間都有威士忌和琴酒，每天早上的早餐餐盤也有含羞草雞尾酒。」到了羅馬，伯茲獨自參加女明星吉娜・露露布莉姬妲（Gina Lollobrigida）舉行的《生活的甜蜜》（*La Dolce Vita*）電影派對，並未帶著妻子隨行。直到天亮之後，伯茲才回到飯店，隨後一整天都「受到冷落對待」。後來，伯茲夫妻到了伊朗之後，發生婚姻生活中「最嚴重的一次爭執」；伯茲回憶道：「她告訴我，如果我不能一直乖乖待在家裡，就準備搬出去吧。」

柯林斯和阿姆斯壯都知道隊友正在面對嚴重的問題。「那次旅程讓伯茲的症狀變得非常嚴重。」麥克寫道：「導致他有時候會陷入面無表情的沉默。」瓊也因此承受「巨大的壓力」。尼爾確實記得伯茲出現憂鬱症的其他早期跡象，但「我並未及時看出問題。我當時非常難過，現在也一樣難過，因爲我並未善盡隊友的職責。我經常在內心思考：『如果我更仔細觀察，或者更注意伯茲，我或許可以找到方法，協助伯茲面對他的狀況，但我失職了。直到旅程結束之後，伯茲才出現眞正嚴重的問題。』

伯茲的憂鬱症是不是因爲尼爾成爲登月第一人所導致的後續影響，我們並不清楚，但毫無疑問的，這個事實依然讓伯茲心煩意亂——還有伯茲的父親。幾個星期之前，在華盛頓美國郵政總局辦公大樓，太空人參加阿波羅十一號任務十美分郵票正式發行儀式時，伯茲看見郵票上印著尼爾踏上月球表面，郵票文字寫著「登月的第一人」。艾德林在自傳回憶道：「只有上帝才知道他們爲什麼要在郵票底下寫那句話，但那句話確實讓我覺得自己一無是處，也使我的父親非常憤怒……『登月的第一群人』會是更精確的說法，我必須坦承，我的情感上受到傷害了。」

珍妮特・阿姆斯壯認爲，尼爾擔任阿波羅十一號隊員的發言人，負責大多場合的敬酒致詞，而且表現傑出，也導致伯茲內心的悲痛加劇。「想要跟上尼爾很難——他總是表現傑出。伯茲必須準備筆記，這件事情讓伯茲覺得很難過。他不像尼爾和麥克一樣善於演說。尼爾也不喜歡演說，但他還是願意演說，而且做得很好。」他們的旅途來到德黑蘭，太空人拜訪伊朗沙王，然後前往東京與昭和天皇見面。

太空人造訪四十五個國家的「一大步」旅途終於結束了。空軍二號停靠在阿拉斯加的安克雷奇（Anchorage）加油之後直接飛往美國首都。空軍二號在華盛頓杜勒斯國際機場降落，每位太空人都收到一張用國家指令口吻開玩笑的紙條：

你們的下一站是美國華盛頓特區。以下是幾點有用的提醒。第一，此處的水可直接飲用，但不是美國居民最喜歡的飲料。第二，華盛頓經常發生學生示威抗議。第三，永遠不要背對美國總統。第四，不要被人看見你和副總統在一起。第五，如果你將鞋子留在屋外，鞋子就會被偷走。第六，天黑以後走在路上不安全。第七，不要與美國人討論以下的敏感話題：越戰、國家預算、援助外國、進出口。第八，匯率是〇・〇五分對一美元。

海軍陸戰隊的樂團在白宮草坪上演奏，總統賢伉儷歡迎太空人回家。那天晚上，三位太空人和他們的妻子在白宮用餐過夜。「總統非常客氣。」尼爾回憶道：「他對我們這次旅途的所有報告內容都很有興趣，我們見到的各國領袖，他們的反應，還有他們說了什麼。多年來，尼克森總統一直都想與羅馬尼亞總統尼古拉・希奧塞古（Nicolae Ceausescu）見面。尼克森總統離開大黃蜂號航空母艦之後終於有機會了。尼克森總統當時說話的大意就是：『光是與羅馬尼亞總統見面，就值得太空計畫付出的所有金錢了。』」

在晚餐期間，尼克森各自詢問三位太空人往後的規劃。柯林斯說，他希望能夠繼續替國務院進行親善旅程，只要情況適合。尼克森立刻致電給國務卿威廉·羅傑斯，請羅傑斯替麥克進行安排。艾德林告訴總統，他覺得自己可以在技術工作崗位上繼續付出。尼克森最後詢問阿波羅十一號任務的指揮官想不想擔任親善大使，尼爾很有禮貌地回答，他非常榮幸可以擔任大使，但他不確定自己能不能拿出最佳表現。尼克森請尼爾仔細想想，也請尼爾日後親自告訴他答案。

在「一大步」旅途中，大約一億至一億五千萬人見到太空人，其中兩萬五千人和太空人握手或者獲得簽名。旅行結束之後，阿姆斯壯確實認爲那次旅行達成許多良好成果。一九六九年十一月，在俄亥俄州惠頓伯格大學（Wittenberg University）的演講中，尼爾對一位聽眾說：「相較於技術知識的交流，我們建立的友誼要多更多。」尼爾是一位熱愛工程的航空工程師，由他說出這句話，代表他的內心確實相信此事。

阿姆斯壯隨後加入鮑伯·霍普在一九六九年舉行的聯合服務組織（USO）旅行，目的是慰勞在越南的美軍和盟軍，途中也會停靠在德國、義大利、土耳其、臺灣與關島。女演員特雷莎·格雷夫斯（Teresa Graves）、羅美·雪妮黛（Romy Schneider）與一九六九年環球小姐康尼·史帝文斯（Connie Stevens），加上掏金女孩表演團體（Golddiggers），以及萊斯·布朗與他的名聲樂團（Les Brown and His Band of Renown）組成這次旅行團的完整成員。在霍普的指導之下，阿姆斯壯穿上斜條紋褲子、紅色運動上衣，以及漁夫帽，扮演喜劇中的「冷靜男子」。

霍普：「你踏上月球的壯舉是今年第二危險的行動。」
尼爾：「誰完成今年最危險的行動？」
霍普：「與小提姆（Tiny Tim）結婚的女孩（小提姆是一位留長髮的烏克麗麗音樂表演家，他用非常高的假音唱歌，成為大眾文化的指標）。」

在越南的某場表演中，一位美國大兵詢問尼爾：「你認爲，人類有朝一日會在月球生活嗎？」「我認爲會。我們會在月球上看見一座能夠住人的科學基地，由國際社會共同建立的科學研究站，就像南極洲的研究站。但是，相較於人類可不可以在月球生活，還有一個更重要的問題。我們必須捫心自問，人類可不可以在地球一起生活？」

阿姆斯壯向士兵傳達一個強烈的訊息。「我希望藉由這次機會，請越南的士兵軍團思考，等他們回家之後，務必繼續提升自己的教育程度。我試圖強調，對於許多士兵而言，在他們致力從事更多其他目標之前，現在是提升自我的好時機。」

一九六九年的聖誕節很幸運，「沒有任何敵軍開火或者爆炸。有些駐軍地點與戰區相當接近，但我不記得當時有發生任何軍事行動。」即使是在賴克希（Lai Khê）軍事基地，勞軍演出團替美國第一步兵團表演，第一步兵團曾經親身參加越戰迄今爲止最險峻的戰役。士兵已經極度厭倦戰爭，霍普重申尼克森總統曾向他個人保證，美國即將提出和平計畫，現場的噓聲此起彼落。霍普第一次遇到這種情況，讓他非常驚訝。他從第二次世界大戰期間就開始參加聯合服務組織的勞軍旅程。

尼爾也第一次捲入個人緋聞。八卦專欄開始報導他與康尼・史帝文斯有婚外情，而他們回到美國之後，更有人目睹尼爾在拉斯維加斯觀看史帝文斯的表演。事實上，女演員歌手與太空人在勞軍旅程期間，只有一起玩牌打發時間而已。

一九七〇年五月，尼爾前往蘇聯，他是歷史上第二位正式造訪蘇聯的太空人。「我受邀在太空研究國際委員會舉行的第十三次年度研討會發表論文。」五月二十四日，尼爾從華沙搭乘飛機，抵達列寧格勒機場（Leningrad）。紅色地毯等待尼爾，但現場沒有圍觀群眾，因爲蘇聯並未公開尼爾即將拜訪蘇聯的新聞。招待尼爾的東道主是喬治・貝雷戈瓦（Georgy T. Beregovoy）與康士坦丁・費歐柯提斯托夫（Konstantin P. Feoktistov），他們是蘇聯太空人，阿波羅十一號任務結束的兩個月之後，也曾經代表蘇聯前往美國進行親善之旅。等候尼爾的人多半都是俄羅斯人，科學家也爭相向尼爾索取簽名。停留在列寧格勒五天之後，尼爾獲得前往莫斯科的許可。尼爾在克里姆林宮與蘇聯總理亞歷克賽・柯西金（Alexei N. Kosygin）會面一個小時。尼爾代表尼克森總統，將月球岩石碎片和一面曾經登上阿波羅十一號的蘇聯國旗送給柯西金。隔天早上，柯西金回贈伏特加與法國柯涅克白蘭地。偉大的俄羅斯飛機設計師安德烈・圖波列夫（Andrey N. Tupolev）與他的兒子安德里安（Adrian）「帶著我到他們停放超音速飛機 TU-144 的停機棚——與協和號超音速飛機非常相似。很顯然我是第一位能夠親眼看見 TU-144 的西方人。圖波列夫父子送我 TU-144 的模型，由安德烈・圖波列夫親自簽名留念。我回到美國之後，將模型送給史密森尼學會（Smithsonian）。」阿姆斯壯也與其他蘇聯太空人見面。在莫斯科郊外遠離塵囂的森林中，他用了一整天參觀蘇聯太空人訓練中心，此處是「星城」（star city；Zvezdny Gorodok）設施的一環，也是俄羅斯版本的休士頓載人太空中心。接待阿姆斯壯的女主人是范倫蒂娜・泰勒斯可娃（Valentina Tereshkova），第一位飛往太空的女性，他發現泰勒斯可娃非常迷人。尼爾參觀他們的訓練設施、模擬器，以及太空飛行器大型模型之後認爲「這裡的功能齊全，而且帶有些許的維多利亞風格，令人驚訝」。泰勒斯可娃也帶尼爾前往已故的尤里・加加林辦公室，他過世之後的個人物品被奉上神壇，紀念人類歷史上第一位前往太空的旅人。許多蘇聯太空人都參加尼爾的演講。演講結束之後，「他們讓我見兩位女士，第一位是加加林夫人，第二位則是柯馬洛夫夫人，因爲我們在月球表面留下徽章，紀念她們的丈夫，那是一場令人動容的小型典禮。」尼爾向蘇聯媒體表示，與兩位蘇聯太空人的遺孀見面也讓他的心情「最受感動」。

「那天晚上，蘇聯太空人邀請我參加晚宴。許多人起身敬酒……他們送我一把非常漂亮的散彈槍，槍托上刻著我的名字——十二口徑的雙管散彈槍，美國政府同意讓我保留作爲個人紀念品。」

「晚宴過夜，大約在午夜時分，東道主喬治・貝雷戈瓦邀請我到他的公寓喝咖啡。在某個時間點，喬治用電話交談片刻，某個人又打電話來，他起身打開電視機，宇宙號聯盟飛船九號正要起飛，但不是現場直播，而是當天稍早在拜科努爾的錄影畫面。宇宙號聯盟飛船九號中的太空人是安德里安・尼可拉耶夫（Andrian G. Nikolayev），他是范倫蒂娜的丈夫，另外一位太空人則是維塔利・謝瓦斯季亞諾夫（Vitaly I. Sevastyanov）。那天晚上，我和泰勒斯可娃，以及兩位正要起飛的太空人同仁一起參加晚宴，但沒有任何人向我提到宇宙號聯盟飛船九號正要準備起飛。我猜想，范倫蒂娜非常善於保守祕密，或者，她的資訊管道相當匱乏。」

起飛很順利，否則尼爾永遠不會看到錄影畫面。貝雷戈瓦拿出伏特加敬酒慶祝。他臉上滿是笑容，告訴阿姆斯壯：「這次起飛是爲了紀念你的榮耀！」

從一九六九七月至一九七〇年六月，阿姆斯壯往返月球五十萬英里，回到地球之後，他繼續旅行將近十萬英里。他本人樂於繼續擔任太空人團隊的任務成員，但對於美國人心中的英雄，華盛頓的高階主管有其他想法，他們不願意冒險讓尼爾繼續進行危險的太空任務了。

Part Seven

偶像

Icon

我認為人應該因為他的成就以及他對社會進步的價值而受到肯定。但是，這種肯定很容易超過應有的程度。我看重許多人和他們的成就，但我不相信這種肯定應該超過他們本身的成就。名人不該取代他們的成就。

——尼爾·阿姆斯壯接受本書作者採訪，辛辛那提，俄亥俄州，二〇〇四六月二日

Chapter 27

堅守崗位

阿姆斯壯回憶道，登陸月球之後，他「不曾詢問何時能夠回到太空飛行任務的崗位，雖然沒有人和我清楚表明，但我開始相信自己沒有下一次機會了」。喬治・洛和鮑伯・吉爾魯斯「說他們希望我考慮回到航太領域，接受華盛頓的副行政長官職位。但我不認爲這個安排很好。或許是因爲我過去的工作都在航太實務領域，或多或少讓我看低華盛頓的工作，我認爲華盛頓的工作不切實際。」

私人公司的邀請非常熱情，從商業投資、飯店和餐廳投資，以及商業銀行。許多人建議尼爾競選公職，正如另外一位來自俄亥俄州的太空人同袍約翰・葛倫。但尼爾希望留在工程領域。

「反覆思考之後，我相信自己可以擔任航太總署的航太工程工作。」珍妮特認爲尼爾對於目前的改變沒有不悅。「但他是一位飛行員，只要能夠飛行，他都會覺得很高興。」她擔心尼爾不喜歡坐在辦公桌前的文書工作。

尼爾在華盛頓工作期間，對航太總署航空工程的主要貢獻是線傳飛控（fly-by-wire）科技。直到尼爾成爲航太總署航太科技部門的副行政長官之前，航太總署總部沒有人信任以電子的方式（而且飛行員的控制儀器也只仰賴電子輸入）駕駛飛機的激進概念。飛行研究中心的團隊在一九七〇年造訪尼爾辦公室，請求尼爾撥出一小筆經費協助進行飛機安裝類比式線傳飛控的研究計畫時，尼爾的答覆讓他們相當訝異。航太總署的歷史學家麥可・戈恩（Michael H. Gorn）寫道：「出乎研究團隊成員的意料之外，阿姆斯壯拒絕了。原因是爲什麼要使用類比式系統？」比起使用類比系統，藉由機械連結方式，將人類輸入的力道，從座艙傳遞至飛機的操作面，尼爾提倡使用更先進的系統，一種基於輸入計算的系統——也就是數位式線傳飛控（digital fly-by-wire; DFBW）。飛行研究中心的工程師不知道世上哪一部數位電腦可以進行飛行計算。「我才剛使用一臺數位電腦往返月球和地球。」阿姆斯壯說道。根據戈恩的說法：「飛行研究中心的研究團隊成員難爲情地承認，他們並未想到此事。」

航太總署從此開始進行F-8C聖戰士數位式線傳飛控飛行測試計畫，由崔登飛行研究中心在一九七二年至一九七六年間負責進行。事實證明，數位式線傳飛控非常可靠，解放了高速飛機設計師，領導他們大膽使用更激進的空氣力學設計，包括沒有任何內在穩定零件的飛機，完全仰賴電腦控制系統。數位式線傳飛控也是登月第一人對航空動力學的另外一個重大貢獻。

尼爾主要感到沮喪的不是航空工作，而是航太總署、國會，以及白宮持續「要求」他「配合要求出席公開場合」，尼爾認爲這是「沉重的負擔」。但他別無選擇。許多夜晚，尼爾都要參加華盛頓的晚宴派對。珍妮特回憶道：「我們有機會見到華盛頓特區的重要人物，他們很喜歡與尼爾親自見面，也恭喜他在阿波羅十一號任務中，替美國和全世界完成的成就。由於我們依然領取政府薪資（尼爾的年薪爲美金三萬六千元），且其實不是太多錢。最高法院法官哈利・布萊克蒙（Harry Blackmun）的妻子多蒂・布萊克蒙（Dottie Blackmun）是一位做工精細的女裁縫師，他們搬到華盛頓特區之前，多蒂在明尼蘇達經營一間服飾店。多蒂是一位貼心好友，她協助我們準備晚宴服裝。」

阿姆斯壯把握每次親自駕駛飛機的機會，包括航太總署前往安姆斯、路易斯、蘭利，或崔登實驗室的運輸機。「我可以繼續保持自己的飛行步調——雖然不符合我內心的想法，但聊勝於無。參加各種與飛行實驗場有關的研究計畫，也讓我有機會獲得駕駛其他飛機的邀請。」——包括英國製造的亨德利・佩奇一一五號飛機，一種小型飛機，用於測試協和號超音速運輸機高後掠翼外型；德國製造的阿法佛雷格・波昂斯威格（Akaflieg Braunschweig）SB-8大型飛機，使用創新的複合材質打造機身。

一九七一年三月二十四日，航太總署在一九六〇年代最重要的航太工程的努力淪爲政治鬥爭的受害者，在美國參議院現代歷史中最戲劇化的一場投票中，五十一位參議員投票反對撥款給美國超音速運輸計畫（American supersonic transport program）。雖然阿姆斯壯任職的辦公室與超音速運輸計畫沒有任何關係，但尼爾支持研究計畫繼續。

美國超音速運輸計畫的終結，並未影響尼爾的決定。一九七一年八月，阿姆斯壯決定辭去航太總署的職位，前往辛辛那提大學任教。「我一直都告訴別人，我很想回到大學。這不是突如其來的念頭。雖然我也不希望突然離開航太總署，但我從來不想長期擔任官僚工作。我已經和辛辛那提大學的校長見過幾次，他的名字是華特・朗森（Walter C. Langsam），他是研究二十世紀初期的歐洲的歷史學家。華特曾經和我談過好幾次，也寫了幾張非常友善的小紙條，表達他希望我加入辛辛那提大學。華特說：『如果你來任教，我們願意讓你擔任教授職，你可以決定自己想要做的工作。』我決定接受華特的邀請。在那個時間點，我收到許多大學邀約，但多數——毫無疑問的，絕大多數——都是請我擔任校長。我只想擔任教授。」令人好奇的是，航太總署幾乎沒有抗拒讓阿姆斯壯離開。尼爾以平民身分擔任政府公僕的時間總計是十六年又六個月。

航太總署內外的某些人認爲，尼爾一定是「發瘋」了，才會願意放下原有身分前往辛辛那提大學任教。但朋友和熟人都知道尼爾多年來都很有興趣撰寫工程學教科書。許多人猜測辛辛那提大學的地緣關係是主因，但尼爾斷然否認。「回到俄亥俄州並非我的考量。我只是單純認爲，辛辛那提大學的工程學系很優秀，而且規模不大，只有十幾位教授。」而且辛辛那提大學校方不會反對尼爾立刻獲得終身聘僱，即使他並未符合校方規定的任教年資。工程學系的主任是湯姆・戴維斯（Tom Davis）博士。在正要蓬勃發展的計算流體力學（computational fluid dynamics；CFD）領域中，戴維斯是相當知名的專家學者。該系最高級別到博士學位，但尼爾的最高學歷只有碩士，而且用了斷斷續續長達十年的修業時間，直到最近才獲得南加州大學的碩士學位。阿姆斯壯的職稱是「航太宇宙工程大學特聘教授」。學生稱呼他爲「阿姆斯壯教授」或「阿姆斯壯博士」，雖然他在這個時間點唯一的博士學位是榮譽學位（他最後獲頒十九個榮譽博士學位）。系方的教職人員，許多都與阿姆斯壯結爲好友，都直接稱呼他爲尼爾。

尼爾其實可以迴避教學重任，但他不想如此，他甚至負責教導核心課程，扣除暑期，尼爾在一年的三個學期都有任教課程。「我通常每天都會到學校。我確實偶爾旅行，但我會確保行程不會干擾我的教學職責。」

尼爾第一天任教結束時，大學廳擠滿記者，現場非常混亂，於是尼爾關上大門，拒絕離開教室。一九七四年，義大利女明星吉娜・露露布莉姬妲在毫無事先通知的情況下，出現在尼爾的教室門口。「表面上，她來辛辛那提的理由是爲了替她正在撰寫的書拍攝照片，但事後證明，她寫的不是書，而是雜誌文章（《女性之家雜誌》〔*Ladies' Home Journal*〕，一九七四年八月）。我和吉娜一起在一九六九年的一大步旅行團前往墨西哥和義大利，我非常喜歡她，但她並未坦承來訪目的，讓我相當失望。」

阿姆斯壯本人也替工程學系開授兩門新課程。第一門課程是飛機設計。第二門課則是實驗飛行機制，兩門課都是研究所課程。

學生驚訝地發現，這位名人教授也是一位完美的老師。雖然阿姆斯壯上課的時候非常嚴肅，而且評分標準嚴格，但在學期結束時，每位學生都知道阿姆斯壯會分享飛行任務時期的故事。

阿姆斯壯最後依然無法在校園政治的拜占庭迷宮中生存。「我無法理解學術政治的系統。我已經下定決心，不會向航太總署申請任何研究計畫；我不會提出申請書，因爲我認爲這種舉動可能會被視爲利用自己過去的同僚，但我絕對不會利用他們。事後思考，我可能錯了。我應該更積極，因爲我非常清楚要尋求誰的協助才能讓研究計畫順利完成。如果我決定走這條路，就可以更成功找到研究資金。」

一九八〇年，辛辛那提大學發生兩個巨大的改變，最終導致阿姆斯壯離開校園。「學校開始充滿各種新的規則。」阿姆斯壯談到辛辛那提大學從私立學校改制爲州立大學。「爲了逃避教職員利益交易團體制定的規則，我不能繼續擔任全職教授。因此，有些教授採用一種特殊的策略，我們只用一半的時間任教，另外一半的時間待在研究機構。」一九七五年七月，校方同意讓阿姆斯壯以及其他三位傑出的研究人員——發明人類歷史第一個抗組織胺藥物苯海拉明（Benadryl）的喬治・里維爾（George Rieveschl），辛辛那提大學的化學家；電子工程教授艾德華・派翠克（Edward A. Patrick）；亨利・哈姆立克（Dr. Henry Heimlich），因爲發明哈姆立克法的辛辛那提大學知名教授，也在當地猶太醫院執業——共同創建辛辛那提大學工程和醫學研究所。

「創建研究所不是我的首要目標，只是一種必要之惡。雖然研究所開始運作之後，我發現某些內容相當有趣，我開始積極參與。」尼爾補充：「但大學校方的規定依然難以處理，我只想繼續保持半教學半研究的狀態。實際上，所謂的半教學半研究只是名義上的差別——眞正的問題是薪水只有一半。」❻最後，這種情況終於導致「蘭森校長當初對於我的工作基礎要求以及大學新規則兩者之間出現衝突」。除此之外，「我依然收到許多工作邀請。我發現，在這種情況，我無法保持原有的工作情況。從另一方面來說，如果同意接受董事會職位邀請，代表我可以養家活口，也不會受到限制，被迫將所有時間用於工作。」

對阿姆斯壯而言，待在辛辛那提大學的最後一年並非特別有壓力，「只是令人惱怒」。一九七九年秋天，他寫了簡短的辭呈，從該學年第一學期生效。

一九七九年一月，尼爾拒絕所有金額驚人的廣告邀約之後，終於同意擔任克萊斯勒公司（Chrysler Corporation）的全國代言人。他替這間美國汽車廠商拍攝的第一支電視廣告，出現在同年一月第十三屆超級杯的電視轉播，尼爾也在克萊斯勒公司的高層主管陪同下，親自前往超級杯比賽現場。隔天，更多電視臺播出尼爾在克萊斯勒的廣告，也印刷在全美五十州的報紙廣告市場。廣告內容表示克萊斯勒公司提供五年、五萬英里的保固，而尼爾爲此背書。在俄亥俄州萊巴嫩西北方佔地面積一百八十五英畝的華倫郡農場，阿姆斯壯夫婦從貝希達

❻阿姆斯壯在一九七九年的稅單顯示，他在該年於辛辛納堤大學領取的薪資爲一萬八千一百九十六美元。他個人開設的服務企業公司收入爲十六萬八千美元。除此之外，他任職於數間公司的董事會，服務費用收入則是五萬美元。

（Bethesda）搬回俄亥俄州之後購入此地，停放了克萊斯勒公司的車隊——一臺第五版的紐約客（New Yorker）、一臺柯多巴（Cordoba）、一臺W200四輪驅動皮卡、兩臺不同的前輪驅動歐尼（Omni），還有一臺普利茅斯地平線（Plymouth Horizon）——在某段時間，都停放在尼爾的農場。根據珍妮特的回憶，尼爾告訴克萊斯勒：「我需要先試用你們公司的產品。」

媒體開始提出各種問題：經過如此漫長的時間之後，阿姆斯壯爲什麼開始拍廣告了？在所有公司之中，又爲何選擇克萊斯勒？後來，尼爾曾經解釋：「在克萊斯勒的例子中，他們承受險峻的市場挑戰與財務困難，但他們在美國汽車產業中，或許是最傑出的工程技術領導者，我非常佩服他們。我擔憂他們，他們的市場行銷主管和我接觸時表示，他們希望我不只是一位代言人，也要實際參與他們的技術發展決策過程，我爲此深受吸引。我前往底特律，和克萊斯勒總裁李・艾柯卡（Lee Iacocca）與其他公司領導階層交流。我看見他們正在進行的計畫。我認識克萊斯勒公司的某些人，我認爲自己應該試試看。這是一個慎重的決定，因爲我過去不曾擔任這種角色。但我決定與他們簽三年的合約。我喜歡這個職位的工程工作，我不認爲自己是一位傑出的代言人。我盡力了，但我不擅長。我的代言表現永遠非常掙扎。」

在隨後的幾個月，阿姆斯壯與通用鐘錶公司（General Time Corp），他們是塔利工業公司（Tally Industries）的子公司，以及美國銀行家協會（Bankers Association of America）建立專業的合作關係。阿姆斯壯用不同的方式參與每間合作公司的廣告宣傳。他與通用鐘錶公司的合作關係並非在商業上代言該公司製作的「石英腕錶」，而是支持通用鐘錶公司的技術突破。「這間石英錶公司製作登月艙的時鐘，這就是我和他們之間的聯繫——他們的技術很好。事後我發現，他們公司的產品品質不符合我的想像。至於美國銀行家協會，他們不是商業組織，而是類似廣告機構。我們拍攝了幾部廣告，但效果不如預期。」阿姆斯壯擔任美國產品代言人的時間非常短暫，但企業關懷也成為他往後職業發展的主要關注點。

離開辛辛那提大學時，尼爾與弟弟迪恩，還有二表弟理察・泰奇葛瑞伯（Richard Teichgraber）成為商業合作夥伴。泰奇葛瑞伯是堪薩斯艾爾多拉多（El Dorado）石油產業供應商「國際石油服務」（International Petroleum Services）公司的老闆。迪恩原本在印地安納州安德森市任職，擔任通用汽車公司（General Motors）旗下戴爾柯・雷米（Delco Remy）品牌傳動機製造廠的主管，現在則是國際石油服務公司的總裁。尼爾成為國際石油服務公司的合夥人以及卡德威爾國際有限公司（Cardwell International Ltd.）的總裁，這是國際石油服務公司的子公司，製造可攜式鑽油機，半數銷往外國市場。尼爾與弟弟在國際石油服務公司和卡德威爾有限公司任職兩年，後來賣出自己的公司股分。迪恩隨後買下一間堪薩斯銀行。

到了一九八二年，尼爾參與了幾間公司的運作。「我認為，有些人邀請我進入公司董事會的原因，就是因為我沒有任何商業背景，但我具備工程技術背景。於是，我接受了幾個不同的董事會職位邀請。我拒絕的邀約，遠遠多過於我接受的。」

一九七二年，尼爾第一次接受董事會邀請，就是在蓋茲・里爾噴射機公司（Gates Learjet）服務，當時的公司總裁是哈利・康柏斯。尼爾擔任技術委員會的主席，負責分類里爾噴射機，他親自駕駛公司商業噴射機產線製造的多數新型實驗發展機種。一九七九年二月，他在北卡羅萊納州屠魔崗（Kill Devil Hill）附近的「初次飛行」（First Flight）公共機場駕駛新型的里爾噴射機，飛行稍微超過十二分鐘時，海拔高度已經抵達五萬一千英尺，創下商用噴射機的海拔新紀錄以及上升速度新紀錄。

一九七三年春天，尼爾加入一間名為辛辛那提瓦斯和電力公司（Cincinnati & Electric）的發電工程公司。

阿姆斯壯認為，自己與辛辛那提塔夫特廣播公司（Taft Broadcasting）之間的關聯來自塔夫特公司那位充滿活力的執行長兼總裁小查爾斯・梅卡姆（Charles S. Mechem Jr.）。「一九七二年十二月，金・賽爾南的阿波羅十七號任務起飛時，我只邀請七、八位辛辛那提當地人士作為我的客人，前往現場觀賞，梅卡姆就是其中一位。」對於阿姆斯壯帶到公司董事會的能量，梅卡姆的印象非常深刻。「一般而言，如果你邀請一個人合夥，他們通常會說：『太好了，我們準備何時進行第一次會議？』尼爾並非如此。他仔細詢問為什麼我邀請他進入公司，並且說明他能夠帶給這間公司的一切，與他身為登月第一人毫無關係」之後，阿姆斯壯才同意加入董事會。

一九七八年一月，阿姆斯壯加入聯合航空公司；一九八〇年，他加入克里夫蘭的伊頓企業（Eaton Corporation），以及伊頓企業旗下的「AIL系統」分公司，這間公司製造電子戰爭裝備。二〇〇〇年，AIL與EDO企業合併，尼爾一直擔任董事會主席，直到他在二〇〇二年退休爲止。

一九八九年三月，挑戰者號太空梭爆炸事件三年之後，阿姆斯壯加入泰爾克（Thiokol）公司，這間公司製造挑戰者號太空梭的固體火箭推進器（solid-rocket boosters; SRBs）。在尼爾的協助之下，泰爾克公司度過危機，並且擴張改組爲柯丹特科技公司（Cordant Technologies），成爲固態火箭引擎、噴射飛機引擎零件，以及高效能加速系統的製造商，市值超過二百五十億美元，在美國、歐洲，以及亞洲都有生產工廠。二〇〇〇年，柯丹特公司被阿爾柯亞公司（Alcoa Inc.）現金收購，尼爾服務十一年的泰爾克公司董事會也因此解散。

阿姆斯壯不願意評估自己在過去三十年對任何企業價值的貢獻，他只說：「我認爲，在大多數的情況下，我了解關鍵問題，通常也會明白如何處理問題。我在董事會會議室覺得非常自在。」

這也是阿姆斯壯人生第一次享受財富。除了擔任公司董事的顧問費用之外，他獲得股票分紅，也睿智地投資金錢。一九九四年，阿姆斯壯與珍妮特離婚時，他們的資產超過二百萬美元。

雖然尼爾從未張揚自己的慈善行爲，但他確實定期參與慈善活動，特別是在俄亥俄州。

一九七三年，他負責帶領「復活節標誌」[53]非營利組織的年度活動。一九七八年至一九八五年期間，尼爾加入俄亥俄州萊巴嫩鄉村基督教青年會的董事會。一九七六年至一九八五年，他是辛辛那提自然歷史博物館的董事會成員，最後五年擔任主席。一九八八年至一九九一年，他加入辛辛那提大學的校長決策委員會。直到二〇一二年去世之前，尼爾更積極參加共善俱樂部（Commonwealth Club）以及辛辛那提商業俱樂部（Commercial Club of Cincinnati），在這兩個組織都擔任主席。一九九二年至一九九三年，他擔任俄亥俄州公共服務委員會（the Ohio Commission on Public Service）。一九八二年，他在辛辛那提大眾交響樂團表演〈林肯畫像〉[54]時擔任旁白。

根據辛辛那提自然歷史博物館館長戴佛瑞・伯特（Devere Burt）的說法：「尼爾・阿姆斯壯的大名立刻讓博物館獲得信任。如果我們需要募款，只需要讓別人看看博物館信紙的寄件人是『董事會主席尼爾・阿姆斯壯』。」

對於自己的大學母校，尼爾或許最爲積極參與。一九七九年至一九八二年，尼爾擔任普渡大學基金會的理事會成員。一九九〇年至一九九五年，他加入普渡大學工程學督導委員會。一九九〇年至一九九四年，他和金・賽爾南共同擔任普渡大學最大募款組織「遠見二十一」（Vision 21）的主席。募款金額目標爲兩億五千萬美元，非常驚人，而他們最後的募款成果甚至超過目標八千五百萬美元，創下美國公立大學最高募款記錄。

普渡大學一九八三年至二〇〇〇年的校長史帝芬・貝爾靈（Stephen Beering）博士回

憶阿姆斯壯對於遠見二十一募款計畫的貢獻時曾說：「尼爾非常有公關天分，他可能會對校友說：『你知道，我在普渡大學的經驗協助我完成登陸月球——一切都要回到我在普渡大學的第一個學期，我的物理學教授，他本人就是教科書的作者。於是，到了第一次在星期五進行課程問答時，我以爲自己必須背誦指定章節。但教授卻說：『我想知道你對讀本內容的想法。』在那個時候，我終於明白普渡大學的精神：教導學生如何解決問題、如何批判思考、如何分析問題，用自己原創的想法構思細節。駕駛登月艙前往月球表面時，我遵循普渡大學的教導——善用自己的訓練，解決問題、分析問題，並且找到務實的處理方式。沒有普渡大學，我無法登陸月球。』

「只要待在校園，你就可以從他的眼睛看出他非常享受這些時光。光是與樂團成員肩並肩一起站著觀賞校隊的美式足球比賽，他就會流露出純粹的喜悅。如果有人請他敲打普渡大學鍋爐工隊的大鼓，他就像興奮的孩子說：『我從來沒有試過！我想要試試看！』他與男中音成員一起踏步，他在學生時期也曾經是男中音。尼爾沒有任何一刻強調自己的名人身分。」

阿姆斯壯也參與少數幾次的全國活動。一九七五年至一九七七年，他與吉米・杜立德共

---

53 復活節標誌（Easter Seal）是美國非營利組織，服務殘疾人士、退伍軍人、軍人家庭、老人以及護理人員。

54〈林肯畫像〉（Lincoln Portrait）是美國作曲家亞倫・科普蘭（Aaron Copland）的作品，在交響樂之外，還會有人朗讀林肯的重要文件，通常會邀請名人擔任旁白。

同擔任查爾斯・林白紀念基金會主席。在林白完成飛行壯舉的五十周年紀念時，一九七七年五月他們募款超過五百萬美元，用於資助年輕科學家、探索家，以及環保人士。一九七七年至一九七八年，尼爾接受吉米・卡特總統的提名，擔任白宮獎學金委員會成員。一九七九年，他在公共廣播公司電視臺播放七集紀錄片《查爾斯・達爾文的旅程》（*The Voyage of Charles Darwin*）時，擔任現場來賓。美國國家榮耀議會的美國憲法號航空母艦（USS *Constitution*）博物館協會，在一九九六年至二〇〇〇年，將尼爾列爲協會成員。

有些人曾說，尼爾的身體中沒有政治細胞。「我不同意他們的說法，我有自己的信念，我參加政治運作過程，我會按照良心投票。但眞相是政治世界無法吸引我。」一九七二年，尼克森競選連任總統時，尼爾婉拒擔任俄亥俄州的競選團隊主席，也不願意在一九八〇年時以共和黨提名身分挑戰民主黨現任參議員約翰・葛倫。按照美國政治的傳統，尼爾的政治立場屬於溫和的傑佛遜式共和主義。「我更喜歡限制政府權力，除非只有聯邦政府可以實現特定目標，並且符合所有民眾的利益。我也不贊同現代政黨對教育議題的觀點。但是，在這個時代，與任何人分享自己的觀點都不太聰明。所以我選擇不談。」

Chapter 28

工程就是人性

「我一直都是，也永遠會是一位穿著白色襪子、上衣口袋放著原子筆的書呆子工程師。工程領域的成就讓我非常自豪。」二〇〇〇年二月，尼爾在美國國家記者俱樂部（National Press Club）致詞時如此說道，他獲得二十世紀前二十名工程成就獎的殊榮，這個獎項由美國國家工程學院（National Academy of Engineering）選出，一九七八年時，他們就決定將尼爾列入學院成員。尼爾繼續說道：「科學追求眞相；工程追求實現。」

雖然國家工程學院將太空飛行列爲獲獎清單的第十二名，但是，阿姆斯壯認爲，從純粹的工程角度而言，人類飛上太空若不是最偉大的成就，也必定是二十世紀最偉大成就之一。

阿姆斯壯從未與太空計畫失去聯繫。回到一九七〇年四月，阿姆斯壯剛從太空人部隊調往航太力學辦公室，阿波羅十三號的意外發生了。就在前往月球的途中，阿波羅十三號的服務艙氧氣燃料箱爆炸，導致另外一個燃料箱洩漏。任務指揮官吉姆・洛維爾要求隊員——佛瑞德・海斯以及傑克・斯威格特（Jack Swigert）——進入登月艙。三位太空人開始謹慎分配氧氣和電力，讓阿波羅十三號可以順利從月球後方彈出軌道，安全回到地球。意外發生之後，直到航太總署找出事故原因並且順利解決，否則阿波羅計畫必須暫停運作。

航太總署要求尼爾加入內部調查委員會，委員會主席是航太總署蘭利研究中心主任艾德加・柯特萊特（Edgar M. Cortright）博士。尼爾協助航太總署大學事務助理行政長官史密斯（F. B. Smith）完成相關事件的調查報告，內容非常精確仔細，而且按照事件發生經過。他們回顧遙測紀錄、飛行人員對地面人員的通訊逐字稿、隊員和任務管控中心的觀察紀錄、飛行計畫，以及隊員檢查清單。將近兩個月的調查之後，柯特萊特主導的調查委員會在一九七〇年六月十五日公布阿波羅十三號任務評估報告。除了許多典型的技術意外，阿波羅十三號遇到的問題「從統計的角度而言，並非偶然發生的故障，更準確的說，該事故是因爲一連串不尋常的各種錯誤的加總，加上有瑕疵且無法處理錯誤的系統」。報告用非常複雜的方式，解釋克里斯・克拉夫特所說的「可以避免的愚蠢錯誤」。燃料箱製造商比奇飛機公司應該要在任務開始之前，拆下會液態加熱的二十八瓦特恆溫開關，並換上六十五瓦特的開關，但比奇飛機公司未如實更換。阿波羅計畫辦公室沒有仔細交叉比對原本的訂單要求，導致他們並未察覺製造商的犯的錯。

柯特萊特委員會最有爭議的報告結論，就是建議阿波羅計畫的指揮艙燃料箱必須重新設計，費用將高達四千萬美元。阿波羅計畫的管理階層認爲不必花費如此高昂的成本，因爲阿波羅十三號任務的問題關鍵是恆溫裝置，不是燃料箱。在隨後的幾個星期，柯特萊特與克拉夫特一路爭執到航太總署總部。「接受新的工作職位之後，」阿姆斯壯回憶道：「我已經不需要積極參與阿波羅十三號任務事故調查。」否則，他很有可能就會主動支持克拉夫特的立場。

社會大眾當然非常重視阿姆斯壯對於美國太空探索的觀點，無論是現況，還是未來發展，他的言論也經常被報章媒體引用。在那個時代，環境保護的需求愈來愈急迫，阿姆斯壯從自己探索月球的角度，思緒縝密地提出自己的想法：「站在月球表面，望著頭上高空的地球，那種景象會在你的心中留下深刻的印象。雖然，我們的藍色星球看起來很美，但遙遠而微小。你可能會猜想，在這個環境中，那個觀看者或許會認爲地球其實相對不重要。然而，每一位有機會在月球觀看地球的人，他們的結論都與上述觀點恰恰相反。就像一座綠洲或島嶼，地球在我們的心中留下最深刻的感動。更重要的是，地球是我們唯一知道適合人類居住的島嶼。從歷史漫長的發展以來，人類種族的成功已經開始威脅人類自身的生存。人類成功的動力必須受到約束、引導，或者用於探索保護世界環境的新方法。如果我們可以找到傑出的人才，讓人類登上月球，我們當然也可以找到人才，解決我們的環境問題。」

阿姆斯壯典型的內斂風格，也讓某些不悅的媒體成員替他取名爲「月球林白」（The Lunar Lindbergh）。「阿姆斯壯不願評論最後一次登月嘗試」，一九七二年十二月，阿波羅十七號任務即將啓程時，一位不滿的記者如此表示。阿姆斯壯在辛辛那提大學的特別助理魯塔・班柯維基斯（Ruta Bankovikis）則說：「阿姆斯壯先生不想和記者交談。他不願接受專訪或任何採訪。我更不應該告訴各位記者，阿姆斯壯先生會坐在甘迺迪角的何處觀賞登月火箭發射。」

阿姆斯壯堅持拒絕成爲公共人物，除非是在他個人同意的情況下，這讓美國太空計畫的支持者非常不滿，包括某些太空人同僚。吉姆・洛維爾曾說：「有時候，我會斥責尼爾太像林白。我告訴他：『尼爾，查爾斯・林白用私人資金飛越大西洋，他還有一支私人團隊替他打造飛機與所有物品，所以他可以按照自己的意願，保持避世風格。但是，你用公款飛上月球。納稅人付錢讓你登陸月球，他們賜予你所有的機會和名望，你確實虧欠他們某種程度的回應。』對此，他的回答是：『如果我不選擇避世，我就會時時刻刻遭到騷擾。』他或許是對的。」

但是，阿姆斯壯經常公開發言。「我參加非常多次的記者會。造訪其他國家時，我通常會發表自己的想法。阿波羅計畫周年紀念，我們都會舉行記者會。如果他們只是想要創造某些根本沒有報導價值的主題，我不認爲自己有義務參加記者會，因爲那只是他們的私人利益。我不覺得有必要，因此，我會盡可能迴避這種場面。」

「我對個人專訪有不好的經驗，當時那位記者並未誠實說明自己的想法。一旦他們刻意發表錯誤的報導，你幾乎無法有效更正內容。因此，很久以前，我就已經決定不會接受記者的個人專訪。他們只能參與記者會，因爲記者會現場的所有記者都會聽到同一種說法，他們比較不會用其他方式，扭曲自己所聽見的消息。」

阿姆斯壯的照片經常出現在辛辛那提當地報紙的社會版，報導他參加慈善舞會或其他公民活動的場合。媒體用半定期的方式刊登特別報導或個人故事側寫，專注描述阿姆斯壯本人或他如何獲選成爲在月球漫步的人，但阿姆斯壯本人鮮少同意接受專訪。

一九七八年十一月，尼爾在萊巴嫩自家農場弄傷左手無名指。他從卡車後座跳出車外時，結婚戒指不愼卡到車門，傷勢嚴重。肯塔基州路易斯維爾的猶太醫院（他們用直升機將尼爾送到該間醫院）的特殊醫療小組替尼爾處理傷勢並且進行顯微手術，這事促使各家媒體大幅報導。手術過後，除了最上方的指節，尼爾左手無名指幾乎完全康復。

尼爾刻意不讓媒體知道的其中一個重要活動是他在一九八五年四月前往北極。在來自加州的專業探險隊領導者和冒險家麥可・查默・鄧恩（Michael Chalmer Dunn）率領之下，同行的隊友還有世界知名的聖母峰攀爬者艾德蒙・希拉瑞（Edmund Hilary）爵士、希拉瑞的兒子彼得（Peter），以及第一位爬上聖母峰的加拿大人派特・摩羅（Pat Morrow）。「前往北極的探險之旅非常有趣。」阿姆斯壯回憶道：「而且震撼人心，因爲眼前的一切都與我們的日常生活截然不同。北極眞的非常特別。這次旅途的所有辛苦都值得了。」

與希拉瑞探險團前往北極前一個月，尼爾加入由雷根總統任命的十四人委員會，目標是「規劃積極的民間太空計畫，讓美國可以在二十一世紀前往太空」。委員會主席是前任航太總署署長湯馬斯・佩恩，而尼爾在這次任務的同僚也包括美國聯合國大使珍妮・柯克派翠克（Jeane J. Kirkpatrick），太空人凱薩琳・蘇利文（Katherine Sullivan）博士，以及太空未來趨勢專家傑拉德・歐尼爾（Gerard K. O'Neill）。根據尼爾的回憶：「我們花了幾個月的時間，斷斷續續地一起工作，蒐集大量各種不同來源的資訊、舉行會議、提出簡報，以及設計美國的太空未來長期發展計畫。」

然而，由於一九八六年一月二十八日的悲劇事件，挑戰者號太空梭在發射時解體，委員會的建議連帶被忽略。這次意外導致任務指揮官迪克・史可比（Dick Scobee）與飛行員麥克・史密斯（Mike Smith）身亡，以及另外三位任務專家的喪命，包括飛行測試工程師鬼塚承次（Ellison Onizuka），他是第一位飛往太空的亞裔美國人；物理學家朗恩・麥克奈爾（Ron McNair），第二位進入太空的非裔美國人；電子工程師朱蒂・雷斯尼克（Judy Resnik），第二位進入太空的美國女性。因爲這次意外過世的還有兩位載酬專家㊺，其中一位是衛星設計師葛瑞格利・賈維斯（Gregory Jarvis），另一位則是在新罕布夏州康科德高中擔任社會研究教師的克里斯妲・麥克奧利菲（Christa McAuliffe）。麥克奧利菲在超過一萬一千名競爭者之中獲選成爲第一位進入太空的教師。這次任務就是後人所知的挑戰號七號死亡意外事件，就像美國社會反應的縮影，美國太空計畫從此遁入深邃漫長的挫折和危機。

在雷根總統的要求之下，阿姆斯壯加入挑戰者號太空梭意外事件總統調查委員會。前國務卿威廉・羅傑斯同意出任委員會主席，他與雷根總統都希望尼爾擔任副主席。「意外發生的隔天早上，我收到訊息，得知白宮希望與我聯絡。我回電至白宮總機，與總統的其中一位幕僚談話之後，電話轉接至雷根總統先生。我不能拒絕總統的要求。我們的職責就是在四個月之內，向總統提出意外事件報告——時間只有一百二十天——從我們收到任命開始算起。」

十三位調查委員會的成員在二月六日於華盛頓上任。一開始，阿姆斯壯個人非常擔心挑戰號意外的調查會交給外部人員，而不是比照阿波羅一號火災或阿波羅十三號的意外。「事實證明，最主要的調查人員已經離開華盛頓進行調查，委員會成員必須面對的聽證會或其他事務不會干擾他們調查。或許，從長期的角度而言，成立公開的調查委員會不會影響調查進度。」

羅傑斯想用公開的方式運作調查委員會的理由甚至能夠說服尼爾。「比爾（羅傑斯的外號）一開始讓所有委員會成員知道他對這次調查任務的期許，以及他認為哪些事項很重要。舉例而言，他認為委員會成員應該熟知媒體上傳達的大眾輿論。因此，他鼓勵所有成員每天早上都要閱讀《華盛頓郵報》和《紐約時報》。我從來不曾想過這個層面。他非常熟悉這種細節。」

「比爾強烈地認爲——我當然同意他的觀點——我們應該成立調查小組，同時，我們

---

55 載酬專家（Payload specialist）是指由民間單位或研究機構挑選和訓練的人才，與航太總署一起進行飛行任務。

還要找到方法，安撫其他也希望親自調查的機構組織——或是想要知道目前狀況的單位。於是，比爾從一開始就忙於向參議院和眾議院的相關委員會溝通。」

「最後，我們達成協議。我們的調查委員會必須定期向參議院提出報告。我們到國會山莊，參與聽證會，並提出調查進度報告，指出目前的困難點與我們正在努力處理的問題，以及我們當時的看法。如此一來，國會議員就能提供媒體一定程度的消息，說明眾議院的想法與處理方法，而且不會實際影響調查。」

「相較於我過去曾參與的任何一次意外調查，這次的聽證會的次數最多。這是我面對的新難題。我們的調查委員會必須保持公開，此點有好有壞。好處是，我們有機會可以向社會大眾坦承報告目前的進度，壞處是，有些人會把握機會作秀。」

身為委員會副主席，尼爾可以指揮其他的小組委員會。「但我希望將時間集中在意外事件調查本身，因為我認為，如果我們無法將重點放在意外事件，其他事情都沒有意義。因此，我希望自己可以找出眞相。」每個小組委員會主席能夠決定他們希望調查的重點，每個小組委員會也可以召開自己的聽證會、提出報告，並且安排實地查訪、調查相關硬體以理解事發經過。「我們從司法部借用一套系統，追蹤所有數據資料與文件，並且妥善拍攝、製作影片檔案，我們可以在任何時間重新檢驗相關證據。因此所有的調查資料都轉為文字、進行電腦數位儲存，這樣很好，因為這次調查內容多達六千三百個文件，篇幅超過十二萬二千頁，以及將近一萬二千頁的調查逐字稿和二千八百頁的聽證會逐字稿。」尼爾補充道。阿姆斯壯也私下進行調查，善用過去三十年在航太總署與航空產業界建立的私人人脈，詢問相關訊息和觀點。「我偶爾與相關人物私下交談。既然委員會主席並未禁止，我也不會猶豫。」

「我認為，即使沒有聽證會，我們還是會得到相同的結論。至於如果沒有進行聽證會，我們能不能更快提出調查結論，由於調查報告提出了一個假設（也就是『挑戰者號太空梭的意外起因是右側固體火箭引擎尾端的壓力閥故障……故障原因則是設計不良，系統過於敏感無法應對許多因素，例如低溫』），但直到我們終於從海底打撈出最後一個太空梭碎片之後，我們才有證據，因此我們不能為了更快而草率地提出調查結論。」

委員會最後提出的結論和建議讓尼爾很滿意。「我認為委員會調查報告的結論和發現確實找到重點，我們對於意外發生經過的描述也相當接近事實。在調查過程中，我們只有少數幾處相互矛盾的意見或假設，但隨著調查時間經過這些都不是問題了。」在委員會的最後調查報告中，尼爾扮演了相當重要的角色，他奠定委員會報告的思考基礎。「我告訴委員會的同仁，我們提出的建議事項數量，將會與建議事項的實際效果呈現反比。換言之，我們提出的建議愈少，效果愈好。其次，我們也要確定，所有的建議事項都要符合航太總署的能力範圍。」委員會原本提出六十項左右的建議，最後縮減為九項。

至於費曼（Richard Feynman）相當知名的「少數派意見報告」，他對挑戰者號太空梭意見事件的觀點有所不同。坊間流傳的故事認為，阿姆斯壯等人的委員會竭力阻止費曼報告的出版（因為費曼報告的觀點批評航太總署），其實不符合事實，阿姆斯壯欣然接受這位個性鮮明的物理學家對於這個問題表達自己的想法，甚至願意讓費曼的調查報告放在委員會最終調查報告的最後面作爲附錄，只要羅傑斯主席同意。阿姆斯壯甚至相信理查・費曼在少數派意見報告最後的結語，因爲阿姆斯壯在四十年前第一次駕駛飛機時，就奉行同樣的觀點。「想要追求科技的成功，事實必須比公共關係更重要，因爲人類無法愚弄大自然。」

二〇〇三年二月一日，星期六早上，一通晨間電話讓阿姆斯壯從書房走向電視機。美國失去了另外一艘太空梭。就在預定降落至甘迺迪角的幾分鐘之前，STS-107 哥倫比亞號太空梭，經歷十六天的任務時間，在德州上空的地球大氣層瓦解。

尼爾得知太空梭碎片已經尋獲了。「那個時候，我就知道太空梭已經救不回來，沒有機會了。」這又是一次悲劇損失，任務指揮官瑞克・哈斯本（Rick Husband）、飛行員威利・麥克庫爾（Willie McCool），四名任務專家卡爾佩納・喬拉（Kalpana Chawla）、羅瑞兒・克拉克（Laurel Clark）、麥克・安德森（Mike Anderson），以及大衛・布朗（David Brown），還有載酬專家艾連・雷蒙（Ilan Ramon）都喪命了。

哥倫比亞號太空梭解體的海拔高度大約超過三十九英里。尼爾忍不住思量其中的弔詭之處，哥倫比亞號太空梭解體的高度，幾乎就是他駕駛 X-15 時發生意外的高度——海拔二十萬又七千五百英尺。這次的調查處理方式比較不同——更集中在航太總署內部。布希總統執政的白宮致電詢問尼爾和卡洛——尼爾的第二任妻子——能不能參加哥倫比亞號隊員的悼念儀式，時間安排在二月三日星期一，地點則是休士頓的詹森太空中心，他們很快就同意參加。「哥倫比亞號的災難讓每個人都陷入悲傷，也提醒我們記得，所有的進步都有風險。我們的使命就是追求最大的進步，讓風險降至最低。只要人類的心智依然獨立、有創造力，並且充滿好奇心，我們就會繼續挑戰進步的最前線。」

二〇〇四年一月，小布希總統宣布美國太空計畫的「新願景」。總統提議讓美國投入發展人類和機器人探索太陽系的長期計畫，從回到月球開始，白宮認爲，這個目標「最終會啓動未來火星與其他目的地的探索」。兩個月之後，阿姆斯壯前往休士頓接受扶輪社太空成就國家獎（Rotary National Award），並同意支持小布希的計畫。無論在太空社群內外，對於小布希的計畫都有眾多批判。但尼爾的哲學是支持追求科技進展的所有計畫。

尼爾・阿姆斯壯從不認爲自己是一位探索者。「我參與飛行儀器的進步發展過程。我的探索完全是飛行進步的副產品。我飛向月球，不是因爲我前往月球，而是因爲發展飛行系統，可以讓我們飛向月球。」

Chapter 29
月之暗面

毫不意外地，尼爾童年時期崇拜的其中一位英雄偶像，就是查爾斯・林白。尼爾第一次見到林白本人是在阿波羅八號起飛時，林白帶著自己的妻子安・摩羅・林白（Anne Morrow Lindbergh）。「我的工作是帶著他四處參觀，向他介紹相關儀器設施。發射的前一天晚上，我帶他參觀土星五號火箭，在氙氣燈的照耀之下，火箭閃閃發亮。我是法蘭克・博爾曼的後備隊員，我沒有太多時間和林白相處。」

阿波羅十一號任務結束之後，尼爾有「幾次」與林白私下交談的機會。「一九六九年九月下旬，我們都出席了國際實驗測試飛行員協會在洛杉磯舉行的聚會。那場聚會頒發榮譽會員身分給林白，我們在晚宴中坐在彼此的旁邊。」兩位空中飛人也會書信往返，往後，尼爾成爲林白紀念基金會的共同主席時，他則和安・摩羅經常通信。林白曾經向尼爾提出一個不需要答案的問題：「我在想，你在月球上的感覺，是否就像我在一九二七年的巴黎——我希望自己有更多機會可以四處看看。」

在一九六九年九月的實驗測試飛行員社團晚宴上，林白曾經向尼爾提出一個建議。「他要我永遠不要替別人簽名。不幸的是，三十年來，我沒有遵守他的建議。我或許應該聽他的話。」

支持者的信件如海嘯湧入。阿波羅十一號回到地球之後的數個月，尼爾每天會收到一萬封信件。一星期以五天計算，從登陸月球之後過了六個月，代表尼爾收到三十萬封信。支持者寄來的物品包括信件、卡片、電報、禮物，以及其他各種物品。在這段期間，尼爾、麥克，以及伯茲開始爲期四十五天、造訪二十三個國家的旅程。尼爾與鮑伯·霍普還有三周的聯合服務組織旅行。最後，尼爾前往蘇聯十天。將近三十三萬封的信件與卡片在休士頓等待尼爾回應，還有數千封信件即將寄到。

尼爾還是政府雇員時，航太總署竭盡所能協助他處理信件，他們指定四位文書人員，幫助尼爾回應堆積如山的信件。但航太總署無法跟上腳步，一位民眾曾經抱怨他送給尼爾的禮物並未收到即時回應時，休士頓的公共關係人員試著解釋：「我們很抱歉您覺得自己送給阿姆斯壯先生的禮物並未獲得妥善的應對。在登陸月球期間，太空人辦公室並未準備好處理名符其實的信件雪崩，來自世界各地的信件與禮物……已經造成空間整理、行政作業，以及文書處理的難題。我們必須回覆信件、慎重記錄存放禮物，並且回信致謝——這些都是辦公室要額外處理的工作，但我們沒有足夠的人力……在時間允許的情況下，太空人他們自己也會幫忙撰寫感謝卡片；您收到的卡片，很有可能就是由阿姆斯壯先生本人親手撰寫。我擅自將您的信件直接交給阿姆斯壯先生，如果他知道您的感受，他一定希望能夠親筆回應，並且用更好的方式感謝您的禮物。他就是如此友善的人。」

阿姆斯壯在辛辛那提大學任職的八年間，由於大學是外界唯一知道的阿姆斯壯通訊地點，於是支持者將信件寄到大學。在大學時，校方指派兩位祕書協助尼爾回覆信件，離開大學之後，他知道處理信件是他不可能負荷的重擔。一九八〇年二月，他在俄亥俄州萊巴嫩租了一間辦公室，聘請一位行政助理薇薇安・懷特（Vivian White）。十年來，薇薇安擔任尼爾的全職行政助理，後來她「減少」自己的工作，但一個星期依然工作四天半。

「一開始的十二年至十五年之間，只要支持者要求，他會在所有物品上簽名，除了首日發行郵票。大概到了一九九三年，他發現網路上到處都在販售他的簽名，許多簽名都是偽造的。他決定不再替人簽名。但是，我們依然會收到郵件詢問：『我知道阿姆斯壯先生已經不再替人簽名，但可否請您拜託他爲我破例呢？』」

一九九三年之後，他們使用制式化的信件回應百分之九十九的來信要求，並且簽上薇薇安的名字。在少數的情況下，如果阿姆斯壯接受特定的出席邀請，他會親自擬定回應內容並且簽名寄回。倘若阿姆斯壯決定回覆某些專業技術問題，懷特說，尼爾「用紙筆寫答案，我打字印出內容，加註『阿姆斯壯先生請我提供如上的資訊』，簽上我的名字。我們從不回應私人問題，這種問題過度侵犯個人隱私。」在薇薇安建立的信件分類系統中，私人問題放在「第十一類檔案區」，也就是垃圾桶。

當初，在前往靜海基地的太空旅途中，尼爾登上哥倫比亞號之前曾說：「我向這個星期前往愛達荷州法拉格特州立公園參加全國童軍大會的童軍夥伴問好。阿波羅十一號祝福你們一切順利。」從此以後，數年來，尼爾都會花時間寫信恭喜所有晉升童軍最高位階鷹級的小男孩。自從網路公開尼爾的地址之後，他就被信件要求淹沒（光是在二〇〇三年的前五個月，他就收到九百五十封左右的信件，希望他回信恭喜鷹級童軍男孩），於是他再也無法親自回信了。

阿姆斯壯後來才決定遵循查爾斯・林白的建議，也讓特定人士覺得失望，甚至引發敵意，大多數都是想要藉此獲利的投機客，更常見的則是名人簽名和太空文物紀念品的愛好收藏人士。毋庸置疑，阿姆斯壯的簽名迄今依然是所有太空人當中最受歡迎的。時至今日，只要物品上有阿姆斯壯的簽名，都能夠迅速在網路上賣出一萬美元以上的價格。尼爾・阿姆斯壯簽名的贗品的數量遠遠超過眞品，在拍賣網站上，將近百分之九十的阿姆斯壯簽名都是僞造品。

一九七二年七月，阿波羅十一號登月三周年，尼爾・阿姆斯壯航空與太空博物館在沃帕科內塔開幕啓用。這間博物館是俄亥俄州州長詹姆斯・羅迪斯心中的驕傲，早在阿波羅十一號任務完成之前，就已經獲得州議會同意撥款五十萬美元興建。博物館的外觀仿造滿月升起，二十六歲的總統千金崔西亞・尼克森擔任盛大開幕儀式的嘉賓，她說：「因爲你，尼爾，你所完成的成就，讓天堂成爲我們世界的一部分。」在五千位開幕儀式嘉賓面前，崔西亞將阿波羅十一號帶回的月球岩石送給博物館。「這塊岩石象徵人類追求成就的能力，我們可以建立更美好的美國、更美好的世界。」

那一天，在群眾面前，阿姆斯壯的表情雖然看起來高興，但內心其實毫無喜悅。「他們應該詢問我的意見。我從一開始採取的立場就是我不鼓勵，也不禁止任何人在大眾建築上使用我的名字，但我不同意任何商業或非公共建築使用我的名字。如果博物館的組織委員會曾經詢問我的意見，我當然會同意，因為這間博物館的地點就在我父母親的居住城鎮。然而，如果他們不用我的名字，或者用其他方式和我商討如何使用我的名字，我會更高興。我確實努力支持他們，我將自己的物品送給他們，或者讓他們長期借用。從一開始，我就覺得不太自在。因為博物館的名字是『尼爾．阿姆斯壯博物館』。許多人因此相信這間博物館是我的個人財產，或者我名下經營的企業。哥倫布市的俄亥俄州歷史學會負責督導博物館，於是我通知學會會長，我不太喜歡博物館的名字。我詢問他和另外一位規劃委員會的成員，他們是否能夠處理我的姓名權議題，並且給我回應。他們同意，但事後並未與我聯絡。」

直到阿姆斯壯在二〇一二年過世之前，四十年來，他與博物館領導階層的關係都非常緊張。舉例而言，在一九九〇年代中期，博物館的禮品商店開始販售太空人尼爾照片的明信片。照片是航太總署的官方資產，拍攝時，尼爾還是美國政府的員工。對尼爾而言，這個問題的重點是所有權。尼爾認為照片的所有權人應該是美國民眾，也就是參訪博物館的訪客，「但他們以為我是博物館的所有人」。俄亥俄州歷史學會的標誌就在禮品店門口，根據尼爾的說法：「標誌的輪廓很淺，根本沒有人會發現。」最後，阿姆斯壯在圖片問題上讓步，同意博物館館長約翰・齊維斯（John Zwez）「在有限的時間內獲得我的授權同意」。

沃帕科內塔機場也有一樣的命名問題。「他們沒有詢問我的意見。那是公共機場，因此，如果他們詢問，我可能也會同意。問題是，機場裡面的商店沿用機場名字，例如『尼爾・阿姆斯壯機場電子用品商店』。」

一九九〇年，阿姆斯壯與卡片製作公司霍馬克（Hallmark）發生爭議。

「霍馬克公司的事件很單純。」尼爾回憶道：「他們販售聖誕樹裝飾用品，裡面有一個小太空人，播放我的錄音檔案。」霍馬克公司在廣告中如此描述這個商品：「尼爾・阿姆斯壯踏上月球，走入歷史，說出那句名言時，月球也會隨之發光。」不幸的是，霍馬克員工的公司並未取得阿姆斯壯的授權，甚至不曾問過。這間很受歡迎的公司更沒有遵守航太總署對於這類型問題的既有程序。因此，尼爾在一九九四年控告霍馬克公司。溫蒂・阿姆斯壯（Wendy Armstrong）是馬克的妻子，也是尼爾的媳婦，她擔任尼爾的律師。一九九五年底，雙方決定庭外和解。「霍馬克禮卡公司今天宣布，他們與阿波羅十一號太空人尼爾・阿姆斯壯，針對去年的聖誕樹裝飾商品使用他的肖像一案已經達成和解。阿姆斯壯主張，他的名字和肖像在未經同意的情況下用於裝飾商品，而該商品則強調慶祝阿波羅十一號登陸月球二十五周年。和解金的準確數字並未對外透露，但根據一位消息人士指出，金額相當可觀。

阿姆斯壯決定將這間來自堪薩斯市公司的和解金，捐贈給母校普渡大學。」普渡大學後來也證明，他們確實收到阿姆斯壯的捐贈。

尼爾認為，「航太總署並未慎重處理這種類型的事件。在當時，他們看待個人權利的方式相當草率。到了現在，我才會收到航太總署的信件，正確表明他們處理名字與肖像的立場就是必須事先獲得我的同意，我過去不曾收到他們的詢問。我現在收到許多詢問，我同意某些人使用我的名字和肖像（有些收費，有些則是無償），也拒絕了某些人的要求。」

「如果對方是非營利組織或政府公共服務需求，在許多情況下，我都會同意。一開始，我並未謹慎記錄處理，只是簡單地說：『沒問題。』但是，我接觸法律的世界之後，我明白自己必須保留所有的第一手證據。」

還有另外一次更令人厭惡的法律訴訟案，內容則是關於販售尼爾的毛髮。二〇〇五年初，俄亥俄州萊巴嫩的一間理髮廳，超過二十年來，尼爾都是這間理髮廳的常客，而他們以三千美元的價格，將這位知名客戶的頭髮賣給一位康乃狄克男子，根據金氏世界紀錄，此人擁有最多「歷史名人」的毛髮收藏。尼爾和理髮師在理髮廳的私人對話中，他要求理髮師歸還毛髮，或者將三千美元捐贈給尼爾指定的慈善機構。但理髮師並未做到任何一個要求。尼爾的委任律師將兩頁文件寄給理髮師，內容引用了俄亥俄州的法律保障名人的姓名權。這位理髮師不願低調處理，他將律師的信件交給當地媒體。這個詭異的故事甚至吸引國際媒體的注意。

阿姆斯壯也發現自己無辜捲入宗教爭議，而且沒有一次是他自己挑起。許多宗教團體希望讓自己的宗教敘事系統連結至太空探索；有些阿波羅計畫的批判者甚至主張，在月球天體上行走是一種「不符合上帝旨意」的行爲。謠傳伯茲・艾德林是共濟會成員，甚至還有人相信尼爾・阿姆斯壯在靜海基地行走時聽見阿拉伯語的吟唱聲，因此皈依伊斯蘭教。在這個故事中，直到返回地球之後，阿姆斯壯才發現他在月球表面聽見的聲音是「宣禮」（*adhan*），也就是穆斯林的祈禱呼喚。據說，尼爾就此皈依伊斯蘭教，甚至搬到黎巴嫩（中東國家，並非俄亥俄州的萊巴嫩）㊻，也造訪幾處穆斯林聖地，包括美國民運人士馬爾坎・X曾經前往祈禱的土耳其清眞寺。

阿姆斯壯皈依伊斯蘭教的傳說在一九八〇年代甚囂塵上，阿姆斯壯本人和美國政府都認爲有必要回應。一九八三年三月，美國國務院向伊斯蘭世界的所有美國大使和領事館發出以下訊息，否認相關故事的眞實性：

（一）前美國太空人尼爾・阿姆斯壯，現在已經不是公眾人物，成了埃及、馬來西亞和印尼（或許還有其他地區）媒體報導故事的主角，認為他在一九六九年登月時皈依

㊻黎巴嫩與萊巴嫩的英語都是 Lebanon，爲了避免讀者誤解，沿用該美國城市的另一翻譯方法，譯爲萊巴嫩。

伊斯蘭教。由於上述報導，阿姆斯壯本人接獲宗教人士和宗教團體的訊息，以及至少一個國家政府的試探，想要知道他是否願意參加伊斯蘭教活動。

（二）阿姆斯壯本人強烈希望避免傷害任何人的感受，也不願冒犯任何宗教，但他已經建議國務院澄清，關於阿姆斯壯皈依伊斯蘭教的報導都是不精確的說法。

（三）如果各個領事處收到相關詢問，阿姆斯壯請各位禮貌但堅定地通知詢問單位，阿姆斯壯並未皈依伊斯蘭教，目前也沒有前往海外參加伊斯蘭宗教活動的計畫或想法。

澄清阿姆斯壯的宗教觀點或許對國務院有幫助，但絕對無法解決阿姆斯壯的問題。在一九八〇年代中期，要求尼爾前往伊斯蘭國家的情況愈來愈嚴重，導致尼爾覺得自己被迫回應。「我們收到宛如洪水氾濫、非常大量的詢問，主要都來自伊斯蘭世界的國家，也有非穆斯林國家，非穆斯林國家的問題都是：『阿姆斯壯不可能皈依伊斯蘭教吧？』最後，我們終於決定必須提供記者正式的回應。我們再度聯絡國務院，這次請他們協助安排會議。」尼爾向埃及開羅舉行電話記者會，許多中東地區的記者都能前往當地參與，「這樣我們就能告知他們，這個長期流傳的謠言並不屬實，記者也能提出問題並獲得我的正式回應。」「我們事前不可能知道這個記者會會達成何種效果，但確實沒有完全平息謠言。」有些人依然堅信，美國政府不希望偉大的美國英雄變成一個眾所皆知的穆斯林，因此用某種方式強迫他公開否認自己的信仰。

後來，謠言的內容甚至增加了，認爲阿波羅十一號在月球發現從地球發出的輻射（事實確實如此），而輻射來自麥加聖地的卡巴天房（Kaaba），證明麥加聖地是「世界中心」。在晚年，薇薇安・懷特一直努力想要用一封公開信正式澄清：「有關阿姆斯壯先生皈依伊斯蘭教，他在月球表面聽見宣禮，以及其他相關謠言，都不是眞的。」但是，時至今日，如果搜尋「阿姆斯壯」和「伊斯蘭」，依然可以找到五十七萬三千筆資料。

阿姆斯壯明白爲什麼這種情感投射會發生在自己身上。「我發現許多組織將我視爲成員，但我不是。很多不同的家庭——他們的姓氏可能也是阿姆斯壯，或者不是——想要與我建立個人聯繫，但其實這種聯繫根本不存在。太多人想要讓自己連結至阿波羅十一號任務的成功。謠傳我成爲一位穆斯林，其實只是一種極端的發展，就像許多人想要告訴我，他們認識某個人，而我也認識那個人，所以我和他們之間有關係。」

由於阿姆斯壯如此難以理解，他也成了一位神祕人物，一種至高無上的謎團，讓其他人可以恣意塡補任何意義。

回到一九七〇年代，《眾神的雙輪馬車》（*Chariots of the Gods*）的作者艾瑞克・馮・丹尼肯（Erich von Däniken）想要將阿姆斯壯列爲自己理論的共同研究者，讓阿姆斯壯支持丹尼肯轟動社會的暢銷理論「古代太空人」，關於外星人曾經在遙遠的古代造訪地球，在世界各地留下古代外星文明的考古學遺跡。

一九七六年八月，尼爾與蘇格蘭軍方，其中也包括英國黑衛士兵團（Black Watch）和蘇格蘭皇家高地步兵團（Royal Highland Fusiliers），一起前往阿根廷考古學家璜・莫瑞茲（Juan Moricz）發現的油鴟洞（Cueva de los Tayos; Caves of Oil Birds）。當時，尼爾還不知道丹尼肯在一九七二年已經出版《眾神的雙輪馬車》的續作《眾神的黃金》（*The Gold of the Gods*），這位充滿爭議的瑞士作家描述自己探索油鴟洞的經歷，主張他在裡面發現相當可觀的考古學證據，足以證明外星生命的存在，包括洞穴中的特定走廊過於方正，根本不可能是自然形成。「但是，我們的探險團隊認爲，」尼爾主張：「那些洞穴確實是自然形成。」

新聞報紙對油鴟洞探險的報導，加上尼爾在探險隊中的角色，也清楚表明丹尼肯對於油鴟洞的說法是錯的。一九七七年二月十八日，丹尼肯從瑞士蘇黎世家中寄出兩頁的信件給尼爾，他告訴全球最知名的太空人阿姆斯壯：「你的探險團隊不可能曾經親自考察過我的油鴟洞」。丹尼肯呼籲尼爾「參與我正在規劃的洞穴調查團」，因爲「我們將會考察外星文明的遺跡」。阿姆斯壯彬彬有禮地回應：「由於我的祖先來自蘇格蘭，而英國方參與此次計畫的人物大多來自蘇格蘭，我接獲他們的邀請擔任探險隊的榮譽主席，我也接受了……我尚未拜讀您的書籍作品，也不清楚您和油鴟洞之間的關係。我不會針對您往後提出的各種假設發表意見……我非常感激您誠摯邀請我參與您即將進行的探險團，但我恕無法接受。」

什麼是「高斯基先生」（Mr. Gorsky）？

就在結束月球艙外活動，即將回到登月艙之前，據說，阿姆斯壯曾經說了一句宛如謎團的「祝你好運，高斯基先生。」任務管控中心的某些記者認爲，這句話的對象是某位與尼爾競爭的蘇聯太空人。但是，在俄羅斯的太空計畫中，根本沒有高斯基這個人。多年來，許多人詢問阿姆斯壯這個問題，他總是一笑置之。一九九五年，在佛羅里達的坦帕（Tampa）演講時，這個故事再度出現。當時，尼爾回應一位記者對於高斯基先生的提問。高斯基先生過世了，於是尼爾終於願意回答。尼爾還是孩子時，曾經在家中後院與朋友打棒球。朋友打出高飛球，球飛進鄰居臥室的前方窗戶中。他的鄰居就是高斯基夫婦。傾身撿起棒球時，年幼的阿姆斯壯聽見高斯基太太對高斯基先生大吼：「口交？你想要口交！？如果隔壁那個小鬼在月球漫步，我就替你口交！」

「高斯基先生」的故事總是博得歡笑，而諧星巴迪・哈基特（Buddy Hackett）在一九九〇年時於國家廣播公司電視臺《今夜秀》第一次表演這個笑話時，內心也期待能夠贏得滿堂歡笑（很顯然就是他發明了這個笑話故事）。雖然這個虛構的故事可以輕而易舉地遭到揭穿，雖然網路上有各式各樣的文章（搜尋「阿姆斯壯」和「高斯基先生」，一共會出現五十五萬八千筆資料），足以證明「高斯基先生」已經成爲一種都市傳說，但故事的內容太有趣了，無數讀者看過這個故事，又再將故事流傳給別人，原出處已經不重要。「這個故事的內容絕對不是眞的。我甚至聽過哈基特在慈善高爾夫球活動說過這個故事。」

即使是在阿波羅十一號任務期間，有些人依然相信登陸月球根本不曾發生——而是美國政府出於政治因素的造假詐欺。地平說學會（The Flat Earth Society）非常主動流傳此事。但是，月球登陸造假的想法在一九七七年甚囂塵上的原因是《魔羯星一號》（*Capricorn One*），一部好萊塢製作的陰謀論幻想電影，主題不是登陸月球，而是前往火星的第一次載人任務。在故事中，航太總署想要利用一艘極度有問題的太空飛行器，強迫太空人在某個位於沙漠的電影攝影棚中，對著鏡頭表演太空旅行，欺騙世人相信他們成功前往火星。雖然《魔羯星一號》的電影內容相當平庸，但其中描述的政府陰謀論永遠都是一小群懷疑論者的最愛。

當然也會有一些人不只選擇相信特定的登月陰謀論，甚至看見其中有利可圖。在一九九九年，福斯電視臺播出一部「紀錄片」，名為《陰謀論：我們眞的登陸月球了？》（*Conspiracy Theory: Did We Land on the Moon?*）節目內容主要建立在低預算的商業影像，製作人是一位來自田納西州納許維爾的人，他自稱是「調查記者」。他製作的影片名稱爲《前往月球的途中，詭異的事情發生了》（*A Funny Thing Happened on the Way to the Moon*），並且質疑登月只是美國政府精心策劃的戲法，想要藉此贏得冷戰，並刺激克里姆林宮在蘇聯太空計畫中投入大量金錢，進而導致蘇聯共產主義瓦解，因此毀滅俄羅斯的經濟，引發蘇聯政府從內部崩塌。

無論這個轟動社會的電視節目提出了何種「證據」，都只是鸚鵡學舌地重複過去二十年來，關於阿波羅計畫的無知論述——例如，阿波羅十一號在月球表面升起的美國國旗，竟然在一個不應該有風的地方飛舞飄揚；在月球表面拍攝的照片中沒有星辰；阿波羅計畫太空人所拍攝的照片品質太好，不可能是眞的；月球表面高達超過華氏兩百度的高溫會烤焦相機底片；登月艙下降引擎的力量應該會在登月艙外殼撞出一個凹洞；沒有人可以穿過范艾倫帶的致命輻射而安全往返月球等等。觀看該節目的有些觀眾相信了他們的說法，還有一些人則是臣服於陰謀論更黑暗的遺緒。

阿姆斯壯如果以文字的方式回答陰謀論，通常都會透過祕書薇薇安・懷特提出自己的聲明，附上薇薇安・懷特的簽名。尼爾的解釋非常直接且符合邏輯，正如一位工程師應有的應對。「阿波羅計畫的飛行任務在科學和科技領域沒有任何爭議。有名望的科學團體承認阿波羅十一號的飛行任務和結果。許多人親眼看見太空人在佛羅里達走進太空飛行器，也看見他們在太平洋海域接受援助。阿波羅任務往返月球時，各個國家也藉由雷達追蹤太空飛行器的位置。任務隊員在旅途中傳送電視轉播畫面，包括飛越月球的地景，以及人類過去不曾目睹、現在能夠確認的月球表面畫面。阿波羅計畫的隊員帶回月球表面的樣本，其中包括地球從未出現的岩礦。」薇薇安也補充道：「阿姆斯壯先生相信，世上只有一件事情比飛向月球更困難，那就是假裝飛向月球。」

「民眾喜歡陰謀論。」尼爾告訴本書作者：「他們非常深受陰謀論的吸引。我還記得，富蘭克林・羅斯福去世之後，許多人說他依然活在某個地方。哦，當然，還有『貓王還活著！』的說法。所有的議題都會有這種極端的情況，我認爲登陸月球陰謀論就是如此。我不覺得困擾。隨著時間經過，這種說法總會消失。一般而言，我幾乎不會留意陰謀論，除非某個人寫了一本書，在雜誌刊登一篇文章，或者在電視上提出某個證據。」遺憾的是，民眾依然相信這種陰謀論。二〇一六年，一家英國全國報社做的民調結果顯示「百分之五十二的英國人依然不相信阿波羅登月」。

多年來，阿姆斯壯也親身經歷了一些支持者的瘋狂行徑——在他留下的私人文件中（現在屬於普渡大學文獻室）保存了幾疊卡片和信件，尼爾將它們分類爲「瘋狂」。大多數的瘋狂信件都是無害的，但也有一些非常擾人，甚至嚇人的。尼爾和家人偶爾需要請警方評估信件內容是否確實有威脅。

最嚴重也最常出現的騷擾妨礙行爲來自製作《前往月球的途中，詭異的事情發生了》影片的男子。這個討人厭的傢伙帶著一位攝影助理，出現在各種場合，其中包括二〇〇一年EDO公司57在紐約市舉辦的年度股東大會。EDO公司的總裁詹姆斯・史密斯（James Smith）回憶當時的場面：「這個傢伙拿著一本聖經突然出現在股東會現場，大吼大叫說：『尼爾・阿姆斯壯，你敢不敢對著聖經發誓你眞的登陸過月球？』現場群眾立刻對這位不速之客發出震天噓聲，但他依然繼續說：『全世界的人都知道你沒有，你爲什麼不敢承認！』現場的情況變得激烈，我和其他人先請阿姆斯壯離開。從此之後，如果我們沒有替他安排特勤就不會請他出席。」

「如果此生我還有機會重新處理那次事件。」阿姆斯壯如此評論：「我不會讓身邊的人帶我離開股東會。我只會告訴現場群眾：『這個人相信美國政府詐欺民眾，同時，他希望行使美國政府保障他的權利，能夠自由地向各位表達他的意見。』」

EDO公司股東會結束之後的幾個月，在二〇〇二年九月九日，同一個男人又拿著聖經到比佛利山莊的一間飯店之外，與伯茲・艾德林正面對質。伯茲是洛杉磯居民，他前往該間飯店，準備接受日本教育電視臺的專訪。一開始，艾德林在繼女的陪同下，試著回答這位男子提出的問題，並竭盡所能想要脫身。但是，這位堅持不懈的獨立影片製作人尾隨伯茲離開飯店，要求攝影記者繼續拍攝，同時對著伯茲大喊：「你是一個懦弱的騙子！」七十二歲的艾德林再也無法忍受這種騷擾，他用盡全身一百六十英磅體重的力道，左勾拳擊中體重二百五十英磅的三十七歲男子下巴。這位來自納許維爾的男人報警，但洛杉磯郡檢察官查閱原告提供的攻擊事件錄影帶之後，撤銷了他的告訴。這位自稱「受害者」的男子後來告訴媒體：「如果我在月球表面上漫步，有人叫我在一本聖經發誓，我會在一疊聖經上發誓。」

早在EDO公司股東會事件和艾德林事件之前，同一位男子就曾經不請自來進到阿姆斯壯位於辛辛那提郊區的家中。尼爾的第二任妻子卡洛如此回憶事發經過：「尼爾在辦公

---

57 EDO是一間美國公司，生產國防、情報和商業產品。

室。那個人敲門，他帶著一隻大狗，還有一個大袋子。我打開大門，但並未打開紗窗門，他說：『尼爾在家嗎？』我說：「他不在，我可以幫你什麼忙？」他打開紗窗門，帶著狗，走進我們家，然後說：『我要他在這些文件上簽名。』我說：『尼爾已經不替別人簽名了。』『他會簽的。』他說完以後就離開了。三分鐘之後，我才開始覺得可怕，我非常緊張不安。」隨後的幾個星期，這位不法入侵者在阿姆斯壯的信箱放入各種信件和文件。有些文件內容帶有宗教色彩，大多數則是指控登陸月球是假的。當地警方的回應爲「這些文件可能沒有危險，但或許你們可以將錄影帶和信件帶到警察局，我們會仔細檢查」。直到他們致電美國廣播公司電視臺（ABC）的納許維爾分公司，才知道那個男人根本不是美國廣播公司電視臺的員工，而是一位獨立影片製作人，開設一間名字也是ABC的工作室。幾個星期之後，卡洛接到鄰居電話。「卡洛，外面停了一臺汽車，已經停了很久。」這位鄰居出門查看，她發現汽車後座放著許多攝影器材。監拍一共持續了三天，最後導致阿姆斯壯夫婦、不法入侵者，以及警方的三方飛車追逐。

最後一次與阿姆斯壯和他的月球之旅有關的誇大偶像事件發生在他死後五年，二〇一七年夏天，一個小型的布袋沾著微小的月球塵土粒子，是尼爾當初在月球表面艙外活動時使用的袋子，成爲「拍賣史上最有價值的太空文物」。二〇一七年七月二十日星期四，在登月的四十八周年紀念日，全球知名的拍賣公司蘇富比（Sotheby）以一百八十萬美元（根據外界推測，這個袋子的價值可達四百萬美元）的價格賣出「月球樣本回收袋」（長十二英寸、寬八・五英寸），這也是蘇富比公司第一次完全以美國太空計畫爲主題的拍賣展（地點是在蘇富比公司位於紐約的藝廊，拍賣網站也同步接受競價）。

蘇富比公司對於這個物件（一〇二號袋子）的描述如下：「此袋（阿波羅十一號月球樣本回收消毒袋）是市面上曾經出現最稀有而且最重要的太空探索文物，也是眞正第一中的第一，一個用於收藏保護首批月球樣本的物品，由登月第一人在初次登月時親手使用。」二〇一五年八月，蓋斯頓和雪漢拍賣公司（Gaston & Sheehan Auctioneers）替美國法警部門舉行線上法拍會，不愼將這個小袋子與外包裝的夾鍊帶賣出，夾鍊帶是「外層保護袋」，用於保護尼爾在登陸靜海基地之後不久蒐集的大約五百克月球塵土和十二塊岩石碎片。二〇〇三年，美國法警部門搜索馬克思・艾瑞（Max Ary）家中車庫時尋獲並且扣押此袋。艾瑞是「宇宙物質太空博物館」（Cosmosphere space museum）的館長，此館位於堪薩斯的哈奇森（Hutchinson）。「沒有人清楚知道爲什麼月球樣本袋會在馬克思・艾瑞家中。」Space.com網站的文章報導關於誰才是樣本袋合法擁有人的兩則法律訴訟案時表示（艾瑞雖然表示自己是清白的，依然服刑兩年，袋子遭到美國政府回收——艾瑞則宣稱袋子是他個人合法的太空收藏品——償還美國政府求償的十三萬二千二百七十四美元。艾瑞現在是奧克拉荷馬州斯塔福德航空和太空博物館的館長）。在二〇一五年八月的美國法警拍賣會上購買樣品回收袋的人是南希・李・卡爾森（Nancy Lee Carlson），一位來自伊利諾州的律師，她只支付九百九十五美元。爲了詳盡知道自己究竟購買了何種物品，卡爾森聯絡了航太總署詹森太空中心的阿波羅文物管理人萊恩・奇格勒（Ryan Zeigler）。航太總署的檢驗發現，袋子中的月球塵土是眞品，也確實來自阿波羅十一號。在此之前，都沒有人可以確定袋子的出處。這個月球樣本袋來自人類第一次踏上月球，航太總署知道其歷史重要性，決定暫時將袋子鎖放在詹森太空中心，直到聯邦法院判決確定南希・李・卡爾森是回收袋的合法擁有人之後，才將物品還給她。卡爾森最後委託蘇富比公司舉行拍賣。

名聲昂貴的代價——即使只是一個袋子——都在登月第一人獨一無二的歷史遺產之上，加諸了沉重的負擔。

Chapter 30
心之歸向

一九九一年二月，暴風雪即將橫掃阿斯本（Aspen）四座覆滿白雪的雪山（Snowmass）山頭，而滑雪道上厚重的雲層就像暴風雪派來的前導使者。六十歲的尼爾，與朵利絲・索拉科夫（Doris Solacoff）一起前往上霍爾巨坑（Upper Hal's Hollow）滑雪道的頂端。桃利絲的丈夫是寇特邱・索拉科夫，也就是尼爾住在上桑德斯基時的童年好友。尼爾、桃利斯、寇特邱，加上剛離婚的弟弟，他們四人成爲滑雪隊友。他們剛用完午餐。尼爾吃了一大碗紅番椒與洋蔥。

爬上滑雪道頂端時，尼爾非常安靜，朵利是一位通過考試的合格護理師，她發現了尼爾的異狀。朵利滑下雪道數百英尺之後，更察覺尼爾的滑雪速度非常緩慢。「我不太舒服。」尼爾說。朵利看見尼爾的臉色蒼白並堅持幫忙。「不，等一等。」尼爾猶豫了。他知道如果讓朵利檢查他的狀況將會引發騷動。「我的身體很虛弱，我想坐在這裡休息。」

朵利匆忙聯絡雪場巡邏人員。「我的朋友可能心臟病發。我將他現在的位置告訴你。」

在上霍爾巨坑滑雪道最下方的寇特邱與迪恩也開始感到擔心了。朵利終於抵達，她大喊：「尼爾心臟病發，雪場巡邏員用救援雪橇將他帶下來了！」

雪場醫務室的醫師確認尼爾心臟病發，並立刻使用點滴注射阿托品以緩和尼爾的心律不整的症狀。救護車將尼爾送往阿斯本山谷醫院，院方讓尼爾進入加護病房。尼爾在病房承受心搏徐緩症狀（bradycardia），也就是心跳異常緩慢。

阿姆斯壯的心跳頻率很快就恢復穩定並轉回丹佛的醫院，但暴風雪讓他必須留在阿斯本三天。這間小型的度假區醫院熟悉如何保護名人隱私，因此並未向外界透露阿姆斯壯心臟病發。

寇特邱是俄亥俄州的醫師，他協助安排一臺直升機從科羅拉多飛往辛辛那提的醫院。辛辛那提醫院的心臟專家醫學團隊替阿姆斯壯進行心導管手術，處理一條偏離的小型血管。阿姆斯壯其餘的冠狀動脈沒有阻塞現象。手術結束之後，他的心臟組織只有最少程度的永久傷害。

隔天阿姆斯壯就能出院，沒有任何嚴格的活動限制。他相信醫師的判斷並立刻搭機參加商業會議。六個月之後，阿姆斯壯通過飛行體檢並得以繼續飛行。

隨後的幾年，他還造訪科了羅拉多的滑雪聖地數次，其中一、兩次，依然與寇特邱、朵利，以及迪恩同行。

尼爾心臟病發的當天，他正在和珍妮特處理離婚事宜。我們不清楚壓力是否導致阿姆斯壯的心臟疾病發作，但是，在過去的一年來，他的私人生活確實累積了種種困頓。一九九〇年二月三日，尼爾的父親史帝芬過世；僅僅三個月之後，他的母親薇歐拉也過世了。他的父母都已經八十三歲，結縭長達六十年。就在尼爾母親死後不久，珍妮特離開了尼爾，理由是兩人的情感疏離。

一九七一年，尼爾離開航太總署之後，珍妮特．阿姆斯壯曾經希望他們能夠在辛辛那提郊區開始新生活。「我的丈夫在辛辛那提工作，所以我們搬到辛辛那提。他希望能夠保持更靜謐的生活。」因為「過去多年來，他花了許多時間在太空計畫，根本沒有留下時間給自己。」

萊巴嫩是辛辛那提和代頓的衛星住宅區域。「我從來不曾居住在小城鎮。當時，我們一踏進冰淇淋店，就差不多決定要住在這裡了。這裡似乎是非常好的社區，適合養育小孩。」

但是，他們必須改建十九世紀留下的農舍。「尼爾不喜歡欠債，也不願意申請另外一筆貸款，所以我們用了七年時間才有足夠的現金完成改建。情況很特別，建築負責人經常在我們家，我到學校接小孩時，他甚至還會替我們接電話。他已經變成我們的家人了！對小孩來說，對我來說，這種情況都很煎熬。」

「馬克比瑞克更適應。」但兩位小男孩都因為身為尼爾．阿姆斯壯的兒子而遭到戲弄。根據瑞克的說法：「很痛苦，但我已經學會忽略了。」瑞克認為馬克更能夠輕鬆看待。「他的社交生活比較活躍。」瑞克回憶「農舍生活就像與世隔絕，我認為這種隔絕多半是因為爸爸過去的經驗，但隔絕也對家中的其他成員產生緩慢的影響。」珍妮特不知道兩位小男孩的內心如此難受，尼爾當然也毫不知情。後來，珍妮特說：「幾年之後，我才明白他們的心情，因爲他們從來不願意告訴我。」

在超過三百英畝的農場中，尼爾從事勞務工作，雖然尼爾分擔的分量或許不如珍妮特的期待。「我們豢養七十到九十頭牛，種植玉米、大豆，以及小麥。」詢問珍妮特是否眞的喜歡農場工作時，她說：「我們必須如此。早上清理牛糞，晚上參加晚宴派對，其實不是輕鬆的生活。」

一九八一年，尼爾辭職離開辛辛那提大學過了一年，馬克前往就讀史丹佛大學之後，尼爾與珍妮特開始面對空巢期（瑞克已經從惠頓伯格大學畢業了）。「我不認爲男孩離家影響了尼爾，但確實對我有影響。我覺得那是我們兩個人終於可以一起追求某些目標的時間。」然而，事情的發展卻演變爲尼爾開始接受各間公司的董事會職位邀請，反而比過去更常離家。「孩子走了，尼爾走了，連我們的狗溫蒂都被偷了。我們家沒有任何保全系統。我被困在這個鄉村。最後，我終於厭倦了這種生活。我在一九八七年開設一間旅行公司並在一九九三年賣掉公司。」

珍妮特對尼爾的不滿，也因爲她的生活愈來愈不快樂，而變得更爲嚴重。她希望幫助尼爾更有組織地處理事務，但徒勞無功。「他接到許多演講邀請，諸如此類繁雜的工作——他不知道怎麼處理。他必須決定——在那個時候，做出決定似乎對他來說很困難。」

「那個男人需要幫助。我無法幫助他。他也不想要我的幫助。他不希望對我生氣，我猜想，或者他也不希望我對他生氣。這一點，他或許非常聰明。薇薇安・懷特（尼爾的行政祕書）能夠淡然面對，她知道如何順其自然。」

珍妮特曾經想要替兩人安排假期，但尼爾無法配合——他的行程永遠非常忙碌。「我不能繼續這樣生活了。他總是希望面面俱到，有時候他會和我討論——我的回答則是『快點決定！』但他無法決定，或者不願決定。」

「一九八七年十一月，我想和他一起去滑雪，但他無法將滑雪排入明年的行程。」一九八八年下旬，他們終於到了猶他的帕克城（Park City）滑雪。珍妮特說服尼爾如果他們在這買一間度假屋一定會很棒。「他到這裡旅行的時候就不用支付住宿費，小男孩也可以過來，我們一家人可以擁有一個方便的旅行度假屋，而且大家都喜歡滑雪。」一九八九年初，他們在帕克城郊外買了一間瑞士風格的全新度假屋，就在未來的二〇〇二冬季奧運舉行地點附近。倘若這對夫妻選擇朝著這個方向努力，或許這會是他們婚姻生活的轉捩點，但他們沒有。「事實是，他用了一年，才能在行事曆中找到一個週末和我一起度假。從某個角度來說，我非常憤恨。那就是我們婚姻的惡兆。」

買了度假屋的幾個月之後，尼爾結束商務旅行回到家，他發現珍妮特在萊巴嫩農舍家中的廚房桌上留了一張紙條，上面寫著她要離開尼爾。

「我們有一個家庭。我們還有孫子了。這是非常困難的長期決定，我很煎熬——在我離開之前，我爲此哭泣了三年。」珍妮特拖了三年才決定離開，因爲「小孩還在家裡，我們的家還沒變得空蕩，我們還有希望。我一直都希望我們的生活會隨著時間經過變得更好。」

「我終於明白他的個性。我再也無法忍受他的個性。」

尼爾承受嚴重的打擊。「你難道不做點什麼嗎，尼爾？」他的朋友哈利・康柏斯問。「不，我沒有辦法了。」尼爾回答：「珍已經放棄我們了。她不想過那種生活。」康柏斯說：「尼爾陷入我所見過最嚴重的憂鬱，很糟糕。他坐在那裡，盯著桌子——毫無動靜。我問他：『情況好轉了嗎？』他則說：『小孩很支持，但我不覺得她會回來。』這種情況大概維持了兩、三年。」

迪恩也承認尼爾因為離婚而變得憂鬱。「他花了很久的時間，懇求珍妮特回來。」

尼爾父母之死也讓離婚這場悲劇更加沉重，史帝芬先離開人世，隨後是薇歐拉。他們人生的最後幾年相當悲傷，而且充滿問題。史帝芬連續發生好幾次小中風，並且認為他們沒有足夠的生活費。於是孩子讓他們搬到亞利桑那州比斯比（Bisbee）的雙層公寓，與茱恩和她的丈夫傑克・霍夫曼同住。薇歐拉適應良好，但史帝芬討厭沙漠。一九八九夏天，尼爾讓父母親搬到俄亥俄州雪梨市的退休社區，就在沃帕科內塔南方。

住在沒有人照養的護理之家六個月，史帝芬相當不快樂，也讓薇歐拉的生活變得更為艱難。一九九三年二月三日，史帝芬再度中風時，尼爾在他的身邊。「爸爸從床上倏然起身，望著我們，躺下之後就離開人世了。」尼爾回憶道。幾天之前，史帝芬揮手請妻子到他身邊，輕聲說：「我愛妳。」

丈夫離開人世的悲傷慢慢淡去，薇歐拉準備繼續生活，但過去診斷的胰腺癌最後成為薇歐拉身體的心臟問題。不幸的是，薇歐拉的健康狀態比任何人推測的都更脆弱。一九九〇年五月二十一日星期一，薇歐拉在俄亥俄州猝死。幾天之前，她對女兒說了一句令人訝異的話：「我不知道上帝是不是真的存在，但我很高興自己相信祂存在。」父母離開人世以及與珍妮特離婚之後的冬天，尼爾心臟病發。雖然他的身體迅速恢復，但內心的痛苦可能還要很久才能痊癒。

浴火重生之後，如果一個人幸運，嶄新的人生就會開始。對尼爾而言，生命的復甦——以及某種程度的個人救贖——始於他遇見卡洛・赫爾德・奈特（Carol Held Knight）。

卡洛生於一九四五年。遇見尼爾時，她才剛剛成爲遺孀。一九八九年，她的丈夫拉夫・奈特（Ralph Knight）四十九歲，在佛羅里達的一場小型飛機意外中身亡。卡洛必須獨自扶養兩位青少年，茉莉和安德魯（Andrew），並且經營家族企業，一間位於辛辛那提的小型建設公司。

一九九二年夏天，尼爾和卡洛共同的朋友保羅・克里斯丁森（Paul Christiansen）與莎莉・克里斯丁森（Sally Christiansen）悄悄安排兩人見面，地點是辛辛那提鄉村高爾夫俱樂部舉行比賽前的早餐聚會。坐在知名太空人身旁，卡洛非常難爲情，幾乎沒有說話，爲了照顧生病的母親而提前離席。尼爾陪伴她走到汽車旁。

「幾個星期之後，我和兒子安迪（安德魯的小名）站在後院，我聽見電話響了。電話那頭的人說話非常小聲，他說：『哈囉？』我問：『請問你是哪位？』這個安靜的聲音說：『尼爾。』我又問：『哪一位尼爾？』他說：『尼爾・阿姆斯壯。』我回答：『哦，有何貴幹？』『妳在做什麼？』『我和兒子正要鋸掉一棵枯死的櫻桃樹。』」

「尼爾的聲音突然變得很有活力。『哦！我可以幫忙。』『你知道我住在哪裡。』我回答：『就在保羅和莎莉家對面。』『我馬上過去。』三十五分鐘之後，一臺皮卡車來了。安迪過去應門，尼爾站在門口，手中拿著鋸子。安迪回到廚房問我：『妳知道誰在我們家門口嗎？』我說：『哦，我忘了告訴你，尼爾・阿姆斯壯要到我們家。』」

一九九四年，尼爾和珍妮特完成離婚手續之後，他與卡洛結婚了。他們決定舉行兩場婚禮，全家人一起規劃，卡洛說：「『尼爾，你覺得這個日期如何，六月十八日？』他打開行事曆，用非常嚴肅的口吻說：『那天我有一場高爾夫球比賽。』隨後，他抬頭，害羞地看著我說：『但是我可以改期。』」

由於加州規定結婚前必須做血液檢驗，需要等待五天，尼爾和卡洛決定先在俄亥俄州結婚。卡洛居住地的市長是她的朋友，市長在一九九四年六月十二日主持婚禮。克里斯丁森夫婦擔任證人。他們的加州婚禮地點是洛杉磯地區卡拉巴薩斯谷地（Calabasas Canyon）附近的聖思多羅牧場（San Ysidro Ranch），當天出席的賓客只有尼爾的兩個孩子與卡洛的兩個孩子，加上馬克的妻子溫蒂，以及馬克的兩個孩子。

新婚的尼爾・阿姆斯壯夫婦決定在卡洛家的舊居地點重新建立一棟新居。一九九七年，採用英國鄉村風格的單層樓住宅竣工。「我們曾經討論要不要搬到其他地區，但我們所有的朋友都住在這兒，而我們的年紀已經到了人際網絡珍貴無價的階段。」

卡洛是否曾經想過成為尼爾・阿姆斯壯夫人的意義？「我很確定社會大眾的關注已經少於三十年前。我們在各地旅行時也發現了這個情況，民眾比較不會立刻認出他。我通常都會幫忙，彬彬有禮地向民眾解釋：『尼爾已經不替人簽名了。』但是，我們還是會提供其他選項，『要不要拍照？』我們必須尊重民眾的感受。」

「依然有幾次的經驗讓我非常害怕，在美國兩次，在其他國家也有幾次。我記得我們曾經在凌晨兩點抵達某個海外國家的機場。現場等候尼爾的民眾太多了，我們根本無法走向車子！只能請五、六位警察幫忙。」

「還有一次，我們從倫敦回到美國，我們剛下飛機，回到家中，正要把行李帶回臥室，此時門鈴響了。一位女士站在門口，她說話有英國腔。她說：『我是《倫敦時報》（*London Times*）的記者，我在英國錯過兩位了。我希望能夠專訪，你們現在可以接受專訪嗎？』我看著她說：『妳一定是瘋了。』」

「尼爾和我之間有很好的平衡，所以我們是非常好的伴侶。」

熟悉尼爾第二段婚姻的朋友，都同意卡洛非常努力讓尼爾快樂。

時至今日，珍妮特・阿姆斯壯在猶他居住二十五年之後，搬回辛辛那提郊區，住在兩位兒子和六位孫子附近。瑞克在一九七九年於惠頓伯格大學畢業，主修生物學，在密西西比格爾夫波特（Gulfport）的一間公司任職，負責訓練海豚和海獅，隨後曾經前往夏威夷，最後在俄亥俄州的國王島表演海豚秀。瑞克已經與妻子離婚，他們的三位孩子依然住在辛辛那提北方郊區。瑞克以半職業方式表演吉他，並且在世界各地旅行觀賞自己最喜歡的海獅樂團（Marillion）的演唱會。馬克在史丹佛大學主修物理學，參與史丹佛大學高爾夫球隊，也協助史丹佛大學校方設置第一間學生電腦研究室。馬克曾經在加州聖塔莫尼卡的賽門鐵克科技公司（Symantec）工作，隨後與大學時期的室友一起創業成立WebTV，WebTV被微軟收購之後，馬克繼續留在矽谷微軟工作，直到二〇〇四年，馬克與妻子和三位孩子一起搬回辛辛那提。當初，就是因爲馬克對蘋果電腦推出的麥金塔機型很有興趣，才會讓尼爾非常熱衷於研究電腦科技。

二〇〇五年，珍妮特接受本書第一版長達數個小時的採訪時，依然掙扎，無法完全理解尼爾。

「每個人都因為尼爾淡薄名利而不像其他太空人，所以給他最大的讚譽。」

「沒錯，但請你想想這一切對他內心的影響。他覺得很有罪惡感，數萬人努力的成果，他卻獲得所有的喝采。像吉姆・洛維爾和尼爾就是完全不同的性格。洛維爾可以昂首闊步，不會爲此困擾，但尼爾會。尼爾永遠都擔心自己犯下社會性的錯誤，但他沒有理由擔心，因爲他永遠都是一位行爲得宜的紳士。」

「他的人生確實非常有趣，但他太過於嚴肅。」

「他不喜歡鶴立雞群，他也討厭民眾依然想要接觸他，或者跟他索取簽名。但過去二十年來，他依然願意替民眾簽名，或許，在他內心深處，他根本不曾想過，大多數的人只是想要賣掉尼爾的簽名賺錢。」

「妳認為，如果這些年來，尼爾更願意公開亮相，民眾對他的興趣就會減少——換言之，尼爾的避世其實更讓他成為群眾追逐的目標嗎？」

「我同意。」

在人生的晚年，尼爾・阿姆斯壯似乎非常快樂，或許比他人生的任何時期都更爲快樂。雖然，他在二〇〇二年春天時已經宣布「退休」，但他依然保持忙碌的生活：在世界各地旅行、演講、參與活動、拜訪孩子與孫子、寫文章，以及打高爾夫球。他參加美國哲學學會的聚會，也經常參與摩洛哥皇家學院的年度會議。一九八〇年，哈桑二世成立這個學院時，就已經將尼爾列爲會員。

至於飛行活動，只要遇見有趣的飛機，尼爾都會把握駕駛的機會。一九八九年，尼爾成爲AIL系統公司總裁時，獲邀駕駛B-1轟炸機。一九九一年，他答應電視節目《初次飛行》（*First Flights*）的邀請，再度駕駛B-1轟炸機。他也在同個電視節目中駕駛其他類型的飛機，包括獵鷹戰鬥機（Harrier）、各種直升機、各式滑翔機，以及老舊的洛克希德星式飛機（Constellation）。

一九九〇年代晚期，尼爾賣掉自己的西斯納（Cessna）三一〇飛機，但保留飛行執照，這樣才能答應駕駛特殊飛機的邀請。二〇〇一年，尼爾接受RMI鈦公司（RMI Titanium Co.）的董事會職位邀請，他前往空中巴士位於法國土魯斯（Toulouse）的總部，親自駕駛空中巴士三二〇（Airbus 320）。「我很幸運能夠參與這些令人興奮的飛行活動，我銘記在心。」他在寫給一位朋友的信中提到：「這個星期，我在土魯斯駕駛空中巴士測試飛機飛越庇里牛斯山。這次飛行經驗雖然不是非常刺激，但很有趣。」二〇〇四年夏天，阿姆斯壯駕駛歐洲直升機公司（Eurocopter）與亞斯達公司（AStar）製造的直升機，以及各種輕型飛機。二〇一一年，就在阿姆斯壯過世前一年，他造訪澳洲時，甚至接受澳洲航空的邀請，駕駛空中巴士三八〇模擬機。空中巴士三八〇是雙層、寬機身、四具引擎的飛機，也是全球最大的客運飛機。直到去世之前，他依然喜歡駕駛滑翔機在高空飛翔。從一九六〇年代早期開始，飛行就是尼爾放鬆的方式。「他一直都是天生的飛行好手。」珍妮特回憶道：「他眞的可以聽見熱氣上升。能夠獨自在高空飛翔，永遠是他美好的放鬆。」

二〇〇二年，尼爾同意授權撰寫他的傳記，最後的結果就是這本書的第一版。許多人思忖，他爲什麼終於願意接受本書作者提案書寫他的人生故事，因爲他曾經拒絕幾位最傑出的美國作家，例如詹姆斯・米奇納㊿、赫爾曼・沃克㊾，以及史帝芬・安布羅斯⑥⓪。尼爾本人或者他的家人並未提出任何明確的說法，只有說「時候到了」。他對於本書作者唯一的讚美則是：「你寫的書，完完全全符合你當初承諾我的那本書。」

一開始，七十五歲的阿姆斯壯同意替這本書接受三次訪談，而且一直清楚地表明，他只是這本書的主題人物，不是作家。數個媒體希望可以訪問阿姆斯壯。最後，他同意接受哥倫比亞廣播公司電視臺的新聞雜誌節目《六十分鐘》（*The 60 Minutes*）訪問，而且是唯一一次訪問。節目於二〇〇五年十一月一日播出，觀眾人數創下紀錄，就在本書於書店上市前一天。哥倫比亞廣播公司將該次訪問定調爲「月行者歷史上第一次同意接受電視訪問」。節目播出後獲得一致好評。尼爾在辛辛那提的一位好友約翰・史梅爾（John G. Smale），當時是寶僑公司（Procter & Gamble; P&G）的首席執行長，後來成爲通用汽車的總裁，親手寫了一張紙條給尼爾：「你在《六十分鐘》的專訪非常好。你在全國觀眾面前誠實地表現了自己。」節目主持人是艾德・布萊德利（Ed Bradley），採訪地點在卡納維拉爾角（甘迺迪角），從水星計畫時期至阿波羅計畫時期，負責全程主導哥倫比亞公司電視轉播

---

58 米奇納（James Michener, 1907-1997）以《南太平洋物語》一書，在一九四八年榮獲普立茲小說獎。

59 赫爾曼・沃克（Herman Wouk, 1915-2019）在一九五一年以歷史小說《凱恩艦事變》（The Caine Mutiny）獲得普立茲小說獎。

60 安布羅斯（Stephen E. Ambrose, 1936- 2002），美國著名歷史學家，曾替兩位美國總統撰寫傳記，分別是艾森豪與尼克森，一九九四年，安布羅斯出版諾曼第登陸的歷史書籍，成爲暢銷作家，電影《搶救雷恩大兵》也邀請安布羅斯擔任歷史顧問。

美國載人太空計畫的傳奇新聞主播華特·克朗凱親自採訪尼爾。

尼爾面對各種問題的反應都非常簡潔、迅速、睿智而且思緒縝密，展現傳奇太空人私下的一面，讓電視節目的觀眾非常訝異。一九六九年七月，老鷹號登陸月球時，許多觀眾甚至還沒出生。「我知道我們（意指阿波羅計畫）的生命有限。但我必須承認，計畫延續的時間比我預期得更短。我全心全意地相信，我們在二十世紀結束時完成的成就會超過我們實際完成的。如果我們在太空競賽輸給蘇聯，我們就會輸掉民眾支持繼續的意願。」尼爾也向艾德·布萊德利解釋，爲什麼他認爲自己沒有資格獲得阿波羅十一號飛行任務達成的里程碑的成就，或者踏上月球表面的那句「一小步……一大步」。「我不配（獲得成爲登月第一人的種種關注）。我並非被選爲成爲登月第一人，而是獲選爲該次飛行任務的指揮官。環境因素讓我獲得第一個踏上月球的獨特角色。沒有人刻意制定這個計畫。」他繼續解釋成爲知名太空人之後令人失望的一面：「突然之間，所有的朋友和同仁，在我們共事的時候，都會用與過去的歲月有所不同的方式看待我們。我從來不能理解爲什麼。」他也評論成爲阿波羅計畫太空人，以及獲得登月第一人的名望之後，對私人生活與家庭產生的衝擊。「我的其中一個懊悔，就是我的職責需要投入大量的時間並且經常旅行，我沒有辦法按照自己的心意陪伴家人成長。」在節目當中的一個片段，哥倫比亞廣播公司安排尼爾在奧蘭多郊外的一處小機場駕駛滑翔機，並且在機上安裝電視攝影機。飛行影片的最後，布萊德利詢問尼爾，航太總署考慮在二〇一八年時讓人類重返月球，七十五歲的尼爾是否想要加入這場千里跋涉的旅途。

「我不認爲自己還有機會。」尼爾說，但微笑地補充：「但我不會說自己沒時間。」

二〇一〇年，阿姆斯壯獲得兩次前往中東旅行的機會，作爲「航太傳奇」（Legends of Aerospace）系列巡迴旅遊，由品德娛樂公司（Morale Entertainment）主辦，協辦單位是武裝力量娛樂公司（Armed Forces Entertainment）。兩次旅行的宗旨都是「提振從軍男女的精神」。阿姆斯壯的隨行隊友相當有來頭，分別是阿波羅十三號與阿波羅十七號的指揮官，吉姆・洛維爾和金・賽爾南。在三月的傳奇之旅（爲期十天）中，同行的人還有史帝夫・里奇（Steve Ritchie），他是自從韓戰之後，唯一一位曾經擊落超過五架敵機，獲得「王牌」稱號的美國空軍戰鬥機駕駛員；以及羅伯・吉利蘭德（Robert J. Gilliland），第一位駕駛SR-71黑鳥偵察機的測試飛行員。在兩次旅程中，擔任儀式主持人的都是大衛・哈特曼（David Hartman），他是美國廣播公司《早安美國》（*Good Morning America*）節目長年以來的主持人，也是一位熱情的航太迷。旅程的路線非常驚人，一共飛行一萬七千五百英里，停留六個國家（德國、土耳其、科威特、沙烏地・阿拉伯、卡達，以及阿曼），造訪六座美軍基地和醫院，搭乘直升機前往曾在戰爭服役的艾森豪號航空母艦，並且和超過一萬五千支軍團見面。十月的旅途（爲期七天）從巴林開始，先前往波斯灣，搭上十一艘美國戰艦的領導航空母艦杜魯門號，最後一站是巴拉德（Balad）聯合基地，位於巴格達北方四十英里處的伊拉克空軍基地。基地的司令官，二等二級士官長布萊德利・貝林（Bradley Behling），隸屬三八六遠征支援中隊，在太空人訪問基地之後，他說：「他們這次的參訪宛如美夢成眞。這種巡迴旅程讓所有在前線戰鬥的士兵知道，他們並未被美國遺忘。尼爾・阿姆斯壯環繞地球到基地親自向士兵感謝他們的付出，我認爲每個人內心只有一種感受，那就是受到鼓舞，直到完成任務之前，都不會放棄。」

在二〇一〇年三月那場旅程，阿姆斯壯、洛維爾以及賽爾南三人花了許多時間，一起討論歐巴馬政府的太空政策。三位前任太空人都不喜歡歐巴馬總統終止「星座計畫」（Constellation），這是由航太總署在二〇〇五年至二〇〇九年期間發展的載人太空計畫，目標是完成國際太空站的建設，並且在二〇二〇年之前重返月球，最後目標則是由太空人飛往火星。二〇〇四年時，星座計畫估計的支出是兩千三百億美元，計畫時間超過二十年，目標則是製造戰神發射火箭、獵戶星新型探索太空飛行器，以及牽牛星登月機。多年來，尼爾選擇不要公開反對美國太空計畫的任何政治決定，但終止星座計畫確實讓他非常不悅。在吉姆和金的大力鼓勵之下，尼爾同意參與國會聽證會。

二〇一〇年五月十二日，尼爾出席美國參議院的商業、科學以及運輸委員會舉行的聽證會，他與兩位阿波羅任務指揮官同仁一起出席反對終止星座計畫。尼爾願意公開提出自己質疑的動機不是政治，更不是黨派。如果洛維爾與賽爾南，以及航太總署前任署長麥克・葛利芬（Mike Griffin）並未強力要求尼爾分享自己的想法，並指出航太總署目前的發展方向錯誤，尼爾可能就不會如此。但是，一旦他下定決心，他就會竭盡所能提出自己對於國家政策方向最傑出且明確的主張。「迄今為止，我相信，」五月二十六日，他對美國參議院科學、太空以及科技委員會表示：「我們國家對於太空探索的投入，以及我們向全世界分享的太空知識，都非常睿智，而且發揮良好的效果。美國因為學習人類如何航向未知的海洋而受到其他國家的尊敬。如果我們任憑過去投入獲得的太空領導地位凋零，其他國家必定會取而代之。我不認為這種結果符合美國的最佳利益。」

私底下，尼爾對於政治環境如何影響美國太空政策的想法更為直接。二〇一〇年八月，尼爾寫信給一位退休的美國空軍上校，也是曾經在航太總署服務的朋友時表示：「我們不能期待歐巴馬總統非常理解我們的世界（航太科技社群），相較於他現在要處理的問題，航太只是一個小議題，例如阿富汗問題、健保問題、刺激景氣復甦問題、以及石油外洩問題等等。因此，我希望他身邊有良好的航太政策顧問，但我的結論是他沒有。向歐巴馬總統提出建議的陰謀小集團顯然有自己的議題考量。他們希望在感恩節到明年二月這段期間，藉由刪除航太總署預算提案的一般審核過程，迅速在國會完成所有修法。我還沒遇到任何一位參議員、眾議員、計畫督導、資深空軍官員，或者國家研究院官員，確實知道航太總署想要提出的計畫內容。因此，總統在二〇一〇年二月一日宣布美國的星座計畫時，讓許多國會議員相當憤怒，兩黨議員皆是如此。我很確定，議員的反應讓總統很訝異。於是，那群顧問小團體迅速提出修正，三月十五日，總統在詹森太空中心演講時便提出新的決定。很顯然這些計畫決策非常草率。我對於總統的決策過程相當不滿。計畫的初步草案非常脆弱，很容易遭到未來的政府或國會刪除或修改。從某種程度來說，所有計畫的草案都是如此，但如果星座計畫缺乏重要的支柱，代表美國的太空飛行就會在幾年之內緩慢消亡。我雖然擔憂，但依然懷抱希望。我們還有很多目標需要努力。」二〇一一年，尼爾再度參加國會聽證會，這次是眾議院的科學、太空和科技委員會。除此之外，尼爾也向各個委員會的主席與成員寄出信件，強調自己的觀點。

隔年，尼爾的公開參與聽證會的結果事與願違。二〇一二年三月二十五日，阿姆斯壯死前五個月，哥倫比亞廣播公司的史考特・培利（Scott Pelley）主持的《六十分鐘》節目，邀請「太空X」（SpaceX）的主導人伊隆・馬斯克（Elon Musk）擔任來賓，節目主題則是「太空商業化發展過程」。培利播放尼爾在聽證會的畫面之後宣稱：「某些美國英雄不喜歡太空商業化的概念。尼爾・阿姆斯壯和金・賽爾南都作證反對你（馬斯克）正在發展的太空飛行商業化……他們認為歐巴馬政府推動太空飛行商業化會危害太空飛行的安全並且高額支出納稅人的錢……我想知道你的想法。」馬斯克看起來非常情緒化，眼眶滿是淚水。他說：「我很難過。他們是我心中的英雄，所以這一切讓我非常煎熬。我希望他們可以過來看看我們正在努力完成的目標。我認為他們會改變心意。」

阿姆斯壯一直都嚴肅看待真相，在上述的故事中，他更是要求按照字面如實報導。他寫信給《六十分鐘》，要求更正節目主持人的發言紀錄。「我好奇貴節目從何處得到相關資訊……我仔細梳理自己在聽證會的所有言論，我並未發現任何文字符合您的說法……我在聽證會的發言通常引述他人觀點，而非我自己的主張。我不可能同意貴節目的說法符合我在聽證會的證詞。國會委員會確實懷疑航太總署的計畫，他們也曾經針對太空自動載運飛船和太空商業飛船相關計畫舉行專門的聽證會。貴節目確實可以在聽證會的證詞中找到支持您觀點的證據。因此，我非常驚訝，貴節目居然憑空捏造我的『反對立場』……我要求貴節目向我解釋，你們爲什麼可以在電視節目的觀眾面前提出不實主張。」尼爾在寫給哥倫比亞廣播公司電視臺的信件最後附上他在參議院委員會聽證會的證詞逐字稿，尼爾表示「這是在我的證詞當中，唯一與『太空飛行商業化』有關的發言。」

史考特·培利代表哥倫比亞廣播公司電視臺回信給尼爾，但直到六月十二日才答覆。很顯然尼爾的來信「在電視臺並未受到慎重處理」，才會導致十天的延誤回信。培利確實道歉了，但他解釋爲什麼《六十分鐘》節目認爲他們可以認定尼爾反對太空發展商業化的立場：「我們採用你對歐巴馬政府太空計畫政策的質疑，才會解釋爲你反對太空發展商業化，其中部分證詞如下：

> 我非常擔心新的太空發展計畫，倘若我的理解正確，就是禁止美國政府使用國家製造的火箭和太空飛行器，將太空人送入地球低軌道，直到私人航太公司正在發展的硬體足以將人送入軌道。我支持政府鼓勵航太產業的新公司追求成本低廉的太空運輸。但是，由於我接觸火箭科技已經超過五十年，我對此沒有信心。我和最有經驗的火箭工程

師討論過，他們相信，還要多年的時間與大量投資，我們才能達到足夠安全的等級和可靠程度。

任何人只要聽見或者讀到尼爾的證詞，都能夠合理地推論，正如培利的想法，尼爾不支持將載人太空飛行的設計和營運交給私人商業公司，他認爲短期內不適合，可能也相信不利於長期發展。但是，培利依然向尼爾坦言，節目播出的內容確實不夠精確。「我們應該在節目報導內中指出，對於新公司在短期之內成功達成安全和成本標準，你『沒有信心』，但你確實鼓勵他們追求目標。我們也應該更清楚地表達，你擔憂的是所有的『新公司』，而不是特別針對『太空X』計畫。」培利也邀請尼爾共同撰寫聲明「我們可以一起完整澄清」，但尼爾選擇接受培利提出的另外一個保證，培利將代表《六十分鐘》發表更正啓示。

相較於出席國會聽證會，在生命的晚年，阿姆斯壯更享受自己和卡洛的美好婚姻生活；他們靜謐的家園，在辛辛那提郊區，還有外人無法擅自介入的社交生活；以及位於科羅拉多特柳賴德（Telluride）洛磯山脈滑雪度假村的房子。他也很享受與馬克和瑞克愈來愈親近——通常是從事全家人都喜歡的高爾夫球運動，以及將近一年一次前往蘇格蘭和愛爾蘭的旅行，每次至少會有一位兒子同行。此外，他也與兩位繼子（卡洛的兩名成年孩子）愈來愈熟，安迪・奈特（Andy Knight），還有茉莉・奈特・馮・瓦根尼（Molly Knight Van Wagenen）。尼爾非常喜歡總計十一名孫子組成的大家庭，就像一九六九年的情境喜劇《脫線家族》（*Brady Bunch*）。尼爾經常旅行，有時甚至前往遠方，通常與卡洛同行，偶爾也會獨自一人。二〇〇七年七月，他們造訪以色列，參觀馬薩達（Masada），也前往猶太大屠殺紀念館。尼爾在海法（Haifa）與臺拉維夫（Tel Aviv）舉行公開演講，還在海法科學博物館接受五十位孩童的提問。二〇〇八年，他們與普渡大學的團體一起搭船到斯堪地那維亞。二〇〇九年，他們加入國家地理頻道的探險團隊，前往南大西洋的福克蘭群島和南極洲，進行二十六天的旅行。在人生的晚年，尼爾幾乎每次都有參與征服者德爾希艾羅（Conquistadores del Cielo）一年一度的「農場聚會」。征服者德爾希艾羅是非常機密的社團，由航太領域的頂尖高層與成就斐然的飛行員組成，他們在全美各地「最高機密」的地點舉行聚會。他們聚會僅僅是爲了放鬆，以及各種運動休閒，例如「快速拔槍射擊比賽」、「飛蠅釣魚」、騎馬、丟飛刀、飛靶射擊，以及推圓盤（沙狐球）。

阿姆斯壯最後一次出國是在二〇一一年八月，地點是澳洲。許多人認爲尼爾前往「下半洲」（Down Under）的旅行非常特別，他在澳洲執業會計師協會一百二十五周年紀念會上演講，而且同意接受澳洲執業會計師協會的執行長艾利克斯・摩利（Alex Malley）進行罕見的一對一錄音專訪。去年，摩利爲商業旅行前往俄亥俄州時說服尼爾參與這種過去不太可能發生的活動。「我知道許多人都不知道的事情，尼爾・阿姆斯壯的爸爸是一位審計師。」摩利向協會會員以及非常有興趣知道事發經過的媒體表示。摩利宣稱，尼爾同意出席澳洲會計師協會，就是爲了榮耀自己的父親。7

但是，這次採訪活動再度背叛了尼爾的信任。摩利五十分鐘的採訪內容，分爲四部分，放在會計師協會的網站上，原本只有會員可以觀看，但採訪內容迅速流傳。幾個星期之後，尼爾的澳洲友人連恩・霍普林（Len Halprin）寫信給尼爾：「我必須告訴你，你去年答應會計師協會的艾利克斯・摩利專訪影片，在過去的四十八小時之內已經在媒體上迅速流傳，就像野火一樣蔓延。全澳洲的媒體都追著艾利克斯，想要知道他爲什麼有辦法讓你接受專訪。一間墨爾本當地的電視臺在過去一個小時之內持續討論這次專訪，甚至追著艾利克斯到越南，想要採訪他。我希望媒體尊重你的隱私，而且不會因爲這次事件造成任何不便。」尼爾則回應：「沒錯，專訪內容公開確實讓我非常驚訝，因爲當初的專訪是爲了會計師協會的內部會員。我已經從世界各地接到各種評論消息了。」尼爾不高興，他的律師團隊也寫信通知摩利，指控他破壞當初的協議。澳洲媒體後來報導，摩利——四處吹噓他的阿姆斯壯專訪影片已經獲得十億次觀看——甚至想要賣給澳洲九號電視臺的《六十分鐘》節目與澳大利亞廣播公司電視臺。澳洲執業會計師協會的發言人雖然堅持協會完全遵守協議內容，但到了二〇一七年，部分因爲阿姆斯壯事件的醜聞，澳洲執業會計師協會中反對摩利的人士決定終止摩利的聘僱契約。然而，摩利依然持續利用阿姆斯壯的名義招搖撞騙。

阿姆斯壯生前最後一次公開亮相是在七百三十名來賓面前，於亞利桑那旗竿鎭（Flagstaff）

的羅威爾天文館（Lowell Observatory）的主題演講。當時，探索頻道的天文望遠鏡經過長達十年的打造竣工，舉行開光日。這次演講的驚人之處在於阿姆斯壯鉅細靡遺地解釋他在一九六九年七月二十日從月球軌道下降前往靜海基地途中看見的種種景緻（二〇一一年八月，他在澳洲執業會計師協會的演講首次提出這些內容）。現場螢幕展示來自航太總署月球勘測軌道飛行器（Lunar Reconnaissance Orbiter; LRO）的動人照片，於二〇〇九年七月分別拍攝阿波羅計畫六次登月的現場。自從初次登月之後，多年來，無數人曾經央求尼爾回憶登月的細節，每個人都無法如願以償。現在，藉著能夠一張又一張展示的高科技呈現——尼爾左手邊的螢幕展示一九六九年從阿波羅十一號登月艙窗戶旁拍攝的原版電影影片，右手邊的螢幕則是月球勘測軌道飛行器鏡頭拍攝的高解析度構成照片動畫——尼爾把握新的機會，詳盡解釋這次歷史性的登月：

❼阿姆斯壯在澳洲雪梨時，也與幾位大學學生和商業領袖見面，他們一起搭乘一九〇三年製造的蒸氣船在雪梨港巡航，船長是澳洲航空的傳奇飛行員理察・德・克雷斯皮尼（Richard Champion de Crespigny）機長，他曾在二〇一〇年十一月駕駛空中巴士三八〇時，遭遇渦輪機啓動失敗的意外，成功避免發生災難結果。這是這臺大型客運飛機第一次出現這種故障，德・克雷斯皮尼機長展現高超的緊急降落技巧，讓飛機安全降落在新加坡樟宜機場。尼爾這次造訪澳洲，德・克雷斯皮尼機長也向尼爾介紹空中巴士三八〇模擬機，兩位偉大的飛行員對於歐洲線傳飛控與美國線傳飛控的差異，進行了一場漫長的討論。

登月艙實際動力下降的過程是十二分鐘又三十二秒，這是最後的三分鐘，非常有趣，因為你可以仔細觀看月球表面⋯⋯在左側的螢幕，這些畫面來自四十二年前，而右側螢幕的照片畫面則是兩年前。你可以聽見任務隊員說話，你可能會聽見我的副飛行員正在提供高度下降速度，你還會在背景中聽見地球上的任務管控中心人員說話。我們已經下降兩千公尺。我們現在距離月球表面的高度不到一千公尺。我的電腦顯示，它將帶著我們降落在畫面上方左側角落那座巨大環形山坑洞的右方，但那裡的坡度非常陡，岩石的大小接近一臺汽車，絕對不是我希望降落的地點。於是我從電腦自動駕駛，改為手動駕駛，讓登月艙宛如直升機一樣往西前進，想要找到更平緩平坦的降落地點。電腦偶爾會發出聲響。你能夠聽見電腦的警示音——分別是一二〇二號和一二〇一號警示——代表電腦擔憂其運作可能有問題。但一切看起來很好，任務管控中心人員要我們繼續登月。現在，我們距離月球表面只剩下一百公尺，低頭觀看之後發現這座直徑大約三十公尺的環形山坑洞，深度為八公尺，看起來就像珍貴的地質學研究題材。如果我有機會自己用雙腳站在月球表面，我想走回去親眼觀察。我們希望越過這座環形山坑洞之後，找到更平緩的降落地點，我立刻在螢幕畫面上方找到合適地點。那個地點看起來很好，登月艙也快要沒有燃料了。我只剩不到兩分鐘的飛行燃料。我們現在距離月球表面的高度已經低於七十公尺⋯⋯五十公尺⋯⋯情況看起來很好。在左側螢幕的畫面上，你可以從老舊的電影畫面看見火箭引擎揚起月球表面的塵土。登月艙發出最後三十秒的燃料存量警告。在用完所有燃料之前，我們必須立刻在此降落。左側螢幕的畫面比較精確，但現場的塵土更多。你也會看見登月機腳的陰影出現在月球表面。我們現在距離月球表面非常近。

尼爾的簡報結束之後時，現場播放當初非常知名的錄音，包括伯茲（「距離月球表面二十英尺，下降速度〇・五英尺，登月艙目前稍微往前飄行，情況良好，好的，接觸月球表面指示燈亮起……關閉引擎。」）以及尼爾（「好的，引擎關閉……休士頓，這裡是靜海基地，老鷹號已經安全降落。」），旗竿鎮的聽眾起立，掌聲如雷。如果他們知道尼爾幾個星期之後就會離開人世，或許，他們的掌聲永遠不會停止。

二〇一二年八月二十五日星期六，尼爾・阿姆斯壯在辛辛那提郊區的醫院去世，死因是十九天之前的心臟冠狀動脈繞道手術引發的併發症，也就是八月六日的手術。手術前一天，八月五日，他慶祝自己八十二歲的生日。阿姆斯壯死後，家人公開以下聲明：

我們痛心地向各位宣布，尼爾・阿姆斯壯已經因為心血管問題引發的併發症過世。尼爾是慈愛的丈夫、父親、祖父、兄弟，以及朋友。尼爾・阿姆斯壯也是一位不情願的美國英雄，他總是相信，他只是善盡職責。他曾經自豪為國奉獻，擔任海軍戰鬥機飛行員、測試飛行員，以及太空人。他也在家鄉俄亥俄州成功經營商業和學術研究發展，更是辛辛那提的社群領袖。他終其一生都支持航空發展和探索，永遠不曾失去童年時期的探索熱情。雖然尼爾珍惜自己的隱私，但他永遠感激全球各地各行各業民眾表達的善意。我們因為失去一位好人而哀悼，也慶賀尼爾的傑出人生，希望他的人生能夠替全世界的年輕人樹立榜樣，努力付出，完成夢想，願意探索，突破極限，並且無私追求比自己更重要的理想。如果任何人想要向尼爾致敬，我們只有一個簡單的請求。請尊敬榮耀他的奉獻、成就，以及謙遜。下一次，如果月球在清澈的夜空對你微笑，請你想起尼爾．阿姆斯壯，對他眨眨眼睛。

尼爾之死震驚全世界，成爲地球上所有報紙的頭條新聞，也讓世人陷入深沉的哀痛，悼念尼爾．阿姆斯壯的偉大：不只是一位太空人、一位測試飛行員、一位海軍戰鬥機飛行員，以及一位工程師，而是一位極爲光榮的男人。航太總署署長、前太空人查爾斯．伯爾登（Charles Bolden）評論道：「只要世上還有歷史書籍，尼爾．阿姆斯壯必將名列其中。」美國總統巴拉克．歐巴馬說：「尼爾．阿姆斯壯不只是他那個時代的英雄，他是所有時代的英雄。」英國太空人派翠克．摩爾爵士（Sir Patrick Moore）則說：「身爲登月第一人，他打破所有紀錄。他是世上最勇敢的男人。」哈佛大學天體物理學家尼爾．迪格雷西（Neil deGrasse Tyson）博士則評論：「世上沒有另一次的人類探險行動會放一枚徽章，上面寫著『我們代表全人類帶來和平。』」伯茲・艾德林則說他「因爲尼爾的死而非常心痛。我會和其他數百萬人一起哀悼一位眞正的美國英雄以及我所認識最傑出的飛行員之死。我曾經誠摯地希望，二〇一九年七月二十日，尼爾、麥克和我可以並肩慶祝我們登月的五十周年。遺憾的是，我們已經無法同行。」麥克・柯林斯提到尼爾時則說：「他是最好的人，我非常想念他。」

在尼爾非凡的航空與太空生涯中，他有太多次死亡風險——韓戰的戰鬥飛行；駕駛尚未通過檢驗的高風險測試飛機；在已知可能偶爾爆炸的強力火箭上方起飛；失控的太空飛行器在地球軌道完成太空交會和太空對接之後頭暈目眩幾乎昏厥；在反常的登月訓練載具爆炸前一秒緊急彈射逃脫；駕駛燃料快要用盡的老鷹號長途越過充滿岩石的環形山坑洞，並成功降落在月球表面。這個在傑出飛行生涯中多次逃過死神與重大傷害的男人，最後竟然在醫院病床上因爲手術併發症而過世，似乎不貼近他的人生，也不公平。

除了阿姆斯壯的家人以及照顧他的醫療團隊人員，尼爾手術後的狀況究竟如何導致他在二〇一二年八月二十五日辭世，可能永遠不會有人知道。社會大眾幾乎不清楚導致尼爾死亡的準確事實。以下則是少數的正確資訊：第一、尼爾在八月六日入院，就在他慶祝八十二歲生日的隔天。本書作者從八月十一日下午三點五十三分收到尼爾的電子郵件得知，尼爾因爲心臟科醫師通知他有「嚴重的血液回流問題」必須立刻入院，該名醫師「完成心臟壓力測試之後，採用血管攝影，最後決定進行心臟繞道手術」。總而言之，尼爾在八月六號的心臟壓力測試有問題，所以醫師決定進行心臟冠狀動脈四根血管的繞道轉接手術，手術於八月七日早上完成。第二，尼爾就醫的醫院位於俄亥俄州辛辛那提郊區北方的巴特勒郡，院名是法爾費德天主教醫院（Fairfield Mercy Hospital），這間醫院共有二百九十三張病床。第三，尼爾在八月十一日寫給本書作者的電子郵件指出：「手術恢復情況應該會很好，只是暫時不能打高爾夫球。我希望可以在一天左右出院。」換言之，尼爾預期自己可以在八月十二日或八月十三日出院。第四，尼爾再也沒有回家了，他於八月二十五日在法爾費德醫院過世，就在他寫給本書作者那封充滿希望的電子郵件的兩個星期之後。第五，尼爾的所有家人都說他「死於心血管手術造成的併發症」。

很顯然在這兩個星期之間，某些不好的事情發生了。任何類型的心臟手術都是重大手術——有太多環節可能出問題，特別是病患已經高齡八十二歲。但是，從尼爾在心血管繞道手術結束後五天寫給本書作者那態度正面的電子郵件判斷，他希望能夠在一天左右出院，代表他成功度過手術後的主要風險。換言之，發生的事情不只是不好，而是出乎意料，必定導致尼爾的死亡。或許有一天，全世界的人都可以知道原因。至於這個世界是否值得知道眞相，尼爾又是否希望我們知道眞相，則是這本傳記作者多年來極爲掙扎思忖的兩個問題。從現況而言，歷史必須尊重阿姆斯壯家人的隱私，無論他們爲什麼選擇不公開。

八月三十一日星期五，阿姆斯壯的家人和摯友替他舉行一場私人葬禮，地點在辛辛那提郊區印地安山丘的卡馬格高爾夫球俱樂部（Camargo Golf Club）。自從阿姆斯壯夫婦在一九九四年結婚之後，他們一直居住在此，也是這間高爾夫球俱樂部的長期會員。參與葬禮的來賓大約二百人，包括尼爾的親戚和摯友。現場還有海軍禮儀警衛隊與一位風琴樂手，以及嚴格的保全措施拒絕媒體和未獲邀請的人。麥克和伯茲都出席了，約翰・葛倫以及吉姆・洛維爾也到了，還有其他太空人、太空計畫官員，以及航太界過去與現在的重要人士。阿姆斯壯家族的好友兼俄亥俄州眾議員查爾斯・梅卡姆在葬禮上致詞，他過去曾是辛辛那提塔夫特廣播公司的總裁。瑞克與馬克・阿姆斯壯簡短地談了自己的父親，分享個人私密的小故事——以及父親最喜歡的笑話——緩和現場來賓的傷痛。卡洛的兒子安德魯・奈特朗讀哥多林書第一章，卡洛的孫女派普・馮・瓦根尼（Piper Van Wagenen）朗讀詩篇二十三章。大都會歌劇院的女中音珍妮佛・強森・坎諾（Jennifer Johnson Cano）演唱流行歌曲〈九月之歌〉（*September Song*），這是尼爾最愛的歌曲，內容則是用一年的變化比喻一個人從出生至死亡的生命經歷。在葬禮的最後，每個人一起走向第九球道，觀看F-18戰鬥機編隊以「追思紀念隊形」在天空緩慢消失。

尼爾・阿姆斯壯如此受人尊敬和仰慕，許多美國民眾在俄亥俄州眾議員比爾・強森（Bill Johnson）的率領下，要求歐巴馬總統授與尼爾國葬，而國葬是充滿傳統意義且高度正式的儀式，通常只會授與前任總統國葬。事實上，美國政府確實授與尼爾國葬，但卡洛拒絕了（歐巴馬總統下令直到八月二十七日星期一之前，全美的國旗都要降半旗致哀，以及「所有的美國大使館、立法單位、駐外領事館、駐外機構，包括軍事單位、海軍艦艇，以及空軍基地」）。九月十三日星期三，華盛頓國家教堂舉行大型公開哀悼儀式，地點就在美國首都西北隅的美麗角落。國家教堂是一座莊嚴宏偉的歌德教堂，特別適合舉行阿姆斯壯的葬禮，因爲教堂的「太空之窗」（space window）描繪阿波羅十一號任務，太空之窗的彩色玻璃中還有當初帶回的月球岩石。在廣大的悼念群眾面前，麥克・柯林斯帶領他們祈禱。阿波羅十七號指揮官金・賽爾南致詞，他是尼爾的好友以及普渡大學時期的同窗，也是最後一位在月球上漫步的太空人；同樣是致詞人還有航太總署署長查爾斯・伯爾登、美國海軍部長約翰・道爾頓（John H. Dalton），以及約翰・史諾（John W. Snow），他也是俄亥俄州人，曾任 CSX 集團總裁，在小布希總統執政時擔任美國財務部長。尼爾最喜歡的其中一位當代歌手，爵士女低音戴安娜・克羅爾（Diana Krall）演唱〈帶我到月球〉（*Fly Me to the Moon*）。雖然尼爾是自然神論者，但吉娜・吉爾蘭・坎貝爾（Gina Gilland Campbell）牧師依然替他朗讀馬太福音的其中一個段落，主教瑪莉安・艾德加・布迪（Mariann Edgar Budde）也在葬禮上朗讀訓誡。

隔天，九月十四日，隸屬海軍基地梅伊港（Mayport）的菲律賓海號航空母艦舉行海葬儀式，阿姆斯壯的骨灰灑落至佛羅里達傑克森維爾沿岸的大西洋海域。尼爾的遺孀卡洛；尼爾的兒子瑞克和他的女兒卡利（Kali）；尼爾的兒子馬克和他的妻子溫蒂；尼爾的妹妹茱恩與她的丈夫傑克・霍夫曼；尼爾的弟弟迪恩和他的妻子凱薩林（Kathryn）；尼爾的繼女茱莉・馮・瓦根尼與她的丈夫布羅迪（Brodie）；尼爾的繼子安德魯・奈特和他的妻子克里斯蒂娜（Cristina）都登船參加這次儀式。海軍射擊衛隊鳴槍紀念尼爾，隨後鳴管奏樂。因此，尼爾最終依然是一名海軍——許多人合理地相信，這也是尼爾選擇海葬的原因。但或許，尼爾選擇海葬，是因為他永遠都是如此謙遜，而且重視私人生活，他不希望自己安葬在傳統墓園而引發的種種喧嘩和關注。正如海軍部長雷蒙・馬布斯（Raymond E. Mabus）在海葬當天的紀念詞所說：「尼爾・阿姆斯壯從來不希望成為一位活傳奇，但對於全世界的世世代代而言，他展現史詩般的勇氣與靜謐謙遜，已經樹立了最傑出的楷模。」

尼爾・阿姆斯壯在人生的晚年獲頒許多國內、外的重要獎項，他永遠保持謙遜的心態接受榮耀，就像世上最罕見「貨真價實」的男人。自從阿波羅十一號任務結束之後，多年來，他收到許多榮譽，一九六九年的美國總統自由勳章；一九七〇年，尼爾・阿姆斯壯、麥克・柯林斯，以及伯茲・艾德林一起獲得美國太空協會頒發的羅伯・戈達特博士紀念獎；一九七〇年，美國軍事學院頒發希爾瓦納斯・塞耶獎（Sylvanus Thayer Award）；一九七八年，國會太空榮耀獎章；一九七九年，美國航太名人堂；一九九三年，美國太空名人堂；一九九九年，史密森尼學會頒發蘭利黃金勳章。但是，尼爾在遲暮之年獲頒的生涯成就獎項最為特別。

二〇〇六年，阿姆斯壯獲得航太總署頒發的探索大使獎，頒獎儀式地點是辛辛那提聯合車站的博物館中心。獎牌的外型是美麗的水晶，水晶封住月球岩石樣本，來自一九六九年至一九七二年間，六次登陸月球取回的八百四十二英磅的月球岩石和塵土。那一年，所有曾經參與水星計畫、雙子星計畫，以及阿波羅計畫的三十八位太空人與關鍵人物都獲頒這個獎項，如果當事人已經離世，則由親屬代為接受表揚。前美國參議員約翰・葛倫在儀式上致詞，他說：「我不常忌妒他人。但是，尼爾是一個例外。」阿姆斯壯總是希望能夠致詞時，讓觀眾聆聽有教育意義的內容，他在儀式當天不只表達感謝，還向觀眾分享「自然世界歷史的一小片段」。站在剛收下的航太總署頒發的月球岩石旁，尼爾簡述月球的地質發展歷史，稱呼這塊岩石的母岩為「博克」61。尼爾說：「我曾是在月球上綁架博克的陌生生物」，接著表示這次榮譽獎項的月球岩石樣本是「老博克身上的碎片」。頒給尼爾的月球岩石上銘刻「象徵人類齊心努力的結果以及追求和平和諧未來的希望」。

二〇〇九年七月二十日星期一，人類首次登月的四十周年紀念日，阿姆斯壯、柯林斯以及艾德林作為歐巴馬總統的貴客前往白宮。歐巴馬稱讚三位太空人是「眞正的美國英雄」，更表示「阿波羅十一號的男人永遠都是探索和發現的完美試金石」。尼爾向來認為與美國總統握手是極大的榮譽，這次也有一樣的感受，但數個月之後，正如我們先前所提及的，尼爾和其他幾位重要的太空計畫支持者將會愈來愈反對歐巴馬政府的太空政策。

前一夜，在美國國家航空和太空博物館的年度盛會，尼爾和兩位隊友擔任約翰・葛倫太空歷史講座的演講嘉賓，主題是太空、科學以及科技在現代美國生活的角色。再前一天的星期六晚上，美國航空和太空博物館的成員也在航太總署總部的博物館舉行大型慶祝，同時決定往後要辦一個盛大的活動慶祝所有阿波羅任務的周年日，而不是按照個別任務分別慶祝。紀念慶祝活動在星期六和星期日舉行，來自水星計畫、雙子星計畫，以及阿波羅計畫的二十位太空人都親自參與週末活動，如果太空人已經過世，則由親近的家庭成員代表出席。此外，在二〇〇九年五月完成哈博望遠鏡最後一次維修任務的STS-125任務團隊成員，也受邀成爲慶祝活動的嘉賓。

馬格麗特・魏瑟坎普（Margaret Weitekamp）博士第一年替美國國家航空和太空博物館的太空歷史部門安排格倫講座。事實證明，這次工作就像聖經所說的「以火洗禮」，是一場極爲重大的考驗，不只需要協調安排三位演講者的順序（尼爾、伯茲以及麥克，三位太空人的個性極爲不同），還要規劃當天夜晚的細節，從開場接待、演講本身到讓演講者回到飯店。尼爾的安全是重大議題，即使是航太總署的重要節日也不例外。魏瑟坎普回憶道：「在航太總署活動尚在接待嘉賓的階段時，活動主導人要求我們立刻將阿姆斯壯先生從博物館劇廳旁的準備室，移動至博物館中央巨大飛行廳的紀念碑遠處，但是聽眾已經入場坐在椅子上，而且新的地點只能提供站位。」

魏瑟坎普和尼爾一起走向飛行廳時，「支持者從四面八方越過我的身體，想要觸摸他的肩膀，獲得他的注意，或者與他握手。」這位航太總署的館員表示她「覺得走道愈來愈狹

---

(61) 阿姆斯壯所說的博克（Bok）並非博克隕石坑（Bok Lunar Crater），因爲博克隕石坑的位置在月球背面。

窄，地板上還有許多影像工具和喇叭使用的電線交錯。我們只有三個人可以保護阿姆斯壯先生。」她「握住阿姆斯壯的手，小心翼翼地帶領他穿過群眾」。但這段短暫的步行旅程，已經讓她「可以瞥見作爲社會大眾良善關注但過度負荷的目標，究竟會有何種感受」。

一開始，尼爾不太願意談論阿波羅十一號的登月歷程；事實上，航太總署邀請他單獨主講「格倫講座」（Glenn Lecture）以及二〇〇六年的單獨演講機會時，他選擇討論 X-15 的發展過程。尼爾最後在四十周年慶的演講中「以專業的演講風格獲得了些許樂趣」。尼爾介紹自己的演講主題是「戈達特、政府，以及地球物理學」（Goddard, Governance, and Geophysics），這個主題「聽起來太像學術研究致使聽眾哄堂大笑」。尼爾停頓片刻，面帶微笑，舉起一隻手指，然後說「第一部分，戈達特」。聽眾才知道他是認眞的。尼爾精彩地討論支持阿波羅十一號登月的研究背景。根據魏瑟坎普的說法，聽眾「沉默地在座位上聆聽」。在尼爾正式演講之前，麥克・柯林斯發表簡短、隨興而且詼諧睿智的演講內容，甚至開自己玩笑，讓美國國家航空和太空博物館 IMAX 廳的觀眾非常陶醉。伯茲是第二位演講人，他仰賴提詞機，就像一位美國總統，而且藉由許多簡報投影片說明他對美國太空計畫未來的願景。沒有任何事情比三位太空人當天夜晚如何向史密森尼學會的聽眾進行演說，更能夠清楚展現他們彼此有如天壤之別的性格差異。

二〇一〇年，尼爾獲得他自己認爲生涯最大的其中一個殊榮，他成爲美國海軍飛行名人堂的一員，頒獎地點在佛羅里達彭薩科拉。六十年前，尼爾就是在此地接受訓練，並成爲海軍飛行員。美國海軍飛行名人堂位於美國海軍飛行博物館，這個殊榮讚譽「行動或成就爲海軍飛行締造傑出貢獻的成員」。

二〇一一年，尼爾獲得國會黃金勳章，由美國國會頒發給「成就影響了美國歷史和文化，而且在成就之後依然能夠在受獎人的領域被視爲重大成就者」。頒獎地點在美國國會大廈圓形大廳，在同一場典禮上，麥克・柯林斯、伯茲・艾德林以及約翰・葛倫也獲得國會黃金勳章。在歷史上，第一位獲得這個殊榮的人物是一七七六年的喬治・華盛頓。

二〇一三年，尼爾死後獲得科羅拉多非營利組織「太空基金會」頒發詹姆斯・希爾將軍終生成就獎。太空基金會的宗旨是「提倡追求太空探索的努力，鼓舞、培養能力，並且推動人性發展」。

橫跨各個領域的許多事物都以阿姆斯壯爲名，藉此紀念他。在美國各地，至少有數十間小學、中學，以及高中都以阿姆斯壯命名，世界各地也有眾多街道、建築、學校，以及其他場所，以他的名字命名。一九六九年，民謠歌手約翰・史都華（John Stewart）錄製《阿姆斯壯》專輯，紀念尼爾和他踏上月球的第一步。二〇〇四年十月，尼爾母校普渡大學宣布，該校的新工程館將取名爲「尼爾・阿姆斯壯工程廳」。新工程館斥資五千三百二十萬美元，在二〇〇七年十月二十七日竣工，尼爾與十多位同樣畢業於普渡大學的太空人共同出席啓用典禮，包括金・賽爾南、約翰・布拉哈（John Blaha）、羅伊・布里吉斯（Roy Bridges）、馬克・布朗（Mark Brown）、理察・柯維（Richard Covey）、蓋伊・賈德納（Guy Gardner）、葛瑞格利・哈博夫（Gregory Harbaugh）、蓋瑞・佩頓（Gary Payton）、馬克・波蘭斯基（Mark

Polansky）、傑瑞・羅斯（Jerry Ross）、羅倫・史瑞佛（Loren Shriver）與查爾斯・沃克。

國際天文學聯合會（International Astronomical Union）也在尼爾死前數年將一座月球環形山坑洞以尼爾之名命名。「阿姆斯壯」環形山坑洞位於靜海基地南側，就在阿波羅十一號登陸地點東北方三十一英里處。柯林斯和艾德林也有以他們之名命名的環形山坑洞，事實上，三人的環形山坑洞就在毛奇（Moltke）環形山坑洞北側不遠處，形成一直線。以三位太空人命名的環形山坑洞都不大，尼爾的環形山坑洞直徑爲二・九英里，其次是伯茲環形山坑洞的二・一英里，最後則是麥克的一・五英里。天文學書籍指出，只要在空氣清澈時使用六英寸望遠鏡，於月相周期的第六天或下弦月期間，藉由高倍率觀察，就能看見三座太空人的環形山坑洞。尼爾的環形山坑洞最容易發現。

有一顆小行星也用「阿姆斯壯」命名爲「阿姆斯壯六四六九小行星」，那是一顆岩石型花神行星，位於花神主星帶的內部區域，直徑大約三公里，由捷克天文學家安東尼・莫爾柯斯（Antonín Mrkos）於一九八二年八月在克列特天文臺（Klet' Observatory）發現。

二〇一二年九月，尼爾死後幾個星期，美國海軍宣布第一艘「阿姆斯壯級船艦」將命名爲「尼爾・阿姆斯壯號研究船」。二〇一四年三月二十八日，該研究船正式獲得命名之後，於三月二十九日啓用，在二〇一五年八月七日通過海上檢驗，二〇一五年九月二十三日交給海軍。與尼爾同名的研究船是高科技研究海上平臺，可以支援非常多種的海洋學研究活動。尼爾・阿姆斯壯研究船執行麻州伍茲・霍爾海洋學研究所（Woods Hole

Oceanographic Research Institution）的任務，在全球各地的熱帶和溫度海洋協助海洋學研究，特別能夠滿足學術研究社群的需求，在美國東海岸派駐經常進行研究的船艦。以尼爾命名的研究船已經是研究北大西洋和北極洋對於地球氣候變遷影響的關鍵。

阿姆斯壯絕對不曾爭取讓任何事物以他的名字命名——在許多情況下，都是各種事物希望使用他的名義。二〇一四年，航太總署將崔登研究中心改名為尼爾·阿姆斯壯研究中心也是同樣的情況。崔登研究中心原本是美國國家航空諮詢委員會和美國航太總署的飛行研究中心，一九五六年至一九六二年期間，尼爾曾經在此工作。尼爾相當尊敬休·崔登博士的人生和成就，他是航太科技的科學研究先鋒，曾經於一九四六年擔任美國國家航空諮詢委員會的研究主任，以及一九五八年美國建立航太總署之後第一任副署長。創造歷史成就的崔登研究中心位於沙漠，阿姆斯壯絕對不希望崔登的名字遭到替換。但是，南加州的國會代表團相信，美國政府的航空飛行研究中心需要「整理門面」，尼爾·阿姆斯壯的大名可以完成這個目標，而阿姆斯壯擔任測試飛行員的成就也值得以他命名。二〇一四年一月，歐巴馬總統簽署美國眾議院六六七號決議，將該飛行研究機構改名為「尼爾·阿姆斯壯飛行研究中心」。新的法案依然將研究中心周圍區域稱為「休·崔登航空測試區域」，藉此向崔登致敬。自從二〇〇七年開始，這是美國眾議院第三次想要將飛行研究中心改名為尼爾·阿姆斯壯飛行研究中心。如果尼爾依然在世，他必定會在改名儀式的致詞中，細細描述崔登博士顯赫的生涯成就。

也難怪太空基金會進行的調查結果顯示，尼爾一直都是民眾心中最喜歡的太空英雄；二〇一三年，《飛行》（*Flying*）雜誌也將尼爾列爲「五十一位最偉大航空英雄」的第一名。

尼爾·阿姆斯壯留下的最後一個文化遺產是他在阿波羅十一號任務穿著的太空衣。一九七一年，航太總署將太空衣轉交給美國國家航空和太空博物館，五年之後，位於華盛頓特區國家廣場的博物館終於對外開放。二〇一五年，《大眾機械雜誌》（*Popular Mechanics*）的作家凱文·杜齊克（Kevin Dupzyk）寫道，當年航太總署訂製太空衣時，「只有一個要求：讓太空人可以平安往返月球。」太空衣的設計廠商是位於德拉威爾州多佛爾（Dover）的國際乳膠公司（International Latex Corporation），他們的母公司是製造內衣和女性束帶的普雷特克斯公司（Playtex），而他們「完全不在乎太空衣以後可能需要成爲博物館展覽品，決定混合使用天然橡膠和合成橡膠，產品的生命周期只有六個星期。」事實上，多佛爾的國際乳膠公司甚至不能太早製作太空衣，否則太空衣會在任務開始之前就產生分解現象。

在阿波羅十一號任務結束之後的四十五年之間，尼爾的太空衣已經產生嚴重的惡化。橡膠變得脆弱易碎。鋁——主要是紅色和藍色的鈕扣，以及袖子的連結處——已經因爲生鏽而黯淡。如果想要爲了往後的世代保存太空衣就必須額外處理——特別是爲了美國國家航空和太空博物館準備在二〇一九年爲了慶祝阿波羅十一號任務五十周年同時開設的「目的地月球」全新常設展。想要修復阿姆斯壯的太空衣必須支出五十萬美元，博物館高層並未使用傳統申請經費的方法，而是採用 Kickstarter 募資平臺——透過網路接受民眾的捐款。史密森尼學會的捐款計畫名稱是「重啓太空衣」（Reboot the Suit），他們在五天之內就達到目標金額，一個月之後，捐款時間截止，一共募得七十一萬九千七百七十九美元，捐款人數超過九千四百人。受贈這筆資金之後，史密森尼學會的專家立刻開始妥善保存太空衣，甚至仔細處理附著在太空衣表層的月球塵土粒子，讓全世界的民眾都有機會親自在人類初次登月的五十周年黃金紀念時間，觀看這件太空衣。

艾蜜利・培瑞（Emily Perry）遇見登月第一人時，年僅五歲。當時是二〇〇一年的夏天，阿波羅十一號任務的指揮官已經七十一歲。距離一九六二年一月，指揮官兩歲又十個月大的女兒凱倫因爲腦癌去世，已經過了將近四十年。艾蜜利的祖父是指揮官的摯友寇特邱・索拉科夫。從一九四〇年代初期開始，他們就是在上桑德斯基一起長大的男孩。他們各自進入人生的黃金歲月之後，兩位好友仍然經常相陪，觀賞大學足球比賽、滑雪，以及打高爾夫球。除了家族成員之外，沒有人比寇特邱更了解尼爾。

艾蜜利不知不覺遇見了登月第一人，那一天，他前往索拉科夫的女兒凱希（Kathy）和其丈夫克里斯・培瑞（Chris Perry）家中，想要拜訪艾蜜利的外公和外婆。艾蜜利是培瑞最年幼的孩子，個性相當迷人。尼爾很快就喜歡這個女孩了，艾蜜利也一樣喜歡他。很快地，她握住尼爾的手，帶著他在自己家中探險。「我想給你看一個祕密，但不要告訴任何人。這是一個沒有人知道的祕密。」他們抵達閣樓的房間之後，艾蜜利告訴尼爾「看看床墊底下。」

看到了——一隻巨大的昆蟲屍體。「不要告訴別人。」艾蜜利小聲說。「我不會告訴別人。」尼爾也輕聲回答。

隨後，艾蜜利帶著尼爾到自己的房間。「這是我的時鐘。這是我的檯燈。這是我的鏡子，那些則是我的書。這本書是小熊維尼，這本書是睡美人，而這本書是仙度瑞拉。哦！這本書的主角是尼爾・阿姆斯壯。他是第一位踏上月球的人。」她忽然停住了，猶豫片刻，望著這位來到自己家中的慈祥老先生說：「哦！你的名字也是尼爾・阿姆斯壯，對嗎？你想要我念他的書給你聽嗎？」尼爾對她流露大方的微笑，坐在艾蜜利的床邊。「我很喜歡聽妳念書，艾蜜利，但不必念尼爾・阿姆斯壯的書。妳可以念小熊維尼、仙度瑞拉，或者睡美人，任何一本，我都會很高興。」「不要，我想要替你念尼爾・阿姆斯壯的書，因爲那是你的名字。這本書很短，而且很振奮人心，你會知道的。」

小女孩爬上尼爾・阿姆斯壯的大腿，用手撫平自己的裙子，打開書本，開始讀書。她一定很自豪自己可以爲這位紳士讀書，他是祖父的好朋友，他正在聆聽登月第一人的故事。

致謝

歷史學家或許也能從地球開始自己的月球旅程。我個人的史詩旅途始於十六年前，二〇〇二年六月，尼爾・阿姆斯壯和我簽定正式的合約，同意我擔任他的正式傳記作家。實際上，這次旅途的起點應該是一九九九年十月，我第一次寫信給尼爾，表達我希望替他撰寫人生故事的心意。三十三個月之後，我們之間交流了許多信件和電子郵件（還有一次關鍵的面對面——也是我們的第一次見面——時間則是二〇〇一年九月），尼爾終於同意。他的同意讓我獲得前所未有的資訊管道，不只能夠親自接觸尼爾和他的個人文件，還有他的家人、朋友與同仁——許多人，出於尊重，在此之前總是拒絕公開討論尼爾。

因此，最先也最重要的，我希望能夠感謝尼爾・阿姆斯壯本人。沒有他全心全意且慷慨大方的支持，這本書永遠無法完成。

我也要感謝尼爾希望這本書的寫作能夠以正直的精神完成。他希望這本書是一本獨立且有文化涵養的作品。雖然，他確實會閱讀每一章的草稿並且提出自己的意見，但他只是希望確保這本書的內容完全符合事實，在技術領域層面的描述都盡可能正確。他從來不曾試圖改變或影響我的分析或詮釋。

我也應該清楚表明，尼爾絕對不是這本書的共同作者。事實上，我非常確定他不喜歡這本書的名字。他絕對不會稱呼自己爲「第一人」（first man），他永遠堅持他與伯茲・艾德林同時間登陸月球。此外，「第一人」這個詞也不會符合尼爾的喜好，因爲「第一人」如此像是經中文字，如此史詩偉大，如此有標誌意義；他從來不曾用這種詞彙描述自己的人生或傳承。但是，尼爾決定相信我的寫作之後便不曾干預我。我相信，這樣的結果最後創造了一本非比尋常的書籍，一本正式授權的傳記，比任何一本未經授權的傳記更公正、誠實，而且不加掩飾。

和我面對面時，尼爾只讚美過本書一次。二〇〇四年，我們完成初稿審定之後，我離開他位於辛辛那提郊區的家，尼爾和我握手致意，他說：「吉姆，你寫的書，完完全全符合你當初承諾我的那本書。」任何一位眞正理解尼爾・阿姆斯壯的人都明白，這是尼爾對我最大的讚美。因爲自從一九六九年尼爾登陸月球開始，多年來，許多人都想用表裡不一的方式矇騙和操弄尼爾。這個讚美是我寫這本書時最大的驕傲。

正如實現阿波羅計畫需要四十萬名美國政府官員、產業工作者，以及大學研究人員的努力，如果沒有眾人的協助，我不可能完成本書。這本書過去的兩個版本（分別於二〇〇五年與二〇一二年出版）將完整的採訪人物清單放在書的最後；對於所有接受採訪的人，我在此表達最誠摯的感謝。我永遠無法再遇到如此傑出的一群人。與他們見面、聆聽他們對尼爾的想法，以及他們自己的人生故事和職業發展，讓我開始思考尼爾竟是如此幸運，能夠有這樣的同仁與朋友。爲了聆聽他們口述的歷史，我行經美國十八個州以及華盛頓特區。

本書是二〇一八年的新版，我要特別感謝尼爾目前的家人，他的兒子瑞克・阿姆斯壯以及馬克・阿姆斯壯；他的弟弟迪恩・阿姆斯壯；特別是他的妹妹，茱恩・阿姆斯壯・霍夫曼。多年來，對於尼爾和阿姆斯壯家的歷史，茱恩總是提供許多非常有價值的資訊，以及充滿個人深邃意義的觀察想法，甚至和我分享她母親所有的相簿與個人文件。這份「薇歐拉檔案」是無價的，讓我更為深刻地理解何種家庭環境孕育了年輕的尼爾。我必須感謝茱恩向我，以及向全世界，分享她與尼爾的母親。茱恩的兩位女兒，珍妮・霍夫曼（Jayne Hoffman）和裘蒂・霍夫曼（Jodi Hoffman）也協助我釐清阿姆斯壯家族系譜錯綜複雜的關係。

從一開始，我就下定決心要親自聆聽尼爾第一任妻子珍妮特・雪倫・阿姆斯壯的第一手資訊。如果沒有珍妮特的故事就不可能講述尼爾的故事。我不只想要知道珍妮特對於結縭三十八年的前夫有何想法，我也有興趣理解珍妮特本人。在阿波羅計畫的這麼多年來，珍妮特身為太空人之妻，以及登月第一人之妻，她也用自己的方式成為一位公眾人物。從這個脈絡，理解珍妮特身為女性、妻子、母親，以及模範人物的經驗非常重要。縱然千辛萬苦，珍妮特最後終於答應接受數次訪談。我個人認為，她為這本書增添了無價珍貴的幫助。

我也要感謝尼爾的第二任妻子卡洛・赫爾德・奈特・阿姆斯壯，不只是因為多年來，她願意接受我的採訪，且只要我拜訪阿姆斯壯家，她總是展現如此溫暖的關懷，也是因為她的友誼。卡洛的女兒茉莉・奈特・馮・瓦根尼協助回答家族問題以及尼爾生命晚年的種種資訊。我也永遠不會忘記茉莉的女兒派普兩歲時，心滿意足地坐在祖父尼爾的大腿上，那種美麗歡愉的景象。現在，派普已經是一位亭亭玉立的十六歲年輕女士。

各個單位的歷史學家、圖書館館員、檔案管理人員、博物館管理人員，以及專業研究人員都鼎力協助我的研究。我已經在本書的第一版和第二版感謝他們，他們知道自己的重要，我不會在此重複他們的姓名，但請相信我由衷再次感謝他們對於本書的協助。

我也必須再次感謝以下機構和人士協助我準備這本書新版的內容：

如果沒有《阿波羅月球表面期刊》（*Apollo Lunar Surface Journal*）編輯艾瑞克・瓊斯（Eric P. Jones）多年來的努力，我對於阿波羅十一號任務期間在靜海基地發生的種種一切便無法傳達如此豐富精細的訊息。感謝艾瑞克對於本書的鼎力協助，特別感謝他熱心閱讀關於人類初次登月的章節草稿。他讓我免於寫出幾個重大的錯誤。如果本書內容依然有誤，文責由本人承擔。我也要感謝來自英格蘭的大衛・伍茲（David Woods）以及蘇格蘭的肯・麥克塔格特（Ken McTaggert），他們是《阿波羅飛行期刊》（*Apollo Flight Journal*）的編輯，謝謝他們的慷慨相助。

collectSpace.com 網站的創辦人和編輯羅伯・波爾曼（Robert Pearlman）多年來提供我關於太空歷史、大眾太空人狂熱，以及太空文物的重要洞見。沒有人可以比他更即時完整地回覆我無止盡的電子郵件和簡訊，並講述太空人個人物品組內容物的種種細節。

我也要感謝休士頓的羅傑・魏斯（Roger Weiss）多年來提供如此有用的資訊，以及他的友誼。

五一戰鬥機中隊的軍官和紳士，對於本書的協助，也值得我特別感謝。作爲一個團體，他們是我採訪過最令人印象深刻的一群人，甚至超越了阿波羅計畫的太空人。

如果沒有我的學術研究家園奧本大學（Auburn University）的支持，我也不可能即時完成這本書。我要感謝所有研究同仁放縱我渴望追求完成這個寫作計畫，以及容許我的長期缺席。我要特別感謝科技和文明課程同仁的支持，蓋伊・貝克魏斯博士（Guy V. Beckwith）、莫尼克・蘭尼博士（Monique Laney）、大衛・洛克斯科博士（David Lucsko）、艾倫・麥爾博士（Alan Meyer），以及威廉・崔博博士（William F. Trimble）。

回到二〇〇〇年初，我有一群心思細膩且才華洋溢的博士生，他們從來不讓我放棄書寫阿姆斯壯傳記的想法。他們一直都在鼓勵我，即使我已經放棄希望，且不認爲這個計畫能夠成功。每位博士生最後都成功取得航太歷史的博士學位。

我也要感謝參與科技和文明調查課程的大學新生，以及我在航太歷史與科學和科技歷史兩門課程接觸的無數學生。在奧本大學任教三十一年之後，我已經不再執教鞭，因此，對我而言，與他們相處格外珍貴。

西蒙與舒斯特出版社（Simon and Schuster）出版社的編輯，包括本書早期版本的編輯丹尼絲・羅伊（Denise Roy）以及最新版的編輯艾蜜利・葛拉夫（Emily Graff），都對這本書有極大幫助。

我在琳達・雀斯特文藝版權公司（Linda Chester Literary Agency）的羅莉・福克斯

（Laurie Fox）身上看見志同道合的精神，她也是一位充滿魔力以及知性的天使。如果這本書最後完成的成果只是我與羅拉的友誼，也值得我付出寫作的每分鐘。我要特別感謝偉大的琳達・雀斯特本人，謝謝她多年來的支持，以及我的電影版權經紀人賈斯丁・馬那斯克（Justin Manask）。

我的家人幾乎完全和我一起經歷這段尼爾・阿姆斯壯的英雄旅程。許多次，我們共進晚餐時，我或者沉默不語，或者兩眼茫然，心中依然思忖當天對阿姆斯壯人生故事的想法，我的妻子佩姬（Peggy）、女兒珍妮佛（Jennifer），以及兒子奈森（Nathan；又名奈森尼爾）總要拉著我，將我帶回現實生活。但我內心的感受只有家人對我的關愛和支持。從本書的第一版在二〇〇五年付梓之後，我的孩子已經結婚，他們的配偶是柯爾・蓋瑞（Cole Gary）以及潔西卡・菲利浦斯・韓森（Jessica Phillips Hansen），他們都是我們家庭的美好新成員。我將這本書的第一版和第二本獻給我的女兒珍妮佛，她現在是一位藝術史專家，也是肖像畫商業交易的企業家，而我的兒子奈森尼爾是一位精神科醫師，他們都住在阿拉巴馬的伯明罕。我決定將這本書二〇一八年的最新版獻給三位受到祝福的孫子——以及他們的子嗣。

最後，我要感謝各位讀者，謝謝你們願意接納這本厚重的書籍，我也希望你們從第一頁讀到最後一頁。對於各位讀者，對於這座世界的生生不息，對於尼爾，我獻上最誠摯的祝福。

詹姆斯・韓森，奧本，阿拉巴馬州，二〇一八年三月

參考書目

為了讓讀者便於查詢，除非作者有額外說明，參考書目中的文獻資料皆保留原文。

如果讀者有興趣查閱本書所有的資料來源註腳，請查閱本書原書第一版或第二版（篇幅為六十四頁）；二〇一八年版（即本版）的資料來源註腳，可以在本書作者的網站查詢：www.simonandschusterpublishing.com/firstman

主要資料來源

未歸檔的私人文件

Papers of Viola Engel Armstrong and Armstrong Family. Hereford, AZ (Property of June Armstrong Hoffman).

Personal Diary of Ensign Glen Howard "Rick" Rickelton, U.S. Navy, Written During V-51 Combat Flight Training & Korean War Service Aboard CV-9 USS *Essex*, Rickelton Family Papers, Elk Grove, CA, and Seattle, WA.

Personal Diary of Robert Kaps, USS *Essex* (CV-9), Carrier Air Group Five, 28 June 1951 to 25 March 1952.

歸檔私人文件

自從二〇一五年開始，尼爾・阿姆斯壯的個人文件已經存放在阿姆斯壯的母校，位於印地安納州西拉法葉普渡大學校園中的普渡大學檔案室。同樣的，本書作者詹姆斯・韓森為了出版本書而蒐集的所有研究資料，包括韓森替本書進行的所有訪談錄音檔案，也收藏在普渡大學檔案室。

Archives of Aerospace Exploration. University Libraries, Virginia Polytechnic Institute and State

University. Blacksburg, VA.

Auglaize County Public Library. Wapakoneta, OH. Neil A. Armstrong Newspaper Files.

Emil Buehler Naval Aviation Library. National Museum of Naval Aviation. Pensacola, FL.

John Glenn Archives. The Ohio State University Archives. Columbus, OH.

NASA Dryden Flight Research Center. Historical Archives. Edwards, CA.

NASA Headquarters History Office. Washington, DC.

National Personnel Records Center. Military Personnel Records. St. Louis, MO.

Naval Historical Center. Department of the Navy, Washington Navy Yard. Washington, DC.

Neil A. Armstrong Museum. Newspaper files. Wapakoneta, OH.

Nixon Presidential Materials. National Archives at College Park. College Park, MD.

Ohio Historical Society. Columbus, OH.

Records of NASA Dryden Flight Research Center. National Archives and Records Administration—Pacific Region. Laguna Nigel, CA.

Records of NASA Glenn Research Center. National Archives and Records Administration—Midwest Region. Chicago, IL.

Records of NASA Headquarters. National Archives and Records Administration—East Region. College Park, MD. Record Group 255.

Records of NASA Johnson Space Center. National Archives and Records Administration—Southwest Region. Fort Worth, TX. Record Group 255.

Records of NASA Johnson Space Center. Library and Archives of the University of Houston–Clear Lake. Clear Lake, TX.

Records of NASA Kennedy Space Center. National Archives and Records Administration—Southeast Region. Atlanta, GA. Record Group 255.

Records of NASA Langley Research Center. National Archives and Records Administration—Atlantic Region. Philadelphia, PA. Record Group 255.

Rensselaer Polytechnic Institute University Archives, Troy, NY. George M. Low Papers.

Time-Life Archives. Time-Life Building. New York City.

University of Cincinnati Archives. Cincinnati, OH.

Wyandot County Public Library. Newspaper files. Upper Sandusky, OH.

文件

尼爾・阿姆斯壯本人撰寫的文件，包括出版和未出版

"Future Range and Flight Test Area Needs for Hypersonic and Orbital Vehicles," *Proceedings of Professional Pilots Symposium on Air Space Safety,* 1958. Also appeared in *Society of Experimental Test Pilots* 3 (Winter 1959).

"Flight and Analog Studies of Landing Techniques Pertinent to the X-15 Airplane," *Research-Airplane-Committee Report on Conference on the Progress of the X-15 Project,* NACA-CONF-30-Jul-58, July 30, 1958. Coauthors: Thomas W. Finch, Gene J. Matranga, Joseph A. Walker.

"Test Pilot Views on Space Ventures," *Proceedings of ASME Aviation Conference*, Mar. 1959.

"Approach and Landing Investigation at Lift-Drag Ratios of 2 to 4 Utilizing a Straight-Wing Fighter Airplane," *NASA TM X-31,* Aug. 1959. Coauthor: Gene J. Matranga.

"Utilization of the Pilot in the Launch and Injection of a Multistage Orbital Vehicle," *IAS Paper 60-16,* 1960. Coauthors: E. C. Holleman and W. H. Andrew.

"X-15 Operations: Electronics and the Pilot," *Astronautics* 5 (May 1960): 42–3, 76–8.

"Development of X-15 Self-Adaptive Flight Control System," *Research-Airplane-Committee Report on Conference on the Progress of the X-15 Project*, 1961. Coauthors: R. P. Johannes and T. C. Hays.

"Flight-Simulated Off-the-Pad Escape and Landing Maneuvers for a Vertically Launched Hypersonic Glider," *NASA TM X-637*, March 1962. Coauthors: G. J. Matranga and William H. Dana.

"The X-15 Flight Program," *Proceedings of the Second National Conference on the Peaceful Uses of Space,* Seattle, WA, May 8–10, 1962. Coauthors: Joseph A. Walker, Forrest S. Petersen, Robert M. White.

"A Review of In-Flight Simulation Pertinent to Piloted Space Vehicles," *AGARD Report 403,* 21st Flight Mechanics Panel Meeting, Paris, France, July 9–11, 1962. Coauthor: Euclid C. Holleman.

"Pilot Utilization During Boost," Inter-Center Technical Conference on Control Guidance and Navigation Research for Manned Lunar Missions, Ames Research Center, Moffett Field, CA, July 24–25, 1962. Coauthor: Euclid C. Holleman.

"X-15 Hydraulic Systems Performance," *Hydraulics and Pneumatics,* Dec. 1962.

"Gemini Manned Flight Programs," *Proceedings of the Society of Experimental Test Pilots,* 8th Symposium, 1964.

"Controlled Reentry," *Gemini Summary Conference,* Houston, Texas, Feb. 1967. Multiple coauthors.

"Safety in Manned Spaceflight Preparation: A Crewman's Viewpoint," *AIAA,* 4th Annual Meeting, Oct. 1967.

"Apollo Flight Crew Training in Lunar Landing Simulators," *AIAA Paper 68–254,* 1968. Coauthor: S. H. Nassiff.

"Lunar Landing Strategy," *Proceedings of the Society of Experimental Test Pilots,* 13th Symposium, 1969.

"The Blue Planet," World Wildlife Fund, London, England, Nov. 1970.

"Lunar Surface Exploration," COSPAR, Leningrad, USSR, 1970, and Akademie-Verlag, Berlin, 1971.

"Change in the Space Age," The Mountbatten Lecture, University of Edinburgh, Mar. 1971.

"Out of This World," *Saturday Review/World,* Aug. 24, 1974.

"Apollo Double Diaphragm Pump for Use in Artificial Heart-Lung Systems," *AAMI National* Meeting, Mar. 1975. Coauthors: H. J. Heimlich, E. A. Patrick, G. R. Rieveschl.

"Intra-Lung Oxygenation for Chronic Lung Disease," Benedum Foundation, 1976. Coauthors: H. J. Heimlich, E. A. Patrick, G. R. Rieveschl.

"What America Means to Me," *The Reader's Digest,* June 1976, pp. 75–76.

"A Citizen Looks at *National Defense*," National Defense, Sept.–Oct. 1978.

"The Learjet Longhorn, First Jet with Winglets," *Proceedings of the Society of Experimental Test Pilots,* 22nd Symposium, 1978. Coauthor: P. J. Reynolds. Commencement Address, University of Cincinnati, June 13, 1982.

"New Knowledge of the Earth from Space Exploration," Academy of the Kingdom of Morocco, Casablanca, 1984. Coauthor: P. J. Lowman.

Wingless on Luna. 25th Wings Club General Harold R. Harris "Sight" Lecture, presented at Inter-Continental Hotel, New York City, May 20, 1988. New York: Wings Club, 1988.

"Research Values in Contemporary Society," Academy of the Kingdom of Morocco, Casablanca, 1989.

"Reflections by Neil Armstrong: We Joined Hands to Meet Challenge of Apollo Mission," *Cincinnati Enquirer,* July 20, 1989.

"The Ozone Layer Controversy," Academy of the Kingdom of Morocco, Casablanca, 1993. Coauthor: Mark S. Armstrong.

"Engineering Aspects of a Lunar Landing," The Lester D. Gardner Lecture, Massachusetts Institute of Technology, May 3, 1994. Coauthor: Robert C. Seamans.

"Pressure Vessel Considerations in Aerospace Operations," National Board of Boiler and Pressure Vessel Inspectors, Anchorage, AK, 1995.

"Observations on Genetic Engineering," Academy of the Kingdom of Morocco, Rabat, 1997. Coauthor: Carol Knight Armstrong.

其他主要文獻資料

Bennett, Floyd V. *Mission Planning for Lunar Module Descent and Ascent.* Washington, DC: NASA Technical Note MSC-04919, Oct. 1971.

CBS Television Network, *10:56:20 P.M., 7/20/69.* New York: Columbia Broadcasting System, 1970.

Godwin, Robert, ed. *X-15: The NASA Mission Reports.* Burlington, Ontario: Apogee Books, 2000.

——. Dyna-Soar: *Hypersonic Strategic Weapons System*. Burlington, Ontario: Apogee Books, 2003.

——. *Apollo 11: The NASA Mission Reports*. 3 vols. Burlington, Ontario: Apogee Books, 1999–2002.

Jones, Eric P., *Apollo Lunar Surface Journal.*

Low, George M. *Latin American Tour with Astronauts Armstrong and Gordon, 7-31 Oct. 1966.* NASA Manned Spacecraft Center: Unpublished mss., Nov. 16, 1966.

NASA Lyndon B. Johnson Space Center. *Biomedical Results of Apollo.* Washington, DC: NASA SP-368, 1975.

NASA Manned Spacecraft Center. *Apollo 11 Onboard Voice Transcription, Recorded on the Command Module Onboard Recorder Data Storage Equipment.* Houston: Manned Spacecraft Center, Aug. 1969.

NASA Manned Spacecraft Center. *Apollo 11 Preliminary Science Report.* Washington, DC: NASA SP-214, 1969.

NASA Manned Spacecraft Center. *Apollo 11 Spacecraft Commentary, July 16–24,* 1969.

NASA Manned Spacecraft Center. *Apollo 11 Technical Air-to-Ground Voice Transcription.* Prepared for Data Logistics Office Test Division, Apollo Spacecraft Program Office, July 1969.

National Commission on Space. *Pioneering the Space Frontier: The Report of the National Commission on Space.* Toronto and New York: Bantam Books, May 1986.

"Neil Armstrong's Comments on Behalf of the Apollo 11 Crew," Langley Medal Awards Ceremony, July 20, 1999, National Air and Space Museum, Washington, DC.

"Remarks by Neil A. Armstrong upon Receipt of National Space Trophy," 2004 Rotary National Award for Space Achievement, Houston, TX.

"Statement by Neil Armstrong at the White House," NASA Release, July 20, 1994. U.S. News and World Report. *U.S. on the Moon: What It Means To Us.* Washington, DC: U.S. News and World Report, 1969

新聞報紙和期刊出版品

Akron Beacon Journal

Baltimore Evening Sun

Boston Globe

Chicago Tribune

Christian Science Monitor

Cincinnati Enquirer

Cincinnati Post

Cleveland Plain Dealer

Cleveland Press

Columbus (Ohio) Citizen-Journal

Columbus (Ohio) Dispatch

Dayton Daily News

Florida Today

Houston Chronicle

Lebanon (Ohio) Western Star

Life

Lima (Ohio) Citizen

Lima (Ohio) News

Los Angeles Times

NASA X-Press (NASA Dryden)

National Observer

Newsweek

New York Daily News

New York Times

Seattle Daily Times

Space News Roundup (NASA Manned Spacecraft Center/JSC)

St. Marys (Ohio) Evening Leader

Time

Toledo Blade

Wall Street Journal

Wapakoneta Daily News

Washington Post

採訪（採訪人姓名、時間，以及地點）

作者本人親訪

Aicholtz, John, June 5, 2003, Cincinnati.

Aldrin, Buzz, Mar. 17, 2003, Albuquerque, NM.

Anders, Valerie, Apr. 8, 2003, San Diego; July 17, 2004, Dayton, OH.

Anders, William A., Apr. 8, 2003, San Diego.

Armstrong, Carol Knight, June 2004, Cincinnati.

Armstrong, Dean, Nov. 14, 2002, Bonita Springs, FL.

Armstrong, Janet Shearon, Sept. 10–11, 2004, Park City, UT.

Armstrong, Neil A., Cincinnati,

- Aug. 13, 2002.
- Nov. 26, 2002.
- June 2–4, 2003.
- Sept. 18–19 and 22, 2003.
- June 2–3, 2004.

Armstrong, Rick, Sept. 22, 2003, Cincinnati.

Armstrong Hoffman, June,

- Aug. 14, 2002, Wapakoneta, OH.
- Apr. 4–5, 2003, Hereford, AZ.
- June 7, 2003, Wapakoneta, OH.

Baker, Steve, June 5, 2003, Cincinnati.

Barnicki, Roger J., Dec. 11, 2002, Lancaster, CA.

Barr, Doris, Aug. 15, 2002, Cincinnati (telephone).

Bean, Alan, Feb. 7, 2003, Houston.

Beering, Stephen, May 30, 2003, Carmel, IN.

Bennett, Floyd V., Feb. 8, 2003, Houston.

Blackford, John "Bud," July 25, 2003, Concord, NH.

Borman, Frank, Apr. 15, 2003, Las Cruces, NM.

Borman, Susan, Apr. 15, 2003, Las Cruces, NM (telephone).

Brading, Charles, Jr., Aug. 17, 2003, Wapakoneta, OH.

Burrus, David, June 5, 2003, Cincinnati.

Burt, Devere, June 3, 2003, Cincinnati.

Butchart, Stanley P., Dec. 15, 2002, Lancaster, CA.

Cargnino, Larry, Nov. 29, 2002, West Lafayette, IN.

Carpentier, Dr. William, Feb. 8, 2003, Seabrook, TX.

Cernan, Eugene A., Feb. 10, 2003, Houston.

Collins, Michael, Mar. 25, 2003, Marco Island, FL.

Combs, Harry, Oct. 7, 2003, Orlando, FL.

Crossfield, A. Scott, July 17, 2004, Dayton, OH.

Dana, William H., Dec. 9, 2003, Edwards, CA.

Day, Richard E., Dec. 11, 2003, Palmdale, CA.

Frame, Arthur, Aug. 15 and 17, 2002, Wapakoneta, OH.

Franklin, George C., Feb. 5, 2003, Houston.

Friedlander, Charles D., Apr. 8–9, 2003, San Diego.

Glenn, John H., Sept. 23, 2003, Columbus, OH.

Gordon, Linda, Apr. 12, 2003, Prescott, AZ.

Gordon, Richard F., Jr., Apr. 12, 2003, Prescott, AZ.

Gott, Herschel, June 20, 2003, Los Altos, CA.

Gustafson, Bob, Aug. 15, 2002, Wapakoneta, OH.

Heimlich, Dr. Henry, June 5, 2003, Cincinnati.

Hollemon, Charles, Nov. 21, 2002, West Lafayette, IN.

Keating, William, June 5, 2003, Cincinnati.

Keiber, Ned, Aug. 15, 2002, Wapakoneta, OH.

Kinne, Tim, June 5, 2003, Cincinnati

Kleinknecht, Kenneth S., June 27, 2003, Littleton, CO.

Knight, William "Pete," Dec. 15, 2002, Palmdale, CA.

Knudegaard, Vincent Aubrey, Sept. 11, 2002, Auburn, AL.

Kraft, Chris, Feb. 7, 2003, Houston.

Kranz, Eugene, Feb. 8, 2003, Friendswood, TX.

Kutyna, Donald J., Mar. 20, 2004, Colorado Springs.

Love, Betty, Jan. 30, 2003, Edwards, CA (Conducted by Christian Gelzer).

Lovell, James A., July 17, 2004, Dayton, OH.

Lovell, Marilyn, July 17, 2004, Dayton, OH.

Lunney, Glynn, Feb. 6, 2003, Houston.

Mackey, William A., Sept. 21, 2002, Tuscaloosa, AL.

Mallick, Donald L., Dec. 12, 2002, Lancaster, CA.

Matranga, Gene J., Dec. 12, 2002, Lancaster, CA.

McDivitt, James A., Apr. 7, 2003, Tucson, AZ.

McTigue, John G., Dec. 9, 2002, Lancaster, CA.

Mechem, Charles S., Jr., June 25, 2003, Jackson Hole, WY.

Meyer, Russ, Oct. 7, 2003, Orlando, FL.

North, Warren J., Apr. 11, 2003, Phoenix.

Palmer, George, Nov. 21, 2002, West Lafayette, IN.

Peterson, Bruce A., Dec. 9, 2002, Lancaster, CA.

Preston, G. Merritt, Mar. 27, 2003, Melbourne, FL.

Rogers, James, June 5, 2003, Cincinnati.

Schiesser, Emil, Feb. 4, 2003, Seabrook, TX.

Schirra, Walter M., Jr., Apr. 8, 2003, San Diego.

Schmitt, Harrison H. "Jack," Mar. 16, 2003, Albuquerque.

Schuler, Dudley, Aug. 15, 2002, Wapakoneta, OH.

Schwan, Harold C., Oct. 17, 2002, Chesterfield, MO.

Scott, David R., Feb. 1, 2003, Atlanta.

Shaw-Kuffner, Alma Lou, Aug. 15, 2002, Wapakoneta, OH.

Smith, James M., July 17, 2003, New York City.

Solacoff, Doris, June 1, 2003, Upper Sandusky, OH.

Drake, Hubert M., Nov. 15, 1966, Edwards, CA (Jim Krier and J. D. Hunley); Apr. 16, 1997, Edwards, CA (J. D. Hunley).

Duke, Charles M., Mar. 12, 1999, Houston (Doug Ward).

Fendell, Edward I., Oct. 19, 2000, Houston (Kevin M. Rusnak).

Franklin, George C., Oct. 3, 2001, Houston (Kevin M. Rusnak).

Fulton, Fitzhugh L., Jr., Aug. 7, 1997, Edwards, CA (J. D. Hunley).

Gordon, Richard F., Jr., Oct. 17, 1997, Houston (Michelle Kelly). Griffin, Gerald D., Mar. 12, 1999, Houston (Doug Ward).

Grimm, Dean F., Aug. 17, 2000, Parker, CO (Carol Butler).

Haines, Charles R., Nov. 7, 2000, Houston (Kevin M. Rusnak).

Haise, Fred, Jr., Mar. 23, 1999, Houston (Doug Ward).

Hodge, John D., Apr. 18, 1999, Great Falls, VA (Rebecca Wright).

Honeycutt, Jay F., Mar. 22, 2000, Houston (Rebecca Wright).

Hutchinson, Neil B., June 5, 2000, Houston (Kevin M. Rusnak).

Kelly, Thomas J., Sept. 19, 2000, Cutchogue, NY (Kevin M. Rusnak).

Kleinknecht, Kenneth S., Sept. 10, 1998, Littleton, CO (Carol Butler); July 25, 2000, Houston (Carol Butler).

Kranz, Eugene F., Jan. 8, 1999, Houston (Rebecca Wright); Apr. 28, 1999, Houston (Roy Neal).

Love, Betty, Apr. 10, 1997, Edwards, CA (Michael Gorn); May 6, 2002, Palmdale, CA (Rebecca Wright).

Lovell, James A., Jr., May 25, 1999, Houston (Ron Stone).

Low, George M., Jan. 9, 1969, Houston (Robert B. Merrifield).

Lunney, Glynn S., Jan. 28, Feb. 8, and Apr. 26, 1999, Houston (Carol Butler).

Mattingly, Thomas K., II, Nov. 6, 2001, Costa Mesa, CA (Rebecca Wright).

McDivitt, James A., June 29, 1999, Elk Lake, MI (Doug Ward).

Maxson, Jerre, May 9, 1969, Wapakoneta, OH (Dora Jane Hamblin).

Mitchell, Edgar D., Sept. 3, 1997, Houston (Sheree Scarborough).

North, Warren J., Mar. 14, 1968, Houston (Robert B. Merrifield); Sept. 30, 1998, Houston (Summer Chick Bergen).

O'Hara, Delores B. "Dee," Apr. 23, 2002, Mountain View, CA (Rebecca Wright).

Preston, G. Merritt, Feb. 1, 2000, Indian Harbor Beach, FL (Carol Butler).

Saltzman, Edwin J., Dec. 3, 1997, Edwards, CA (J. D. Hunley).

Schirra, Walter M., Jr., Dec. 1, 1998, San Diego (Roy Neal).

Schmitt, Harrison H. "Jack," May 30, 1984, Houston (W. D. Compton); July 14, 1999, Houston (Carol Butler).

Schweickart, Russell L., Oct. 19, 1999, Houston (Rebecca Wright).

Seamans, Robert C., Nov. 20, 1998, Beverly, MA (Michelle Kelly); June 22, 1999, Cambridge, MA (Carol Butler).

Shea, Joseph F., May 16, 1971, Weston, MA (Robert Sherrod).

Sherman, Howard, Feb. 11, 1970, Bethpage, NY (Ivan Ertel).

Slayton, Donald K., Oct. 17, 1967, Houston (Robert B. Merrifield); Oct. 15, 1984, Houston (W. D. Compton).

Stafford, Thomas, Oct. 15, 1997, Houston (William Vantine).

Thompson, Milton O., Sept. 22, 1983, Edwards, CA (Larry Evans).

與作者本人的通信或電子郵件

Aldrin, Buzz, Los Angeles, CA.

Armstrong, Janet Shearon, Park City, UT.

Armstrong, Neil A., Cincinnati.

Armstrong-Hoffmann, June, Hereford, AZ.

Baker, Steve, Cincinnati.

Beauchamp, Ernest M., Corona Del Mar, CA.

Bowers, William "Bill."

Brandli, Hank, Melbourne, FL.

Burke, Mel, Edwards, CA.

Burrus, David, Cincinnati.

Campbell, Nick, Denver, CO.

Clingan, Bruce, Troy, OH.

Day, Richard E., Palmdale, CA.

Esslinger, Michael, Monterey, CA.

Friedlander, Charles D., San Diego.

Gardner, Donald A., Clinton, IN.

Gates, Charles, Denver.

Gott, Herschel, Los Altos, CA.

Graham, Herb A.

Hamed, Awatef, Cincinnati.

Hayward, Tom.

Hoffman, Jayne, River Falls, WI.

Honneger, Barbara, Monterey, CA.

Hromas, Leslie A., Rolling Hills, CA.

Huston, Ronald, Cincinnati.

Jones, Eric P., Australia.

Karnoski, Peter, Las Vegas, NV.

Kinne, Tim, Cincinnati.

Klingan, Bruce E., Bellevue, WA.

Koppa, Rodger J., College Station, TX.

Kraft, Chris, Houston.

Kramer, Ken, Houston and San Diego.

Kranz, Eugene F., Houston.

Kutyna, Donald J., Colorado Springs.

Mackey, William A., Tuscaloosa, AL.

Mechem, Charles S., Jr., Loveland, OH.

Pearlman, Robert, Houston.

Perich, Pete, Warren, OH.

Petersen, Richard H., La Jolla, CA.

Petrone, Rocco, Palos Verdes Peninsula, CA.

Rickelton, Glen, Elk Grove, CA.

Rickelton, Ted, Seattle, WA.

Russell, George E. "Ernie," Cashion, OK.

Schwan, Harold C., Chesterfield, MO.

Scott, David R., London, England.

Slater, Gary L., Cincinnati.

Spanagel, Herman A., Satellite Beach, FL.

Spitzen, Ralph E., Columbus, OH.

Stear, Mark, Cincinnati.

Stephenson, David S., King of Prussia, PA.

Thompson, Tom, Rancho Palos Verdes, CA.

Walker-Wiesmann, Grace, Reeedley, CA.

White, Vivian, Lebanon, OH.

次要文獻

書籍

Aldrin, Buzz, and Malcolm McConnell. *Men from Earth.* 2nd ed. New York: Bantam Falcon Books, 1991.

Aldrin, Edwin E. Jr. with Wayne Warga. *Return to Earth.* New York: Random House, 1973.

Allday, Jonathan. *Apollo in Perspective: Spaceflight Then and Now.* Bristol and Philadelphia: Institute of Physics Publishing, 2000.

Armstrong, Robert Bruce. *The History of Liddesdale.* Vol. I. Edinburgh, 1883.

Arnold, H. J. P., ed. *Man in Space: An Illustrated History of Spaceflight.* New York: Smithmark, 1993.

Baker, David. *The History of Manned Spaceflight.* New Cavendish Books, 1981. Reprint. New York: Crown Publishers, 1982.

Ball, John. *Edwards: Flight Test Center of the USAF.* New York: Duell, Sloan, and Pearce, 1962.

Barbour, John. *Footprints on the Moon.* New York: Associated Press, 1969.

Bean, Alan. *Apollo: An Eyewitness Account by Astronaut/Explorer Artist/Moonwalker Alan Bean.* Shelton, CT: Greenwich Workshop, Inc., 1998.

Berg, A. Scott. *Lindbergh.* New York: G. P. Putnam's Sons, 1998.

Bilstein, Roger. *Stages to Saturn: A Technological History of the Apollo/Saturn Launch Vehicles.* Washington, DC: NASA SP-4206, 1980.

——. *Orders of Magnitude: A History of the NACA and NASA, 1915–1990.* Washington, DC: NASA SP-4406, 1989.

Borman, Frank, with Robert J. Serling. *Countdown.* New York: Morrow, 1988.

Bowman, Martin W. *Lockheed F-104 Starfighter.* London: Crowood Press, 2001.

Boyne, Walter J., and Donald S. Lopez. *The Jet Age: Forty Years of Jet Aviation.* Washington, DC: Smithsonian Institution Press, 1979.

Brooks, Courtney G., James M. Grimwood, and Loyd S. Swenson Jr. *Chariots for Apollo: A History of Manned Lunar Spacecraft*. Washington, DC: NASA SP-4205, 1979.

Buckbee, Ed, with Wally Schirra. *The Real Space Cowboys*. Burlington, Ontario: Apogee Books, 2005.

Burgess, Colin. *Fallen Astronauts: Heroes Who Died Reaching the Moon.* Lincoln: University of Nebraska Press, 2003.

Burrows, William E. *This New Ocean: The Story of the First Space Age.* New York: Modern Library, 1999.

Carpenter, M. Scott, Gordon L. Cooper Jr., John H. Glenn Jr., Virgil I. Grissom, Walter M. Schirra Jr., Alan B. Shepard, and Donald K. Slayton. *We Seven*. New York: Simon & Schuster, 1962.

Cayton, Andrew R. L. *Ohio: The History of a People.* Columbus: Ohio State University Press, 2002.

Cernan, Eugene, with Don Davis. *The Last Man on the Moon: Astronaut Gene Cernan and America's Race in Space.* New York: St. Martin's Griffin, 1999.

Chaikin, Andrew. *A Man on the Moon.* New York and London: Penguin Group, 1994.

——. *A Man on the Moon.* 3 vols. (I: *One Giant Leap;* II: *The Odyssey Continues;* III: *Lunar Explorers*). Alexandria, VA: Time-Life Books, 1999.

Collins, Michael. *Carrying the Fire: An Astronaut's Journeys.* New York: Farrar, Straus and Giroux, 1974.

——. *Liftoff: The Story of America's Adventure in Space.* New York: Grove Press, 1988.

Compton, W. David. *Where No Man Has Gone Before: A History of the Apollo Lunar Exploration Missions.* Washington, DC: NASA SP-4214, 1989.

Conrad, Nancy, and Howard A. Klausner. *Rocketman: Astronaut Pete Conrad's Incredible Ride into the Unknown.* New York: New American Library, 2005.

Cooper, Gordon, with Bruce Henderson. *Leap of Faith: An Astronaut's Journey into the Unknown.* New York: HarperTorch, 2000.

Cooper, Henry S. F. Jr. *Apollo on the Moon*. New York: Dial, 1973.

——. *Moon Rocks.* New York: Dial, 1970.

Corn, Joseph J. *The Winged Gospel: America's Romance with Aviation, 1900–1950.* New York and Oxford: Oxford University Press, 1983.

Cortright, Edgar M., ed., *Apollo Expeditions to the Moon.* Washington, DC: NASA SP-350, 1975.

Cunningham, Walter, with Mickey Herskowitz. *The All-American Boys.* New York: Macmillan, 1977.

Dawson, Virginia P. *Engines and Innovation: Lewis Laboratory and American Propulsion Technology.* Washington, DC: NASA SP-4306, 1991.

Dethloff, Henry C. *Suddenly, Tomorrow Came . . . : A History of the Johnson Space Center.* Washington, DC: NASA SP-4307, 1993.

Dick, Steven J., ed. *NASA's First 50 Years: Historical Perspectives.* Washington, DC: NASA SP-2010-4704, 2009.

Dick, Steven J. and Roger D. Launius, *Critical Issues in the History of Spaceflight.* Washington, DC: NASA SP-2006-4702, 2006.

——. *Societal Impact of Spaceflight.* Washington, DC: NASA SP-2007-4801, 2007.

Duke, Charlie and Dotty. *Moonwalker.* Nashville, TN: Oliver-Nelson Books, 1990.

Emme, Eugene M. *Two Hundred Years of Flight in America: A Bicentennial Survey.* San Diego, CA: American Astronautical Society, 1977.

Engen, Donald. *Wings and Warriors: Life as a Naval Aviator.* Washington and London: Smithsonian Institution Press, 1997.

Evans, Michelle. *The X-15 Rocket Plane: Flying the First Wings into Space.* Lincoln and London: University of Nebraska Press, 2013.

Farmer, Gene, and Dora Jane Hamblin. *First on the Moon.* New York: Little, Brown, and Co., 1969.

Fraser, George MacDonald. *The Steel Bonnets: The Story of the Anglo-Saxon Border Reivers.* London: Collins Harvill, 1989.

French, Francis, and Colin Burgess. *In the Shadow of the Moon: A Challenging Journey to Tranquility, 1965-1969.* Lincoln: University of Nebraska Press, 2007.

Fries, Sylvia Doughty. *NASA Engineers and the Age of Apollo.* Washington, DC: NASA SP-4104, 1992.

Gainor, Chris. *Arrows to the Moon: Avro's Engineers and the Space Race.* Burlington, Ontario: Apogee Books, 2001.

Garber, Stephen J., ed. *Looking Backward, Looking Forward: Forty Years of U.S. Human Spaceflight Symposium, 8 May 2001.* Washington, DC: NASA SP-2002-4107, 2002.

Glenn, John, with Nick Taylor. *John Glenn: A Memoir.* New York and Toronto: Bantam Books, 1999.

Goldstein, Laurence. *The Flying Machine and Modern Literature.* Bloomington: Indiana University Press, 1986.

Gorn, Michael H. *Expanding the Envelope: Flight Research at NACA and NASA.* Lexington: University Press of Kentucky, 2001.

Grandt, A. F. Jr., W. A. Gustafson, and L. T. Cargnino. *One Small Step: The History of Aerospace Engineering at Purdue University.* West Lafayette: School of Aeronautics and Astronautics, Purdue University, 1996.

Gray, George W. *Frontiers of Flight: The Story of NACA Research.* New York: Knopf, 1948.

Gray, Mike. *Angle of Attack: Harrison Storms and the Race to the Moon.* New York: W. W. Norton & Co., 1992.

Gunston, Bill. *Attack Aircraft of the West.* London: Ian Allan, 1974.

Hacker, Barton C., and James M. Grimwood. *On the Shoulders of Titans: A History of Project Gemini.* Washington, DC: NASA SP-4203, 1977.

Hallion, Richard P. *On the Frontier: Flight Research at Dryden, 1946–1981.* Washington, D.C.: NASA SP-4303, 1988.

——. *Supersonic Flight: Breaking the Sound Barrier and Beyond,* rev. ed. Washington, DC: Brassey's, 1997.

——. *Test Pilots: The Frontiersmen of Flight,* rev. ed. Washington and London: Smithsonian

Institution Press, 1988.

——. *The Naval Air War in Korea.* New York: The Nautical & Aviation Publishing Co. of America, 1986.

Hansen, James R. *The Bird Is on the Wing: Aerodynamics and the Progress of the American Airplane.* College Station: Texas A&M University Press, 2003.

——. *Engineer in Charge: A History of the Langley Aeronautical Laboratory, 1917–1958.* Washington, DC: NASA SP-4305, 1987.

——. *Spaceflight Revolution: NASA Langley From Sputnik to Apollo.* Washington, DC: NASA SP-4308, 1995.

Harland, David M. *How NASA Learned to Fly in Space: An Exciting Account of the Gemini Missions.* Burlington, Ontario: Apogee Books, 2004.

——. *The First Men on the Moon: The Story of Apollo 11.* Chichester, UK: Praxis Publishing, 2007.

Henes, Donna. *The Moon Watcher's Companion.* New York: Marlowe & Company, 2002.

Heppenheimer, T.A. *Countdown: A History of Space Flight.* New York: John Wiley & Sons, 1997.

Hersch, Matthew. *Inventing the American Astronaut.* New York: Palgrave Macmillan, 2012.

Hurt, Douglas R. *The Ohio Frontier: Crucible of the Old Northwest, 1720–1830.* Bloomington: Indiana University Press, 1996.

Illiff, Kenneth W., and Curtiss L. Peebles. *From Runway to Orbit: Reflections of a NASA Engineer.* Washington, DC: NASA SP-2004-4109, 2004.

Irwin, James B., with William A. Emerson Jr. *To Rule the Night.* Philadelphia: Holman (Lippincott), 1973.

Irwin, Mary, with Madelene Harris. *The Moon Is Not Enough.* Grand Rapids: Zondervan Corporation, 1978.

Jenkins, Dennis. *Hypersonics Before the Shuttle: A Concise History of the X-15 Research Airplane.* Monographs in Aerospace History No. 18. Washington, DC: NASA SP-2000-4518, June 2000.

Jones, Robert Leslie. *The History of Agriculture in Ohio to 1880.* Kent, OH: Kent State University

Press, 1983.

Kelly, Thomas J. *Moon Lander: How We Developed the Apollo Lunar Module.* Washington and London: Smithsonian Institution Press, 2001.

King, Elbert A. *Moon Trip: A Personal Account of the Apollo Program and Its Science.* Houston: University of Houston Press, 1989.

Knepper, George. *Ohio and Its People.* Kent, OH, and London, England: Kent State University Press, 1989.

Knott, Richard C. *A Heritage of Wings: An Illustrated History of Naval Aviation.* Annapolis: Naval Institute Press, 1997.

Koppel, Lily. *The First Wives Club: A True Story.* New York and Boston: Grand Central Publishing, 2013.

Kraft, Chris. *Flight: My Life in Mission Control.* New York and London: Plume Books, 2001.

Kranz, Gene. *Failure Is Not an Option: Mission Control from Mercury to Apollo 13 and Beyond.* New York and London: Simon & Schuster, 2000.

Lambright, W. Henry. *Powering Apollo: James E. Webb of NASA.* Baltimore and London: Johns Hopkins University Press, 1995.

Launius, Roger D. *Apollo: A Retrospective Analysis.* Monographs in Aerospace History No. 3. Washington, DC: Government Printing Office, July 1994.

Lay, Beirne Jr. *Earthbound Astronauts: The Builders of Apollo-Saturn.* Englewood Cliffs, NJ: Prentice-Hall, 1971.

Leckey, Howard L. *The Tenmile Country and Its Pioneer Families: A Genealogical History of the Upper Monogahela Valley.* Salem, MA: Higginson Book Co., 1950.

Leopold, George. *Calculated Risk: The Supersonic Life and Times of Gus Grissom.* West Lafayette, IN: Purdue University Press, 2016.

Levine, Arnold S. *Managing NASA in the Apollo Era.* Washington, DC: NASA SP-4102, 1982.

Lewis, Richard S. *Appointment on the Moon.* New York: Ballantine, 1969.

——. *The Voyages of Apollo: The Exploration of the Moon.* New York: Times Book Company, 1974.

Life, Special Issue, "Man in Space: An Illustrated History from Sputnik to Columbia," March 17, 2003.

Light, Michael. *Full Moon.* New York: Knopf, 1989.

Loftin, Laurence K. Jr. *Quest for Performance: The Evolution of Modern Aircraft.* Washington, DC: NASA SP-468, 1985.

Logsdon, John M. *John F. Kennedy and the Race to the Moon.* New York: Palgrave Macmillan, 2010.

Lovell, Jim, and Jeffrey Kluger. *Lost Moon: The Perilous Voyage of Apollo 13.* Boston and New York: Houghton Mifflin, 1994.

Mack, Pamela E., ed. *From Engineering Science to Big Science: The NACA and NASA Collier Trophy Research Project Winners.* Washington, DC: NASA SP-4219, 1998.

MacKinnon, Douglas, and Joseph Baldanza. *Footprints.* Illustrated by Alan Bean. Washington, DC: Acropolis Books, 1989.

Mailer, Norman. *Of a Fire on the Moon.* New York: Little, Brown and Co., 1969.

Masursky, Harold, G. William Colton, and Farouk El-Baz, eds. *Apollo Over the Moon: A View from Orbit.* Washington, DC: NASA SP-362, 1978.

McCurdy, Howard E. *Space and the American Imagination.* Washington and London: Smithsonian Institution Press, 1997.

McDonald, Allan J., with James R. Hansen, *Truth, Lies, and O-Rings: Inside the Space Shuttle Challenger Disaster.* Gainesville: University Press of Florida, 2009.

McDougall, Walter A. *The Heavens and the Earth: A Political History of the Space Age.* New York: Basic Books, 1985.

Michener, James A. *The Bridges at Toko-Ri.* New York: Random House, 1953.

Miller, Ronald, and David Sawers. *The Technical Development of Modern Aviation.* New York: Praeger, 1970.

Mindell, David. *Digital Apollo: Human and Machine in Spaceflight.* Cambridge, MA: MIT Press,

2008.

Mitchell, Edgar, and Dwight Williams. *The Way of the Explorer: An Apollo Astronaut's Journey Through the Material and Mystical Worlds.* Franklin Lakes, NJ: New Page Books, 2008.

Moore, John. *The Wrong Stuff: Flying on the Edge of Disaster.* North Branch, MN: Specialty Press, 1997.

Murray, Charles, and Catherine Bly Cox. *Apollo: The Race to the Moon.* New York: Simon & Schuster, 1989.

Mutch, Thomas A. *A Geology of the Moon: A Stratigraphic View.* Princeton: Princeton University Press, 1970.

NASA. *Managing the Moon Program: Lessons Learned from Project Apollo.* Monographs in Aerospace History No. 14. Washington, DC: Government Printing Office, July 1999.

NASA. *Proceedings of the X-15 First Flight 30th Anniversary Celebration.* Washington, DC: NASA Conference Publication 3105, 1991.

Newell, Homer E. *Beyond the Atmosphere: Early Years of Space Science.* Washington, DC: NASA SP-4211, 1980.

Newton, Wesley P., and Robert R. Rea. *Wings of Gold: An Account of Naval Aviation Training in World War II.* Tuscaloosa: University of Alabama Press, 1987.

Norberg, John. *Wings of Their Dreams: Purdue in Flight.* West Lafayette, IN: Purdue University Press, 2003.

Oberg, James E. *Red Star in Orbit.* New York: Random House, 1981.

Peebles, Curtis. *The Spoken Word: Recollections of Dryden History, the Early Years.* Washington, DC: NASA SP-2003-4530, 2003.

Pellegrino, Charles R., and Joshua Stoff. *Chariots for Apollo: The Making of the Lunar Module.* New York: Atheneum, 1985.

Petroski, Henry. *To Engineer Is Human: The Role of Failure in Successful Design.* New York: Vintage Books, 1992.

Pizzitola, Anthony. *Neil Armstrong: The Quest for His Autograph.* CreateSpace Independent Publishing Platform, 2011.

Pyle, Rod. *Destination Moon: The Apollo Missions in the Astronauts' Own Words.* New York: Collins, 2005.

Rahman, Tahir. *We Came in Peace for All Mankind: The Untold Story of the Apollo 11 Silicon Disc.* Overland Park, KS: Leathers Publishing, 2008.

Reeder, Charles Wells. *The Interurbans of Ohio*. Columbus: Ohio State University Press, 1906.

Reid, Robert L. *Always a River: The Ohio River and the American Experience.* Bloomington: Indiana University Press, 1991.

Reynolds, David. *Apollo: The Epic Journey to the Moon.* New York and San Diego: Harcourt, 2002.

Roland, Alex. *Model Research: The National Advisory Committee for Aeronautics.* 2 vols. Washington, DC: NASA SP-4103, 1985.

Rosof, Barbara D. *The Worst Loss: How Families Heal from the Death of a Child.* New York: Henry Holt and Company, 1994.

Saltzman, Edwin J., and Theodore G. Ayers. *Selected Examples of NACA/NASA Supersonic Research.* Dryden Flight Research Center, Edwards AFB, CA: NASA SP-513, 1995.

Schirra, Walter M. Jr., with Richard N. Billings, *Schirra's Space.* Boston: Quinlan Press, 1988.

Schmitt, Harrison H. *Return to the Moon.* New York: Copernicus Books and Praxis Publishing, Ltd., 2006.

Scott, David, and Alexei Leonov. *Two Sides of the Moon.* New York: Thomas Dunne Books (St. Martin's Press), 2004.

Scott, Walter. *Minstrelsy of the Scottish Border.* 3 vols. London, 1869; Singing Tree, 1967.

Seamans, Robert C. Jr. *Aiming at Targets: The Autobiography of Robert C. Seamans, Jr.* Washington, DC: NASA SP-4106, 1996.

Siddiqi, Asif A. *Challenge to Apollo: The Soviet Union and the Space Race, 1945–1974.* Washington, DC: NASA SP-2000-4408, 2000.

Slayton, Donald K., with Michael Cassutt. *Deke! U.S. Manned Space: From Mercury to Shuttle.* New York: Forge, 1994.

Spudis, Paul D. *The Once and Future Moon.* Washington and London: Smithsonian Institution Press, 1996.

Stafford, Tom, with Michael Cassutt. *We Have Capture.* Washington and London: Smithsonian Institution Press, 2002.

Sullivan, Scott P. *Virtual Apollo: A Pictorial Essay of the Engineering and Construction of the Apollo Command and Service Modules.* Burlington, Ontario: Apogee Books, 2003.

——. *Virtual LM: A Pictorial Essay of the Engineering and Construction of the Apollo Lunar Module.* Burlington, Ontario: Apogee Books, 2004.

Taylor, Stuart Ross. *Lunar Science: A Post-Apollo View.* New York: Pergamon, 1975.

Thompson, Milton O. *At the Edge of Space: The X-15 Flight Program.* Washington and London: Smithsonian Institution Press, 1992.

Thompson, Neal. *Light This Candle: The Life and Times of Alan Shepard, America's First Spaceman.* New York: Crown Publishers, 2004.

Thruelson, Richard. *The Grumman Story.* New York: Praeger, 1976.

Trento, Joseph J. *Prescription for Disaster: From the Glory of Apollo to the Betrayal of the Shuttle.* New York: Crown Publishers, 1987.

Upton, Jim. *Lockheed F-104 Starfighter.* Minneapolis: Specialty Press, 2003.

Vaughn, Diane. *The Challenger Launch Decision: Risky Technology, Culture, and Deviance at NASA.* Chicago: University of Chicago Press, 1997.

Vincenti, Walter G. *What Engineers Know and How They Know It: Analytical Studies from Aeronautical History.* Baltimore and London: The Johns Hopkins University Press, 1990.

Wachhorst, Wyn. *The Dream of Spaceflight: Essays on the Near Edge of Infinity.* New York: Basic Books, 2000.

Wallace, Harold D. *Wallops Station and the Creation of an American Space Program.* Washington,

DC: NASA SP-4311, 1997.

Wallace, Lane. *Flights of Discovery: 50 Years at the NASA Dryden Flight Research Center.* Washington, DC: NASA SP-4309, 1996.

Waltman, Gene L. *Black Magic and Gremlins: Analog Flight Simulations at NASA's Flight Research Center.* Monographs in Aerospace History No. 20. Washington, DC: NASA SP-2000-4250, 2000.

Wead, Doug. *All the Presidents' Children.* New York and London: Atria Books, 2003.

Wendt, Guenter, and Russell Still. *The Unbroken Chain.* Burlington, Ontario: Apogee Books, 2001.

Wiley, Samuel T., ed. *Biographical and Historical Cyclopedia of Indiana and Armstrong Counties, Pennsylvania.* Philadelphia: Gresham & Co., 1891.

Wilford, John Noble. *We Reach the Moon.* New York: Bantam Books, 1969.

Wilhelms, Don E. *The Geologic History of the Moon.* Washington, DC: U.S. Geological Survey Professional Paper 1348, 1987.

——. *To a Rocky Moon: A Geologist's History of Lunar Exploration.* Tucson and London: University of Arizona Press, 1993.

Wolfe, Tom. *The Right Stuff.* New York: Farrar, Straus and Giroux, 1979.

Worden, Al, and Francis French. *Falling to Earth: An Apollo 15 Astronaut's Journey to the Moon.* Washington, DC: Smithsonian Books, 2011.

Yeager, Chuck, and Leo Janos. *Yeager: An Autobiography.* Toronto and New York: Bantam Books, 1985.

Young, James O. *Meeting the Challenge of Supersonic Flight.* Edwards AFB, CA: U.S. Air Force Flight Test Center History Office, 1997.

Young, John, and James R. Hansen, *Forever Young: A Life of Adventure in Air and Space.* Gainesville, FL: University Press of Florida, 2012.

文章

Asher, Gerald. "Of Jets and Straight Decks: USS *Essex* and Her Air Wings, 1951–1953," *Airpower* 32 (Nov. 2002): 26–40.

Brinkley, Douglas. "The Man and the Moon," *American History* 39: 26–37, 78–79.

Gates, Thomas F. "The Screaming Eagles in Korea, 1950–1953: Fighting 51, Part II," *The Hook* 24 (Winter 1996): 19–31.

Gray, Paul N. "The Bridges at Toko-Ri: The Real Story," *Shipmate* (July–Aug. 1997). Home-

Douglas, Pierre. "An Engineer First," *Prism* 13: 42–45.

Honegger, Barbara, and USAF Lt. Col. (Ret.) Hank Brandli. "Saving Apollo 11," *Aviation Week and Space Technology* (Dec. 13, 2004): 78–80.

Kaufman, Richard F. "Behind the Bridges at Toko-Ri," *Naval Aviation News* 84 (Mar.–Apr. 2002): 18–23.

Michener, James A. "The Forgotten Heroes of Korea," *The Saturday Evening Post,* May 10, 1952, 19–21 and 124–28.

Reilly, John. "The Carriers Hold the Line," *Naval Aviation News* 84 (May–June 2002): 18–23.

Thompson, Warren E. "The Reality Behind Toko-Ri," *Military Officer* 1 (June 2003): 54–59.

阿姆斯壯側寫

Abramson, Rudy. "A Year Later: Armstrong Still Uneasy in Hero Role," *Los Angeles Times,* July 19, 1970.

Ambrose, Stephen E., and Douglas Brinkley. "NASA Johnson Space Center Oral History Project Oral History Transcript: Neil A. Armstrong," *Quest: The History of Spaceflight Quarterly* 10 (2003). It is also available online at www.jsc.nasa.gov/oral_histories.

Andry, Al. "America's Enigmatic Pioneer," *Cincinnati Post,* July 20, 1989.

"Armstrong Aimed at Moon Walk," *Dayton Journal Herald,* July 10, 1969.

"Armstrong Still the Same Old Neil," *Lincoln* [NE] *Journal,* July 20, 1978.

"Astronaut Neil Armstrong 'Embodied Our Dreams,' " Aug. 27, 2012, National Public Radio (interview with Neil deGrasse Tyson), accessed at http://www.npr.org/2012/08/27/160095721/remembering-astronaut-neil-armstrong.

Babcock, Charles. "Moon Was Dream to Shy Armstrong," *Dayton Journal Herald,* July 11, 1969.

Bebbington, Jim. "Armstrong Remembers Landing, Delights Auglaize Show Crowd," *Dayton Daily News,* July 18, 1994.

Benedict, Howard. "Ten Men on the Moon," *Florida Today,* Dec. 3, 1972.

Berkow, Ira. "Neil Armstrong Stays Alone in His Private Orbit," *Rocky Mount* [NC] *Telegram,* Dec. 15, 1975.

——. "Cincinnati's Invisible Hero," *Cincinnati Post,* Jan. 17, 1976.

Brinkley, Douglas. "The Man on the Moon," *American History* 39 (Aug. 2004): 26–37, 78.

Chriss, Nicholas C. "After Tranquility, Astronauts Lives Were Anything but Tranquil," *Houston Chronicle,* July 16, 1989.

Cohen, Douglas. "Private Man in Public Eye," *Florida Today,* July 20, 1989.

Conte, Andrew. "The Silent Spaceman: 30 Years After Moon Landing, Armstrong Still Shuns Spotlight," *Cincinnati Post,* July 17, 1999.

Cromie, William. "Armstrong Plays Down His Mark on History," *Washington Sunday Star,* July 13, 1969.

Day, Dwayne. "Last thoughts about working with the First Man," *The Space Review,* Dec. 31, 2012, accessed at http://www.thespacereview.com/article/2209/1.

Dillon, Marilyn. "Moon Walk Remains a Thrill," *Cincinnati Enquirer,* June 12, 1979.

Domeier, Douglas. "From Wapakoneta to the Moon," *Dallas Morning News,* June 21, 1969.

Dordain, Jean-Jacques. "Personal Tribute to Neil Armstrong," esa.com, Aug. 26, 2012.

Dunn, Marcia. "Neil Armstrong, 30 Years Later: Still Reticent After All These Years," Associated Press story, July 20, 1999, accessed at ABCNEWS.com.

Earley, Sandra. "In Search of Neil Armstrong," *Atlanta Journal and Constitution Magazine,* May

20, 1979.

Furlong, William (World Book Science Service). "Bluntly, He Places Ideas Above People," *Lima News*, June 13, 1969.

Galewitz, Phil. "Astronaut's Museum Speaks for Him," *Palm Beach Post*, Feb. 16, 2003.

Graham, Tim. "A Rare Talk with the Man from the Moon," *Cincinnati Post*, Mar. 3, 1979.

Greene, Bob. "Neil Armstrong Down to Earth," *St. Louis Post-Dispatch*, May 10, 1979.

——. "A Small Town and a Big Dream," *Cincinnati Post*, Oct. 24, 1992.

Hansen, James R. "The Truth about Neil Armstrong," Space.com, Aug. 23, 2013.

——. "The 11 biggest myths about Neil Armstrong, first man on the Moon," cbsnews.com, July 18, 2014.

Harvey, Paul. "Neil Called Semi-Recluse," *Cincinnati Enquirer*, May 13, 1981.

Hatton, Jim. "Neil Says Feet Firmly on Terra Firma," *Cincinnati Enquirer*, Dec. 2, 1974.

Hersch, Matthew. "Neil A. Armstrong, 5 August 1930–25 August 2012," in *Proceedings of the American Philosophical Society* 157 (Sept. 2013): 347–51.

Home-Douglas, Pierre. "An Engineer First," *Prism* 13 (summer 2004): 42–45.

Johnston, John, Saundra Amrhein, and Richelle Thompson. "Neil Armstrong, Reluctant Hero," *Cincinnati Enquirer*, July 18, 1999.

Kent, Fraser. " 'Good, Gray Men' Fly to Moon," Cleveland *Plain Dealer*, July 15, 1969.

Knight News Service. "Armstrong the Star Sailor Born to High Flight," *Cincinnati Enquirer*, July 20, 1979.

Lawson, Fred. "Hero Seeks Privacy After Moon Walk," *Dayton Daily News*, July 15, 1984.

Lyon, David. "Moon's Armstrong Just Guy Next Door to Neighbors," *Dayton Daily News*, Dec. 7, 1972.

Martin, Chuck. "Lebanon's Code of Silence Shields Armstrong," *Cincinnati Enquirer*, July 18, 1999.

Mason, Howard. "After the Moon: What Does an Astronaut Do?" *New York Times Magazine*,

Dec. 3, 1972.

Mosher, Lawrence. "Neil Armstrong: From the Start He Aimed for the Moon," *National Observer,* July 7, 1969.

Motsinger, Carol. "Welcome back to Cincinnati, Neil Armstrong," *Cincinnati Enquirer,* July 8, 2016.

"Neil Armstrong, Man for the Moon," *The National Observer,* July 7, 1969.

Purdy, Matthew. "In Rural Ohio, Armstrong Quietly Lives on His Own Dark Side of the Moon," *New York Times,* July 20, 1994.

Reardon, Patrick. "A Quiet Hero Speaks: Neil Armstrong Finally Opens Up," *Chicago Tribune,* Sept. 27, 2002.

Recer, Paul. "U.S. Moonmen Returned to Earth Changed Men," *Cincinnati Enquirer,* July 30, 1972.

Ronberg, Gary. "A Private Lifetime on Earth," *Philadelphia Enquirer,* July 18, 1979.

Rosensweig, Brahm. "Whatever Happened to Neil Armstrong?" Discovery Channel, accessed at www.exn.com, July 6, 1999.

Salvato, Al. "In Search of the Man on the Moon," *Cincinnati Post,* July 16, 1994.

Sator, Darwin. "Astronaut Armstrong Firmly Planted on Earth," *Dayton Daily News,* May 8, 1975.

Sawyer, Kathy. "Neil Armstrong's Hard Bargain with Fame," *Washington Post Magazine,* July 11, 1999.

Sell, Mark. "Armstrong: 'It's Over; and I'd Like to Forget It,'" *Florida Today,* Oct. 1, 1978.

Shepherd, Shirley. "On Wapakoneta, Astronaut Neil Armstrong and a Reporter's Woes," *Muncie* [IN] *Star,* July 1, 1969.

Snider, Arthur J. "Neil Armstrong Proves to Be Very Much an Earthling," *Chicago Daily News,* Aug. 11, 1977.

Stanford, Neal. "Pride in Achievement: NASA Hails Apollo Program as 'Triumph of the

Squares,' " *Christian Science Monitor,* July 16, 1969.

Stevens, William K. "The Crew: What Kind of Men Are They?" *New York Times,* July 17, 1969.

Van Sant, Rick. "Nine Years Later, Moon-Walker Still Not Star-Struck," *Cincinnati Post,* July 20, 1978.

Wheeler, Lonnie. "The Search Goes On," *Cincinnati Enquirer,* Mar. 4, 1979.

Wilford, John Noble. "Three Voyages to the Moon: Life After Making History on TV," *New York Times,* July 17, 1994.

Wolfe, Christine. "Just Professor, Not Spaceman," *Cincinnati Enquirer,* June 19, 1988.

Wright, Lawrence. "Ten Years Later: The Moonwalkers," *Look* (July 1979): 19–32.

參考資料來源

Angelo, Joseph A. Jr. *The Dictionary of Space Technology.* New York: Facts on File, Inc., 1982.

Cassutt, Michael. *Who's Who in Space: The First 25 Years.* Boston: G. K. Hall & Co., 1987.

Hawthorne, Douglas B. *Men and Women of Space.* San Diego: Univelt, Inc., 1992.

Heiken, Grant, David Vaniman, and Bevan M. French. *Lunar Sourcebook: A User's Guide to the Moon.* New York: Cambridge University Press, 1991.

Jenkins, Dennis, Tony Landis, and Jay Miller. American *X-Vehicles: An Inventory: X-1 to X-50.* Monographs in Aerospace History No. 31. Washington, DC: NASA SP-2003–4531, June 2003.

Launius, Roger D., and J. D. Hunley. *An Annotated Bibliography of the Apollo Program.* Monographs in Aerospace History No. 2. Washington, DC: Government Printing Office, July 1994.

Orloff, Richard W. *Apollo by the Numbers: A Statistical Reference.* Washington, DC: NASA SP-2000-4029, 2000.

Portree, David S. F., and Robert C. Trevino. *Walking to Olympus: An EVA Chronology.* Washington, DC: NASA Monographs in Aerospace History Series No. 7, Oct. 1997.

Stillwell, Wendell H. *X-15 Research Results.* Washington, DC: NASA SP-60, 1965.

Surveyor Program [Office]. *Surveyor Program Results*. Washington, DC: NASA SP-184, 1969.

The Apollo Spacecraft: A Chronology. Four vols: Vol. I: "Through November 7, 1962," Ivan D. Irtel and Mary Louise Morse, eds.; Vol. II; "November 8, 1962–September 30, 1964," Mary Louise Morse and Jean Kernahan Bays, eds.; Vol. III: "October 1, 1964–January 20, 1966," Courtney G. Brooks and Ivan D. Ertel, eds.; Vol. IV: "January 21, 1966–July 13, 1974," Ivan D. Ertel and Roland W. Newkirk with Courtney G. Brooks, eds. Washington, DC: NASA SP-4009. 1969, 1973, 1976, 1978.

Wells, Helen T., Susan H. Whitely, and Carrie E. Karegeannes. *Origins of NASA Names*. Washington, DC: NASA SP-4402, 1976.

阿波羅十一號任務電子媒體作品

Remembering Apollo 11: The 30th Anniversary Data Archive CD-ROM. NASA SP-4601, 1999.

Remembering Apollo 11: The 35th Anniversary Data Archive CD-ROM. NASA SP-4601, 2004.

Apollo Moon Landing 1969 BBC Television Coverage CD. Pearl, 1994.

Apollo 11 HD Videos, accessed at https://www.nasa.gov/multimedia/hd/apollo11_hdpage.html.

Apollo Lunar Surface Journal, eds. Eric M. Jones and Ken Glover, accessed at https://www.hq.nasa.gov/alsj.

青少年讀本

Brown, Don. *One Giant Leap: The Story of Neil Armstrong.* Boston: Houghton Mifflin Company, 1998.

Connolly, Sean. *Neil Armstrong: An Unauthorized Biography.* Hong Kong: Heinemann Library, 1999.

Dunham, Montrew. *Neil Armstrong, Young Flyer*. New York: Aladdin Paperbacks (Simon & Schuster), 1996.

Edwards, Roberta. *Who Was Neil Armstrong?* New York: Grosset & Dunlap (Penguin Random House), 2008.

Kramer, Barbara. *Neil Armstrong, the First Man on the Moon.* Berkeley Heights, NJ: Enslow Publishers, Inc., 1997.

Rau, Dana Meachen, *Neil Armstrong.* Children's Press (Rookie Biographies), 2003, 2014.

Westman, Paul. *Neil Armstrong, Space Pioneer.* Minneapolis: Lerner Publications Company, 1980.

Smith, Jacob. *Neil Armstrong Biography for Kids Book: The Apollo 11 Moon Landing, With Fun Facts and Pictures on Neil Armstrong.* Amazon Digital Services, LLC, 2017.

Zemlicka, Shannon. *Neil Armstrong.* Minneapolis: Lerner Publications Company, 2002.

登月先鋒：尼爾·阿姆斯壯的一生

作者　詹姆斯·韓森
翻譯　林曉欽
編輯　邱子秦
設計　盧翊軒
排版　張家榕
發行人　林聖修

出版　啓明出版事業股份有限公司
地址　台北市敦化南路二段 57 號 12 樓之 1
電話　02-2708-8351
傳真　03-516-7251
網站　www.chimingpublishing.com
服務信箱　service@chimingpublishing.com

法律顧問　北辰著作權事務所
印刷　漾格科技股份有限公司

總經銷　紅螞蟻圖書有限公司
地址　台北市內湖區舊宗路二段 121 巷 19 號
電話　02-2795-3656
傳真　02-2795-4100

初版　2021 年 6 月 24 日
ISBN　978-986-98774-7-3
定價　新台幣 620 元

國家圖書館出版品預行編目（CIP）資料
登月先鋒：尼爾・阿姆斯壯的一生 / 詹姆斯・韓森（James R. Hansen）作；
林曉欽譯 . -- 初版 . -- 臺北市：啓明，2021.6
660 面；14.8×21 公分
譯自：First man: The Life of Neil A. Armstrong.
ISBN 978-986-98774-7-3（平裝）

1. 阿姆斯壯（Armstrong, Neil, 1930-2012）2. 太空人 3. 傳記 4. 美國

785.28　　109015298

All images courtesy of Nasa.